Tumu Gongcheng Zhuanye Qiaoliang Fangxiang
土木工程专业桥梁方向
Biye Sheji Anliji
毕业设计案例集

邵亚会 钟 剑 主编

汪 莲 任伟新 主审

人民交通出版社股份有限公司
北京

内 容 提 要

毕业设计是高等学校人才培养计划的重要组成部分,是培养大学生创新精神和实践能力的重要途径。《土木工程专业桥梁方向毕业设计案例集》是为了配合土木工程专业桥梁方向学生学习桥梁工程、进行桥梁设计而编写的。本书共有八个完整的桥梁设计计算示例,包括:30m 简支 T 形梁桥设计、3×30m 预应力混凝土小箱梁设计、(30+50+30)m 预应力混凝土连续箱梁桥设计、(70+120+70)m 连续刚构桥设计、20m 空腹拱桥设计、70m 箱形拱桥设计、80m 下承式钢管混凝土拱桥设计和组合梁桥设计复核。

本书既可供高等学校土木工程专业桥梁方向学生学习桥梁工程、进行桥梁结构课程设计或毕业设计使用,也可供从事该专业教学工作的高校教师以及从事桥梁设计、施工和管理的工程技术人员参考。

图书在版编目(CIP)数据

土木工程专业桥梁方向毕业设计案例集/邵亚会,钟剑主编. —北京:人民交通出版社股份有限公司,2022.8

ISBN 978-7-114-16457-6

Ⅰ.①土… Ⅱ.①邵…②钟… Ⅲ.①桥梁设计—毕业设计—案例—汇编 Ⅳ.①U442.5

中国版本图书馆 CIP 数据核字(2020)第 056249 号

书 名:	土木工程专业桥梁方向毕业设计案例集
著 作 者:	邵亚会 钟 剑
责任编辑:	刘 倩
责任校对:	赵媛媛
责任印制:	刘高彤
出版发行:	人民交通出版社股份有限公司
地　　址:	(100011)北京市朝阳区安定门外外馆斜街 3 号
网　　址:	http://www.ccpcl.com.cn
销售电话:	(010)59757973
总 经 销:	人民交通出版社股份有限公司发行部
经　　销:	各地新华书店
印　　刷:	北京虎彩文化传播有限公司
开　　本:	787×1092　1/16
印　　张:	23.5
字　　数:	602 千
版　　次:	2022 年 8 月　第 1 版
印　　次:	2024 年 4 月　第 2 次印刷
书　　号:	ISBN 978-7-114-16457-6
定　　价:	68.00 元

(有印刷、装订质量问题的图书由本公司负责调换)

前　言

　　毕业设计是高等学校教学过程中一个最重要的综合性教学实践环节，是实现本科培养目标要求的重要阶段，是学生在完成理论课、专业基础课和专业课学习后，按照教学大纲的要求，在教师指导下独立完成的一项工程设计。通过毕业设计，学生能综合运用和巩固已学的基础知识和专业知识，培养自身分析问题与解决问题的能力。毕业设计是学习深化、知识拓展、综合训练的重要过程。

　　长期以来，土木工程专业桥梁方向的本科生在进行毕业设计时，开始总觉得无从下手主要体现在两方面：一方面，严格按实际工程设计来做毕业设计，在广度、深度和难度方面都超出了本科毕业设计的要求，目前桥梁工程设计大多采用软件计算，学生对其过程不容易看懂；另一方面，目前针对桥梁工程毕业设计的指导书也不多见，再加上近期公路桥涵规范的更新，桥梁方向的学生在进行毕业设计时很难找到一本可供参考的书。同时，指导桥梁工程毕业设计的教师也需要有这样一本书，以便对学生毕业设计进行指导，规范毕业设计过程管理和质量控制各环节的工作。

　　《土木工程专业桥梁方向毕业设计案例集》是专门为土木工程专业桥梁方向学生学习桥梁工程、进行桥梁结构课程设计或毕业设计而编写的，特色鲜明，内容丰富。在内容编排上兼顾了手算和电算两个方面，选择了最基本的桥梁结构形式和目前具有发展前景的桥梁结构形式作为设计案例。由于桥梁工程设计是一项实践性很强的工作，本次列举的八个设计案例均是在校内指导教师和校外工程技术人员共同指导下完成的。在内容选择上，既有简单的设计题目，又有一定难度的设计题目，以满足不同层次学生的需要。该书可配合桥梁结构课程设计和毕业设计使用，或为工程技术人员设计计算提供参考。

　　本书共9章。第1章概述，主要介绍毕业设计的目的和作用、基本要求以及毕业设计的选题、过程检查与质量控制等。第 2 章至第 9 章为毕业设计案例,包括:30m 简支 T 形梁桥设计、3×30m 预应力混凝土小箱梁设计、(30+50+30)m 预应力混凝土连续箱梁桥设计、(70+120+70)m 连续刚构桥设计、20m 空腹拱桥设计、70m 箱形拱桥设计、80m 下承式钢管混凝土拱桥设计和组合梁桥设计复核。

本书由合肥工业大学邵亚会、钟剑主编,由合肥工业大学教授汪莲、长江学者特聘教授任伟新主审。本书参编单位及人员包括:合肥工业大学何敏;东南大学张文明;重庆交通大学郭增伟;长安大学王晓明;安徽省交通规划设计研究院梁长海、李邦映;中铁四局集团公司张飞。

本书毕业设计案例的校内指导教师有汪莲、邵亚会、何敏、钟剑;校外指导教师有梁长海、李邦映、张飞。本书在编写整理过程中还得到吴圣贤、王汝志、侯俊勇、郑吴惊、崔人文、陈霄瀚、赵彤、毛永恒等硕士研究生的帮助。

由于编者水平有限,内容安排和材料取舍不一定得当,不妥之处,恳请读者批评指正。

编　者

2022 年 3 月

目 录

第1章 概述 ··· 1
  1.1 毕业设计目的和作用 ·· 1
  1.2 毕业设计基本要求 ·· 1
  1.3 毕业设计准备 ·· 2
  1.4 毕业设计能力培养和选题原则 ·· 2
    1.4.1 毕业设计能力培养 ·· 2
    1.4.2 毕业设计选题原则 ·· 3
  1.5 毕业设计过程管理与控制 ·· 3
    1.5.1 毕业设计对指导教师的要求 ·· 3
    1.5.2 毕业设计对学生的要求 ·· 4
  1.6 毕业设计答辩与成绩评定 ·· 4
    1.6.1 毕业答辩 ·· 4
    1.6.2 毕业设计成绩评定 ·· 5
  1.7 毕业设计质量控制 ·· 6
    1.7.1 毕业设计说明书撰写要求 ·· 6
    1.7.2 毕业设计说明书装订要求 ·· 7
    1.7.3 毕业设计质量检查与评估 ·· 7
    1.7.4 毕业设计过程管理相关表格 ·· 8

第2章 30m 简支 T 形梁桥设计 ··· 15
  2.1 设计资料 ·· 16
    2.1.1 设计基本资料 ·· 16
    2.1.2 横截面布置 ·· 17
    2.1.3 计算截面几何特征 ·· 18
  2.2 主梁作用计算 ·· 20

2.2.1　永久作用计算···20
　　2.2.2　可变作用计算···22
　　2.2.3　主梁作用组合的效应计算···27
2.3　预应力钢束的估算及其布置···29
　　2.3.1　跨中截面钢束的估算及确定··29
　　2.3.2　预应力钢束的布置··30
2.4　主梁截面几何特性计算···33
　　2.4.1　截面面积及惯性矩计算··33
　　2.4.2　截面静矩计算···34
　　2.4.3　截面几何特性汇总··36
2.5　钢束预应力损失计算···37
　　2.5.1　预应力钢束与管道壁之间的摩擦损失··37
　　2.5.2　锚具变形、钢束回缩引起的应力损失···37
　　2.5.3　预应力钢筋分批张拉时混凝土弹性压缩引起的预应力损失·········38
　　2.5.4　钢筋松弛引起的预应力损失··40
　　2.5.5　混凝土收缩、徐变引起的预应力损失···40
　　2.5.6　预加力计算及钢束预应力损失汇总··42
2.6　主梁截面承载能力与应力验算···42
　　2.6.1　持久状况下截面承载能力极限状态的验算·······································43
　　2.6.2　持久状况下截面正常使用极限状态抗裂性验算······························46
　　2.6.3　持久状态下构件的应力验算··48
　　2.6.4　短暂状态下构件的应力验算··51
2.7　主梁端部锚固区局部承压验算···53
　　2.7.1　局部承压区的截面尺寸验算··53
　　2.7.2　局部抗压承载力验算···53
　　2.7.3　总体区的拉杆承载力验算··54
2.8　主梁变形验算···55
　　2.8.1　由预加力引起的跨中反拱度计算··55
　　2.8.2　计算由荷载引起的跨中挠度··55
　　2.8.3　结构刚度验算··56
　　2.8.4　预拱度的设置··56
2.9　横隔梁计算···56
　　2.9.1　确定作用在跨中横隔梁上的可变作用··56
　　2.9.2　跨中横隔梁的作用效应影响线··57

		2.9.3 截面作用效应计算	59
		2.9.4 截面配筋计算	60
	2.10	行车道板计算	60
		2.10.1 悬臂板荷载效应计算	60
		2.10.2 连续板荷载效应计算	61
		2.10.3 截面设计、配筋和承载力验算	64
	2.11	双柱式桥墩和钻孔灌注桩的设计资料	65
	2.12	盖梁计算	65
		2.12.1 荷载计算	65
		2.12.2 内力计算	70
		2.12.3 盖梁各截面的配筋设计与承载力校核	74
	2.13	桥墩墩柱计算	77
		2.13.1 荷载计算	77
		2.13.2 截面配筋计算及应力验算	80
	2.14	钻孔灌注桩计算	82
		2.14.1 荷载设计	82
		2.14.2 桩长计算	83
		2.14.3 桩的内力计算	84
		2.14.4 桩身截面配筋与强度验算	86
		2.14.5 墩顶纵向水平位移验算	87

第3章 3×30m 预应力混凝土小箱梁设计 … 93

3.1	设计资料		94
3.2	桥位布置及构造设计		95
	3.2.1	桥位布置	95
	3.2.2	孔径划分	95
	3.2.3	构造设计	95
	3.2.4	截面几何特性计算	97
3.3	作用内力计算		98
	3.3.1	施工阶段划分	98
	3.3.2	建立 Midas 模型	98
	3.3.3	永久作用效应计算	99
	3.3.4	可变作用效应计算	105
	3.3.5	作用组合的效应计算	113
3.4	预应力筋的估算及布置		117

3.4.1 按正常使用极限状态的应力要求估算 ·· 117
3.4.2 按承载能力极限状态的强度要求估算 ·· 119
3.4.3 预应力筋估算结果 ·· 120
3.4.4 预应力筋的布置原则 ·· 120
3.4.5 预应力筋束的布置结果 ·· 121
3.4.6 预应力损失计算 ·· 121
3.5 布筋后内力计算及组合 ·· 124
3.5.1 各项内力计算结果 ·· 124
3.5.2 布筋后各内力组合 ·· 133
3.5.3 配筋后内力组合计算结果 ·· 134
3.6 主梁截面验算 ·· 137
3.6.1 持久状况验算 ·· 137
3.6.2 持久状况正常使用极限状态验算结果 ·· 138
3.6.3 持久状况构件应力验算结果 ·· 138
3.6.4 短暂状况构件应力验算结果 ·· 139
3.7 变形计算及预拱度设置 ·· 139

第4章 (30+50+30)m 预应力混凝土连续箱梁桥设计 ··············· 144
4.1 设计资料 ·· 145
4.2 上部结构形式 ·· 146
4.2.1 桥孔分跨 ·· 146
4.2.2 截面形式 ·· 147
4.3 结构尺寸拟定 ·· 147
4.3.1 主梁高 ·· 147
4.3.2 细部尺寸 ·· 148
4.4 桥面板的计算 ·· 149
4.4.1 单向板的内力计算 ·· 149
4.4.2 悬臂板的内力计算 ·· 152
4.4.3 桥面板的配筋 ·· 154
4.5 模型的建立与分析 ·· 154
4.5.1 建立计算模型 ·· 154
4.5.2 梁单元内力图 ·· 157
4.5.3 持久状况承载能力极限状态验算结果 ·· 157
4.5.4 持久状况正常使用极限状态验算结果 ·· 160
4.5.5 持久状况构件应力验算结果 ·· 160

4.5.6 短暂状况构件应力验算结果 ·········· 162

第5章 (70+120+70)m 连续刚构桥设计 ·········· 166
5.1 设计资料 ·········· 167
5.2 桥跨总体布置及施工阶段划分 ·········· 167
5.2.1 桥梁结构形式和主要尺寸拟定 ·········· 167
5.2.2 施工设计 ·········· 168
5.3 Midas/civil 软件建模 ·········· 171
5.3.1 建立模型 ·········· 171
5.3.2 运行并查看结果 ·········· 178
5.3.3 PSC 截面设计 ·········· 181
5.3.4 预应力钢束调配 ·········· 182
5.4 作用效应计算 ·········· 182
5.4.1 永久作用效应计算 ·········· 182
5.4.2 作用组合的效应计算 ·········· 183
5.5 预应力钢束估算布置和有效预应力计算 ·········· 187
5.5.1 预应力钢筋估算 ·········· 187
5.5.2 预应力钢束的估算 ·········· 188
5.5.3 预应力钢束的布置 ·········· 188
5.5.4 预应力损失计算 ·········· 189
5.5.5 有效预应力计算 ·········· 191
5.6 截面验算 ·········· 192
5.6.1 持久状况截面承载能力极限状态验算 ·········· 193
5.6.2 持久状况正常使用极限状态验算 ·········· 194
5.6.3 施工阶段法向应力验算 ·········· 198
5.6.4 受拉区钢筋的拉应力验算 ·········· 199

第6章 20m 空腹拱桥设计 ·········· 204
6.1 设计资料 ·········· 205
6.2 桥跨结构设计计算 ·········· 206
6.2.1 选定拱轴系数 ·········· 206
6.2.2 重新选定拱轴系数 ·········· 211
6.2.3 拱圈弹性中心及弹性压缩系数 ·········· 216
6.2.4 永久荷载内力计算 ·········· 216
6.2.5 可变荷载内力计算 ·········· 216
6.2.6 主拱圈强度和稳定性验算 ·········· 225

第7章 70m 箱形拱桥设计 ································ 234

7.1 设计资料 ································ 235
7.2 主拱圈截面几何要素的计算 ································ 235
- 7.2.1 主拱圈横截面设计 ································ 235
- 7.2.2 箱顶微弯盖板弓形截面的几何性质 ································ 235
- 7.2.3 箱形拱圈截面几何性质 ································ 237

7.3 确定拱轴系数 ································ 238
- 7.3.1 上部结构布置 ································ 238
- 7.3.2 上部结构恒载计算 ································ 241

7.4 拱圈弹性中心及弹性压缩系数 ································ 251
- 7.4.1 弹性中心 ································ 251
- 7.4.2 弹性压缩系数 ································ 251

7.5 主拱圈截面内力验算 ································ 251
- 7.5.1 结构自重内力 ································ 251
- 7.5.2 活载内力 ································ 262
- 7.5.3 收缩、徐变以及温度作用引起的主拱圈内力 ································ 267

7.6 主拱圈正截面强度验算 ································ 268
- 7.6.1 正截面受压承载力验算 ································ 268
- 7.6.2 正截面直接受剪承载力验算 ································ 270

7.7 拱的整体"强度-稳定"验算 ································ 271
7.8 拱的竖向刚度验算 ································ 272
- 7.8.1 挠度影响线 ································ 272
- 7.8.2 挠度验算 ································ 274

第8章 80m 下承式钢管混凝土拱桥设计 ································ 277

8.1 设计资料 ································ 278
8.2 结构尺寸拟定 ································ 280
- 8.2.1 基本计算数构造 ································ 280
- 8.2.2 桥型尺寸拟定 ································ 280
- 8.2.3 主桥上部结构 ································ 280

8.3 主梁内力计算 ································ 283
- 8.3.1 计算模式 ································ 283
- 8.3.2 作用及作用组合 ································ 288
- 8.3.3 预应力钢束的估算和配置 ································ 292
- 8.3.4 主梁截面内力计算 ································ 296

8.3.5 系梁持久状况承载能力极限状态强度验算	303
8.3.6 系梁持久状况正常使用极限状态验算	305
8.3.7 系梁持久状况下预应力混凝土结构应力验算	305

8.4 横梁截面内力计算 … 306
8.4.1 中横梁计算 … 306
8.4.2 端横梁计算 … 313

8.5 拱肋内力计算 … 317
8.5.1 拱肋计算特性值 … 317
8.5.2 拱肋计算一般规定 … 318
8.5.3 拱肋承载能力极限状态 … 320
8.5.4 吊杆承载能力计算 … 322
8.5.5 正常使用极限状态应力验算 … 323

第9章 组合梁桥设计复核 … 328

9.1 设计资料 … 329
9.2 计算过程 … 330
9.3 极限状态荷载组合 … 331
9.3.1 作用取值 … 331
9.3.2 荷载组合 … 331
9.4 Midas/Civil 建模 … 332
9.4.1 设定操作环境 … 332
9.4.2 定义结构类型 … 332
9.4.3 定义材料 … 333
9.4.4 建立节点和单元 … 334
9.4.5 定义截面 … 335
9.4.6 输入边界条件 … 336
9.4.7 定义结构组,边界组,荷载组 … 338
9.4.8 输入荷载 … 339
9.4.9 输入汽车荷载 … 340
9.4.10 定义施工阶段 … 342
9.4.11 运行软件 … 344
9.4.12 进行荷载组合 … 344
9.4.13 查看运行结果 … 346
9.5 结构计算与校核 … 349
9.5.1 混凝土桥面板内力及应力 … 349

9.5.2 钢梁应力校核 …… 350
9.5.3 组合梁挠度计算 …… 354
9.5.4 支座反力计算 …… 355
9.5.5 剪力连接键承载力计算 …… 355
9.6 总结 …… 358
参考文献 …… 363

第1章 概 述

1.1 毕业设计目的和作用

毕业设计是高等学校教学过程中一个重要的综合性教学实践环节,也是实现本科培养目标要求的重要阶段。毕业设计是学生在完成全部课程学习以后,按照教学大纲的要求,在教师指导下独立完成的一项工程设计。通过毕业设计,学生能综合运用和巩固已学的基础知识与专业知识,培养自身分析问题与解决问题的能力。对于学生来说,毕业设计是学习深化、知识拓展、综合训练的重要过程,是学习、研究与实践成果的全面总结,是综合素质与工程实践能力培养效果的全面检验,是毕业及学位资格认定的重要依据。另外,毕业设计也是衡量高校教育质量和办学效果的重要评价内容。

对工科院校而言,做好毕业设计可使学生受到工程技术和科学技术的基本训练,以及工程技术人员所必需的综合训练,提高学生调查研究、理论分析、计算、绘图和外语翻译等方面的能力,特别是提高学生综合运用所学基础理论知识和专业知识来分析、解决工程实际问题的能力。

1.2 毕业设计基本要求

工科院校本科生的毕业设计要按正规的程序来进行(编制设计任务书一般由指导教师来完成),其主要内容包括:设计构思、方案论证、计算分析、绘制工程图、编制设计说明书和计算书等。学生毕业设计题目可以是直接来自工程建设或科研项目的实际课题,也可以是有某工程背景的模拟课题。不论是哪种课题,都应该有明确的教学要求。必须明确的是,通过毕业设计既要完成实际课题任务,又要完成教学培养任务,而且应该把完成学生的教学培养任务放在首位。不论是做哪种课题,都应该要求学生以严谨、勤奋、求实、创新的良好学风完成整个毕业设计工作。

毕业设计是一项艰苦的、创造性地将理论联系实际的劳动过程。在这个过程中,各个阶段的每个环节都有着自己的特点和要求,要做好毕业设计应做到以下几点:

(1)内容科学、态度严谨、表达庄重。毕业设计同其他工程设计、产品设计一样,设计方案、图纸及其解释与说明的书面资料,都是一种技术性文件。技术性文件要求内容科学、态度严谨、表达庄重,必须确切地表达事物的本质特征,以及这一事物和其他事物的区别性。这就要求绘图准确、清晰,叙述客观、有分寸,避免绝对化。

(2)语言精确、简洁、清晰、朴实。毕业设计中自然语言符号系统和人工语言符号系统(技术性术语图表、公式等假定性符号)结合使用,以便更精确地表达所反映的事物及其规律;既要阐明事物定性的确切性,又要表达出事物数量上的差异性,切忌语言形容、夸张和含糊其词。

(3)处理好详略关系。设计说明书在处理详写与略写的关系上与其他文体截然不同。对设计所依据的原理可以略写,在理论方面也不必发挥,而对于设计所涉及的技术方面的问题,如方案的选择与论证,应详细地写清楚;对于计算要极为慎重,对工程中的一些细节也不可忽视。

1.3　毕业设计准备

(1)下达任务书

《毕业设计任务书》是向学生下达设计任务的文件,一般由指导毕业设计的教师制定,经教研室和系审批后发给学生。其内容一般包括:①毕业设计题目;②院、系、专业名称,学生姓名、学号,指导教师姓名以及进行毕业设计的时间、地点;③毕业设计目的和要求;④毕业设计的主要内容,包括研究专题及技术要求等;⑤设计的原始数据及应收集的基本资料;⑥说明书应该论述的内容及应该完成图纸的名称、规格及数量;⑦主要参考资料等。

(2)拟订进度计划

毕业设计开始前,由指导教师拟订详细的毕业设计进度计划表。毕业设计进度计划表内容包括起止日期、周次、各设计阶段的详细任务、工作内容要求、完成时间及占工作量的百分比等。

(3)了解设计意图

学生接到《毕业设计任务书》之后要认真阅读教师编写的设计任务书和指导书,了解整个设计的目的、意图、设计依据、设计标准、设计内容和基本要求等,同时要认真学习国家的建设方针及有关技术政策。一个好的设计,除技术先进外,还要经济合理,符合国家规定的建设方针和技术政策。因此,学生在做毕业设计时,既要综合考虑技术和经济两个方面的因素,又要在国家的建设方针及有关技术政策这个思想指导下进行设计工作。

(4)资料准备

学生毕业设计的资料准备,主要通过调查研究、查阅中外文献和采集网络信息资料以及参加专业实习两个渠道进行。一方面在进入专业课学习时,就要根据自己兴趣、爱好、特长以及客观条件,考虑自己毕业设计的选题方向,有目的、有计划地查阅与选题方向有关的文献资料,进行一般目标上的资料收集。另一方面在参加生产实习及毕业实习的过程中搜集资料,这也是为毕业设计课题搜集资料的最重要的途径。在土木工程专业教学计划中,均安排有生产实习和毕业实习等实践性教学环节。

1.4　毕业设计能力培养和选题原则

1.4.1　毕业设计能力培养

土木工程专业本科毕业设计的时间一般为 12~16 周,毕业设计因学科类别、指导教师不同,要求学生在毕业设计中所完成的内容也是不尽相同。对土木工程专业桥梁方向的学生来说,要想在短短12周的时间内完成工程各阶段的规划、设计工作是不可能的。教师只能选择对某一阶段的某些重点内容下达毕业设计任务,并通过其他手段和措施使学生了解和掌握设计的全过程,既要适应教学需要,又不能完全按实际工程设计的工作阶段和深度要求学生。因此,毕业设计作为培养学生创新精神和实践能力的一次较为系统的训练,应注重以下几方面能力的培养。

(1)调查研究、查阅和应用中外文献及采集网络信息资料的能力。
(2)理论分析,运用所学知识进行综合分析、比较,构思设计方案的能力。
(3)设计、计算及制图的能力。
(4)计算机专业软件的应用及数据处理的能力。
(5)综合分析、凝练创新、编制设计说明书的能力。
(6)外语阅读与翻译的能力。

1.4.2 毕业设计选题原则

毕业设计首先要进行课题选择、编制设计任务书,这是毕业设计的起步。这个环节工作的好坏直接影响着整个毕业设计的进度及质量。毕业设计选题应遵循的基本原则如下:

(1)专业性原则。选题要符合专业培养目标,有利于学生的综合训练和各种能力的培养,紧跟时代科技发展,力求有利于巩固、深化学生所学的知识;有利于培养学生的独立工作能力和创新能力;有利于使学生得到较全面的专业基本训练和科研工作能力的培养。

(2)实践性原则。毕业设计的选题应尽可能结合生产实践、社会实践和科研实践,鼓励学院与科研院所、大型企事业研发和生产单位联合拟定选题,促进产、学、研的结合,增加课题的应用价值,有条件的可采取校内外联合指导的方式。

(3)创新性原则。毕业设计的选题应突出创新性,充分发挥学生的专长和创造潜能,要结合学科创新、技术创新和具体产品创新,注重新技术、新理论、新方法的运用,使设计题目在难度适中的情况下尽可能反映科技创新和社会生产创意的需要。

(4)可行性原则。毕业设计的选题要具有可行性,深度、广度和难度要适当,符合本科生知识、能力、水平和工作条件的实际,既要满足本科毕业设计工作量的要求,又要避免工作量过多或过少的两个极端,保证学生通过努力能够按时完成设计任务。

(5)多样性原则。毕业设计的选题要覆盖到专业的各个方面,避免千篇一律;要贯彻因材施教的教育方针,鼓励学生根据兴趣在教师指导下自拟题目,并创造性地开展设计。

1.5 毕业设计过程管理与控制

1.5.1 毕业设计对指导教师的要求

(1)毕业设计指导教师应选派作风正派、有较高学术水平和实践经验的教师担任,一般应是讲师以上(含讲师及有经验的工程师)。争取聘请有经验的生产、科研单位的技术人员参加指导。对在实际工程单位做毕业设计而由该单位技术人员指导为主的课题,仍应配备校内指导教师负责联系和指导,以便掌握教学要求,了解进度,保证毕业设计质量。

(2)指导教师在编制毕业设计任务书和拟订培养计划时,应针对学生的不同特点和程度因材施教,加强指导。同一课题的学生,每人必须有独立完成的任务和要求。同时,教师要注重培养学生的团结协作精神。教师要把德育放在首位,为人师表、严以律己,结合业务指导加强对学生的思想政治工作,教育学生遵守各项规章制度,尊敬他人,互谦互让,团结协作,培养学生树立严谨、勤奋、求实、创新的学风,教育学生增强事业心。

(3)指导教师要保证有足够的时间与学生直接见面,一般一周不宜少于2~3次,其他时间也应与学生保持联系。抓好关键环节的指导,既不包办代替,也不放任自流。注意调动学生的积极性,充分发挥其主动性、创造性。

(4)指导学生做好开题报告,进行全过程督促检查与管理。根据学生的平时表现以及完成设计任务的质量,填写毕业设计过程检查评语,最后给出毕业设计评语及建议成绩。

(5)协助做好毕业设计文件的归档工作。

1.5.2 毕业设计对学生的要求

(1)以严谨、勤奋、求实、创新的科学态度保质保量地完成任务书规定的设计工作。
(2)尊敬师长、团结协作,认真听取指导教师和有关技术人员的指导。
(3)综合应用所学知识解决实际问题,结合设计工作,获取新知识,提高独立工作的能力。
(4)每位学生必须参加毕业设计各个环节的训练,不得弄虚作假或抄袭他人成果。
(5)严格遵守"学校学籍管理规定",定时、定点接受指导教师的指导,不得无故离岗。
(6)答辩前一周应将全部毕业设计成果交给指导教师审查,未经审查不能参加毕业答辩。

1.6 毕业设计答辩与成绩评定

1.6.1 毕业答辩

(1)答辩委员会的组成

答辩委员会的成员应包括指导教师、评阅人及教研组指定的其他教师或专家,一般应不少于3人。答辩委员会可设主任委员一名,必要时可设秘书一名。

(2)答辩要求

要求学生必须认真准备,汇报成果时宜使用投影仪、幻灯、挂图或计算机等辅助工具;应简明扼要地表达毕业设计的主要内容及自己的设计构思和见解,汇报时间为10~15min,回答问题约10min。答辩小组根据评分标准和答辩情况给出答辩成绩。

(3)答辩的注意事项

答辩一般分两部分:第一部分为学生自己讲述毕业设计的成果要点;第二部分为答辩教师提问、学生回答。

对于教师来讲,答辩前应阅读学生的毕业设计,答辩时可根据毕业设计的基本要求,结合毕业设计涉及的问题对学生进行提问,对所提问题应事先有所准备。提问应由浅入深,提问形式可灵活多样,但一定要创造轻松和谐的气氛,使学生不感到紧张而能反映学生的真实水平。

对学生来讲,应认真做好答辩的准备工作,要全面总结,适当复习。所谓总结是对毕业设计全过程进行总结。毕业设计时间较长、工作紧张,忙于赶任务,这时可贯穿起来总结一下。有时,毕业设计的任务较大,自己只是完成其中一部分,答辩前应对工程全貌做了解。适当复习是指对设计过程中遇到的基本知识、基本技能和手段,应进行复习巩固,遇到的难点、创新点可总结提高。对设计中的不足或来不及完成部分要做到心中有数。答辩前要写好汇报提纲,标题要醒目、条理要清楚、重点要突出,控制在 15min 左右讲解完毕。答辩时要克服紧张情绪,回答问题时要注意所提问题的核心,懂了就大胆回答,不懂的也可如实回答,切不可本来不懂又夸夸其谈。

1.6.2 毕业设计成绩评定

毕业设计应进行严格的考核并评定成绩。评定成绩的主要依据是毕业设计成果的质量以及在毕业设计过程中的主动性和创造性。对在毕业设计中弄虚作假、借用他人设计成果、严重违纪的学生,则不予答辩,并以不及格论处。

毕业设计的成绩评定一般采用五级分制(优秀、良好、中等、及格和不及格)。目前各校均采用"结构分"(或组合分)的方式,即总分是由指导教师评分、评阅人评分及答辩委员会评分所组成,大体的比例为 4:3:3;有的学校按期中检查给出 10% 的成绩,这样前三部分的比例为 4:2:3,即指导教师评分(占 40%)、评阅人评分(占 20%)、答辩委员会评分(占 30%),以及平时评分(含开题报告及中期检查,占 10%),四项评分之和即学生得分,各项均应给出评语。毕业设计评分标准见表 1-1(供参考)。

毕业设计评分标准　　　　　　　　　表 1-1

		指导教师评定
学习态度;完成毕业设计情况;外语、计算机应用能力	优秀	学习认真踏实、肯钻研、虚心好学;能熟练地综合运用所学知识,出色地完成毕业设计任务;能熟练地阅读外文资料,译文、外文摘要正确,能熟练地应用计算机
	良好	学习认真、主动;能综合运用知识,全面地完成毕业设计任务;能较正确地写出外文摘要、译文较正确;较熟练地应用计算机
	中等	学习尚认真;能运用所学知识,按期完成毕业设计任务;能基本独立完成教师规定的外语、计算机应用方面的教学要求
	及格	对学习要求不高;在教师帮助下能运用所学知识,按期完成毕业设计任务;能完成教师规定的外语、计算机方面的教学要求
	不及格	学习马虎;运用所学知识能力差,不能按期完成毕业设计任务;未达到外语、计算机方面的教学要求;有明显的抄袭现象
		评阅人评定
设计说明书、图纸质量	优秀	构思新颖、论证充分,并有所创新,文章撰写规范,制图清晰,计算正确无误
	良好	考虑问题较全面,论证较充分,构思合理,文章撰写规范,制图清晰,计算正确无误
	中等	尚能全面考虑问题,论证正确,构思较合理,文章撰写较规范,制图清晰,计算无原则错误
	及格	考虑问题不够全面,论证不够充分,文章撰写规范不够,制图一般,计算无重大原则错误
	不及格	考虑问题片面,文章撰写不规范;制图粗糙、不整洁,计算中有原则错误,有明显的抄袭现象

续上表

	答辩委员会评定	
毕业设计答辩情况	优秀	能在规定时间内简明扼要地介绍设计方案内容;思路清晰、能正确地回答所提出的问题
	良好	能在规定时间内介绍设计方案内容;能正确地回答所提出的问题
	中等	在规定时间内基本上能介绍设计方案内容;基本上能正确地回答所提出的问题
	及格	尚能介绍设计方案内容;经提示尚能正确地回答所提出的问题
	不及格	设计方案内容表达不清;经提示还不能正确地回答所提出的问题;有明显的抄袭现象

1.7 毕业设计质量控制

1.7.1 毕业设计说明书撰写要求

1)基本要求

(1)毕业设计应符合国家法律、法规及现行《学位论文编写规则》(GB/T 7713.1)等相关规定。

(2)毕业设计说明书应主题突出、内容充实、结论正确、论据充分、论证有力、数据可靠、结构紧凑、层次分明、图表清晰、格式规范、文字流畅、字迹工整。

(3)要求工程设计类型毕业设计说明书的字数一般为0.8万~1.0万字。

2)内容要求

(1)标题。要求简洁、确切、鲜明。

(2)目录。列出目录,标明页码。

(3)摘要。扼要叙述本设计的主要内容、特点,文字要精练。中文摘要约300汉字;英文摘要约250个实词。

(4)关键词。从说明书标题或正文中挑选3~5个最能表达主要内容的词作为关键词,同时有中、英文对照,分别附于中、英文摘要后。

(5)正文。包括前言(引言)、本论、结论三个部分。

①前言(引言)。说明本设计的目的、意义、范围及应达到的技术要求;简述本课题在国内外的发展概况及存在的问题;本设计的指导思想和应解决的主要问题。

②本论。

a.设计方案论证:说明设计原理并进行方案选择。说明为什么要选择这个设计方案(包括各种方案的分析、比较);阐述所采用方案的特点(如采用了何种新技术、新措施,提高了什么性能等)。

b.结构设计计算部分:此部分在设计说明书中应占有相当的比例。要列出各结构设计的细部尺寸、布置情况、给定的参数、计算公式以及各主要参数计算的详细步骤和计算结果;根据此计算应选用什么结构形式及布置;对采用计算机设计的还应包括各种软件。

③结论。概括说明设计的结果和价值,分析其优点和特色、有何创新、性能达到何种水平,并应指出其中存在的问题和今后改进的方向。

(6)致谢。简述自己通过毕业设计的体会,并对指导教师和协助完成毕业设计的有关人员表示谢意。

（7）参考文献。文中直接引用的他人成果（包括文字、数据、方法、事实以及转述他人的观点），均应在文中进行标注，并列于参考文献中；需按文中出现的先后顺序列出所有引用的文献；引用文献中，近三年发表的国内外文献应占一定比例。

（8）附录。将各种篇幅较大的图纸、数据表格、计算机程序等材料附于说明书的致谢之后。

3）其他要求

（1）文字。毕业设计说明书中的汉字应采用《简化汉字总表》规定的简化字，并严格执行汉字的规范，所有文字字面清晰（建议采用计算机打印）。

（2）表格。毕业设计说明书中的表格应有表名、表号。表号可以全文统一编序；也可以逐章单独编序；表号必须连续，不得重复或跳跃。表格的结构应简洁。表格中各栏都应标注量和相应的单位；表格内数字须上下对齐，相邻栏内的数值相同时，不能用"同上""同左"和其他类似用词，应重新标注。表名和表号置于表格上方中间位置。

（3）图。土木工程专业的学生手工绘图量不应少于总绘图量的1/4。插图要有图名、图号。图号可以连续编序；也可以逐章单独编序。图号必须连续，不得重复或跳跃。仅有一图时，在图名前加"附图"字样。由若干个分图组成的插图，分图用a、b、c……标出。图号和图名置于图下方中间位置。

（4）公式。毕业设计说明书中需重要的或者后文中需重新提及的公式应注序号并加圆括号，序号一律用阿拉伯数字按章编序，如(6-10)，序号排在版面右侧，且与右边距离相等。公式与序号之间不加任何线段。

（5）数字用法。公历世纪、年代、年、月、日、时间和各种计数、计量，均用阿拉伯数字。年份不能简写，如1999年不能写成99年。数值的有效数字应全部写出，如0.5:2.0不能写作0.5:2。

（6）软件。软件流程图和原程序清单要按软件文档格式附在毕业设计说明书后面，特殊情况可在答辩时展示，不附在毕业设计说明书内。

1.7.2 毕业设计说明书装订要求

按以下顺序装订毕业设计说明书：封面、毕业设计任务书、开题报告、毕业设计过程记录表、目录、中文摘要（含关键词）、英文摘要（含关键词）、正文、致谢、参考文献、注释、附录。毕业设计审阅和答辩成绩评定书，答辩结束后由指导教师粘贴至封底。

1.7.3 毕业设计质量检查与评估

毕业设计阶段主要检查学院对提高毕业设计质量、调动教师和学生的积极性、加强指导教师的责任心、解决教师和学生对此项工作精力集中不够所采取的实施方案，是对毕业设计整个过程管理所采取的具体监控措施。同时，检查指导教师对保证毕业设计质量、加强毕业设计工作过程管理所采取的具体办法。重点对以下内容进行检查：

（1）毕业设计文件是否齐全（任务书、指导书、设计方案、毕业设计教学大纲等）。

（2）课题选择是否满足教学基本要求，是否符合专业培养目标，与毕业设计课题选择原则是否一致。

（3）指导教师是否认真负责，对学生辅导力度情况；学生精力投入情况及课题进展情况。

(4) 抽查、审阅学生毕业设计报告，考核毕业答辩水平。

(5) 审查学生毕业设计成绩是否符合评分标准。

1.7.4 毕业设计过程管理相关表格

(1) 本科毕业设计工作流程见图1-1。

(2)《____届本科毕业设计基本情况汇总表》见表1-2。

(3) 开题报告（学生填写）见表1-3。

(4) 毕业设计过程记录表（教师填写）见表1-4。

(5) 毕业设计审阅和答辩成绩评定书见表1-5。

(6) ____届毕业设计期中检查情况调查表（学生填写）见表1-6。

(7) ____届毕业设计质量检查表（毕业设计督导组抽查）见表1-7。

```
指导教师至少应在毕业设计正式开始的一个月前，向学生下达任务书
                        ⇩
学生应在毕业设计正式开始的一周前，向指导教师提交设计方案论证书（开题报告）
                        ⇩
学院在毕业设计正式开始前检查任务书、开题报告、设计方案论证等的下达和撰写情况，指导教师到位情况以及课题开展条件准备情况等
                        ⇩
学院按专业填报《____届本科毕业设计基本情况汇总表》，经学院审核后送交教务部门备案
                        ⇩
学院应根据毕业设计期中检查情况进行总结，向学校教务部门上报总结报告
                        ⇩
学院成立毕业设计答辩委员会，部署学生答辩相关事宜，并对学生答辩资格进行审核
                        ⇩
组织答辩小组全面开展答辩工作。学院必须有一个单元时间安排公开答辩，届时教务部门应指派校毕业设计督导组人员参加
                        ⇩
全院答辩结束后经筛选，学院向学校推荐优秀毕业设计，经教务部门审核后送主管校长审批
                        ⇩
学生毕业设计成绩经学院审核后输入计算机登录上传，同时核对原填报的《____届毕业设计基本情况汇总表》相关信息的准确性
                        ⇩
学院将学生毕业设计资料整理归档，并对本届毕业设计工作进行总结，上报总结报告
                        ⇩
学校组织对本届毕业设计工作进行检查与总结
```

图1-1 本科毕业设计工作流程

表1-2

____届本科毕业设计基本情况汇总表

毕业设计日期： 年 月 日　　　　　周数：

学院：　　　　　　　　　　　　　专业：

序号	学生情况			课题名称	课题类型	课题来源	设计地点	校内指导教师			校外指导教师			备注
	学号	姓名	班级					姓名	职称		姓名	职称		

填表人：　　　　　　　　　教研室主任：　　　　　　　　　教学院长：

开题报告(学生填写)　　　　　　　　　　　　　　　　表 1-3

建议填写以下内容：
1. 简述课题的作用、意义，在国内外的研究现状和发展趋势，尚待研究的问题。
2. 重点介绍完成任务的可能思路和方案。
3. 需要的主要仪器和设备等。
4. 主要参考文献。

指导教师评语：(建议填写内容；对学生提出的方案给出评语，明确是否同意开题，提出学生完成上述任务的建议、注意事项等)

指导教师签名：　　　　　　　　　　　　　　　　　　　　　　　　　　　年　月　日

毕业设计过程记录表(教师填写) 表1-4

序号	检查时间	检查内容	指导教师阶段检查评语 (要指出该阶段存在的问题及解决的方法)	指导教师签名
1	第2周	1.资料收集情况； 2.开题报告完成情况； 3.外文翻译完成情况		年 月 日
2	第5周	1.检查学生投入情况； 2.设计进展情况		年 月 日
3	第8周	1.总体任务完成是否过半； 2.院系中期检查意见； 3.存在问题及采取措施		年 月 日
4	第13周	1.审查设计质量,注意中、外文摘要部分； 2.答辩前准备情况； 3.是否同意参加答辩		年 月 日

备注:指导教师应按要求和时间段及时填写,该表格由学生保管,留在设计现场随时接受校、院两级毕业设计督导组检查。

毕业设计审阅和答辩成绩评定书

表 1-5

学生姓名		专业班级		学号	

毕业设计课题名称：

指导教师评语：(建议从学生的工作态度、工作量、任务完成情况，设计的创新点、学术性、实用性、书面表达能力、图纸质量、书写装订规范性、外语水平等方面给出评价)

建议成绩：　　　　　　　　　　　　　　　指导教师签名：

　　　　　　　　　　　　　　　　　　　　　　　　　　　　年　月　日

评阅人评语：(对毕业设计的质量及存在的问题给予评价)

建议成绩：　　　　　　　　　　　　　　　评阅人签字：

　　　　　　　　　　　　　　　　　　　　　　　　　　　　年　月　日

答辩委员会评语：

建议成绩：　　　　　　　　　　　　　　　负责人(组长)签字：

　　　　　　　　　　　　　　　　　　　　　　　　　　　　年　月　日

_____届毕业设计期中检查情况调查表(学生填写)　　　表 1-6

学生姓名		学号		专业班级	
课题名称				指导教师	

请同学们对下列 10 项进行打√或填数字

1. 课题有否变动：□无　　□小变动　　□换题

2. 对课题任务要求是否明确：□明确　　□较明确　　□不甚明确

3. 已调研几个单位：_____个；调研笔记：□有　　□无

4. 查阅文献资料。其中，中文：_____本；外文：_____本

5. 制订方案：_____个

6. 要做的试验与测试。其中，预计要做：_____个；已做：_____个

7. 指导教师每周辅导：_____次；合计约：_____小时

8. 计划使用计算机时间：_____小时；已用机时：_____小时

9. 预计课题进展：□超前　　□按时　　□延迟

10. 任务能否完成：□能　　□否

对指导教师的评价和要求：

几周来的收获和后期工作的打算：

_____届毕业设计情况质量检查表(毕业设计督导组抽查)　　　表1-7

专业班级		学生姓名		指导教师	
		学生学号		教研室	
毕业设计题目					

		检查项目	A	B	C	D
选题	1	选题符合专业培养目标,体现综合训练基本要求				
	2	题目难易度				
	3	题目工作量				
	4	题目与生产、科研、实验室建设等实际的结合程度				
毕业设计质量	5	综合运用知识的能力(毕业设计涉及学科范围,内容深广度及问题难易度)				
	6	应用文献资料的能力				
	7	实验设计能力				
	8	计算能力(数据运算与处理能力等)				
	9	外文应用能力				
	10	计算机应用能力				
	11	对实验结果的分析能力(或综合分析能力、技术经济分析能力)				
	12	插图(或图纸)质量				
	13	设计说明撰写水平				
	14	设计的实用性与科学性				
	15	设计规范化程度和设计栏目齐全合理等				
	16	创建性("有"或"无")	有		无	
评阅与答辩	17	评阅与答辩(是否有指导教师和评阅人的评阅意见、答辩委员会意见以及成绩评定是否恰当等)				

原成绩		检查建议成绩	
检查意见:			

说明:1.评价标准与评分关系:A=优,B=良,C=及格,D=不及格;
　　　2.评价标准与设计最终评分结果关系:A多,B少,无C,则成绩为优秀;A、B多(70%以上),C少,无D,若A多则成绩是良好,若B多则成绩为中等;C多(70%以上),A、B少,则成绩为及格;D多则成绩为不及格

第 2 章　30m 简支 T 形梁桥设计

【设计任务纲要】

2015 年交通运输部颁布《公路桥涵设计通用规范》(JTG D60—2015)(以下简称《桥规》)，规范的实施对桥梁的设计与施工提出了新的要求，需要在设计中引起重视。因此，本毕业设计对 30m 简支 T 梁桥采用新规范进行计算，重新选配预应力钢束和普通钢筋。

某预应力混凝土简支梁桥的安全等级为一级，环境条件为 II 类，标准跨径为 30m；主梁全长为 29.96m，计算跨径为 28.66m；桥面净宽为净-14m + 2 × 1.80m。汽车荷载等级为公路—I 级，人群荷载为 3.00kN/m²，每侧人行道栏杆的作用力为 1.52kN/m，每侧人行道重力为 4.00kN/m。主梁采用 C50 混凝土，预应力钢束采用 φ^{s}15.2 钢绞线，每束 7 根。钢筋直径≥12mm 的采用 HRB400 钢筋，钢筋直径 < 12mm 的采用 HPB300 钢筋。采用后张法施工工艺制作主梁。预制时，预留孔道采用内径 70mm、外径 77mm 的预埋金属波纹管成型，钢绞线采用 TD 双作用千斤顶两端同时张拉，锚具采用夹片式群锚。

在文献调研和资料准备的基础上，主要完成以下几方面的设计和计算：①桥梁上部结构设计，即主梁及横隔梁布置和结构尺寸拟定。②作用计算、作用组合计算、配筋设计。③支座、伸缩缝及其他附属构件设计。④桥梁下部结构设计，即盖梁、桥墩及基础布置和结构尺寸拟定，内力及其组合计算、配筋设计等。⑤根据计算结果绘制桥梁施工图。⑥完成毕业论文的撰写，应采用规范的论文格式，包括摘要、关键词、目录、概述、正文、结论等，并配以相关的图表。

毕业设计进度安排如下：

第 1 周，搜集相关资料，完成开题报告；

第 2 周，桥型总体布置及主梁、横梁、桥面板等细部尺寸拟定；

第 3 ~ 4 周，作用及作用组合计算；

第 5 ~ 7 周，主梁配筋及承载能力验算；

第 8 ~ 9 周，横梁及桥面板承载能力验算；

第 10 ~ 12 周，下部结构设计及验算；

第 13 周，整理设计计算书；

第 14 周，绘制工程图纸，不少于 10 张，其中手绘图不少于 2 张；

第 15 周，完成毕业设计答辩并提交材料。

【教师点评】

简支 T 形梁既是《桥梁工程》教学中最基本的教学内容，也是实际工程中最常用的结构形式之一。通过设计，可使学生在桥梁选型、结构尺寸拟定、荷载计算、内力计算、内力组合、配筋设计及绘制工程图方面得到锻炼。

"30m简支T形梁桥设计"作为毕业设计选题,难度适中。在本设计中,首先,根据给定条件进行了桥梁结构布置,拟定了桥梁各部件的结构尺寸,并进行了截面几何特性计算;其次,依据现行公路桥涵规范进行了荷载计算和荷载组合计算;再次,根据组合内力配置了预应力钢索,经承载能力极限状态下的应力验算和正常使用极限状态下的抗裂验算均满足规范要求。最后,对主梁端部锚固区承压(局部承压和总体区承压)、主梁变形、横隔梁、行车道板等进行了验算,结果均满足规范要求。此外,设计还对桥梁下部墩台进行了设计计算。毕业设计完成的设计深度和设计工作量已达到了本科毕业设计教学大纲的培养要求。

毕业设计表明:该学生设计思路清晰、条理清楚,基础理论知识和专业知识扎实。设计内容完整,计算工作量大,结果正确。设计中的不足表现在:全文前后内容的衔接有待进一步梳理;设计的重、难点不够明确。

2.1 设 计 资 料

2.1.1 设计基本资料

标准跨径:30m;主梁全长:29.96m;计算跨径:28.66m;桥面净宽:净-14m+2×1.80m。汽车荷载:公路—Ⅰ级;人群荷载:3.00kN/m²;每侧人行道栏杆的作用力:1.52kN/m;每侧人行道重:4.00kN/m。混凝土:主梁采用C50混凝土;钢绞线:预应力钢束采用$\phi^s15.2$钢绞线,每束7根;钢筋:直径≥12mm的采用HRB400钢筋,直径<12mm的采用HPB300钢筋。采用后张法施工工艺制作主梁。预制时,预留孔道采用内径70mm、外径77mm的预埋金属波纹管成型,钢绞线采用TD双作用千斤顶两端同时张拉,锚具采用夹片式群锚。

材料特性及参数见表2-1。

材料特性及参数　　　　　　表2-1

名称	项 目		符 号	单 位	数 据
C50 混凝土	立方体强度		$f_{cu,k}$	MPa	50.00
	弹性模量		E_c	MPa	$3.45×10^4$
	轴心抗压标准强度		f_{ck}	MPa	32.40
	轴心抗拉标准强度		f_{tk}	MPa	2.65
	轴心抗压设计强度		f_{cd}	MPa	22.40
	轴心抗拉设计强度		f_{td}	MPa	1.83
	短暂状态	容许压应力	$0.7f'_{ck}$	MPa	20.72
		容许拉应力	$0.7f'_{tk}$	MPa	1.76
	持久状态	标准荷载组合 容许压应力	$0.5f_{ck}$	MPa	16.20
		容许主压应力	$0.6f_{ck}$	MPa	19.44
		频遇组合 容许拉应力	$\sigma_{st}-0.85\sigma_{pc}$	MPa	0.00
		容许主拉应力	$0.6f_{tk}$	MPa	1.59

续上表

名称	项目		符号	单位	数据
$\phi^s 15.2$ 钢绞线	标准强度		f_{pk}	MPa	1860
	弹性模量		E_p	MPa	1.95×10^5
	抗拉设计强度		f_{pd}	MPa	1260
	最大控制应力 σ_{con}		$0.75f_{pk}$	MPa	1395
	持久状态应力	标准荷载组合	$0.65f_{pk}$	MPa	1209
普通钢筋	HRB400	抗拉标准强度	f_{sk}	MPa	400
		抗拉设计强度	f_{sd}	MPa	330
	HPB300	抗拉标准强度	f_{sk}	MPa	300
		抗拉设计强度	f_{sd}	MPa	250
材料重度	钢筋混凝土		γ_1	kN/m³	25.00
	钢绞线		γ_1	kN/m³	78.50
钢束与混凝土的弹性模量比			α_{EP}	无量纲	5.65

注：本例考虑混凝土强度达到 C45 时开始张拉预应力钢束。f'_{ck} 和 f'_{tk} 分别表示钢束张拉时混凝土的抗压、抗拉标准强度，则 $f'_{ck}=29.6$ MPa，$f'_{tk}=2.51$ MPa。

2.1.2 横截面布置

1）主梁间距与主梁片数

主梁间距通常随梁高与跨径的增大而加宽较为经济，同时加宽翼板对提高主梁截面效率指标 ρ 很有效，故在许可条件下应适当加宽 T 梁翼板。根据所需桥面宽度，主梁间距采用 2200mm，选用 8 片主梁，横截面布置如图 2-1 所示。

2）主梁跨中截面主要尺寸拟定

（1）主梁高度

预应力混凝土简支梁桥的主梁高度与其跨径之比通常为 1/25~1/15，标准设计中高跨比为 1/18~1/19。当建筑高度不受限制时，增大梁高可以节省预应力钢束用量，同时梁高加大一般只是腹板加高，而混凝土用量增加不多。因此，增大梁高往往是一种较经济的方案。综上考虑，取主梁高度为 2100mm。

（2）主梁截面细部尺寸

T 梁翼板的厚度主要取决于桥面板承受车轮局部荷载的要求，还应考虑能否满足主梁受弯时上翼板受压的强度要求。本例预制 T 梁的翼板厚度取用 180mm，翼板根部加厚到 300mm 以抵抗翼缘根部较大的弯矩。

腹板内主拉应力较小，厚度一般由布置预制孔道的构造决定，同时从腹板本身的稳定条件出发，厚度不宜小于其高度的 1/15。本例腹板厚度取 200mm。

马蹄尺寸由布置预应力钢束的需要来确定。一般马蹄面积占截面总面积的 10%~20% 较合适。考虑到主梁需要配置较多的钢束，将钢束按三层布置，一层最多排三束，同时根据《公路钢筋混凝土及预应力混凝土桥涵设计规范》(JTG 3362—2018)（以下简称《公预规》）9.4.9 条对钢束净距及预留管道的构造要求，初拟马蹄宽度为 500mm，高度 300mm，马蹄与腹板交接处作三角过渡,高度100mm,以减小局部应力。

按照以上拟定的外形尺寸,绘出预制主梁的跨中截面。

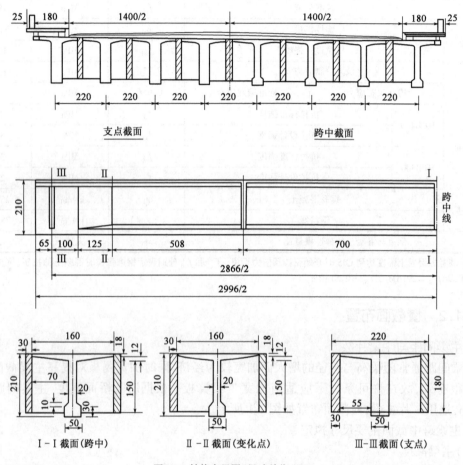

图 2-1　结构布置图(尺寸单位:cm)

3)横隔梁的设置

在桥跨中点、四分点和支点处设置五道横隔梁,其间距分别为 7m 和 7.33m。

4)横截面沿跨长的变化

主梁采用等高形式,T 梁翼板厚度沿跨长不变。梁端部区段由于锚头集中力的作用而引起较大的局部应力。因此,在距端横隔梁 2250mm 处将腹板加厚到与马蹄同宽,变截面的过渡段长度为 1250mm。

2.1.3　计算截面几何特征

1)受压翼缘有效宽度 b'_f

根据《公预规》4.3.3 条,对于 T 形截面受压翼缘的计算宽度 b'_f,应取下列三者最小值:

$b'_f \leq l/3 = 28660/3 = 9553(\text{mm})$;

$b'_f \leq$ 相邻两主梁的平均间距 $= 2200\text{mm}$;

$b'_f \leq b + 2b_h + 12h'_f = 200 + 2 \times 360 + 12 \times 240 = 3800(\text{mm})$。

式中：b——梁腹板宽度；

b_h——承托长度，此处 $b_h > 3h_b$，取 $b_h = 3h_b = 3 \times 120 = 360(\text{mm})$；

h'_f——受压区翼缘的悬出板的厚度，h'_f 可取跨中截面翼缘板厚度的平均值。

所以，取受压翼缘有效宽度 $b'_f = 2200\text{mm}$。

2）全截面几何特性的计算

将主梁跨中截面划分成五个规则图形的小单元，如图 2-2 所示。

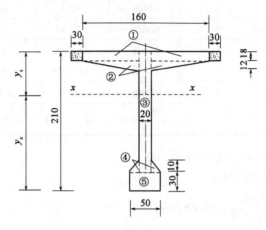

图 2-2　计算主梁跨中截面几何特性分块图（尺寸单位：cm）

截面形心至上缘的距离：

$$y_s = \frac{\sum A_i y_i}{A} \tag{2-1}$$

式中：A_i——分块面积；

y_i——分块面积的形心至上缘的距离。

由于主梁宽度较大，为了保证桥梁的整体受力性能，桥面板采用现浇混凝土刚性接头，因此，主梁的工作截面有两种：预制和吊装阶段的小截面（$b = 160\text{cm}$）；运营阶段的大截面（$b = 220\text{cm}$）。主梁跨中截面的全截面几何特性见表 2-2、表 2-3。

主梁跨中小毛截面的几何特性　　　　　　　　　　　　　　　　　表 2-2

分块名称	分块面积 (cm^2) (1)	y_i (cm) (2)	分块面积对上缘静矩 S_i (cm^3) (3) = (1)×(2)	$d_s = y_s + y_i$ (cm) (4)	分块面积对截面形心惯矩 I_x (cm^4) (5) = (1)×(4)²	分块面积的惯矩 I_i (cm^4) (6)
翼板①	140×18=2520	9	22680	70.46	125.11×10⁵	0.68×10⁵
三角承托②	70×12=840	22	18480	57.46	27.74×10⁵	0.07×10⁵
腹板③	180×20=3600	90	324000	−10.54	4.00×10⁵	97.20×10⁵
下三角④	15×10=150	176.7	26505	−97.24	14.18×10⁵	0.008×10⁵
马蹄⑤	30×50=1500	195	292500	−115.54	200.24×10⁵	1.13×10⁵
Σ	8610	—	684165	—	371.27×10⁵	99.08×10⁵

$\sum I = \sum I_i + \sum I_x = 470.35 \times 10^5 \text{cm}^4, \quad y_s = \frac{\sum A_i y_i}{A} = 79.46\text{cm}, \quad y_x = 210 - 79.46 = 130.54(\text{cm})$

主梁跨中大毛截面的几何特性   表 2-3

分块名称	分块面积 A_i (cm²) (1)	y_i (cm) (2)	分块面积对上缘静矩 S_i (cm³) (3)=(1)×(2)	$d_s = y_s + y_i$ (cm) (4)	分块面积对截面形心惯矩 I_x (cm⁴) (5)=(1)×(4)²	分块面积的惯矩 I_i (cm⁴) (6)
翼板①	200×18=3600	9	32400	62.61	141.11×10⁵	0.97×10⁵
三角承托②	70×12=840	22	18480	49.61	20.67×10⁵	0.07×10⁵
腹板③	180×20=3600	90	324000	−18.39	12.18×10⁵	97.20×10⁵
下三角④	15×10=150	176.7	26505	−105.09	16.57×10⁵	0.008×10⁵
马蹄⑤	30×50=1500	195	292500 ∑S_i	−123.39	228.38×10⁵	1.13×10⁵
∑	9690	—	693885	—	418.91×10⁵	99.37×10⁵

$\sum I = \sum I_i + \sum I_x = 518.28 \times 10^5 \text{cm}^4$, $y_s = \frac{\sum A_i y_i}{A} = 71.61 \text{cm}$, $y_x = 210 - 71.61 = 138.39 (\text{cm})$

3)检验截面效率指标 ρ(ρ 宜大于 0.50)

截面重心至上核心点的距离:

$$k_s = \frac{\sum I}{\sum A y_x} = \frac{51828000}{9690 \times 138.39} = 38.65 (\text{cm})。$$

截面重心至下核心点的距离:

$$k_x = \frac{\sum I}{\sum A y_s} = 74.69 (\text{cm})。$$

截面效率指标:

$$\rho = \frac{k_s + k_x}{h} = 0.540 > 0.50, 合适。$$

2.2 主梁作用计算

先计算永久作用,再计算活载作用下的荷载横向分布系数,并求得各主梁控制截面(跨中、四分点、变化点截面和支点截面)的最大可变作用,最后进行作用组合。

2.2.1 永久作用计算

1)永久作用集度

(1)预制梁自重(一期恒载)

按跨中截面计,主梁的恒载集度:

$g(1) = 0.861 \times 25 = 21.53 (\text{kN/m})$;

由于变截面的过渡区段折算成的恒载集度:

$g(2) = 2 \times 1.25 \times 0.5 \times 0.3 \times (1.4 + 1.5 \times 15/70 \times 0.12) \times 0.5 \times 25/28.66 = 0.48 (\text{kN/m})$;

由于梁端腹板加宽所增加的重力折算成的恒载集度:

$g(3) = 2 \times 1.0 \times 0.3 \times [1.4 + (0.5 \times 15/70 \times 0.12) + 0.5 \times 0.1] \times 25/28.66 = 0.77 (\text{kN/m})$;

中间横隔梁体积:$(0.7 \times 1.62 - 0.7 \times 0.5 \times 0.12 - 0.5 \times 0.1 \times 0.15) \times 0.15 = 0.16(mm^3)$;
端部横隔梁体积:$(0.55 \times 1.5 + 0.55 \times 0.5 \times 0.12 - 0.5 \times 0.1 \times 0.15) \times 0.15 = 0.13(mm^3)$;
边主梁的横隔梁恒载集度:$g(4) = (3 \times 0.16 + 2 \times 0.13) \times 25/28.66 = 0.65(kN/m)$;
中主梁的横隔梁恒载集度:$g'(4) = 2 \times g(4) = 2 \times 0.65 = 1.30(kN/m)$;
边主梁的一期恒载集度为:$g_1 = 21.53 + 0.48 + 0.77 + 0.65 = 23.43(kN/m)$;
中主梁的一期恒载集度为:$g_1' = 21.53 + 0.48 + 0.77 + 1.30 = 24.08(kN/m)$。

(2)二期恒载

一侧人行道栏杆1.52kN/m;一侧人行道4.00kN/m;桥面铺装层重(图2-3):

1号梁:$0.5 \times (0.07 + 0.076) \times [2.2/2 - (1.8 - 1.1)] \times 25 = 0.73(kN/m)$;
2号梁:$0.5 \times (0.076 + 0.109) \times 2.2 \times 25 = 5.09(kN/m)$;
3号梁:$0.5 \times (0.109 + 0.142) \times 2.2 \times 25 = 6.90(kN/m)$;
4号梁:$0.5 \times (0.142 + 0.175) \times 2.2 \times 25 = 8.72(kN/m)$。

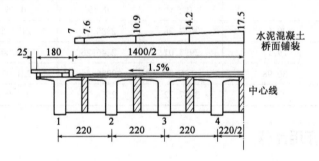

图2-3 桥面铺装(尺寸单位:cm)

恒载计算汇总见表2-4。

恒载汇总(单位:kN/m) 表2-4

梁 号	一期恒载 g_1	二期恒载 g_2	总 恒 载
1	23.43	6.25 = 1.52 + 4.00 + 0.73	29.68
2	24.08	5.09	29.17
3	24.08	6.90	30.98
4	24.08	8.72	32.80

2)永久作用

如图2-4所示,设 x 为计算截面离支座的距离,并令 $\alpha = x/l$,则主梁弯矩和剪力的计算公式为

$$M_g = \frac{1}{2}\alpha(1-\alpha)l^2 g_i \qquad (2-2)$$

$$Q_g = \frac{1}{2}(1-2\alpha)l g_i \qquad (2-3)$$

永久作用计算结果见表2-5。

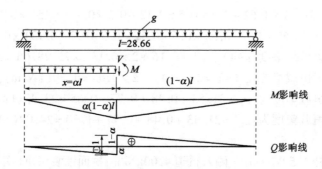

图 2-4　永久作用计算图(尺寸单位:m)

永久作用计算结果　　　　　　　　　　　　表 2-5

项　目	总恒载 g_1 (kN/m)	M_g (kN·m)		Q_g (kN)	
		跨中	四分点	四分点	支点
α	—	0.50	0.25	0.25	0.00
1号梁	29.68	3047.38	2285.53	212.66	425.31
2号梁	29.17	2995.01	2246.26	209.00	418.01
3号梁	30.98	3180.85	2385.64	221.97	443.94
4号梁	32.80	3367.72	2525.79	235.01	470.02

2.2.2　可变作用计算

1)冲击系数和车道折减系数

简支梁桥结构基频计算:

$$f = \frac{\pi}{2l^2}\sqrt{\frac{EI_c}{m_c}} \tag{2-4}$$

式中, $l = 28.66\text{m}$; $E = 3.45 \times 10^{10}\text{N/m}^2$; $I_c = 518.28 \times 10^9\text{mm}^4$; $m_c = 0.969 \times 25 \times 1000/9.81 = 2469.4(\text{kg/m})$。

则

$$f = \frac{\pi}{2 \times 28.66^2}\sqrt{\frac{3.45 \times 10^{10} \times 518.28 \times 10^9 \times 10^{-12}}{2469.42}} = 5.15(\text{Hz})$$

冲击系数 $\mu = 0.1767\ln 5.15 - 0.0157 = 0.274$,所以 $1 + \mu = 1.274$。

按《桥规》4.3.1条,当横桥向布置多车道汽车荷载时,应考虑汽车荷载的折减;布置一条车道汽车荷载时,应考虑汽车荷载的提高。单车道提高系数为1.20,双车道折减系数为1.00,三车道折减系数为0.78,四车道折减系数为0.67,但多车道的荷载效应不得小于两条车道布载时的荷载效应。

2)主梁的荷载横向分布系数

(1)跨中的荷载横向分布系数(修正刚性横梁法)

本设计桥跨内设有五道横隔梁,承重结构的宽跨比为 $b/l = 17.6/28.66 = 0.61$,认为是具有可靠的横向联结,且宽跨比接近0.5,按修正刚性横梁法来计算荷载横向分布系数。

①计算主梁抗扭惯矩。

对于T形截面,单根主梁抗扭惯矩可近似计算为

$$I_{Ti} = \sum_{i=1}^{m} c_i b_i t_i^3 \tag{2-5}$$

式中:b_i、t_i——相应单个矩形截面的宽度和高度;
c_i——矩形截面抗扭刚度系数;
m——梁截面划分成单个矩形截面的个数。

对于跨中截面,翼缘板的换算平均厚度:$t = (180 + 180 + 120)/2 = 240(mm)$;
马蹄部分的换算平均厚度:$t = (300 + 400)/2 = 350(mm)$。
I_{Ti}的计算图式如图2-5所示,I_{Ti}的计算结果见表2-6。

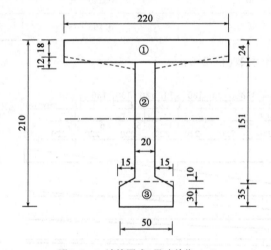

图2-5 I_{Ti}计算图式(尺寸单位:cm)

I_{Ti} 计 算 结 果　　　　　　　　　　　　　表2-6

分块名称	b_i (m)	t_i (m)	t_i/b_i	c_i	$c_i b_i t_i^3$ (m^4)
翼缘板	2.20	0.24	0.11	0.310	9.43×10^{-3}
腹板	1.51	0.20	0.13	0.306	3.70×10^{-3}
马蹄	0.50	0.35	0.70	0.189	4.05×10^{-3}
I_{Ti}	—				17.18×10^{-3}

②计算抗扭修正系数β。

对于本设计主梁的间距相同,将主梁看成近似等截面,则

$$\beta = \cfrac{1}{1 + \cfrac{Gl^2 \sum I_{Ti}}{12E \sum a_i^2 I_i}} \tag{2-6}$$

式中,$G = 0.4E$;$l = 28.66m$;$\sum I_{Ti} = 8 \times 17.18 \times 10^{-3} = 0.14(m^4)$;$a_1 = -a_8 = 7.7m$;$a_2 = -a_7 = 5.5m$;$a_3 = -a_6 = 3.3m$;$a_4 = -a_5 = 1.1m$;$I_i = 0.52 m^4$,计算得$\beta = 0.97$。

③按修正刚性横梁法计算横向影响线坐标值。

$$\eta_{ij} = \frac{1}{n} \pm \beta \frac{a_i a_j}{\sum_{i=1}^{8} a_i^2} \qquad (2\text{-}7)$$

式中，$n=8$；$\sum_{i=1}^{8} a_i^2 = 2 \times (7.7^2 + 5.5^2 + 3.3^2 + 1.1^2) = 203.28 \ (\text{m}^2)$。计算所得 η_{ij} 值见表2-7。

η_{ij} 值   表2-7

梁　号	a_i (m)	η_{i1}	η_{i8}
1	7.70	0.408	-0.158
2	5.50	0.327	-0.077
3	3.30	0.246	0.004
4	1.10	0.165	0.085

④计算荷载横向分布系数(图2-6)。

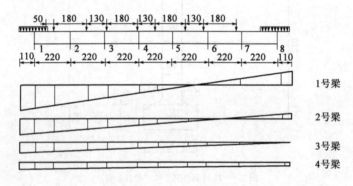

图2-6　跨中荷载横向分布系数计算图(尺寸单位：cm)

汽车荷载：
$$m_{cq} = \frac{1}{2} \sum \eta_{qi} \qquad (2\text{-}8)$$

人群荷载：
$$m_{cr} = \eta_r \qquad (2\text{-}9)$$

1号梁的荷载横向分布系数如下：

4车道：$m_{cq}^4 = 0.5 \times (0.364 + 0.298 + 0.250 + 0.184 + 0.136 + 0.070 + 0.022 - 0.044) \times 0.67 = 0.429$；

3车道：$m_{cq}^3 = 0.5 \times (0.364 + 0.298 + 0.250 + 0.183 + 0.136 + 0.070) \times 0.78 = 0.508$；

2车道：$m_{cq}^2 = 0.5 \times (0.364 + 0.298 + 0.250 + 0.183) = 0.548$；

1车道：$m_{cq}^1 = 0.5 \times (0.364 + 0.298) \times 1.2 = 0.397$。

1号梁汽车荷载横向分布系数取 $m_{cq} = \max(m_{cq}^2, m_{cq}^3, m_{cq}^4) = 0.548$（2车道）。

人群荷载：$m_{cr} = 0.415$。同样得2号梁、3号梁、4号梁的荷载横向分布系数，计算结果见表2-8。

荷载横向分布系数计算结果 表2-8

梁号	汽车荷载作用点相应影响线竖标 η_{qi} 值								m_{cq}	m_{cr}
	η_{q1}	η_{q2}	η_{q3}	η_{q4}	η_{q5}	η_{q6}	η_{q7}	η_{q8}		
1	0.364	0.298	0.250	0.184	0.136	0.070	0.022	-0.044	0.548	0.415
2	0.296	0.248	0.214	0.167	0.133	0.086	0.051	0.004	0.463	0.332
3	0.227	0.199	0.178	0.150	0.130	0.101	0.081	0.053	0.377	0.249
4	0.159	0.149	0.143	0.133	0.127	0.117	0.110	0.101	0.348	0.166

(2) 支点的荷载横向分布系数 m_0（杠杆原理法）

支点的荷载横向分布系数计算如图2-7所示。按杠杆原理法绘制荷载横向影响线并进行布载，则可变作用横向分布系数计算如下：

1号梁：$m_{0q} = 0.5 \times 0.45 = 0.225$，$m_{0r} = 1.090$；
2号梁：$m_{0q} = 0.5 \times (0.55 + 0.64 + 0.045) = 0.618$，$m_{0r} = 0.000$；
3号梁：$m_{0q} = 0.5 \times (0.18 + 1.0 + 0.41) = 0.795$，$m_{0r} = 0.000$；
4号梁：$m_{0q} = 0.5 \times (0.18 + 1.0 + 0.41) = 0.795$，$m_{0r} = 0.000$。

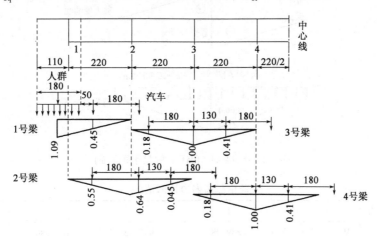

图2-7 支点的荷载横向分布系数计算图（尺寸单位：cm）

(3) 荷载横向分布系数汇总（表2-9）

荷载横向分布系数汇总 表2-9

作用类别	1号梁		2号梁		3号梁		4号梁	
	m_c	m_0	m_c	m_0	m_c	m_0	m_c	m_0
汽车荷载	0.548	0.225	0.463	0.618	0.377	0.795	0.348	0.795
人群荷载	0.415	1.090	0.332	0.000	0.249	0.000	0.166	0.000

3) 车道荷载的取值

根据《桥规》4.3.1条，公路—Ⅰ级车道荷载的均布荷载标准值 $q_k = 10.50 \text{kN/m}$；集中荷载标准值，计算弯矩时为：$P_k = \left(\dfrac{360-270}{50-5}\right) \times (28.66-5) + 270 = 317.32 (\text{kN})$；计算剪力时，$P_k = 317.32 \times 1.2 = 380.78 (\text{kN})$。

4)计算可变作用

在可变作用计算中,本设计对于荷载横向分布系数沿桥跨的变化,取值时做如下考虑:支点处取 m_0,跨中处取 m_c,m_c 从第一根内横隔梁起向 m_0 直线过渡。

(1)计算跨中截面的最大弯矩和最大剪力

可按式(2-10)、式(2-11)直接加载求得跨中截面的内力(图2-8),即

$$S_q = (1+\mu)\xi m_{cq}(q_k\Omega + P_k y_i) \quad (2\text{-}10)$$

$$S_r = m_{cr} q_{0r} \Omega \quad (2\text{-}11)$$

式中,$(1+\mu) = 1.274$;人群荷载 $q_{0r} = 1.8 \times 3.0 = 5.40 (\text{kN/m})$,内力计算结果见表2-10。

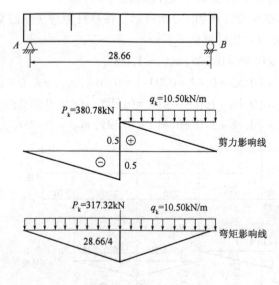

图 2-8 跨中截面作用计算图(尺寸单位:m)

跨中截面内力计算结果   表2-10

梁号		1	2	3	4
公路—Ⅰ级 (考虑冲击系数)	M_{max}(kN·m)	2339.98	1977.03	1609.80	1485.97
	Q_{max}(kN)	159.18	134.49	109.51	101.09
人群荷载	M_{max}(kN·m)	230.09	184.07	138.06	92.04
	Q_{max}(kN)	8.03	6.42	4.82	3.21

(2)求四分点截面的最大弯矩和最大剪力

内力计算结果见表2-11。

四分点截面内力计算结果   表2-11

梁号		1	2	3	4
公路—Ⅰ级 (考虑冲击系数)	M_{max}(kN·m)	1754.99	1482.77	1207.35	1114.48
	Q_{max}(kN)	258.47	218.38	177.82	164.14
人群荷载	M_{max}(kN·m)	172.57	138.06	103.54	69.03
	Q_{max}(kN)	18.06	14.45	10.84	7.23

(3)求支点截面最大剪力(图2-9)

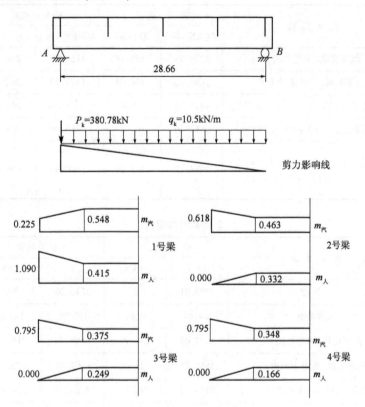

图2-9 支点截面剪力计算图(尺寸单位:m)

内力计算结果见表2-12。

支点截面内力计算结果　　　表2-12

梁号		1	2	3	4
公路—Ⅰ级 (考虑冲击系数)	Q_{max}(kN)	199.71	395.51	476.68	472.42
人群荷载	Q_{max}(kN)	42.30	20.68	15.51	10.34

2.2.3 主梁作用组合的效应计算

按《桥规》4.1.5条、4.1.6条规定,对可能同时出现的作用效应选择了三种最不利作用组合:频遇组合、标准组合和基本组合,见表2-13。

1号梁内力组合　　　表2-13(1)

序号	荷载类别	跨 中 截 面		四分点截面		支点截面
		M(kN·m)	Q(kN)	M(kN·m)	Q(kN)	Q(kN)
(1)	总恒载	3047.38	0	2285.53	212.66	425.31
(2)	人群荷载	230.09	8.03	172.57	18.06	42.30

续上表

序号	荷载类别	跨中截面		四分点截面		支点截面
		M(kN·m)	Q(kN)	M(kN·m)	Q(kN)	Q(kN)
(3)	汽车荷载(考虑冲击)	2339.98	159.18	1754.99	258.47	199.71
(3′)	汽车荷载(未考虑冲击)	1836.72	124.95	1377.54	202.88	156.76
(4)	频遇组合 = (1) + 0.7 × (3′) + (2)	4425.12	90.67	3318.84	361.90	551.96
(5)	标准组合 = (1) + (3) + (2)	5617.46	167.21	4213.09	489.19	667.32
(6)	基本组合 = 1.2 × (1) + 1.4 × [(3) + 0.75 × (2)]	7174.43	231.29	5380.82	636.02	834.38

2号梁内力组合　　　　　表2-13(2)

序号	荷载类别	跨中截面		四分点截面		支点截面
		M(kN·m)	Q(kN)	M(kN·m)	Q(kN)	Q(kN)
(1)	总恒载	2995.01	0	2246.26	209	418.01
(2)	人群荷载	184.07	6.42	138.06	14.45	20.68
(3)	汽车荷载(考虑冲击)	1977.03	134.49	1482.77	218.38	395.51
(3′)	汽车荷载(未考虑冲击)	1551.83	105.57	1163.87	171.41	310.44
(4)	频遇组合 = (1) + 0.7 × (3′) + (2)	4154.92	76.47	3116.19	334.77	643.59
(5)	标准组合 = (1) + (3) + (2)	5156.11	140.91	3867.09	441.83	834.20
(6)	基本组合 = 1.2 × (1) + 1.4 × [(3) + 0.75 × (2)]	6555.13	195.03	4916.35	571.71	1077.04

3号梁内力组合　　　　　表2-13(3)

序号	荷载类别	跨中截面		四分点截面		支点截面
		M(kN·m)	Q(kN)	M(kN·m)	Q(kN)	Q(kN)
(1)	总恒载	3180.85	0	2385.64	221.97	443.94
(2)	人群荷载	138.06	4.82	103.54	10.84	15.51
(3)	汽车荷载(考虑冲击)	1609.80	109.51	1207.35	177.82	476.68
(3′)	汽车荷载(未考虑冲击)	1263.58	85.96	947.69	139.57	374.16
(4)	频遇组合 = (1) + 0.7 × (3′) + (2)	4065.36	60.17	3049.02	319.67	705.85
(5)	标准组合 = (1) + (3) + (2)	4928.71	114.33	3696.54	410.62	936.13
(6)	基本组合 = 1.2 × (1) + 1.4 × [(3) + 0.75 × (2)]	6215.71	158.37	4661.78	526.69	1216.37

4 号梁内力计算 表 2-13(4)

序号	荷载类别	跨中截面		四分点截面		支点截面
		M(kN·m)	Q(kN)	M(kN·m)	Q(kN)	Q(kN)
(1)	总恒载	3367.72	0	2525.79	235.01	470.02
(2)	人群荷载	92.04	3.21	69.03	7.23	10.34
(3)	汽车荷载(考虑冲击)	1485.97	101.09	1114.48	164.14	472.42
(3′)	汽车荷载(未考虑冲击)	1166.38	79.35	874.79	128.84	370.82
(4)	频遇组合 = (1) + 0.7 × (3′) + (2)	4276.23	58.75	3207.17	332.42	739.93
(5)	标准组合 = (1) + (3) + (2)	4945.73	104.30	3709.30	406.37	952.78
(6)	基本组合 = 1.2 × (1) + 1.4 × [(3) + 0.75 × (2)]	6218.27	144.89	4663.70	519.39	1236.27

2.3 预应力钢束的估算及其布置

2.3.1 跨中截面钢束的估算及确定

《桥规》规定,预应力混凝土梁应满足正常使用极限状态的应力要求和承载能力极限状态的强度要求。本例对跨中截面估算在各种作用效应组合下所需的钢束数,并确定主梁的配束。

1）按正常使用极限状态的应力要求估算钢束数

对于简支梁带马蹄的 T 形截面,当截面混凝土不出现拉应力控制时,则得到钢束数 n 的估算公式(2-12):

$$n = \frac{M_k}{C_1 \cdot \Delta A_P \cdot f_{pk}(k_s + e_p)} \quad (2\text{-}12)$$

式中：M_k ——持久状态使用荷载产生的跨中弯矩标准组合值,按表 2-13 中第(5)项取用；

C_1 ——与荷载有关的经验系数,对于公路—Ⅰ级,C_1 取 0.51；

ΔA_p ——钢绞线截面积,一根钢绞线的截面积是 1.39cm^2,故 $\Delta A_p = 9.73\text{ cm}^2$。

前面已计算出成桥后跨中截面 $k_s = 38.65\text{cm}$,初估 $a_p = 15\text{cm}$,则钢束偏心距为

$$e_p = y_x - a_p = 138.39 - 15 = 123.39(\text{cm})$$

按最大的跨中弯矩值(1 号梁)计算：

$$n = \frac{M_k}{C_1 \cdot \Delta A_P \cdot f_{pk}(k_s + e_p)} = \frac{5617.46 \times 10^3}{0.51 \times 9.73 \times 10^{-4} \times 1860 \times 10^6 \times (0.3865 + 1.2339)} = 3.76$$

2）按承载能力极限状态的应力要求估算钢束数

根据极限状态的应力计算图式,受压区混凝土达到极限强度 f_{cd},应力图式呈矩形,同时预应力钢束也达到设计强度 f_{pd},则钢束数的估算公式为式(2-13):

$$n = \frac{M_d}{a \cdot h \cdot f_{pd} \Delta A_p} \tag{2-13}$$

式中：M_d——承载能力极限状态的跨中最大弯矩值，按表2-13中第(6)项取用；
$\qquad a$——经验系数，一般采用0.75~0.77，本例取0.76；
$\qquad f_{pd}$——预应力钢绞线的设计强度。

$$n = \frac{M_d}{ahf_{pd}A_p} = \frac{7174.43 \times 10^3}{0.76 \times 2.1 \times 1260 \times 10^6 \times 9.73 \times 10^{-4}} = 3.67$$

根据上述两种极限状态，取钢束数 $n = 4$。

2.3.2 预应力钢束的布置

1) 跨中截面预应力钢束的位置

参考已有的设计图纸，并按构造要求，对于跨中截面的预应力钢筋进行初步布置，应尽可能使钢束群重心的偏心距较大。

本例采用内径70mm、外径77mm的预埋铁皮波纹管，根据《公预规》9.1.1条规定，管道至梁底和梁侧净距不应小于2cm及管道直径的1/2。根据《公预规》9.4.9条规定，水平净距不应小于4cm及管道直径的0.6倍。在直线管道的竖直方向可将两管道叠置。根据以上规定，跨中截面的细部构造如图2-10所示。

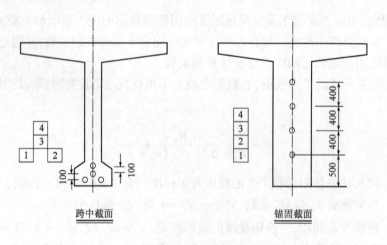

图2-10 钢束布置图(尺寸单位：mm)

由此可直接得出钢束群重心至梁底距离 $a_p = (2 \times 10 + 20 + 30)/4 = 17.5(cm)$。

2) 锚固端截面预应力钢束的位置

对于锚固端截面，钢束布置通常考虑下述两点：一是预应力钢束合力重心尽可能靠近截面形心，使截面均匀受压；二是考虑锚头布置的可能性，以满足张拉操作方便的要求。按照上述锚头布置"均匀""分散"的原则，锚固端截面所布置的钢束如图2-10所示。钢束群重心至梁底距离 $a_p = (50 + 90 + 130 + 170)/4 = 110(cm)$。

钢束锚固端截面的几何特性见表2-14。

钢束锚固端截面的几何特性 表2-14

分块名称	分块面积 A_i (cm²) (1)	y_i (cm) (2)	分块面积对上缘静矩 S_i (cm³) (3)=(1)×(2)	$d_i = y_s - y_i$ (cm) (4)	分块面积对截面形心惯矩 I_x (cm⁴) (5)=(1)×(4)²	分块面积的惯矩 I_i (cm⁴) (6)
翼板	170×18=3060	9	27540	71.49	156.39×10⁵	0.83×10⁵
三角承托	55×12=660	22	14520	58.49	22.58×10⁵	0.05×10⁵
腹板	210×50=10500	105	1102500	−24.51	63.08×10⁵	385.88×10⁵
Σ	14220	—	1144560	—	242.05×10⁵	386.75×10⁵

$$\Sigma I = \Sigma I_i + \Sigma I_x = 628.80 \times 10^5 \text{cm}^4, \quad y_s = \frac{\Sigma A_i y_i}{A} = 80.49 \text{cm}, \quad y_x = 210 - 72.20 = 129.51(\text{cm})$$

故计算得:

$$k_s = \frac{\Sigma I}{\Sigma A y_x} = \frac{628.80 \times 10^5}{14220 \times 129.51} = 34.14(\text{cm})$$

$$k_x = \frac{\Sigma I}{\Sigma A y_s} = \frac{628.80 \times 10^5}{14220 \times 80.49} = 54.94(\text{cm})$$

$$\Delta y = a_p - (y_x - k_x) = 35.43 \text{cm} > 0$$

说明钢束群重心处于截面的核心范围内。

3) 钢束弯起角和线形的确定

确定钢束弯起角时,既要照顾到由其弯起产生足够的竖向预剪力,又要考虑到所引起的摩擦预应力损失不宜过大。在本算例中钢束弯起角 θ 和相应的弯曲半径 R 见表2-15。为了简化计算和施工,所有钢束布置的线形均为直线加圆弧,并且整根钢束都布置在同一个竖直面内。

4) 钢束计算

(1) 计算钢束弯起点和弯止点分别至跨中截面的水平距离

钢束弯起布置如图2-11所示。由 $l_d = y/\tan\theta$ 确定导线点距锚固点的水平距离,由 $l_{b2} = R\tan(\theta/2)$ 确定弯起点至导线点的水平距离,所以弯起点至锚固点的水平距离为 $l_w = l_d + l_{b2}$,则弯起点至跨中截面的水平距离为 $x_k = (l/2 + d) - l_w$。

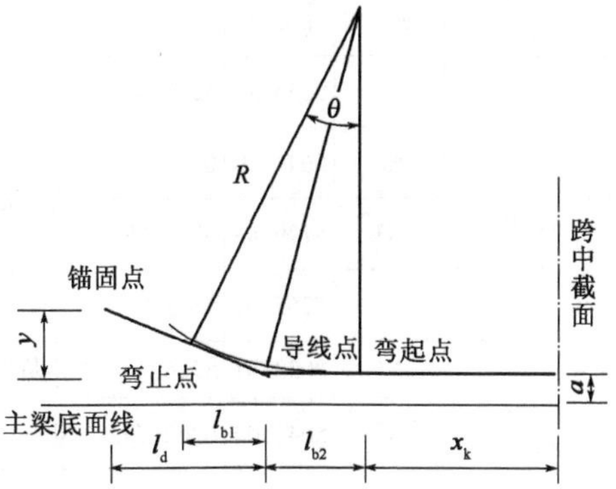

根据圆弧切线的性质,图中弯止点沿切线方向至导线点的距离与弯起点至导线点的距离相等,所以弯止点至导线点的水平距离为 $l_{b1} = l_{b2}\cos\theta$,则弯止点至跨中截面的水平距离为 $x_k + l_{b1} + l_{b2}$。由此可计算出各钢束的控制点位置,各钢束的控制参数见表2-15。

图2-11 钢束计算图

各钢束的控制要素参数 表 2-15

钢束号	升高值 y (mm)	弯起角 θ (°)	弯起半径 R (mm)	支点至锚固点的水平距离 d (mm)	弯起点距跨中截面水平距离 x_k (mm)	弯起点距导线点的水平距离 l_{b2} (mm)	弯止点距跨中截面水平距离 $x_k + l_{b1} + l_{b2}$ (mm)
N1	400	6	50000	150	8053.87	2620.39	13280.29
N2	800	8	45000	150	5641.00	3146.71	11903.79
N3	1100	10	35000	150	5179.49	3062.10	11257.17
N4	1400	12	25000	150	5265.91	2627.61	10463.70

（2）各截面钢束位置及其倾角的计算

钢束上任一点 i 离梁底距离：

$$a_i = a + y_i \tag{2-14}$$

式中：a——钢束弯起前其重心至梁底的距离；

y_i——i 点所在的计算截面处钢束位置的升高值。

计算时，首先应判断出 i 所在处的区段，然后计算 y_i 及 θ_i（该处钢束的倾角），即

①当 $(x_i - x_k) \leq 0$ 时，i 点位于直线段还未弯起，$y_i = 0$，$a_i = a$、$\theta_i = 0$；

②当 $0 \leq (x_i - x_k) \leq (l_{b1} + l_{b2})$ 时，i 点位于圆弧弯曲段，y_i 及 θ_i 按式(2-15)、式(2-16)计算：

$$y_i = R - \sqrt{R^2 - (x_i - x_k)^2} \tag{2-15}$$

$$\theta_i = \sin^{-1} \frac{x_i - x_k}{R} \tag{2-16}$$

③当 $(x_i - x_k) \geq (l_{b1} + l_{b2})$ 时，i 点位于靠近锚固端的直线段，此时 $\theta_i = \theta$，$y_i = (x_i - x_k - l_{b1}) \tan \theta$。各截面钢束位置 a_i 及其倾角 θ_i 计算值见表 2-16。

各截面钢束位置 a_i 及其倾角 θ_i 计算值 表 2-16

计算截面	钢束编号	x_k (mm)	$l_{b1} + l_{b2}$ (mm)	$x_i - x_k$ (mm)	θ_i (°)	y_i (mm)	$a_i = a + y_i$ (mm)
跨中截面 $x_i = 0$	N1	8053.87	5226.42	为负值，钢束尚未弯起	0	0.00	100
	N2	5641.00	6262.79				100
	N3	5179.49	6077.69				200
	N4	5265.91	5197.79				300
$l/4$ 截面 $x_i = 7165$ mm	N1	8053.87	5226.42	为负值，钢束尚未弯起	0	0.00	100.00
	N2	5641.00	6262.79	$0 \leq (x_i - x_k) \leq (l_{b1} + l_{b2})$，位于圆弧弯曲段	1.94	25.81	125.81
	N3	5179.49	6077.69	$0 \leq (x_i - x_k) \leq (l_{b1} + l_{b2})$，位于圆弧弯曲段	3.25	56.36	256.36
	N4	5265.91	5197.79	$0 \leq (x_i - x_k) \leq (l_{b1} + l_{b2})$，位于圆弧弯曲段	4.36	72.24	372.24

续上表

计算截面	钢束编号	x_k (mm)	$l_{b1} + l_{b2}$ (mm)	$x_i - x_k$ (mm)	θ_i (°)	y_i (mm)	$a_i = a + y_i$ (mm)
支点截面 $x_i = 14330$mm	N1	8053.87	5226.42	$(x_i - x_k) \geq (l_{b1} + l_{b2})$，位于靠近锚固端的直线段	6	384.23	484.23
	N2	5641.00	6262.79	$(x_i - x_k) \geq (l_{b1} + l_{b2})$，位于靠近锚固端的直线段	8	778.92	878.92
	N3	5179.49	6077.69	$(x_i - x_k) \geq (l_{b1} + l_{b2})$，位于靠近锚固端的直线段	10	1073.55	1273.55
	N4	5265.91	5197.79	$(x_i - x_k) \geq (l_{b1} + l_{b2})$，位于靠近锚固端的直线段	12	1368.12	1668.12

2.4 主梁截面几何特性计算

本节在求得各验算截面的毛截面特性和钢束位置的基础上，计算主梁净截面和换算截面的面积、惯性矩及梁截面分别对重心轴、上肋与下肋的静矩，最后汇总成截面特性值总表，为各受力阶段的应力验算准备计算数据。

2.4.1 截面面积及惯性矩计算

后张法预应力混凝土梁主梁截面几何特性应根据不同的受力阶段分别计算。本例中的T形梁从施工到运营经历了如下三个阶段。

第一阶段：主梁预制并张拉预应力钢筋阶段。

主梁混凝土达到设计强度的90%后，进行预应力张拉，此时管道尚未压浆，所以在截面特性计算中应扣除预应力管道的影响。T形梁翼板宽度为1600mm。

第二阶段：灌注封锚，主梁吊装就位并现浇600mm湿接缝阶段。

预应力钢筋张拉完成后进行管道注浆，封锚后，预应力钢筋能够参与截面受力。主梁吊装就位后现浇600mm湿接缝，但湿接缝还没参与截面受力，此时的截面特性计算采用计入预应力钢筋影响的换算截面。T形翼板有效宽度为1600mm。

第三阶段：桥面、栏杆及人行道施工和运营阶段。

桥面湿接缝达到强度后，主梁为全截面参与工作，此时截面特性计算计入预应力钢筋的换算截面。T形翼板有效宽度为2200mm。

(1)净截面几何特性计算

在预加应力阶段，只需要计算小截面的几何特性。计算公式：

净截面积：
$$A_n = A - n\Delta A \qquad (2\text{-}17)$$

净截面惯性矩：
$$I_n = I - n\Delta A (y_s - y_i)^2 \qquad (2\text{-}18)$$

第一阶段跨中截面的截面几何特性计算见表2-17。

跨中净截面（$b=160\text{cm}$）几何特性 表2-17

分块名称	分块面积 A_i （cm^2）	A_i重心至梁顶距离 y_i （cm）	对梁顶边的面积矩 $S_i = A_i y_i$ （cm^3）	全截面重心到上缘距离 y_s （cm）	自身惯性矩 I_i （cm^4）	$d_i = y_s - y_i$ （mm）	$I_y = A_i d_i^2$ （cm^4）	截面惯性矩 $I = I_i + I_x$ （cm^4）
混凝土全截面	8610.00	79.46	684150.6		470.35×10^5	-2.50	0.54×10^5	
预留孔道面积 $n\Delta A$	-186.28	192.50	-35858.9	76.96	略	-115.54	-24.87×10^5	446.02×10^5
Σ	8423.72	—	648291.7		470.35×10^5	—	-24.33×10^5	

计算数据：$\Delta A = \pi \times 7.7^2 / 4 = 46.57 \ (\text{cm})^2, n = 4, \alpha_{EP} = 5.65$

（2）换算截面几何特性计算

在使用荷载阶段需要计算大截面（结构整体化以后的截面）的几何特性，计算公式为
换算截面积：

$$A_0 = A + n(\alpha_{Ep} - 1) \cdot \Delta A_p \tag{2-19}$$

换算截面惯性矩：

$$I_n = I + n(\alpha_{EP} - 1) \cdot \Delta A_p \cdot (y_{0s} - y_i)^2 \tag{2-20}$$

第三阶段跨中截面的截面几何特性计算见表2-18。

跨中换算截面（$b=220\text{cm}$）几何特性 表2-18

分块名称	分块面积 A_i （cm^2）	A_i重心至梁顶距离 y_i （cm）	对梁顶边的面积矩 $S_i = A_i y_i$ （cm^3）	全截面重心到上缘距离 y_s （cm）	自身惯性矩 I_i （cm^4）	$d_i = y_s - y_i$ （mm）	$I_y = A_i d_i^2$ （cm^4）	截面惯性矩 $I = I_i + I_x$ （cm^4）
混凝土全截面	9690.00	71.61	693900.90		518.28×10^5	2.22	0.50×10^5	
钢束换算面积 $(\alpha_{EP} - 1)n\Delta A_p$	180.98	192.50	34838.27	73.83	略	-118.67	25.49×10^5	544.24×10^5
Σ	9870.98	—	728739.17		518.28×10^5	—	25.96×10^5	

2.4.2 截面静矩计算

预应力钢筋混凝土梁在张拉阶段和使用阶段都要产生剪应力，这两个阶段的剪应力应该叠加。在每一个阶段中，凡是中性轴位置和面积突变处的剪应力，都需要计算。例如，张拉阶段和使用阶段的截面（图2-12），除了 a-a 和 b-b 位置的剪应力需要计算之外，还应计算：

（1）在张拉阶段，净截面的中性轴（简称净轴）位置产生的最大剪应力，应该与使用阶段在净轴位置产生的剪应力叠加。

（2）在使用阶段，换算截面的中性轴（简称换轴）位置产生的最大剪应力，应该与张拉阶段在换轴位置产生的剪应力叠加。

跨中截面对重心轴静矩计算　　　　　　　　　　　　　　　　　　　　　　　表 2-19

分块名称及序号	静矩类别	小毛截面 $b=160\text{cm}, y_s=76.96$			大毛截面 $b=220\text{cm}, y_s=73.83$		
		分块面积 A_i (cm²)	分块截面重心至全截面重心距离 y_i (cm)	对净轴静矩 $S_i=A_iy_i$ (cm³)	分块面积 A_i (cm²)	分块截面重心至全截面重心距离 y_i (cm)	对净轴静矩 $S_i=A_iy_i$ (cm³)
翼板①	翼缘部分对换轴静矩 S_{a-n} (cm³)	2880.00	67.96	195724.80	3960.00	64.83	256726.80
三角承托②		840.00	54.96	46166.40	840.00	51.83	43537.20
肋部③		240.00	52.96	12710.40	240.00	49.83	11959.20
Σ		—	—	254601.60	—	—	312223.20
下三角④	马蹄部分对净轴静矩 S_{b-n} (cm³)	150.00	99.71	14956.00	150.00	102.84	15425.50
马蹄⑤		1500.00	118.04	177060.00	1500.00	121.17	181755.00
肋部⑥		200.00	98.04	19608.00	200.00	101.17	20234.00
管道或钢束		−186.28	115.54	−21522.79	−186.28	118.67	−22105.85
Σ		—	—	190101.21	—	—	195308.65
翼板①	净轴以上净面积对净轴静矩 S_{n-n} (cm³)	2880.00	67.96	195724.80	3960.00	64.83	256726.80
三角承托②		840.00	54.96	46166.40	840.00	51.83	43537.20
肋部③		1179.20	29.48	34762.82	1179.20	26.35	31071.92
Σ		—	—	276654.02	—	—	331335.92
翼板①	换轴以上净面积对换轴静矩 S_{o-o} (cm³)	2880.00	67.96	195724.80	3960.00	64.83	256726.80
三角承托②		840.00	54.96	46166.40	840.00	51.83	43537.20
肋部③		1116.60	31.05	34664.85	1116.60	27.92	31169.89
Σ		—	—	276556.05	—	—	331433.89

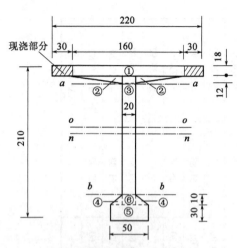

图 2-12 静矩计算图(尺寸单位:cm)

因此,对于每一个荷载作用阶段,需要计算 4 个位置(共 8 种)的剪应力,即需要计算以下几种情况的静矩:

① $a\text{-}a$ 线(图 2-12)以上(或以下)的面积对中性轴(净轴和换轴的静矩)。

② $b\text{-}b$ 线以上(或以下)的面积对中性轴(两个)的静矩。

③ 净轴($n\text{-}n$)以上(或以下)的面积对中性轴(两个)的静矩。

④ 换轴($o\text{-}o$)以上(或以下)的面积对中性轴(两个)的静矩。

计算结果见表 2-19。

2.4.3 截面几何特性汇总

截面几何特性汇总见表 2-20(1)和表 2-20(2)。

小毛截面($b=160$cm)几何特性汇总 表 2-20(1)

计算截面	净面积 A_n (cm^2)	净惯性矩 I_n (cm^4)	净轴到截面上缘距离 y_{ns} (cm)	净轴到截面下缘距离 y_{nx} (cm)	截面抵抗矩		对净轴静矩				钢束群重心到净轴距离 $e_n = h - y_{ns} - a_p$ (cm)
					上缘 W_{ns} (cm^3)	下缘 W_{nx} (cm^3)	$S_{a\text{-}n}$ (cm^3)	$S_{b\text{-}n}$ (cm^3)	$S_{n\text{-}n}$ (cm^3)	$S_{o\text{-}n}$ (cm^3)	
跨中截面	8423.72	446.02×10⁵	76.96	133.04	579547.82	335252.56	254601.60	190101.21	276654.02	276556.05	115.54

大毛截面($b=220$cm)几何特性汇总 表 2-20(2)

计算截面	换算面积 A_o (cm^2)	换算惯性矩 I_o (cm^4)	换轴到截面上缘距离 y_{os} (cm)	换轴到截面下缘距离 y_{ox} (cm)	截面抵抗矩		对换轴静矩				钢束群重心到换轴距离 e_o (cm)	钢束群重心到截面下缘距离 a_p (cm)
					上缘 W_{os} (cm^3)	下缘 W_{ox} (cm^3)	$S_{a\text{-}o}$ (cm^3)	$S_{b\text{-}o}$ (cm^3)	$S_{n\text{-}o}$ (cm^3)	$S_{o\text{-}o}$ (cm^3)		
跨中截面	9870.98	544.24×10⁵	73.83	136.17	737152.92	399676.87	312223.20	195308.65	331335.92	331433.89	118.67	17.50

同理,可计算其他截面的几何特性。

2.5 钢束预应力损失计算

根据《公预规》6.2.1条规定,当计算主梁截面应力和确定钢束的控制应力时,应计算预应力损失值。后张法梁的预应力损失包括前期预应力损失(钢束与管道壁的摩擦损失,锚具变形、钢束回缩引起的损失,分批张拉混凝土弹性回缩引起的损失)与后期预应力损失(钢束应力松弛、混凝土收缩和徐变引起的应力损失),而梁内钢束的锚固应力和有效应力(永存应力)分别等于张拉应力扣除相应阶段的预应力损失。

2.5.1 预应力钢束与管道壁之间的摩擦损失

σ_{l1} 按《公预规》6.2.2条计算,即

$$\sigma_{l1} = \sigma_{con}[1 - e^{-(\mu\theta+kx)}] \tag{2-21}$$

式中, $\sigma_{con} = 0.75 \times 1860 = 1395(\text{MPa})$, $\mu = 0.25$, $k = 0.0015$;对于跨中截面:$x = l/2 + d$, d 为锚固点到支点中线的水平距离, $x = 28660/2 + 150 = 14480(\text{mm})$。各钢束摩擦应力损失值 σ_{l1} 的计算结果见表 2-21。

跨中截面各钢束摩擦应力损失值 σ_{l1} 表 2-21

钢束号	θ		$\mu\theta$	x(m)	kx(m)	$1-e^{-(\mu\theta+kx)}$	σ_{l1}(MPa)
	度(°)	rad					
N1	6.00	0.1047	0.0262	14.480	0.0217	0.0468	65.25
N2	8.00	0.1396	0.0349	14.480	0.0217	0.0550	76.80
N3	10.00	0.1745	0.0436	14.480	0.0217	0.0633	88.25
N4	12.00	0.2094	0.0524	14.480	0.0217	0.0714	99.61
总计							329.90

同理,可计算出其他控制截面处的 σ_{l1} 值。

2.5.2 锚具变形、钢束回缩引起的应力损失

按《公预规》6.2.3条规定,对曲线预应力筋,在计算锚具变形、钢束回缩引起的应力损失时,应考虑锚固后反向摩擦的影响。根据《公预规》附录G, σ_{l2} 的计算公式如下:

首先计算反向摩擦影响长度 l_f,即

$$l_f = \sqrt{\frac{\sum \Delta l \times E_p}{\Delta \sigma_d}} \tag{2-22}$$

式中:$\sum \Delta l$——锚具变形、钢束回缩值(mm),对于夹片锚 $\sum \Delta l = 6$mm(无顶压时);

$\Delta\sigma_d$——单位长度由管道摩擦引起的预应力损失,按下式计算:

$$\Delta\sigma_d = \frac{\sigma_0 - \sigma_l}{l} \tag{2-23}$$

式中:σ_0——张拉端锚下控制应力(本例为1395.00MPa);

σ_l——预应力钢筋扣除摩擦损失后锚固端应力,即跨中截面扣除 σ_{l1} 后钢筋应力;

l——张拉端至锚固端距离(本例取28960mm)。

当 $l_f \leqslant l$ 时,张拉端锚下预应力损失: $\sigma_{l2} = 2\Delta\sigma_d l_f$。

在反向摩擦影响长度内,距张拉端 x 处的锚具变形、钢束回缩损失: $\sigma_{l2} = 2\Delta\sigma_d(l_f - x)$;

在反向摩擦影响长度外,锚具变形、钢束回缩损失: $\sigma_{l2} = 0.00$。

跨中截面预应力钢筋反向摩擦影响长度列于表2-22中。

跨中截面预应力钢筋反向摩擦影响长度　　　　　　　　　　　　表2-22

钢束号	$\sigma_0 = \sigma_{con}$ (MPa)	σ_{l1} (MPa)	$\sigma_l = \sigma_0 - \sigma_{l1}$ (MPa)	l (mm)	$\Delta\sigma_d$ (MPa/mm)	l_f (mm)
N1	1395.00	65.25	1329.75	28960.00	0.045917	5047.85
N2	1395.00	76.80	1318.20	28960.00	0.045518	5069.92
N3	1395.00	88.25	1306.75	28960.00	0.045122	5092.09
N4	1395.00	99.61	1295.39	28960.00	0.044730	5114.36

求得 l_f 后可知,三束预应力钢绞线均满足要求,所以距张拉端为 x 的截面由锚具变形和钢筋回缩引起的考虑反摩阻后的应力损失 $\Delta\sigma_x$ 为

$$\Delta\sigma_x(\sigma_{l2}) = \Delta\sigma \frac{l_f - x}{l_f} \tag{2-24}$$

$$\Delta\sigma = 2\Delta\sigma_d l_f \tag{2-25}$$

跨中截面锚具变形引起的应力损失 σ_{l2} 的计算列于表2-23。

跨中截面锚具变形引起的应力损失 σ_{l2}　　　　　　　　　　　表2-23

截面	钢束号	x (mm)	l_f (mm)	$\Delta\sigma$ (MPa)	σ_{l2} (MPa)	总计(MPa)
跨中截面	N1	14480.00	5047.85	463.56	0	0
	N2	14480.00	5069.92	461.55	0	
	N3	14480.00	5092.09	459.54	0	
	N4	14480.00	5114.36	457.54	0	

同理,可计算出其他控制截面处的 σ_{l2} 值。

2.5.3 预应力钢筋分批张拉时混凝土弹性压缩引起的预应力损失

后张法梁当采用分批张拉时,先张拉的钢束由于张拉后批钢束产生的混凝土弹性压缩引起的应力损失,可按《公预规》6.2.5条计算,即

$$\sigma_{l4} = \alpha_{EP} \sum \Delta\sigma \tag{2-26}$$

式中,$\alpha_{EP} = E_p/E_c = 1.95 \times 10^5/3.45 \times 10^4 = 5.65$;$\sum \Delta\sigma_{pc} = \sum N_{p0}/A_n + \sum M_{p0}e_{pi}/I_n$。

分批张拉时混凝土弹性压缩引起的预应力损失 σ_{l4}

表 2-24

$A_n = 8423.72\text{cm}^2$, $I_n = 44602000\text{cm}^4$, $\Delta A_p = 9.73\text{cm}^2$, $y_{nx} = 133.04\text{cm}$, $\alpha_{EP} = 5.65$

截面	钢束号	锚固时预加纵向力 $N_{p0} = \Delta A_p \cdot \sigma_{p0}\cos\alpha$ (0.1kN)				$\sum N_{p0}$ (0.1kN)	$e_{pi} = y_{nx} - a_i$ (cm)	$M_{p0} = N_{p0}e_{pi}$ (N·m)	$\sum M_{p0}$ (N·m)	计算应力损失的钢束号	e_{pm} (cm)	$\sum \Delta\sigma_{pc}$ (MPa)			σ_{l4} (MPa)
		锚固时钢束应力 (MPa) $\sigma_{p0} = \sigma_{con} - \sigma_{l1} - \sigma_{l2} - \sigma_{l4}$	$\sigma_{p0} \cdot \Delta A_p$	$\cos\alpha$	N_{p0}							$\dfrac{\sum N_{p0}}{A_n}$	$\dfrac{\sum M_{p0}e_{pi}}{I_n}$	合计	
跨中截面	N4	1295.39	12604.18	1.00	12604.18	12604.18	103.04	1298734.62	1298734.62	N3	113.04	1.50	3.29	4.79	27.05
	N3	1279.70	12451.45	1.00	12451.45	25055.62	113.04	1407511.39	2706246.01	N2	123.04	2.97	7.47	10.44	58.99
	N2	1259.22	12252.17	1.00	12252.17	37307.79	123.04	1507506.40	4213752.41	N1	123.04	4.43	11.62	16.05	90.70
	N1	1239.05	12056.01	1.00	12056.01	49363.79	123.04	1483370.87	5697123.28	—	—	—	—	—	—

其中，N_{p0}、M_{p0}分别为钢束锚固时预加的纵向力和弯矩；e_{pi}为计算截面上重心到截面净轴的距离，$e_{pi} = y_{nx} - a_i$。

本例采用逐根张拉钢束，张拉顺序为N1→N2→N3→N4，计算时应从最后张拉的一束逐步向前推进。跨中截面分批张拉时，混凝土弹性压缩引起的预应力损失σ_{l4}的计算见表2-24。同理，可计算出其他控制截面处的σ_{l4}值。

2.5.4 钢筋松弛引起的预应力损失

对于超张拉工艺的低松弛钢绞线，钢绞线由松弛引起的预应力损失可按《公预规》6.2.6条计算，即

$$\sigma_{l5} = \psi \xi \left(0.52 \frac{\sigma_{pe}}{f_{pk}} - 0.26 \right) \sigma_{pe} \tag{2-27}$$

式中，$\psi = 1.0$；$\xi = 0.3$；$\sigma_{pe} = \sigma_{con} - \sigma_{l1} - \sigma_{l2} - \sigma_{l4}$。跨中截面钢筋松弛引起的预应力损失$\sigma_{l5}$见表2-25。

跨中截面钢筋松弛引起的预应力损失σ_{l5}（单位：MPa） 表2-25

钢束号	σ_{pe}	σ_{l5}
N1	1239.05	32.12
N2	1259.22	34.77
N3	1279.70	37.53
N4	1295.39	39.70

同理，可计算出其他控制截面处的σ_{l5}值。

2.5.5 混凝土收缩、徐变引起的预应力损失

混凝土收缩、徐变终极值引起的受拉区预应力钢筋的应力损失可按《公预规》6.2.7条计算：

$$\sigma_{l6} = \frac{0.9[E_p \varepsilon_{cs}(t,t_0) + \alpha_{EP}\sigma_{p0}f(t,t_0)]}{1 + 15\rho\rho_{ps}} \tag{2-28}$$

$$\rho_{ps} = 1 + \frac{e_{ps}^2}{i^2} \tag{2-29}$$

本例考虑混凝土收缩和徐变大部分在成桥之前完成，即设桥梁所处环境的年平均相对湿度为$RH = 75\%$，受荷时混凝土的加载龄期$t_0 = 28d$，计算时间$t = \infty$。

$\varepsilon_{cs}(t,t_0)$查找《公预规》附录C，混凝土的收缩应变可按下列公式计算：

$$\varepsilon_{cs}(t,t_s) = \varepsilon_{cs0}\beta_s(t - t_s) \tag{2-30}$$

$$\varepsilon_{cs0} = \varepsilon_s(f_{cm})\beta_{RH} \tag{2-31}$$

$$\varepsilon_s(f_{cm}) = [160 + 10\beta_{sc}(9 - f_{cm}/f_{cm0})] \times 10^{-6} \tag{2-32}$$

$$\beta_{RH} = 1.55\left[1 - \left(\frac{RH}{RH_0}\right)^3\right] \tag{2-33}$$

$$\beta_s(t-t_s) = \left[\frac{(t-t_s)/t_1}{350(h/h_0)^2 + (t-t_s)/t_1}\right]^{0.5} \tag{2-34}$$

$$\varepsilon_{cs}(t,t_0) = \varepsilon_{cs0}[\beta_s(t-t_s) - \beta_s(t_0-t_s)] \tag{2-35}$$

式中，$RH_0 = 100\%$，$h_0 = 100\text{mm}$，$t_1 = 1\text{d}$，$f_{cm0} = 10\text{MPa}$。

假设收缩开始的混凝土龄期 t_s 为5d，C50混凝土名义收缩系数 ε_{cs0} 查《公预规》附录C中表C.1.2，取 0.31×10^{-3}。构件理论厚度 $h = 2A/u = 236.2\text{mm}$，收缩随时间发展的系数 $\beta_s(t-t_0) = 1$，$\beta_s(t_0-t_s) = 0.108$，得到 $\varepsilon_{cs}(t,t_0) = 0.277 \times 10^{-3}$。

徐变系数 $\phi(t,t_0)$ 查《公预规》附录C，混凝土徐变系数可按下列公式计算：

$$\phi(t,t_0) = \phi_0 \beta_c(t-t_0) \tag{2-36}$$

$$\phi_0 = \phi_{RH} \cdot \beta(f_{cm}) \cdot \beta(t_0) \tag{2-37}$$

$$\phi_{RH} = 1 + \frac{1 - \dfrac{RH}{RH_0}}{0.46\left(\dfrac{h}{h_0}\right)^{\frac{1}{3}}} \tag{2-38}$$

$$\beta(f_{cm}) = \frac{5.3}{\left(\dfrac{f_{cm}}{f_{cm0}}\right)^{0.5}} \tag{2-39}$$

$$\beta(t_0) = \frac{1}{0.1 + \left(\dfrac{t_0}{t_1}\right)^{0.2}} \tag{2-40}$$

$$\beta_c(t-t_0) = \left[\frac{\dfrac{t-t_0}{t_1}}{\beta_H + \dfrac{t-t_0}{t_1}}\right]^{0.3} \tag{2-41}$$

$$\beta_H = 150\left[1 + \left(1.2\frac{RH}{RH_0}\right)^{18}\right]\frac{h}{h_0} + 250 \leqslant 1500 \tag{2-42}$$

名义徐变系数 ϕ_0 查《公预规》附件C中表C.2.2，取1.73，算得 $\beta_H = 657 < 1500$，满足式(2-42)要求。

徐变发展系数 $\beta_c(t-t_0) = 1$，徐变系数 $\phi(t,t_0) = 1.72$。

根据《公预规》6.1.6条，后张法构件由预应力产生的混凝土法向压应力：

$$\sigma_{pc} = \frac{N_{p,ex}}{A_{ex}} + \frac{N_{p,ex}e}{I_{ex}}y_{ex} \tag{2-43}$$

跨中截面混凝土收缩、徐变引起的预应力损失 σ_{l6} 见表2-26。

跨中截面混凝土收缩、徐变引起的预应力损失 σ_{l6}（单位：MPa） 表2-26

计算数据	$N_{p0} = 4936.38\text{kN}, M_{p0} = 5697.12\text{kN}, M_{g0} = 2472.40\text{kN}\cdot\text{m}, A_n = 8423.72\text{cm}^2,$ $\alpha_{EP} = 5.65, I_n = 44602000\text{cm}^4, i^2 = I_n/A_n = 5294.81, e_p = e_n = 115.54, E_p = 1.95\times10^5\text{MPa}$		
计算 σ_{pc}	$\dfrac{N_{p0}}{A_n}$	$\dfrac{M_{p0}-M_{gl}}{I_n}$	σ_{pc}
	（1）	（2）	（3）=（1）+（2）
	5.86	8.35	$\sigma_{pc} = 14.21$
计算应力损失 σ_{l6}	（4） $\alpha_{EP}\sigma_{pc}\varphi(t,t_0)$ 138.13	ρ_p	3.52
	（5） $E_{EP}\varepsilon_{cs}(t,t_0)$ 54.02	$\rho = 5\Delta A_p/A_n$	0.462%
	0.9[（4）+（5）] 172.93	170.17	1.244
	$\sigma_{l6} = 170.17/1.251 = 139.01$		

同理，可计算出其他控制截面处的 σ_{l6} 值。

2.5.6 预加力计算及钢束预应力损失汇总

施工阶段传力锚固应力 σ_{p0} 及其产生的预加力：

(1) $\sigma_{p0} = \sigma_{con} - \sigma_l^I = \sigma_{con} - \sigma_{l1} - \sigma_{l2} - \sigma_{l4}$。

(2) 由 σ_{p0} 产生的预加力

纵向力：$N_{p0} = \sum\sigma_{p0}\Delta A_p\cos\alpha$；

弯矩：$M_{p0} = N_{p0}e_{pi}$；

剪力：$Q_{p0} = \sum\sigma_{p0}\Delta A_p\sin\alpha$。

钢束预应力损失计算结果见表2-27。

钢束预应力损失汇总表（单位：MPa） 表2-27

截面	钢束号	预加应力阶段					正常使用阶段			
		锚固前预应力损失 $\sigma_l^I = \sigma_{l1}+\sigma_{l2}+\sigma_{l4}$				锚固时钢束有效预应力 $\sigma_{p0} = \sigma_{con}-\sigma_l^I$	锚固后预应力损失 $\sigma_l^{II} = \sigma_{l5}+\sigma_{l6}$			锚固后钢束有效预应力 $\sigma_{pe} = \sigma_{p0}-\sigma_l^{II}$
		σ_{l1}	σ_{l2}	σ_{l4}	σ_l^I		σ_{l5}	σ_{l6}	σ_l^{II}	
跨中截面	N1	65.25	0	90.70	155.95	1239.05	32.12	138.74	171.12	1067.93
	N2	76.80	0	58.99	135.78	1259.22	34.77		173.78	1085.44
	N3	88.25	0	27.05	115.30	1279.70	37.53		176.54	1103.16
	N4	99.61	0	0.00	99.61	1295.39	39.70		178.70	1116.69

同理，可计算出其他控制截面处的钢束预应力损失汇总。

2.6 主梁截面承载能力与应力验算

预应力混凝土梁从预加力开始到受荷破坏，需经受预加应力、使用荷载作用、裂缝出现和破坏等四个受力阶段，为保证主梁受力可靠并予以控制，应对控制截面进行各个阶段的验算。

下面,先进行持久状态下截面承载能力极限状态的验算,再分别进行持久状态下截面的抗裂验算和应力验算,最后进行短暂状态下的构件截面应力验算。对于抗裂验算,根据公路简支梁设计的经验,对于全预应力梁在使用阶段频遇组合作用下,只要截面不出现拉应力即可满足。

2.6.1 持久状况下截面承载能力极限状态的验算

在承载能力极限状态下,预应力混凝土梁沿正截面和斜截面都有可能破坏。
1)正截面承载能力的验算
一般取弯矩最大的跨中截面进行正截面承载能力验算。
(1)确定混凝土受压区高度 x
根据《公预规》5.2.3 条规定,对于带承托翼缘板的 T 形截面:
当 $f_{pd}A_p \leqslant f_{cd}b'_f h'_f$ 成立时,受压区在翼缘板内,否则腹板也参与抗压作用。可得:

$$f_{pd}A_p = 1260 \times 38.92 \times 0.1 = 4903.92(kN) < f_{cd}b'_f h'_f = 22.4 \times 220 \times 24 \times 0.1 = 11827.32(kN)$$

即受压区全部位于翼缘板内,说明是第一类 T 形截面梁。
设中性轴到截面上缘的距离为 x,则

$$x = \frac{f_{pd}A_p}{f_{cd}b'_f} = \frac{1260 \times 9.73 \times 4}{22.4 \times 220} = 9.95(cm)$$
$$< \zeta_b h_0 = 0.4 \times (210 - 17.5) = 77(cm)$$

式中:ξ_b——预应力受压区高度界限系数,对于 C50 混凝土和钢绞线,查《公预规》表 5.2.1 得 $\xi_b = 0.40$;

h_0——梁的有效高度,对于跨中截面,$h_0 = h - a_p$,a_p 为钢束群重心至梁底距离,为 17.5cm。

说明该截面破坏时属于塑性破坏状态。
(2)验算正截面承载能力
根据《桥规》5.2.2 条规定,正截面承载力按下式计算,即

$$\gamma_0 M_d \leqslant f_{cd}b'_f x(h_0 - x/2) \tag{2-44}$$

式中:γ_0——桥梁结构的重要性系数,取 1.0。

$$f_{cd}b'_f x(h_0 - x/2) = 22.4 \times 10^3 \times 2.2 \times 0.0995 \times (2.1 - 0.175 - 0.0995/2)$$
$$= 9195.03(kN \cdot m) > \gamma_0 M_d = 1.0 \times 7174.29 = 7174.29(kN \cdot m)$$

跨中截面正截面承载力满足要求。其他截面可用同样方法验算。
(3)验算最小配筋率
根据《公预规》9.1.13 条规定,预应力混凝土受弯构件最小配筋率应满足下列条件:

$$\frac{M_{ud}}{M_{cr}} \geqslant 1 \tag{2-45}$$

式中：M_{ud}——受弯构件正截面抗弯承载力设计值（以上计算可知 $M_{ud} = 9195.03 \text{kN} \cdot \text{m}$）；

M_{cr}——受弯构件正截面开裂弯矩值，按下式计算：

$$\left. \begin{array}{l} M_{cr} = (\sigma_{pc} + \gamma f_{tk})W_0 \\ \gamma = \dfrac{2S_0}{W_0} \\ \sigma_{pc} = \dfrac{N_p}{A_n} + \dfrac{M_p}{W_{nx}} \end{array} \right\} \tag{2-46}$$

式中：S_0——全截面换算截面重心轴以上（或以下）部分截面对重心轴的面积矩，见表 2-20(2)；

W_0——换算截面抗裂边缘的弹性抵抗矩，见表 2-20(2)；

σ_{pc}——扣除全部预应力损失后预应力筋在构件抗裂边缘产生的混凝土预压应力。

$$\sigma_{pc} = \frac{N_p}{A_n} + \frac{M_p}{W_{nx}} = \frac{49363.79}{8423.72} + \frac{5697123.28}{335252.56} = 22.85(\text{MPa})$$

$$\gamma = \frac{2S_0}{W_0} = \frac{2 \times 331433.89}{399676.87} = 1.66$$

$$M_{cr} = (\sigma_{pc} + \gamma f_{tk})W_0 = (22.85 + 1.66 \times 2.65) \times 399676.87 \times 10^{-3} = 10890.80(\text{kN} \cdot \text{m})$$

由此可见，$M_{ud}/M_{cr} = 9195.03/10890.80 = 0.84 < 1$，尚需配置普通钢筋来满足最小配筋率要求。

①计算受压区高度 x：

$$\gamma_0 M_d \leqslant f_{cd} b'_f x \left(h_0 - \frac{x}{2} \right)$$

解得：$x = 0.12 \text{ m} < \xi_b h_0 = 0.4 \times (2.1 - 0.0175) = 0.77(\text{m})$。

②计算普通钢筋 A_s：

$$A_s = \frac{f_{cd}bx - f_{pd}A_p}{f_{sd}} = \frac{22.4 \times 2.2 \times 0.12 - 1260 \times 9.73 \times 4 \times 10^{-4}}{330} = 0.003060(\text{m}^2) = 30.60(\text{cm}^2)$$

即在梁底部配置 4⌀22 + 4⌀25 的 HRB400 钢筋，$A_s = 34.84 \text{cm}^2$，以满足最小配筋率的要求。

2）斜截面承载力验算

当验算受弯构件斜截面抗剪承载力时，其计算位置有：距支座中心 $h/2$ 处截面；受拉区弯起钢筋弯起点处截面；箍筋数量或间距改变处的截面；构件腹板宽度变化处的截面和支点截面。本例验算支点截面。

(1)斜截面抗剪承载力验算

①复核主梁截面尺寸。

对T形截面梁进行斜截面抗剪承载力计算时，其截面尺寸应符合《公预规》5.2.11 条规定，抗剪承载力按式(2-47)计算，即

$$\gamma_0 V_\mathrm{d} \leqslant 0.51 \times 10^{-3} \sqrt{f_\mathrm{cu,k}} b h_0 \tag{2-47}$$

式中：V_d——经内力组合后支点截面上的最大剪力，$V_\mathrm{d} = 1236.27\mathrm{kN}$；

b——支点截面的腹板厚度，$b = 500\mathrm{mm}$；混凝土保护层厚度取 35mm，则

$$a_\mathrm{s} = \frac{1964 \times (35 + 28.4) + 1520 \times (35 + 2 \times 28.4 + 25.1)}{1964 + 1520} = 87(\mathrm{mm})$$

h_0 为支点截面的有效高度，则 $h_0 = 2100 - 87 = 2013(\mathrm{mm})$，

$$0.51 \times 10^{-3} \times \sqrt{f_\mathrm{cu,k}} b h_0 = 0.51 \times 10^{-3} \times \sqrt{50} \times 500 \times 2013 = 3629.69(\mathrm{kN})$$
$$> \gamma_0 V_\mathrm{d} = 1236.27\mathrm{kN}$$

所以本例主梁的截面尺寸符合要求。

② 截面抗剪承载力验算。

根据《公预规》5.2.12 条规定，若满足式(2-48)要求，则不需进行斜截面抗剪承载力计算，即

$$\gamma_0 V_\mathrm{d} \leqslant 0.50 \times 10^{-3} a_2 f_\mathrm{td} b h_0 \tag{2-48}$$

式中：f_td——混凝土抗拉设计强度；

a_2——预应力提高系数，取 1.25，则

$$0.5 \times 10^{-3} \alpha_2 f_\mathrm{td} b h_0 = 0.5 \times 10^{-3} \times 1.25 \times 1.83 \times 500 \times 2013 = 1151.18(\mathrm{kN})$$
$$< \gamma_0 V_\mathrm{d} = 1236.27\mathrm{kN}$$

因此，需要进行斜截面抗剪承载力计算。

a. 箍筋计算。

根据《公预规》9.4.1 条规定，腹板内箍筋直径不小于 10mm，且应采用带肋钢筋，间距不应大于 200 mm。本例选用 $\phi 10\mathrm{mm}@200\mathrm{mm}$ 的双肢箍筋，则箍筋总截面积：

$$A_\mathrm{sv} = 2 \times 78.5 = 157 \ (\mathrm{mm}^2)$$

箍筋间距 $S_\mathrm{v} = 20\mathrm{cm}$，箍筋抗拉设计强度 $f_\mathrm{sv} = 330\mathrm{MPa}$，箍筋配筋率 ρ_sv：

$$\rho_\mathrm{sv} = \frac{A_\mathrm{sv}}{b s_\mathrm{sv}} = \frac{157}{500 \times 200} = 0.16\%$$

满足《公预规》9.3.12 条"箍筋配筋率 ρ_sv，HRB400 钢筋不应小于 0.11%"的要求。同时，根据《公预规》9.4.1 条规定，在距支点一倍梁高范围内，应采用闭合式箍筋且箍筋间距不应大于 10cm。

b. 抗剪承载力计算。

根据《公预规》5.2.9 条规定，主梁斜截面抗剪承载力按式(2-49)计算，即

$$\gamma_0 V_\mathrm{d} \leqslant V_\mathrm{cs} + V_\mathrm{pb} \tag{2-49}$$

式中，$V_\mathrm{d} = 1236.27\mathrm{kN}, \alpha_1 = 1.0, \alpha_2 = 1.25, \alpha_3 = 1.1$，$\rho = (A_\mathrm{p} + A_\mathrm{pb})/(b h_0) = (9.73 \times 4)/(50 \times 201.3) = 0.0039$，$P = 100\rho = 0.39$。

$\sin\theta_\mathrm{p}$ 采用全部 4 束预应力钢筋的平均值，即 $\sin\theta_\mathrm{p} = 0.156$，所以：

$$V_\mathrm{cs} = 1.0 \times 1.25 \times 1.1 \times 0.45 \times 10^{-3} \times 500 \times 2013 \times \sqrt{(2 + 0.6 \times 0.39) \times \sqrt{50} \times 0.0016 \times 330}$$
$$= 1798.58(\mathrm{kN})$$

$$\sum A_{pd}\sin\theta_p = 973 \times 4 \times 0.156 = 607.15(\text{mm}^2)$$
$$V_{pd} = 0.75 \times 10^{-3} \times 1260 \times 607.15 = 573.76(\text{kN})$$

$V_{cs} + V_{pd} = 1798.58 + 573.76 = 2372.34(\text{kN}) > \gamma_0 V_d = 1236.27(\text{kN})$，满足要求。

(2) 斜截面抗弯承载力的计算

由于钢束均锚于梁端，钢束数量沿跨长方向没有变化，且弯起角缓和，其斜截面抗弯强度一般不控制设计，不必验算，可通过构造加以保证。

2.6.2 持久状况下截面正常使用极限状态抗裂性验算

长期以来，桥梁预应力构件的抗裂验算，都是以构件混凝土的拉应力是否超过规定的限值来表示的，分为正截面抗裂验算和斜截面抗裂验算。

(1) 在作用频遇组合下的正截面抗裂验算

对预制的全预应力混凝土构件，在作用频遇组合下，应符合《公预规》6.3.1条要求，即

$$\sigma_{st} - 0.85\sigma_{pc} \leq 0 \qquad (2\text{-}50)$$

本例正截面抗裂性验算取跨中截面下缘。

由前面计算可知：

$M_{g1} = 2472.4\text{kN}\cdot\text{m}$，$M_s = 4425.12\text{kN}\cdot\text{m}$，$N_p = 4936.38\text{kN}\cdot\text{m}$，$M_p = 5697.12$，$A_n = 8423.72\text{cm}^2$，$W_{nx} = 335252.56\text{cm}^2$，$W_{ox} = 399676.87\text{cm}^2$。

则：

$$\sigma_{st} = \frac{M_{g1}}{W_{nx}} + \frac{M_s - M_{g1}}{W_{ox}} = \frac{2472400}{335252.56} + \frac{4425120 - 2472400}{399676.87} = 12.26(\text{MPa})$$

$$\sigma_{pc} = \frac{N_p}{A_n} + \frac{M_p}{W_{nx}} = \frac{49363.8}{8423.72} + \frac{5697120}{335252.56} = 22.85(\text{MPa})$$

$$\sigma_{st} - 0.85\sigma_{pc} = 12.26 - 0.85 \times 22.85 = -7.16(\text{MPa}) \leq 0$$

其结果符合规范要求。同理，可进行其他控制截面的验算。

(2) 在作用频遇组合下的斜截面抗裂验算

对预制的全预应力混凝土构件，在作用频遇组合下，斜截面混凝土的主拉应力，应符合《公预规》6.3.1条要求，即

$$\sigma_{tp} \leq 0.6 f_{tk} = 1.59\text{MPa} \qquad (2\text{-}51)$$

式中：σ_{tp}——由作用频遇组合和预应力产生的混凝土主拉应力，按式(2-52)计算：

$$\sigma_{tp} = \frac{\sigma_{cx}}{2} - \sqrt{\frac{\sigma_{cx}^2}{4} + \tau^2} \qquad (2\text{-}52)$$

其中：

$$\sigma_{cx} = \frac{N_p}{A_n} \pm \frac{M_p}{I_n}y_n \mp \frac{M_{g1}}{I_n}y_n \mp \frac{M_s - M_{g1}}{I_0}y_0 \qquad (2\text{-}53)$$

$$\tau = \frac{V_{g1}S_n}{I_n b} + \frac{(V_s - V_{g1})S_0}{I_0 b} - \frac{\sum \sigma''_{pe} A_{pb}\sin\theta_p S_n}{I_n b} \qquad (2\text{-}54)$$

式中：σ_{cx}——在计算主应力点时，由作用频遇组合和预应力产生的混凝土法向应力；

τ——在计算主应力点时,由作用频遇组合和预应力产生的混凝土剪应力。

斜截面抗裂验算应取剪力和弯矩较大值的最不利荷载截面进行,这里仍取跨中截面进行计算,$y_{ns} = 76.96\text{cm}$,$y_{0s} = 73.38\text{cm}$。跨中截面计算见表2-28~表2-30。

跨中截面 σ_{cx} 计算　　　　　　　　　　　　　　　　表2-28

应力部位		a-a	o-o	n-n	b-b
$N_p(0.1\text{kN})$	(1)	49363.79	49363.79	49363.79	49363.79
$M_p(\text{N}\cdot\text{m})$	(2)	5697123	5697123	5697123	5697123
$A_n(\text{cm}^2)$	(3)	8423.72	8423.72	8423.72	8423.72
$I_n(\text{cm}^4)$	(4)	44602000	44602000	44602000	44602000
$y_{ni}(\text{cm})$	(5)	46.96	3.13	0	-93.04
$I_0(\text{cm}^4)$	(6)	54424000	54424000	54424000	54424000
$y_{0i}(\text{cm})$	(7)	43.83	0	-3.13	-96.17
$M_{gl}(\text{N}\cdot\text{m})$	(8)	2472400	2472400	2472400	2472400
$M_s(\text{N}\cdot\text{m})$	(9)	4425120	4425120	4425120	4425120
$N_p/A_n(\text{MPa})$	(10)	5.86	5.86	5.86	5.86
$M_p y_{ni}/I_n(\text{MPa})$	(11)	6.00	0.40	0.00	-11.88
$\sigma_{pc}(\text{MPa})$	(12) = (10) - (11)	-0.14	5.46	5.86	17.74
$M_{gl} y_{ni}/I_n(\text{MPa})$	(13)	2.13	0.14	0.00	-4.23
$(M_s - M_{gl})y_{0i}/I_0(\text{MPa})$	(14)	1.57	0.00	-0.11	-3.45
$\sigma_s(\text{MPa})$	(15) = (13) + (14)	3.71	0.14	-0.11	-7.68
$\sigma_{cx} = \sigma_{pc} + \sigma(\text{MPa})$	(16) = (12) + (15)	3.57	5.60	5.75	10.07

跨中截面 τ 计算　　　　　　　　　　　　　　　　表2-29

项　目		一期恒载 V_{gl} (1)	频遇组合(无一期恒载) $V_s - V_{gl}$ (2)	预加力 V_p (3)	频遇组合剪应力 (4) = (1) + (2) + (3)
$V(0.1\text{kN})$		0.00	906.70	0.00	906.79
$I_n(\text{cm}^4)$		44602000			
$I_0(\text{cm}^4)$		54424000			
腹板宽 $b(\text{cm})$		20			
上肋 a-a	$S_{a-n}(\text{cm}^3)$	254601.60	—	254601.60	—
	$S_{a-o}(\text{cm}^3)$	—	312223.20	—	—
	$\tau_a(\text{MPa})$	0.00	0.26	0.00	0.26
净轴 n-n	$S_{n-n}(\text{cm}^3)$	276654.02	—	276654.02	—
	$S_{n-o}(\text{cm}^3)$	—	331335.92	—	—
	$\tau_n(\text{MPa})$	0.00	0.28	0.00	0.28

续上表

项　　目		一期恒载 V_{gl} (1)	频遇组合(无一期恒载) $V_s - V_{gl}$ (2)	预加力 V_p (3)	频遇组合剪应力 (4) = (1) + (2) + (3)
换轴 o-o	S_{o-n} (cm³)	276556.05	—	276556.05	—
	S_{o-o} (cm³)	—	331433.89	—	—
	τ_o (MPa)	0.00	0.28	0.00	0.28
下肋 b-b	S_{b-n} (cm³)	190101.21	—	190101.21	—
	S_{b-o} (cm³)	—	195308.65	—	—
	τ_b (MPa)	0.00	0.16	0.00	0.16

跨中截面 σ_{tp} 计算（单位：MPa）　　　　　　　表 2-30

主应力部位	σ_{cx}	τ	$\sigma_{tp} = \dfrac{\sigma_{cx}}{2} - \sqrt{\dfrac{\sigma_{cx}^2}{4} + \tau^2}$
a-a	3.57	0.26	-0.019
o-o	5.60	0.28	-0.014
n-n	5.75	0.28	-0.013
b-b	10.07	0.16	-0.003

可见其结果符合规范要求。同理，可进行其他控制截面的验算。

2.6.3 持久状态下构件的应力验算

按持久状态设计的预应力混凝土梁，应分别对其使用阶段正截面混凝土的法向压应力、预应力钢束中的拉应力和斜截面混凝土的主压应力进行验算。应力计算的作用取标准值，汽车荷载应考虑冲击系数。本例仅对跨中截面进行验算。

1) 正截面混凝土压应力验算

根据《公预规》7.1.5条，使用阶段正截面应力应符合式(2-53)要求，即

$$\sigma_{kc} + \sigma_{pt} \leq 0.5 f_{ck} = 16.20 \text{MPa} \qquad (2-55)$$

式中，$\sigma_{kc} = \dfrac{M_{gl}}{W_{ns}} + \dfrac{M_k - M_{gl}}{W_{0s}}$；$\sigma_{pt} = \dfrac{N_p}{A_n} - \dfrac{M_p}{W_{ns}}$。$M_k$ 为标准效应组合的弯矩值，见表2-31。

持久状况下跨中正截面混凝土的压应力验算结果见表2-31，满足要求。

正截面混凝土压应力验算　　　　　　　表 2-31

应力部位		跨中上缘	跨中下缘
N_p (0.1kN)	(1)	49363.79	49363.79
M_p (N·m)	(2)	5697123.28	5697123.28
A_n (cm²)	(3)	8423.72	8424.72
W_n (cm³)	(4)	579547.82	335252.56
W_0 (cm³)	(5)	737152.92	399767.87

续上表

应力部位		跨中上缘	跨中下缘
$M_{g1}(\text{N}\cdot\text{m})$	(6)	2472400.00	2472400.00
$M_k(\text{N}\cdot\text{m})$	(7)	5617460.00	3367720.00
$N_p/A_n(\text{MPa})$	(8) = (1)/(3)	5.86	5.86
$M_p/W_n(\text{MPa})$	(9) = ±(2)/(4)	−9.83	16.99
$\sigma_{pt}(\text{MPa})$	(10) = (8) + (9)	−3.97	22.85
$M_{g1}/W_n(\text{MPa})$	(11) = ±(6)/(4)	4.27	−7.37
$(M_k-M_{g1})/W_0(\text{MPa})$	(12) = ±[(7)−(6)]/(5)	4.27	−2.24
$\sigma_{kc}(\text{MPa})$	(13) = (11) + (12)	8.53	−9.61
$\sigma_{pt}+\sigma_{kc}(\text{MPa})$	(14) = (10) + (13)	4.56	13.24

注:当计算上缘最大压应力时,M_k 为荷载标准值的最大弯矩组合;计算下缘最大拉应力时,M_k 为荷载标准值的最小弯矩组合,即活载效应为 0.00。

2) 预应力钢束中的拉应力验算

根据《公预规》7.1.5 条,使用阶段预应力筋拉应力应符合式(2-54)要求,即

$$\sigma_{pe} + \sigma_p \leq 0.65 f_{pk} = 1209\text{MPa} \tag{2-56}$$

式中,$\sigma_p = \alpha_{EP}\sigma_{kt}$;$\sigma_{kt} = \dfrac{M_{g1}e_n}{I_n} + \dfrac{(M_k-M_{g1})e_0}{I_0}$。$e_n$、$e_0$ 分别为钢束重心到截面净轴和换轴的距离,即 $e_n = y_{nx} - a_i$,$e_0 = y_{0x} - a_i$。

取最不利的外层钢筋 N2 进行验算,其结果见表 2-32,符合规范要求。

N2 号预应力筋拉应力验算 表 2-32

应力部位		跨中
$I_n(\text{cm}^4)$	(1)	44602000.00
$I_0(\text{cm}^4)$	(2)	54424000.00
$e_n(\text{cm})$	(3)	115.54
$e_0(\text{cm})$	(4)	118.67
$M_{g1}(\text{N}\cdot\text{m})$	(5)	2472400.00
$M_k(\text{N}\cdot\text{m})$	(6)	5617460.00
$M_{g1}e_n/I_n(\text{MPa})$	(7)	6.40
$(M_k-M_{g1})e_0/I_0(\text{MPa})$	(8)	6.86
$\sigma_{kt}(\text{MPa})$	(9) = (7) + (8)	13.26
$\sigma_p = \alpha_{EP}\sigma_{kt}(\text{MPa})$	(10)	74.93
$\sigma_{pe}(\text{MPa})$	(11)	1116.95
$\sigma_{pe}+\sigma_p(\text{MPa})$	(12) = (10) + (11)	1191.89

3) 斜截面混凝土主压应力验算

根据《公预规》7.1.6 条,斜截面混凝土主压应力应符合式(2-57)要求,即

$$\sigma_{cp} \leq 0.6 f_{ck} = 19.44\text{MPa} \tag{2-57}$$

式中：σ_{cp}——由作用标准效应组合和预应力产生的混凝土主压应力，按下式计算：

$$\sigma_{cp} = \frac{\sigma_{cx}}{2} + \sqrt{\frac{\sigma_{cx}^2}{4} + \tau^2} \qquad (2-58)$$

其中：

$$\sigma_{cx} = \frac{N_p}{A_n} \pm \frac{M_p}{I_n}y_n \mp \frac{M_{g1}}{I_n}y_n \mp \frac{M_k - M_{g1}}{I_0}y_0 \qquad (2-59)$$

$$\tau = \frac{V_{g1}S_n}{I_n b} + \frac{(V_k - V_{g1})S_0}{I_0 b} - \frac{\sum \sigma_{pe}A_{pb}\sin\theta_p S_n}{I_n b} \qquad (2-60)$$

斜截面抗裂验算应取剪力和弯矩较大值的最不利荷载截面进行，这里仍取跨中截面进行计算，$y_{ns} = 76.96\text{cm}$，$y_{0s} = 73.38\text{cm}$。计算结果见表 2-33 ~ 表 2-35，符合规范要求。

跨中截面 σ_{cx} 计算结果　　　　　　　　　　　　　　表 2-33

应力部位		a-a	o-o	n-n	b-b
$N_p(0.1\text{kN})$	(1)	49363.79	49363.79	49363.79	49363.79
$M_p(\text{N}\cdot\text{m})$	(2)	5697123	5697123	5697123	5697123
$A_n(\text{cm}^2)$	(3)	8423.72	8423.72	8423.72	8423.72
$I_n(\text{cm}^4)$	(4)	44602000	44602000	44602000	44602000
$y_{ni}(\text{cm})$	(5)	46.96	3.13	0	-93.04
$I_0(\text{cm}^4)$	(6)	54424000	54424000	54424000	54424000
$y_{0i}(\text{cm})$	(7)	43.83	0	-3.13	-96.17
$M_{g1}(\text{N}\cdot\text{m})$	(8)	2472400	2472400	2472400	2472400
$M_k(\text{N}\cdot\text{m})$	(9)	4425120	4425120	4425120	4425120
$N_p/A_n(\text{MPa})$	(10)	5.86	5.86	5.86	5.86
$M_p y_{ni}/I_n(\text{MPa})$	(11)	6.00	0.40	0.00	-11.88
$\sigma_{pc}(\text{MPa})$	(12)=(10)-(11)	-0.14	5.46	5.86	17.74
$M_{g1} y_{ni}/I_n(\text{MPa})$	(13)	2.13	0.14	0.00	-4.23
$(M_k - M_{g1})y_{0i}/I_0(\text{MPa})$	(14)	1.57	0.00	-0.11	-3.45
$\sigma_k(\text{MPa})$	(15)=(13)+(14)	3.71	0.14	-0.11	-7.68
$\sigma_{cx} = \sigma_{pc} + \sigma_k(\text{MPa})$	(16)=(12)+(15)	3.57	5.60	5.75	10.07

跨中截面 τ 计算结果　　　　　　　　　　　　　　表 2-34

项　目	一期恒载 V_{g1} (1)	频遇组合（无一期恒载） $V_s - V_{g1}$ (2)	预加力 V_p (3)	标准组合剪应力 (4)=(1)+(2)+(3)
$V(0.1\text{kN})$	0.00	906.70	0.00	906.79
$I_n(\text{cm}^4)$		44602000		
$I_0(\text{cm}^4)$		54424000		
腹板宽 $b(\text{cm})$		20		

续上表

项目		一期恒载 V_{gl} (1)	频遇组合(无一期恒载) $V_s - V_{gl}$ (2)	预加力 V_p (3)	标准组合剪应力 (4)=(1)+(2)+(3)
上肋 a-a	S_{a-n}(cm³)	254601.60	—	254601.60	—
	S_{a-o}(cm³)	—	312223.20	—	—
	τ_a(MPa)	0.00	0.26	0.00	0.26
净轴 n-n	S_{n-n}(cm³)	276654.02	—	276654.02	—
	S_{n-o}(cm³)	—	331335.92	—	—
	τ_n(MPa)	0.00	0.28	0.00	0.28
换轴 o-o	S_{o-n}(cm³)	276556.05	—	276556.05	—
	S_{o-o}(cm³)	—	331433.89	—	—
	τ_o(MPa)	0.00	0.28	0.00	0.28
下肋 b-b	S_{b-n}(cm³)	190101.21	—	190101.21	—
	S_{b-o}(cm³)	—	195308.65	—	—
	τ_b(MPa)	0.00	0.16	0.00	0.16

跨中截面 σ_{cp} 计算结果(单位:MPa)　　　　　　　　　表2-35

主应力部位	σ_{cx}	τ	$\sigma_{cp} = \dfrac{\sigma_{cx}}{2} + \sqrt{\dfrac{\sigma_{cx}^2}{4} + \tau^2}$
a-a	5.00	0.26	5.01
o-o	5.65	0.28	5.67
n-n	5.68	0.28	5.69
b-b	7.03	0.16	7.03

2.6.4 短暂状态下构件的应力验算

桥梁构件在短暂状态下,应计算其在制作、运输及安装等施工阶段混凝土截面边缘的法向应力。

1)预加应力阶段的应力验算

此阶段指初始预加力和主梁自重共同作用的阶段,验算混凝土截面下边缘的最大压应力和上边缘的最大拉应力应符合要求。

根据《公预规》7.2.8条,施工阶段正截面应力应符合式(2-61)和式(2-62)要求:

$$\sigma_{ct}^t \leq 0.7 f_{tk}' = 1.76 \text{MPa} \tag{2-61}$$

$$\sigma_{cc}^t \leq 0.7 f_{ck}' = 20.72 \text{MPa} \tag{2-62}$$

式中:f_{ck}'、f_{tk}'——与构件在制作、运输及安装等各施工阶段混凝土立方体抗压强度 f_{cu}' 相应的抗压强度、抗拉强度标准值;

σ_{ct}^t、σ_{cc}^t——预加应力阶段混凝土的法向拉应力、压应力,按式(2-63)和式(2-64)计算。

即:

$$\sigma_{ct}^t = \frac{N_{p0}}{A_n} - \frac{M_{p0}}{W_{ns}} + \frac{M_{gl}}{W_{ns}} \tag{2-63}$$

$$\sigma_{cc}^t = \frac{N_{p0}}{A_n} + \frac{M_{p0}}{W_{nx}} - \frac{M_{gl}}{W_{nx}} \tag{2-64}$$

本例考虑混凝土强度达到 C45 时开始张拉预应力束，则 $\sigma_{kc} + \sigma_{pt} \leq 0.5 f_{ck} = 16.20 \text{MPa}$。

预加应力阶段的正截面应力验算结果见表 2-36，满足要求。表明在主梁混凝土达到 C45 强度时可以开始张拉钢束。

预加应力阶段的法向应力计算　　　　　　　　　　　　表 2-36

应力部位		跨中上缘	跨中下缘
$N_{p0}(0.1\text{kN})$	(1)	49363.79	49363.79
$M_{p0}(\text{N}\cdot\text{m})$	(2)	5697123.28	5697123.28
$A_n(\text{cm}^2)$	(3)	8423.72	8423.72
$W_n(\text{cm}^3)$	(4)	579547.82	335252.56
$M_{gl}(\text{N}\cdot\text{m})$	(5)	2472400.00	2472400.00
$N_{p0}/A_n(\text{MPa})$	(6)	5.86	5.86
$M_{p0}/W_n(\text{MPa})$	(7)	9.83	16.99
$M_{gl}/W_n(\text{MPa})$	(8)	4.27	7.37
$\sigma_{cc}^t(\text{MPa})$	(9) = (6) + (7) - (8)	11.42	15.48
$\sigma_{ct}^t(\text{MPa})$	(10) = (6) - (7) + (8)	0.30	-3.76

2) 吊装应力验算

本例采用两点吊装，吊点设在两支点内移 50cm 处。对于 1 号梁，一期恒载集度为 $g_1 = 24.08\text{kN/m}$。根据《桥规》4.1.10 条规定，构件在吊装、运输时，构件重力应乘以动力系数 1.20（对结构不利）或 0.85（对结构有利），分别考虑超重和失重两种情况，其验算过程列于表 2-37。可见跨中截面混凝土法向应力验算满足施工阶段要求。

吊装阶段的法向应力计算　　　　　　　　　　　　表 2-37

应力部位		跨中上缘	跨中下缘
$N_{p0}(0.1\text{kN})$	(1)	49363.79	49363.79
$M_{p0}(\text{N}\cdot\text{m})$	(2)	5697123.28	5697123.28
$A_n(\text{cm}^2)$	(3)	8423.72	8423.72
$W_n(\text{cm}^3)$	(4)	579547.82	335252.56
超重 $M_{gl}(\text{N}\cdot\text{m})$	(5)	2966880.91	2966880.91
失重 $M_{gl}(\text{N}\cdot\text{m})$	(6)	2101540.64	2101540.64
$N_{p0}/A_n(\text{MPa})$	(7)	5.86	5.86
$M_{p0}/W_n(\text{MPa})$	(8) = ±(2)/(4)	-9.83	16.99
$\sigma_p(\text{MPa})$	(9) = (7) + (8)	-3.97	22.85
超重 $M_{gl}/W_n(\text{MPa})$	(10) = ±(5)/(4)	5.12	-8.85
失重 $M_{gl}/W_n(\text{MPa})$	(11) = ±(6)/(4)	3.63	-6.27
超重 $\sigma_c^t(\text{MPa})$	(12) = (9) + (10)	1.15	14.00
失重 $\sigma_c^t(\text{MPa})$	(13) = (9) + (11)	-0.34	16.59

2.7 主梁端部锚固区局部承压验算

根据《公预规》8.2.1条,后张法预应力混凝土梁的锚固区,宜按局部区和总体区分别进行承载力验算。本算例采用夹片式锚具,该锚具的垫板与其后的喇叭管连成整体。锚垫板尺寸为 300mm × 300mm,喇叭管尾端接内径 70mm 的波纹管。

后张预应力的端部锚固区范围,横向取为锚固端截面尺寸(腹板宽度为 50cm),纵向取 1.1 倍锚固端截面高度 h,即 $1.1 \times 210 = 231 (\text{cm})$。端部锚固区的局部区在锚垫板下方,横向取为锚垫板尺寸的 1.1 倍,即 $1.1 \times 30 = 33 (\text{cm})$,纵向取为 1.1 倍的锚垫板长边尺寸,即 $1.1 \times 30 = 33 (\text{cm})$。总体区取为除局部区以外的端部锚固区。

2.7.1 局部承压区的截面尺寸验算

配置间接钢筋的混凝土构件,其局部受压区的截面尺寸应满足式(2-65)要求,即:

$$\gamma_0 F_{ld} \leq 1.3 \eta_s \beta f_{cd} A_{ln} \tag{2-65}$$

式中,$\gamma_0 = 1.0$;$F_{ld} = 1.2 \times 1395 \times 9.73 \times 0.1 = 1628.80 (\text{kN})$;$f_{cd} = 20.50 \text{MPa}$;$\eta_s = 1.0$。根据锚具的布置情况(图 2-13),进行钢束的局部承压验算。

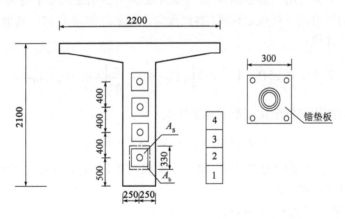

图 2-13 锚具的布置图(尺寸单位:mm)

$A_{ln} = 300 \times 300 - \pi/4 \times 70^2 = 86151.55 (\text{mm}^2)$,$A_l = 300 \times 300 = 90000 (\text{mm}^2)$;
$A_b = 330 \times 330 = 108900 (\text{mm}^2)$,$\beta = \sqrt{A_b/A_l} = \sqrt{108900/90000} = 1.1$,则
$\gamma_0 F_{ld} = 1628.80 \text{kN} < 1.3 \eta_s \beta f_{cd} A_{ln} = 1.3 \times 1.0 \times 1.1 \times 20.5 \times 86151.55 \times 10^{-3}$
$= 2525.53 (\text{kN})$

所以,局部承压区尺寸满足规范要求。

2.7.2 局部抗压承载力验算

对锚下配置间接钢筋的局部承压构件,其局部抗压承载力应满足式(2-66)要求,即:

$$\gamma_0 F_{ld} \leq 0.9 (\eta_s \beta f_{cd} + k \rho_v \beta_{cor} f_{sd}) A_{ln} \tag{2-66}$$

式中,$k = 2.0$;$F_{ld} = 1628.80$kN;$A_{cor} = \pi d_{cor}^2/4 = 3.14 \times 188 \times 188/4 = 27745.04$($mm^2$)。

本算例采用的间接钢筋为HRB400级的螺旋形钢筋,$f_{sd} = 330$MPa,直径12mm,间距$s = 50$mm(《公预规》5.7.2条图5.7.2推荐s为30~80mm),螺旋筋钢筋中心直径200mm,则

$d_{cor} = 200 - 12 = 188$(mm),$\beta_{cor} = \sqrt{A_{cor}/A_l} = \sqrt{27745.04/90000} = 0.56$,$\rho_v = 4A_{ss1}/d_{cor}s = \pi \times 12^2/(188 \times 50) = 0.0481$。

将上述各计算值带入局部抗压承载力计算公式,可得

$0.9(\eta_s \beta f_{cd} + k\rho_v \beta_{cor} f_{sd})A_{ln}$
$= 0.9 \times (1 \times 1.5 \times 20.5 + 2.0 \times 0.0481 \times 0.56 \times 330) \times 86151.55 \times 10^{-3}$
$3762.67(kN) > \gamma_0 F_{ld} = 1628.80$kN

故局部抗压承载力验算满足规范要求。

2.7.3 总体区的拉杆承载力验算

总体区的拉杆承载力符合式(2-67)规定:

$$\gamma_0 T_d \leq f_{sd} A_s \tag{2-67}$$

式中,$\gamma_0 = 1.0$;$f_{sd} = 250$MPa。

对于后张预应力构件的端部锚固区,单个集中锚固力所引起的锚下劈裂力、受拉侧边缘拉力和锚固面边缘剥裂力按下列规定计算(本例预应力钢筋的倾角为12°,其他倾角同理可得)。

锚下劈裂力设计值:

$$T_{b,d} = 0.25P_d(1+\gamma)^2\left[(1-\gamma) - \frac{a}{h}\right] + 0.5P_d|\sin\alpha| \tag{2-68}$$

劈裂力的合力作用位置至锚固端的水平距离:

$$d_b = 0.5(h-2e) + 5e\sin\alpha \tag{2-69}$$

上两式中:P_d——预应力锚固力设计值,取1.2倍张拉控制力,即$1.2 \times 1395 \times 9.73 \times 0.1 = 1628.80$(kN);

a——锚垫板宽度,取30cm;

h——锚固端截面高度,取210cm;

e——锚固力偏心距,锚固力距离截面下缘1300cm,则锚固力作用点距截面形心的距离为$170 - (210 - 80.49) = 40.49$(cm);

γ——锚固力在截面的偏心距,$\gamma = 2e/h = 0.39$;

α——预应力钢筋的倾角,12°。

得到:

$T_{b,d} = 0.25 \times 1628.80 \times (1+0.06)^2 \times (1-0.06-30/210) + 0.5 \times 1628.80 \times \sin 12°$
$= 534.04$(kN);

$d_b = 0.5 \times (210 - 2 \times 6.17) + 5 \times 6.17 \times \sin 12° = 105.24$(cm)

根据《公预规》9.4.18条规定,锚下总体区应配置抵抗横向劈裂力的闭合式箍筋,钢筋间距不应大于120mm。根据《公预规》8.2.2条规定,应满足式(2-67):

$$\gamma_0 T_{b,d} \leqslant f_{sd} A_s$$

求得 $A_s \geqslant 21.36 \mathrm{cm}^2$，采用 HPB300$\phi$10mm 的双肢箍筋，箍筋面积 $A_{sv} = 2 \times 157 = 314 (\mathrm{mm}^2)$，设 7 排，箍筋间距取 100mm。

受拉侧边缘拉力设计值：由于 $\gamma \leqslant 1/3$，得 $T_{et,d} = 0$。因此，无须配置抵抗受拉侧边缘拉力的钢筋。

锚固面边缘剥裂力设计值：由于 $\gamma \leqslant 1/3$，得 $T_{s,d} = 0.02 P_d = 0.02 \times 1628.80 = 32.58 (\mathrm{kN})$。

剥裂力的合力作用位置，取边缘受拉主筋中心至混凝土表面距离。根据《公预规》9.4.18 条规定，梁端截面应配置抵抗表面剥裂力的抗裂钢筋。该算例没有采用大偏心锚固。因此，锚固端面钢筋无须弯起并延伸至纵向受拉边缘。根据 $\gamma_0 T_{s,d} \leqslant f_{sd} A_s$，求得 $A_s \geqslant 1.30 \mathrm{cm}^2$，采用两根 HPB300$\phi$8mm 的钢筋作为抵抗表面剥裂力的抗裂钢筋。

2.8　主梁变形验算

为了掌握主梁在各受力阶段的变形情况，需要计算各阶段的挠度值，并且对体现结构刚度的活载挠度进行验算。

2.8.1　由预加力引起的跨中反拱度计算

根据《公预规》6.5.4 条，计算预加力引起的反拱度值按式(2-70)计算：

$$f_p = -\int_0^l \frac{\overline{M}_x M_p}{E_c I_0} \mathrm{d}x \tag{2-70}$$

式中：f_p——扣除全部预应力损失后的预加力作用下的跨中挠度；
$\overline{M}_x$——单位力作用在跨中时所产生的弯矩；
M_p——预加力所产生的弯矩。

采用跨中截面处的预加力矩作为全梁平均预加力矩值，将全梁近似处理为等截面杆件计算，在使用阶段的预加力矩：

$$M_p = \sigma_{pel} A_p e_0 = (1067.93 + 1085.44 + 1103.16 + 1116.69) \times 9.73 \times 118 = 5021068.81 (\mathrm{kN \cdot m})$$

则主梁的跨中截面反拱度计算：

$$f_p = -\int_0^l \frac{\overline{M}_x M_p}{E_c I_0} \mathrm{d}x = -\frac{M_p \times l^2}{8 \times E_c I_0} = -\frac{5021068.81 \times 28660^2}{8 \times 3.45 \times 10^4 \times 5442400 \times 10^4} = -27.46 (\mathrm{mm})(\uparrow)$$

根据《公预规》6.5.4 条，考虑长期效应的影响，预加力引起的反拱度值应乘以长期增长系数 $\eta_\theta = 2.0$，则考虑长期效应的预加力引起的反拱度值 $f_p = 2.0 \times (-27.46) = -54.92 (\mathrm{mm})(\uparrow)$。

2.8.2　计算由荷载引起的跨中挠度

1）恒载作用引起的挠度

根据《公预规》6.5.2 条，全预应力混凝土构件的刚度采用 $0.95 E_c I_0$，则恒载效应产生的跨中挠度可近似按式(2-71)计算：

$$f_g = \frac{5}{48} \cdot \frac{(M_{g1} + M_{g2})l^2}{0.95 E_c I_0} \tag{2-71}$$

则 $f_g = \frac{5}{48} \times \frac{3367.72 \times 10^6 \times 28660^2}{0.95 \times 3.45 \times 10^4 \times 54424000 \times 10^4} = 16.15(\text{mm})(\downarrow)$

2) 短期荷载作用引起的挠度

短期荷载效应组合产生的简支梁跨中截面的挠度:

$f_s = \frac{5}{48} \times \frac{M_s l^2}{0.95 E_c I_0} = \frac{5}{48} \times \frac{4425.12 \times 10^6 \times 28660^2}{0.95 \times 3.45 \times 10^4 \times 54424000 \times 10^4} = 21.22(\text{mm})(\downarrow)$

3) 长期效应的影响

根据《公预规》6.5.3 条,受弯构件在使用阶段的挠度应考虑荷载长期效应的影响,即按作用频遇组合计算的挠度值,乘以挠度长期增长系数 η_θ。对 C50 混凝土, $\eta_\theta = 1.425$,则

恒载引起的长期挠度值: $f_{g1} = 1.425 \times 16.15 = 23.01(\text{mm})(\downarrow)$。

作用频遇组合引起的长期挠度值: $f_{s1} = 1.425 \times 21.22 = 30.24(\text{mm})(\downarrow)$。

2.8.3 结构刚度验算

按《公预规》6.5.3 条规定,预应力混凝土受弯构件计算的长期挠度值,在消除结构自重产生的长期挠度后,梁的最大挠度不应超过计算跨径的 1/600。

$f_{s1} - f_{g1} = 30.24 - 23.01 = 7.23(\text{mm})(\downarrow) < \frac{28660}{600} = 47.77(\text{mm})$

可见,结构的刚度满足规范要求。

2.8.4 预拱度的设置

按《公预规》6.5.5 条规定,当预加力产生的长期反拱值大于按作用频遇组合计算的长期挠度时,可不设预拱度。

$f_p = 54.92\text{mm} > f_{s1} = 30.24\text{mm}$。

所以满足规范要求,可不设预拱度。

2.9 横隔梁计算

2.9.1 确定作用在跨中横隔梁上的可变作用

具有多根内横隔梁的桥梁跨中处的横隔梁受力最大,通常可只计算跨中横隔梁的作用效应,其余横隔梁可依据跨中横隔梁偏安全地选用相同的截面尺寸和配筋。

根据《桥规》4.3.1 条规定,桥梁结构的局部加载计算应采用车辆荷载,如图 2-14 所示为跨中横隔梁纵向的最不利荷载布置。

纵向——行车轮和人群荷载对跨中横隔梁的计算荷载为:

汽车荷载:

$p_0 = \frac{1}{2} \sum p_i \eta_i = \frac{1}{2} \times (140 \times 0.80 + 140 \times 1.0) = 126.00(\text{kN})$

跨中横隔梁受力影响线的面积：

$$\Omega = \frac{1}{2} \times (2 \times 7.00 \times 1.0) = 7.00$$

人群荷载：

$$q_0 = q_r \times \Omega = 3 \times 7.00 = 21.00(\text{kN/m})$$

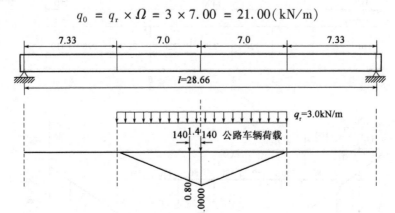

图 2-14　跨中横隔梁的荷载布置图(尺寸单位:m)

2.9.2　跨中横隔梁的作用效应影响线

横隔梁弯矩为靠近桥中线的截面较大，而剪力则在靠近两侧边缘处的截面较大。如图 2-15 所示的跨中横隔梁，本例取 4-5 号梁中间截面计算横隔梁的弯矩，取 1 号梁右截面计算剪力。在采用修正的刚性横梁法计算时，先作出相应的作用效应影响线，再计算作用效应。

1）绘制弯矩影响线

（1）计算公式

如图 2-15 所示，在桥梁跨中，当单位荷载 $P=1$ 作用在 j 号梁轴上时，i 号梁所受的作用为竖向力 η_{ij}（考虑主梁抗扭）。因此，由平衡条件即可写出 4-5 号梁中间截面的弯矩计算公式：

①当 $P=1$ 作用在截面 4-5 的左侧时：

$$\eta_{4\text{-}5,j} = \eta_{1j}b_{1,4\text{-}5} + \eta_{2j}b_{2,4\text{-}5} + \eta_{3j}b_{3,4\text{-}5} + \eta_{4j}b_{4,4\text{-}5} - e_{4\text{-}5} \tag{2-72}$$

式中：$b_{i,4\text{-}5}$ ——i 号梁轴到 4-5 号梁中间截面的距离；

$e_{4\text{-}5}$ ——单位荷载 $P=1$ 作用位置到 4-5 号梁中间截面的距离。

②当 $P=1$ 作用在截面 4-5 的右侧时：

$$\eta_{4\text{-}5,j} = \eta_{1j}b_{1,4\text{-}5} + \eta_{2j}b_{2,4\text{-}5} + \eta_{3j}b_{3,4\text{-}5} + \eta_{4j}b_{4,4\text{-}5} \tag{2-73}$$

（2）计算弯矩影响线值

由表 2.4 可知：

$\eta_{11} = 0.408, \eta_{21} = 0.327, \eta_{31} = 0.246, \eta_{41} = 0.165$；

$\eta_{14} = 0.165, \eta_{24} = 0.154, \eta_{34} = 0.142, \eta_{44} = 0.131$；

$\eta_{18} = -0.158, \eta_{28} = -0.077, \eta_{38} = 0.004, \eta_{48} = 0.085$。

对于截面 4-5 的弯矩 $M_{4\text{-}5}$ 影响线可计算如下：

①当 $P=1$ 作用在 1 号梁轴上时：

$$\eta_{4\text{-}5,1} = \eta_{11}b_{1,4\text{-}5} + \eta_{21}b_{2,4\text{-}5} + \eta_{31}b_{3,4\text{-}5} + \eta_{41}b_{4,4\text{-}5} - e_{4\text{-}5}$$
$$= 0.408 \times 7.7 + 0.327 \times 5.5 + 0.246 \times 3.3 + 0.165 \times 1.1 - 7.7 = -1.767$$

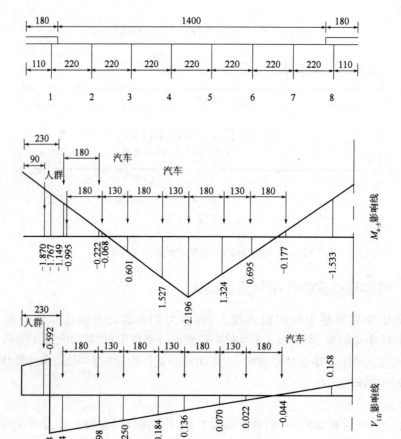

图 2-15　中横隔梁作用效应影响线图(尺寸单位:cm)

②当 $P=1$ 作用在 4 号梁轴上时:
$$\eta_{4\text{-}5,4} = \eta_{14}b_{1,4\text{-}5} + \eta_{24}b_{2,4\text{-}5} + \eta_{34}b_{3,4\text{-}5} + \eta_{44}b_{4,4\text{-}5} - e_{4\text{-}5}$$
$$= 0.165 \times 7.7 + 0.154 \times 5.5 + 0.142 \times 3.3 + 0.131 \times 1.1 - 1.1 = 1.630$$

③当 $P=1$ 作用在 8 号梁轴上时:
$$\eta_{4\text{-}5,8} = \eta_{18}b_{1,4\text{-}5} + \eta_{28}b_{2,4\text{-}5} + \eta_{38}b_{3,4\text{-}5} + \eta_{48}b_{4,4\text{-}5}$$
$$= -0.158 \times 7.7 - 0.077 \times 5.5 + 0.004 \times 3.3 + 0.085 \times 1.1 = -1.533$$

根据上述三点坐标和 4-5 号梁中间截面位置,可绘出弯矩 $M_{4\text{-}5}$ 影响线,如图 2-15 所示。

2)绘制 1 号主梁右截面的剪力 $V_{1右}$ 影响线

①当 $P=1$ 作用在计算截面的右侧时: $\eta_{1右} = \eta_{1i}$;

②当 $P=1$ 作用在计算截面的左侧时: $\eta_{1右} = \eta_{1i} - 1$。

绘出的剪力 $V_{1右}$ 影响线如图 2-15 所示。

2.9.3 截面作用效应计算

计算公式：
$$S = (1+\mu)\xi(P_0 \sum \eta_i + q_0 \Omega) \tag{2-74}$$

1）汽车
(1)正弯矩
一车道：
$$M_{4\text{-}5} = 1.274 \times 1.2 \times 126.00 \times (2.196 + 1.324) = 678.05(\text{kN}\cdot\text{m})$$
二车道：
$$M_{4\text{-}5} = 1.274 \times 126.00 \times (0.601 + 1.527 + 2.196 + 1.324) = 906.63(\text{kN}\cdot\text{m})$$
三车道：
$$M_{4\text{-}5} = 1.274 \times 0.78 \times 126.0 \times (0.601 + 1.527 + 2.196 + 1.324 + 0.695 - 0.177)$$
$$= 772.04(\text{kN}\cdot\text{m})$$
四车道：
$$M_{4\text{-}5} = 1.274 \times 0.67 \times 126.00 \times (-0.995 - 0.068 + 0.601 + 1.527 + 2.196 + 1.324 +$$
$$0.695 - 0.177) = 548.83(\text{kN}\cdot\text{m})$$

(2)负弯矩
二车道：
$$M_{4\text{-}5} = 1.274 \times 126.00 \times (-1.149 - 0.222 - 0.952 - 0.080) = -385.74(\text{kN}\cdot\text{m})$$

(3)剪力
一车道：
$$V_{1\text{右}} = 1.274 \times 1.2 \times 126.00 \times (0.364 + 0.298) = 127.52(\text{kN})$$
二车道：
$$V_{1\text{右}} = 1.274 \times 126.00 \times (0.364 + 0.298 + 0.250 + 0.184) = 175.93(\text{kN})$$
三车道：
$$V_{1\text{右}} = 1.274 \times 0.78 \times 126.0 \times (0.364 + 0.298 + 0.250 + 0.184 + 0.136 + 0.070)$$
$$= 163.02(\text{kN})$$
四车道：
$$V_{1\text{右}} = 1.274 \times 0.67 \times 126.00 \times (0.364 + 0.298 + 0.250 + 0.184 + 0.136 + 0.070 + 0.022 -$$
$$0.044) = 137.67(\text{kN})$$

2）人群
$$M_{4\text{-}5,r} = 21 \times 1.8 \times (-1.870 - 1.630) = -132.3(\text{kN}\cdot\text{m})$$

3）荷载组合
因为横隔梁的弯矩影响线的正负面积很接近，并且系预制架设，恒载的绝大部分不产生内力，故组合时不计入恒载内力。

按《桥规》4.1.5条规定：
$$M_{4\text{-}5}^{\max} = 1.8 \times 906.63 = 1631.93(\text{kN}\cdot\text{m});$$
$$M_{4\text{-}5}^{\min} = 1.8 \times (-385.74) + 1.4 \times 0.75 \times (-132.3) = -833.25(\text{kN}\cdot\text{m});$$
$$V_{1\text{右}} = 1.8 \times 175.77 = 316.39(\text{kN})。$$

2.9.4 截面配筋计算

这部分的计算与主梁截面承载力验算相同,故过程略。

通过计算:横隔梁正弯矩配筋为 8⏀32;负弯矩配筋为 4⏀25;剪力配筋选用间距为20cm 的 2φ8 双肢箍筋。

2.10 行车道板计算

边主梁和中主梁的行车道板可分别按悬臂板和两端固结的连续板计算。

2.10.1 悬臂板荷载效应计算

由于宽跨比小于2,故按单向板计算,悬臂长度为1.0m,如图 2-16a)所示。

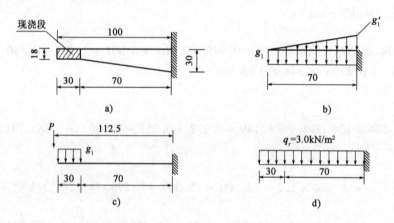

图 2-16 悬臂板计算图(尺寸单位:cm)

1)永久作用

(1)主梁架设完毕时

桥面板可看成 0.7m 长的悬臂单向板,计算图式如图 2-16b)所示。

计算悬臂根部一期永久作用效应:

弯矩: $M_{g1} = -\frac{1}{2} \times 0.18 \times 1 \times 25 \times 0.7^2 - \frac{1}{3} \times \frac{1}{2} \times 0.12 \times 1 \times 25 \times 0.7^2$

$= -1.35(\text{kN} \cdot \text{m})$

剪力: $V_{g1} = 0.18 \times 1 \times 25 \times 0.7 + \frac{1}{2} \times 0.12 \times 1 \times 25 \times 0.7 = 4.20(\text{kN})$

(2)成桥后

桥面现浇部分完成后,施工二期永久作用,此时桥面板可看成净跨径为1.0m的悬臂单向板,计算图式如图 2-16c)所示。图中:$g_1 = 0.18 \times 1 \times 25 = 4.50(\text{kN/m})$,为现浇部分悬臂板自重;$p = 1.52\text{kN}$,为人行栏重力。

计算二期永久作用效应如下:

弯矩： $M_{g2} = -4.5 \times 0.3 \times \left(1.0 - \frac{1}{2} \times 0.3\right) - 1.52 \times 1.125 = -2.86(\text{kN} \cdot \text{m})$

剪力： $V_{g2} = 4.5 \times 0.3 + 1.52 = 2.87(\text{kN})$

(3) 总永久作用效应

弯矩： $M_g = M_{g1} + M_{g2} = -1.35 - 2.86 = -4.21(\text{kN} \cdot \text{m})$

剪力： $V_g = V_{g1} + V_{g2} = 4.20 + 2.87 = 7.07(\text{kN})$

2) 可变作用

在边梁悬臂板处，只作用有人群，计算图式如图 2-16d) 所示。

弯矩： $M_r = \frac{1}{2} \times 3.0 \times 1.0^2 = -1.50(\text{kN} \cdot \text{m})$

剪力： $V_r = 3.0 \times 1.0 = 3.00(\text{kN})$

3) 承载能力极限状态作用基本组合

按《桥规》4.1.5 条：

$M_d = 1.2M_g + 1.4 \times 0.75 \times M_r = -(1.2 \times 4.21 + 1.4 \times 0.75 \times 1.50) = -6.63(\text{kN} \cdot \text{m})$

$V_d = 1.2V_g + 1.4 \times 0.75 \times V_r = 1.2 \times 7.07 + 1.4 \times 0.75 \times 3.0 = 11.63(\text{kN})$

2.10.2 连续板荷载效应计算

对于梁肋间的行车道板，在桥面现浇部分完成后，实质上是一个支承在一系列弹性支承上的多跨连续板，通常采用较简便的近似方法进行计算。对于支点处和跨中截面的设计弯矩，先计算出一个跨度相同的简支板在永久作用和活载作用下的跨中弯矩 M_0，再乘以偏安全的经验系数加以修正。弯矩修正系数可视板厚 t 与梁肋高度 h 的比值来选用。

本例 $\frac{t}{h} = \frac{18}{210 - 18} = \frac{1}{10.67} < \frac{1}{4}$，即主梁抗扭能力较大，取跨中弯矩：$M_c = +0.5M_0$；支点弯矩：$M_s = -0.7M_0$。对于剪力，可不考虑板和主梁的弹性固结作用，认为简支板的支点剪力即连续板的支点剪力。下面分别计算连续板的跨中和支点作用效应值。

1) 永久作用

(1) 主梁架设完毕时

桥面板看成 0.7m 长的悬臂单向板，计算图式如图 2-16b) 所示，其根部一期永久作用效应：

弯矩：$M_{g1} = -1.35\text{kN} \cdot \text{m}$；

剪力：$V_{g1} = 4.20\text{kN}$。

(2) 成桥后

根据《公预规》4.2.2 条，梁肋间的板，其计算跨径按下列规定取用：

计算弯矩时：$l = l_0 + t$，但不大于 $l = l_0 + b$；本例 $l = 2.0 + 0.18 = 2.18(\text{m})$。

计算剪力时：$l = l_0$；本例 $l = 2.00\text{m}$。

式中，l 为板的计算跨径；l_0 为板的净跨径；t 为板的厚度；b 为梁肋宽度。

计算图式如图 2-17 所示，先计算简支板的跨中弯矩和支点剪力值。$g_1 = 4.50\text{kN/m}$，为现浇部分桥面板的自重；$g_2 = (0.73 + 5.09 + 6.90 + 8.72)/4 = 5.36(\text{kN/m})$，取桥面铺装层重

的均值,为二期永久作用。

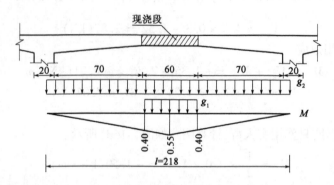

图 2-17　简支板二期永久作用计算图(尺寸单位:cm)

计算得到简支板跨中二期永久作用弯矩和支点二期永久作用剪力:
$$M_{g2} = (0.40 + 0.55) \times 0.3 \times 4.5 + 0.5 \times 2.18 \times 0.55 \times 5.36 = 4.50(\text{kN} \cdot \text{m})$$
$$V_{g2} = 0.3 \times 4.5 + 1.0 \times 5.36 = 6.71(\text{kN})$$

(3)总永久作用效应

支点截面永久作用弯矩:$M_{sg} = M_{g1} - 0.7M_{g2} = -1.35 - 0.7 \times 4.50 = 4.50(\text{kN} \cdot \text{m})$。

支点截面永久作用剪力:$V_{sg} = V_{g1} + V_{g2} = 4.20 + 6.71 = 10.91(\text{kN})$。

跨中截面永久作用弯矩:$M_{cg} = 0.5 \times M_g = 0.5 \times 4.50 = 2.25(\text{kN} \cdot \text{m})$。

2)可变作用

根据《桥规》4.3.1 条,桥梁结构局部加载时,汽车荷载采用车辆荷载。由《桥规》表 4.3.1-3 可知,后轮着地宽度 b_1 及长度 a_1 分别为 $a_1 = 0.20\text{m}, b_1 = 0.60\text{m}$。

平行于板的跨径方向的荷载分布宽度:
$$b = b_1 + 2h = 0.6 + 2 \times \frac{0.07 + 0.175}{2} = 0.845(\text{m})$$

(1)车轮在板的跨径中部时。

垂直于板的跨径方向的荷载分布宽度:
$$a = a_1 + 2h + \frac{l}{3} = 0.2 + 2 \times \frac{0.07 + 0.175}{2} + \frac{2.18}{3} = 1.17(\text{m})$$

且不得小于 $\frac{2}{3}l = 1.45\text{m}$,故取 $a = 1.45\text{m} > 1.4\text{m}$(两后轮轴距)。

此时两个后轮的有效分布宽度发生重叠,应求两个车轮荷载的有效分布宽度 $a = 1.45 + 1.4 = 2.85(\text{m})$,折合成一个荷载的有效分布宽度 $a = 2.85/2 = 1.425(\text{m})$。

(2)车轮在板的支承处时。

垂直于板的跨径方向的荷载分布宽度:
$$a' = a_1 + 2h + t = 0.2 + 2 \times \frac{0.07 + 0.175}{2} + 0.18 = 0.625(\text{m})$$

(3)车轮在板的支承处附近,距支点距离为 x 时,垂直于板的跨径方向的荷载分布宽度:$a = a_1 + 2h + t + 2x = 0.625 + 2x$。$a$ 的分布如图 2-18 所示。

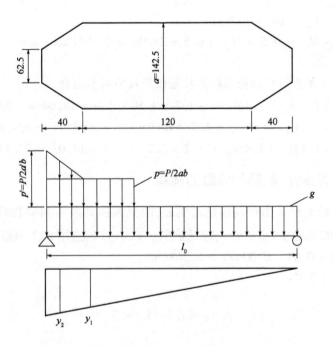

图 2-18 简支板可变作用(汽车)计算图(尺寸单位:cm)

将加重车后轮作用于板的中央,按照《桥规》4.3.2 条规定,局部加载冲击系数:$1+\mu = 1.3$。求得简支板跨中最大可变作用的弯矩:

$$M_{op} = (1+\mu)\frac{P}{8a}\left(l - \frac{b}{2}\right) = 1.3 \times \frac{140}{8 \times 1.425} \times \left(2.18 - \frac{0.845}{2}\right) = 28.06(\text{kN} \cdot \text{m})$$

计算支点剪力时,可变作用必须尽量靠近梁肋边缘布置。考虑了相应的有效工作宽度后,每米板宽承受的分布荷载如图 2-18 所示。支点剪力按式(2-75)为

$$V_{sp} = (1+\mu)(A_1 y_1 + A_2 y_2) \tag{2-75}$$

其中:

$$A_1 = pb = \frac{P}{2a} = \frac{140}{2 \times 1.425} = 49.12(\text{kN});$$

$$A_2 = \frac{1}{2}(p - p')\frac{1}{2}(a - a') = \frac{P}{8aa'b}(a - a')^2 = \frac{140 \times (1.425 - 0.625)^2}{8 \times 1.425 \times 0.625 \times 0.845}$$

$$= 14.88(\text{kN});$$

$$y_1 = \frac{2 - 0.845/2}{2} = 0.79;$$

$$y_2 = \frac{2 - 0.4/3}{2} = 0.93。$$

代入式(2-74),得

$$V_{sp} = 1.3 \times (49.12 \times 0.79 + 14.88 \times 0.93) = 68.44(\text{kN})。$$

由此可得连续板可变作用效应:

支点截面弯矩:$M_{sp} = 0.7 \times M_{op} = -0.7 \times 28.06 = -19.64(\text{kN} \cdot \text{m});$

支点截面剪力：$V_{sp} = 68.44(kN)$；
跨中截面弯矩：$M_{cp} = 0.5 \times M_{op} = 0.5 \times 28.06 = 14.03(kN \cdot m)$。
3）作用效应组合
按《桥规》4.1.5条进行承载能力极限状态作用效应基本组合。
支点截面弯矩：$1.2M_{sg} + 1.4M_{sp} = -1.2 \times 4.50 - 1.4 \times 19.64 = -33.90(kN \cdot m)$；
支点截面剪力：$1.2V_{sg} + 1.4V_{sp} = 1.2 \times 10.91 + 1.4 \times 68.44 = 108.91(kN)$；
跨中截面弯矩：$1.2M_{cg} + 1.4M_{cp} = 1.2 \times 2.25 + 1.4 \times 14.03 = 22.34(kN \cdot m)$。

2.10.3 截面设计、配筋和承载力验算

悬臂板和连续板支点采用相同的抗弯钢筋，故只需按其最不利荷载效应配筋，即$M_d = -33.90 kN \cdot m$。其高度为$h = 30cm$，净保护层$a = 3cm$。若选用⌀12钢筋，则有效高度$h_0 = h - a - d/2 = 0.3 - 0.03 - 0.00695 = 0.263(m)$。

按《公预规》5.2.2条：

$$\gamma_0 M_d \leq f_{cd} bx \left(h_0 - \frac{x}{2}\right) \tag{2-76}$$

$1.0 \times 33.90 \leq 22.4 \times 10^3 \times x \left(0.263 - \frac{x}{2}\right)$。

解得：$x = 0.0582m < \xi_b h_0 = 0.53 \times 0.263 = 0.1394(m)$。

$A_s = \dfrac{f_{cd} bx}{f_{sd}} = \dfrac{22.4 \times 100 \times 0.582}{330} = 3.95(cm^2)$。

查每米宽板内的钢筋截面积表，当选⌀12钢筋时，钢筋间距15cm，提供的钢筋面积$A_s = 7.54 cm^2$，实际配筋面积远大于计算面积，则其承载力大于作用效应，故承载力验算可略。

连续板跨中截面处的抗弯钢筋计算同上，此处略。为了施工方便，取板上下缘配筋相同，均为⌀12@150mm。

按《公预规》5.2.11条规定，截面受弯构件的截面尺寸应符合式(2-77)要求，即

$$\gamma_0 V_d \leq 0.51 \times 10^{-3} \sqrt{f_{cu,k}} bh_0 \tag{2-77}$$

$0.51 \times 10^{-3} \sqrt{f_{cu,k}} bh_0 = 0.51 \times 10^{-3} \times \sqrt{50} \times 1000 \times 213 = 948.44(kN) \geq \gamma_0 V_d = 106.91 kN$，因此满足抗剪最小尺寸要求。

根据《公预规》5.2.12条规定，若符合式(2-78)要求，则不需进行斜截面抗剪承载力计算，即

$$\gamma_0 V_d \leq 0.50 \times 10^{-3} \alpha_2 f_{td} bh_0 \tag{2-78}$$

$0.5 \times 10^{-3} \alpha_2 f_{td} b \leq h_0 = 0.5 \times 10^{-3} \times 1.83 \times 1000 \times 263 = 240.65(kN) \geq \gamma_0 V_d = 106.91 kN$
因此，不需要进行斜截面抗剪承载力计算，仅按构造要求配置钢筋。

根据《公预规》9.2.4条规定，板内应设垂直于主钢筋的分布钢筋，直径不应小于8mm，间距不应大于200mm，因此本例中板内分布钢筋采用$\phi 8@200mm$。

2.11 双柱式桥墩和钻孔灌注桩的设计资料

1）地质水文资料

地基土为密实细砂夹砾石，地基土比例系数：$m = 10000 \text{kN/m}^4$；

地基土的极限摩阻力：$\tau = 70 \text{MPa}$；

地基土的内摩擦角：$f = 40°$，黏聚力 $C = 0.00$；

地基的容许承载力：$[\sigma_0] = 400 \text{kPa}$；

土重度：$\gamma' = 1180 \text{kN/m}^3$（已考虑浮力）；

地面高程为335.34m，常水位为338.20m，最大冲刷线高程为330.60m。

2）材料及工艺

混凝土：盖梁和墩柱采用C30混凝土，系梁及钻孔灌注桩采用C25混凝土。

钢筋：盖梁、墩柱、桩基主筋均采用HRB400钢筋。

3）桥墩尺寸

参考相关图纸和工程经验，选用图2-19所示的结构尺寸。

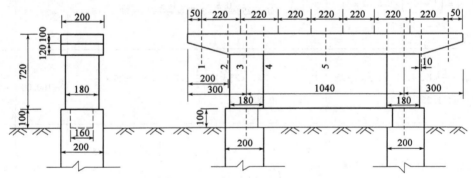

图2-19 桥墩尺寸（尺寸单位：cm）

（注：数字1~5为截面编号。）

2.12 盖 梁 计 算

2.12.1 荷载计算

1）上部构造恒载（表2-38）

上 部 构 造 恒 载 表2-38

每片边梁自重 (kN/m)	每片中梁自重 (kN/m)			一孔上部结构总重 (kN)	每个支座的恒载反力 (kN)			
1、8号梁	2、7号梁	3、6号梁	4、5号梁	7347.99	1、8号梁	2、7号梁	3、6号梁	4、5号梁
29.68	29.17	30.98	32.80		444.61	436.97	464.08	491.34

2)盖梁自重及作用效应计算

盖梁计算如图 2-20 所示,自重及作用效应计算见表 2-39。

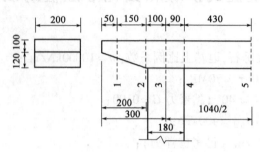

图 2-20 盖梁计算图(尺寸单位:cm)

(注:数字 1~5 为截面编号。)

盖梁自重及内力计算　　表 2-39

截面编号	自重 (kN)	弯矩 (kN/m)	剪力(kN)	
			$Q_左$	$Q_右$
1-1	$q_1 = \left(1+\dfrac{0.3}{2}\right) \times 0.5 \times 2 \times 25$ $= 25 + 3.75 = 28.75$	$M_1 = 25 \times \dfrac{0.5}{2} - 3.75 \times \dfrac{0.5}{3} = -6.88$	-28.75	-28.75
2-2	$q_2 = \dfrac{1}{2}(1.3+2.2) \times 1.5 \times 2 \times 25$ $= 131.25$	$M_2 = -1 \times 2 \times 2 \times 25 \times 1 - \dfrac{1}{2} \times 1.2 \times 2 \times 2 \times 25 \times \dfrac{1}{3} \times 2$ $= -140.00$	-160.00	-160.00
3-3	$q_3 = 2.2 \times 1 \times 2 \times 25 = 110.00$	$M_3 = -1 \times 2 \times 2 \times 25 \times (1+1) - \dfrac{1}{2} \times 1.2 \times 2 \times 25 \times$ $\left(\dfrac{2}{3}+1\right) - 110 \times \dfrac{1}{2} = -355.00$	-270.00	572.00
4-4	$q_4 = 2.2 \times 0.9 \times 2 \times 25$ $= 99.00$	$M_4 = 842 \times 0.9 - 1 \times 2 \times 2 \times 25 \times (1+1.9) -$ $\dfrac{1}{2} \times 1.2 \times 2 \times 25 \times \left(\dfrac{2}{3}+1.9\right) - 110 \times$ $\left(\dfrac{1}{2}+0.9\right) - 99 \times \dfrac{0.9}{2} = 115.25$	473.00	473.00
5-5	$q_5 = 2.2 \times 4.3 \times 2 \times 25$ $= 473.00$	$M_5 = 842 \times 5.2 - 1 \times 2 \times 2 \times 25 \times (1+1.9+4.3) -$ $\dfrac{1}{2} \times 1.2 \times 2 \times 25 \times \left(\dfrac{2}{3}+1.9+4.3\right) -$ $110 \times \left(\dfrac{1}{2}+0.9+4.3\right) - 99 \times \left(\dfrac{0.9}{2}+4.3\right) = 2149.15$	0.00	0.00

注:$q_1 + q_2 + q_3 + q_4 + q_5 = 842.00 \text{kN}$。

3)可变荷载计算

(1)可变荷载横向分布系数计算

荷载对称布置时用杠杆原理法,非对称布置时用偏心受压法。

①对称布置。

a. 公路—Ⅰ级车辆荷载布置如图2-21~图2-24所示。

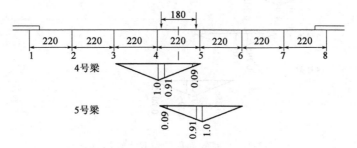

图2-21 单列车、对称布置(尺寸单位:cm)

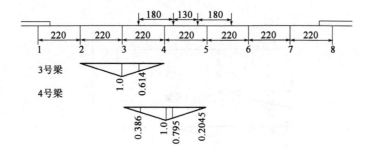

图2-22 双列车、对称布置(尺寸单位:cm)

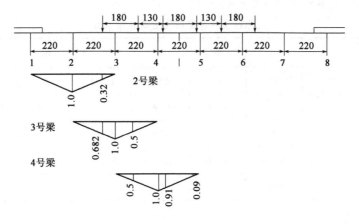

图2-23 三列车、对称布置(尺寸单位:cm)

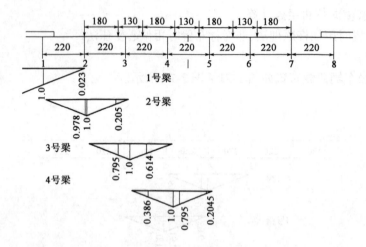

图 2-24 四列车、对称布置(尺寸单位:cm)

b. 人群荷载(图 2-25):两侧有人群。

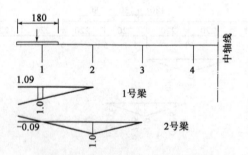

图 2-25 人群荷载(尺寸单位:cm)

对称布置时可变荷载横向分布系数的计算列于表 2-40。

对称布置时可变荷载横向分布系数　　表 2-40

可变荷载布置	η_1	η_2	η_3	η_4	η_5	η_6	η_7	η_8
单列车	0	0	0	0.500	0.500	0	0	0
双列车	0	0	0.307	0.693	0.693	0.307	0	0
三列车	0	0.160	0.591	0.750	0.750	0.591	0.160	0
四列车	0.012	0.591	0.705	0.693	0.693	0.705	0.591	0.012
人群荷载	1.090	-0.090	0	0	0	0	-0.090	1.090

②非对称布置。

a. 公路—Ⅰ级车辆荷载布置如图 2-26 所示。

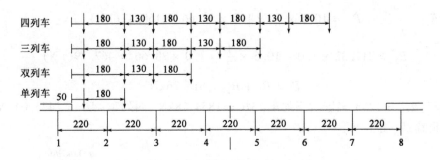

图 2-26 非对称布置(尺寸单位:cm)

b. 人群荷载(图 2-26):单侧有人群。

由 $\eta_i = \dfrac{1}{n} \pm \dfrac{ea_i}{2\sum a^2}$,已知 $n=8$,$2\sum a^2 = 203.28$,横向分布系数的计算列于表 2-41。

非对称布置时可变荷载横向分布系数　　　　　表 2-41

可变荷载布置	e	η_1	η_2	η_3	η_4	η_5	η_6	η_7	η_8
单列车	5.60	0.337	0.277	0.216	0.155	0.095	0.034	-0.027	-0.087
双列车	4.05	0.278	0.235	0.191	0.147	0.103	0.059	0.015	-0.028
三列车	2.50	0.220	0.193	0.166	0.139	0.111	0.084	0.057	0.030
四列车	0.95	0.161	0.151	0.140	0.130	0.120	0.110	0.099	0.089
人群荷载	7.90	0.424	0.339	0.253	0.168	0.082	-0.003	-0.089	-0.174

(2)按顺桥向可变荷载移动情况,求得支座活载反力的最大值

①公路—Ⅰ级。

a. 单孔布载(图 2-27)。

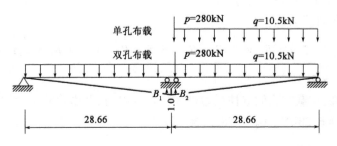

图 2-27 单孔、双孔布载(尺寸单位:m)

单列车: $B_1 = 0.00$,$B_2 = 317.32 \times 1.0 + 10.5 \times \dfrac{1}{2} \times 1.0 \times 28.66 = 467.79(\text{kN})$,$B = B_1 + B_2 = 467.79(\text{kN})$;

双列车:$2B = 935.58\text{kN}$;三列车:$3B = 1403.37\text{kN}$;四列车:$4B = 1871.16\text{kN}$。

b. 双孔布载(图2-27)。

单列车：$B_1 = 10.5 \times \frac{1}{2} \times 1.0 \times 28.66 = 150.47(kN)$

$$B_2 = 317.32 \times 1.0 + 10.5 \times \frac{1}{2} \times 1.0 \times 28.66 = 467.79(kN)$$

$$B = B_1 + B_2 = 618.26kN$$

双列车：$2B = 1236.52kN$；三列车：$3B = 1854.78kN$；四列车：$4B = 2473.04kN$。

②人群荷载(图2-28)。

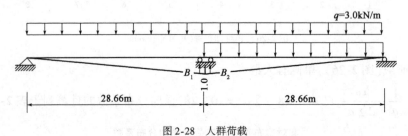

图2-28 人群荷载

单孔布载(一侧)：$B_1 = 0$，$B_2 = 3 \times 1.8 \times \frac{1}{2} \times 1.0 \times 28.66 = 77.38(kN)$，$B = B_1 + B_2 = 77.38kN$；

双孔布载(一侧)：$B_1 = B_2 = 3 \times 1.8 \times \frac{1}{2} \times 1.0 \times 28.66 = 77.38(kN)$，$B = B_1 + B_2 = 154.76kN$。

(3)可变荷载横向分布后各梁的支点反力

计算公式：$R_i = \eta_i B$。可变荷载横向分布后各梁的支点反力见表2-42。

(4)各梁永久荷载和可变荷载的反力组合

影响线长度按双孔计，即$2 \times 28.66 = 57.32(m)$，表中汽车荷载项已计入冲击系数和多车道横向折减系数，计算结果见表2-43。

(5)双柱反力G_i计算(图2-29)

双柱反力G_1的计算公式：

$$G_1 = \frac{1}{10.4}(R_1 \times 12.9 + R_2 \times 10.7 + R_3 \times 8.5 + R_4 \times 6.3 + R_5 \times 4.1 + R_6 \times 1.9 - R_7 \times 0.3 - R_8 \times 2.5)$$

由表2-44可知，偏载左边的立柱反力最大($G_1 > G_2$)，并由荷载组合编号为25时控制设计。此时，$G_1 = 8006.28kN$，$G_2 = 7875.66kN$。

2.12.2 内力计算

1)恒载加可变荷载作用下的各截面的内力

(1)弯矩计算

为求得最大弯矩值，支点负弯矩取非对称布置时的数值，跨中弯矩取用对称布置时数值。按图2-29给出的位置，各截面弯矩计算公式如下：

可变荷载横向分布后各梁的支点反力（单位：kN） 表 2-42

计算方法	梁号	公路一级																人群荷载			
		单行列车				双行列车				三行列车				四行列车				单孔		双孔	
		单孔		双孔		单孔		双孔		单孔		双孔		单孔		双孔					
		B	R_1	B	R_1	B	R_1	B	R_1	B	R_1	B	R_1	B	R_1	B	R_1	B	R_1	B	R_1
对称布置按杠杆法计算	1	467.79	0	618.26	0	935.58	0	1236.52	0	1403.37	0	1854.78	0	1871.16	22.45	2473.04	29.68	77.38	84.34	154.76	168.69
	2		233.90		309.13		287.22		379.61		224.54		296.76		1105.86		1461.57		-6.96		-13.93
	3		0		0		648.36		856.91		829.39		1096.17		1319.17		1743.82		0		0
	4		233.90		309.13		648.36		856.91		1052.53		1391.09		1296.71		1713.82		0		0
	5		0		0		287.22		379.61		1052.53		1391.09		1296.71		1713.82		0		0
	6		0		0		0		0		829.39		1096.17		1105.86		1461.57		0		0
	7		0		0		0		0		224.54		296.76		779.63		1743.49		-6.96		-13.93
	8		0		0		0		0		0		0		22.45		29.68		84.34		168.69
非对称布置按偏心受压法计算	1	467.79	157.70	618.26	208.43	935.58	260.47	1236.52	344.26	1403.37	308.32	1854.78	407.49	1871.16	301.23	2473.04	398.12	77.38	32.83	154.76	65.66
	2		129.35		170.96		219.47		290.06		270.35		357.31		281.99		372.70		26.21		52.42
	3		101.00		133.49		178.46		235.86		232.38		307.12		262.75		347.27		19.60		39.19
	4		72.65		96.02		137.45		181.66		194.41		256.94		243.51		321.84		12.98		25.96
	5		44.30		58.55		96.44		127.47		156.44		206.76		224.28		296.42		6.36		12.73
	6		15.95		21.08		55.44		73.27		118.47		156.57		205.04		270.99		-0.25		-0.50
	7		-12.40		-16.39		14.43		19.07		80.50		106.39		185.80		245.56		-6.87		-13.73
	8		-40.75		-53.86		-26.58		-35.13		42.53		56.21		166.56		220.14		-13.48		-26.97

各梁永久荷载和可变荷载的反力组合（单位：kN） 表2-43

编号	荷载情况	1号梁	2号梁	3号梁	4号梁	5号梁	6号梁	7号梁	8号梁
1	恒载	889.21	873.93	928.16	982.69	982.69	928.16	873.93	889.21
2	单车对称	0	0	0	472.60	472.60	0	0	0
3	单车非对称	318.65	261.36	204.08	146.79	89.51	32.22	−25.06	−82.35
4	双车对称	0	0	483.63	1091.70	1091.70	483.63	0	0
5	双车非对称	438.59	369.54	300.49	231.44	162.39	93.34	24.29	−44.75
6	三车对称	0	294.90	1089.29	1382.35	1382.35	1089.29	294.90	0
7	三车非对称	404.93	355.06	305.19	255.33	205.46	155.59	105.72	55.85
8	四车对称	25.33	1247.56	1488.21	1462.88	1462.88	1488.21	1247.56	25.33
9	四车非对称	339.83	318.13	296.42	274.72	253.02	231.31	209.61	187.91
10	人群对称	93.72	−7.74	0	0	0	0	−7.74	93.72
11	人群非对称	36.48	29.13	21.77	14.42	7.07	−0.28	−7.63	−14.98
12	1+2+10	982.93	866.20	928.16	1455.29	1455.29	928.16	866.20	982.93
13	1+2+11	925.69	903.06	949.93	1469.71	1462.36	927.88	866.30	874.23
14	1+3+10	1301.58	1127.56	1132.24	1129.48	1072.20	960.38	841.13	900.58
15	1+3+11	1244.33	1164.42	1154.01	1143.90	1079.27	960.10	841.24	791.88
16	1+4+10	982.93	866.20	1411.79	2074.39	2074.39	1411.79	866.20	982.93
17	1+4+11	925.69	903.06	1433.56	2088.81	2081.46	1411.51	866.30	874.23
18	1+5+10	1421.52	1235.73	1228.65	1214.13	1145.08	1021.50	890.49	938.18
19	1+5+11	1364.27	1272.60	1250.42	1228.55	1152.15	1021.22	890.60	829.48
20	1+6+10	982.93	1161.10	2017.45	2365.04	2365.04	2017.45	1161.10	982.93
21	1+6+11	925.69	1197.96	2039.23	2379.46	2372.11	2017.17	1161.20	874.23
22	1+7+10	1387.86	1221.26	1233.35	1238.01	1188.15	1083.75	971.92	1038.78
23	1+7+11	1330.62	1258.12	1255.13	1252.44	1195.22	1083.47	972.02	930.08
24	1+8+10	1008.26	2113.76	2416.37	2445.57	2445.57	2416.37	2113.76	1008.26
25	1+8+11	951.02	2150.62	2438.15	2459.99	2452.64	2416.09	2113.87	899.56
26	1+9+10	1322.76	1184.32	1224.58	1257.41	1235.70	1159.47	1075.80	1170.84
27	1+9+11	1265.52	1221.18	1246.36	1271.83	1242.78	1159.19	1075.91	1062.14

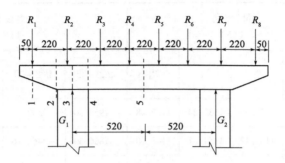

图 2-29 双柱反力 G_1 的计算(尺寸单位:cm)

双柱反力 G_1 计算(单位:kN) 表 2-44

编号	荷载组合	反力 G_i	编号	荷载组合	反力 G_i
12	1 + 2 + 10	4232.57	20	1 + 6 + 10	6526.52
13	1 + 2 + 11	4254.89	21	1 + 6 + 11	6548.84
14	1 + 3 + 10	4741.52	22	1 + 7 + 10	5124.60
15	1 + 3 + 11	4763.85	23	1 + 7 + 11	5146.92
16	1 + 4 + 10	5335.30	24	1 + 8 + 10	7983.96
17	1 + 4 + 11	5357.62	25	1 + 8 + 11	8006.28
18	1 + 5 + 10	5161.11	26	1 + 9 + 10	5008.27
19	1 + 5 + 11	5183.43	27	1 + 9 + 11	5030.59

$M①—① = 0$；

$M②—② = -R_1 \times 1.5$；

$M③—③ = -R_1 \times 2.5 - R_2 \times 0.3$；

$M④—④ = G_1 \times 0.9 - R_1 \times 3.4 - R_2 \times 1.2$；

$M⑤—⑤ = G_1 \times 5.2 - R_1 \times 7.7 - R_2 \times 5.5 - R_3 \times 3.3 - R_4 \times 1.1$。

各截面弯矩计算见表 2-45。

各截面弯矩计算 表 2-45

荷载组合情况	墩柱反力 (kN)	梁的反力 (kN)				各截面弯矩 (kN·m)			
	G_1	R_1	R_2	R_3	R_4	$M②—②$	$M③—③$	$M④—④$	$M⑤—⑤$
12	4232.57	982.93	866.20	928.16	1455.29	-1474.40	-2717.19	-572.08	5012.99
13	4254.89	925.69	903.06	949.93	1469.71	-1388.53	-2585.14	-401.61	5279.36

续上表

荷载组合情况	墩柱反力 (kN)	梁的反力 (kN)				各截面弯矩 (kN·m)			
	G_1	R_1	R_2	R_3	R_4	M②—②	M③—③	M④—④	M⑤—⑤
14	4741.52	1301.58	1127.56	1132.24	1129.48	−1952.36	−3592.21	−1511.06	3453.42
15	4763.85	1244.33	1164.42	1154.01	1143.90	−1866.50	−3460.16	−1340.58	3719.78
16	5335.30	982.93	866.20	1411.79	2074.39	−1474.40	−2717.19	420.37	8470.20
17	5357.62	925.69	903.06	1433.56	2088.81	−1388.53	−2585.14	590.85	8736.57
18	5161.11	1421.52	1235.73	1228.65	1214.13	−2132.27	−3924.51	−1671.04	3705.47
19	5183.43	1364.27	1272.60	1250.42	1228.55	−2046.41	−3792.46	−1500.56	3971.84
20	6526.52	982.93	1161.10	2017.45	2365.04	−1474.40	−2805.66	1138.58	10724.15
21	6548.84	925.69	1197.96	2039.23	2379.46	−1388.53	−2673.61	1309.06	10990.52
22	5124.60	1387.86	1221.26	1233.35	1238.01	−2081.79	−3836.03	−1572.10	3812.59
23	5146.92	1330.62	1258.12	1255.13	1252.44	−1995.93	−3703.99	−1401.62	4078.96
24	7983.96	1008.26	2113.76	2416.37	2445.57	−1512.39	−3154.78	1220.96	11463.15
25	8006.28	951.02	2150.62	2438.15	2459.99	−1426.53	−3022.74	1391.44	11729.52
26	5008.27	1322.76	1184.32	1224.58	1257.41	−1984.14	−3662.20	−1411.13	3919.72
27	5030.59	1265.52	1221.18	1246.36	1271.83	−1898.28	−3530.15	−1240.65	4186.08

(2) 相应最大弯矩值时的剪力计算

计算公式如下：

截面①—①：$Q_左 = 0, Q_右 = -R_1$；

截面②—②：$Q_左 = Q_右 = -R_1$；

截面③—③：$Q_左 = -R_1 - R_2, Q_右 = G_1 - R_1 - R_2$；

截面④—④：$Q_左 = G_1 - R_1 - R_2, Q_右 = G_1 - R_1 - R_2$；

截面⑤—⑤：$Q_左 = G_1 - R_1 - R_2 - R_3 - R_4, Q_右 = G_1 - R_1 - R_2 - R_3 - R_4$。

各截面剪力计算见表 2-46。

2) 盖梁内力汇总

表 2-47 中各截面内力均取表 2-45 和表 2-46 中的最大值。

2.12.3 盖梁各截面的配筋设计与承载力校核

采用 C30 混凝土，HRB400 钢筋，假设 $a_s = 5 \text{cm}$，$f_{cd} = 13.80 \text{MPa}$，$f_{sd} = 330 \text{MPa}$。

各截面剪力计算（单位：kN） 表2-46

荷载组合情况	梁的反力				截面①—①		截面②—②		截面③—③		截面④—④		截面⑤—⑤	
	R_1	R_2	R_3	R_4	$Q_左$	$Q_右$	$Q_左$	$Q_右$	$Q_左$	$Q_右$	$Q_左$	$Q_右$	$Q_左$	$Q_右$
12	982.93	866.20	928.16	1455.29	0	−982.93	−982.93	−982.93	−1849.13	2383.45	2383.45	2383.45	0.00	0.00
13	925.69	903.06	949.93	1469.71	0	−925.69	−925.69	−925.69	−1828.75	2426.15	2426.15	2426.15	6.50	6.50
14	1301.58	1127.56	1132.24	1129.48	0	−1301.58	−1301.58	−1301.58	−2429.13	2312.39	2312.39	2312.39	50.67	50.67
15	1244.33	1164.42	1154.01	1143.90	0	−1244.33	−1244.33	−1244.33	−2408.75	2355.09	2355.09	2355.09	57.18	57.18
16	982.93	866.20	1411.79	2074.39	0	−982.93	−982.93	−982.93	−1849.13	3486.18	3486.18	3486.18	0.00	0.00
17	925.69	903.06	1433.56	2088.81	0	−925.69	−925.69	−925.69	−1828.75	3528.88	3528.88	3528.88	6.50	6.50
18	1421.52	1235.73	1228.65	1214.13	0	−1421.52	−1421.52	−1421.52	−2657.25	2503.86	2503.86	2503.86	61.08	61.08
19	1364.27	1272.60	1250.42	1228.55	0	−1364.27	−1364.27	−1364.27	−2636.87	2546.56	2546.56	2546.56	67.58	67.58
20	982.93	1161.10	2017.45	2365.04	0	−982.93	−982.93	−982.93	−2144.03	4382.49	4382.49	4382.49	0.00	0.00
21	925.69	1197.96	2039.23	2379.46	0	−925.69	−925.69	−925.69	−2123.65	4425.19	4425.19	4425.19	6.50	6.50
22	1387.86	1221.26	1233.35	1238.01	0	−1387.86	−1387.86	−1387.86	−2609.12	2515.48	2515.48	2515.48	44.11	44.11
23	1330.62	1258.12	1255.13	1252.44	0	−1330.62	−1330.62	−1330.62	−2588.74	2558.18	2558.18	2558.18	50.62	50.62
24	1008.26	2113.76	2416.37	2445.57	0	−1008.26	−1008.26	−1008.26	−3122.02	4861.94	4861.94	4861.94	0.00	0.00
25	951.02	2150.62	2438.15	2459.99	0	−951.02	−951.02	−951.02	−3101.64	4904.64	4904.64	4904.64	6.50	6.50
26	1322.76	1184.32	1224.58	1257.41	0	−1322.76	−1322.76	−1322.76	−2507.08	2501.19	2501.19	2501.19	19.20	19.20
27	1265.52	1221.18	1246.36	1271.83	0	−1265.52	−1265.52	−1265.52	−2486.70	2543.89	2543.89	2543.89	25.70	25.70

盖 梁 内 力 汇 总

表 2-47

截 面 内 力			截面①—①	截面②—②	截面③—③	截面④—④	截面⑤—⑤
弯矩 M (kN·m)	自重		-6.88	-140.00	-355.00	115.25	2149.15
	荷载		0	-2132.27	-3924.51	-1671.04	11729.52
						1391.44	
	计算		-6.88	-2272.27	-4279.51	-1555.79	13878.67
						1506.69	
剪力 Q (kN)	自重	左	-28.75	-160.00	-270.00	473.00	0
		右	-28.75	-160.00	572.00	473.00	0
	荷载	左	0	-1421.52	-3122.02	4904.64	67.58
		右	-1421.52	-1421.52	4904.64	4904.64	67.58
	计算	左	-28.75	-1581.52	-3392.02	5377.64	67.58
		右	-1450.27	-1581.52	5476.64	5377.64	67.58

1) 正截面抗弯承载力验算

计算公式如下：

$$\gamma_0 M_d \leq f_{cd} bx \left(h_0 - \frac{x}{2} \right) \tag{2-79}$$

$$f_{sd} A_s = f_{cd} bx \tag{2-80}$$

以下取⑤—⑤截面做配筋设计。已知：跨中高 $h = 220$ cm，宽 $b = 200$ cm，则有效高度 $h_0 = h - a_s = 220 - 5 = 215$ (cm)，取 $\gamma_0 = 1.0$，$M_d = 13878.67$ kN·m，即：

$$\gamma_0 M_d \leq f_{cd} bx \left(h_0 - \frac{x}{2} \right)$$

$$13878.67 = 13.8 \times 10^3 \times 2.0x \left(2.15 - \frac{x}{2} \right)$$

解得：$x = 0.25$ m $< \xi_b h_0 = 0.53 \times 2.15 = 1.14$ (m)，满足要求。

所需要的钢筋面积由 $f_{sd} A_s = f_{cd} bx$ 得：

$$A_s = \frac{f_{cd} bx}{f_{sd}} = \frac{13.8 \times 2.0 \times 0.25}{330} = 0.020909 \, (\text{m}^2) = 209.09 \, (\text{cm}^2)$$

选用 ⊈32 钢筋，$n = \frac{A_s}{A_{s1}} = \frac{209.09}{8.042} = 26.00$。实际选用 28 根 ⊈32 钢筋，$A_s = 225.18 \text{cm}^2$。配筋率：$\mu = \frac{225.18}{200 \times 215} \times 100\% = 0.524\%$。

所以实际承载力：$M_u = f_{sd} A_s \left(h_0 - \frac{x}{2} \right) = 330 \times 0.0225 \times 10^3 \times (2.15 - 0.25/2) = 15035.63$ (kN·m) $> M_d = 14159.30$ (kN·m)

验算符合要求。其他截面的配筋设计过程略，结果列于表2-48。

各截面钢筋量计算表 表 2-48

截面号	弯矩 M (kN·m)	所需钢筋面积 A_s (cm²)	⌀32 钢筋根数	实际选用 根数	A_s (cm²)	含筋率 ρ (%)
①—①	-6.88	—	—	11	88.46	0.206
②—②	-2207.31	31.38	3.90	11	88.46	0.206
③—③	-4229.47	60.63	7.54	11	88.46	0.206
④—④	-1555.79	22.06	2.74	11	88.46	0.206
	1506.69	21.33	2.65	11	88.46	0.206
⑤—⑤	13878.67	209.09	26.00	28	225.18	0.524

2) 斜截面抗剪承载力验算

按《公预规》5.2.9 条规定:当 $\gamma_0 V_d \leq 0.51 \times 10^{-3}\sqrt{f_{cu,k}}bh_0$ 时,则构件截面尺寸满足构造要求。现取最大剪力,对于③—③截面:$\gamma_0 V_d = 1 \times 5476.54 = 5476.64(\text{kN})$,因为:

$\gamma_0 V_d \leq 0.51 \times 10^{-3} \times bh_0\sqrt{f_{cu,k}} = 0.51 \times 10^{-3} \times 2000 \times 2150 \times \sqrt{30} = 12011.56(\text{kN})$

所以构件截面尺寸满足要求。

按《公预规》5.2.12 条规定:当截面符合 $\gamma_0 V_d \leq 0.50 \times 10^{-3}\alpha_2 bh_0 f_{td}$ 时,可不进行斜截面抗剪承载力计算,仅需按《公预规》9.3.13 条构造要求配置箍筋。

式中,α_2 为预应力提高系数,本例取 $\alpha_2 = 1.0$;$f_{td} = 1.39 \text{MPa}$。

对于①—①截面:

$0.50 \times 10^{-3}\alpha_2 bh_0 f_{td} = 0.50 \times 10^{-3} \times 1.0 \times 2000 \times 1250 \times 1.39 = 1737.50(\text{kN})$

对于②—②截面~⑤—⑤截面:

$0.50 \times 10^{-3}\alpha_2 bh_0 f_{td} = 0.50 \times 10^{-3} \times 1.0 \times 2000 \times 2150 \times 1.39 = 2988.50(\text{kN})$

对照表 2-43 可知,需进行斜截面抗剪承载力计算。方法同上部结构中主梁的斜截面抗剪设计,此处略。

3) 全梁承载力校核

由表 2-48 可绘制盖梁的弯矩包络图,并进行全梁承载力校核。

2.13 桥墩墩柱计算

墩柱尺寸如图 2-19 所示,墩柱直径为 1.80m,采用 C30 混凝土、HRB400 级钢筋。

2.13.1 荷载计算

1) 恒载计算

由前面的计算结果得:

(1) 上部构造恒重,一孔重:7347.99kN;

(2) 盖梁自重(半根盖梁):842.00kN;

(3) 墩柱自重:$\pi \times 0.9^2 \times 5 \times 25 = 318.09(\text{kN})$;

（4）横系梁重：$1 \times 1.6 \times 8.6 \times 25 = 344.00(kN)$。

作用在墩柱底面的恒载垂直力：$N_{恒} = 1/2 \times 7347.99 + 842 + 318.09 = 4834.09(kN)$。

2）汽车荷载计算

（1）公路—Ⅰ级

①单孔荷载。

单列车：$B_1 = 0kN$，$B_2 = 467.79kN$，$B = B_1 + B_2 = 467.79kN$；

相应的制动力：$T = 467.79 \times 2 \times 10\% = 93.58(kN) < 165.00\ kN$。

按《桥规》4.3.5条取制动力为165.00kN。

双列车：$2B = 935.58kN$；

相应的制动力：$T = 467.79 \times 2 \times 10\% \times 2 = 187.12(kN)$。

三列车：$3B = 1403.37kN$；

相应的制动力：$T = 467.79 \times 2 \times 10\% \times 2.34 = 218.93(kN)$。

四列车：$4B = 1403.37kN$；

相应的制动力：$T = 467.79 \times 2 \times 10\% \times 2.68 = 250.74(kN)$。

②双孔荷载。

单列车：$B_1 = 150.47kN$，$B_2 = 467.79kN$，$B = B_1 + B_2 = 618.26kN$；

相应的制动力：$T = 618.26 \times 2 \times 10\% = 123.65(kN) < 165.00kN$，取制动力为165.00 kN。

双列车：$2B = 1236.52kN$；

相应的制动力：$T = 618.26 \times 2 \times 10\% \times 2 = 247.30(kN)$。

三列车：$3B = 1854.78kN$；

相应的制动力：$T = 618.26 \times 2 \times 10\% \times 2.34 = 289.35(kN)$。

四列车：$4B = 2473.04kN$；

相应的制动力：$T = 618.26 \times 2 \times 10\% \times 2.68 = 331.39(kN)$。

（2）人群荷载

①单孔行人（单侧）：$B_1 = 0kN$，$B_2 = 77.38kN$，$B = B_1 + B_2 = 77.38kN$。

②双孔行人（单侧）：$B_1 = B_2 = 77.38kN$，$B = B_1 + B_2 = 154.76kN$。

汽车荷载中双孔荷载产生支点处最大的反力值，即产生最大的墩柱垂直力；汽车荷载中单孔荷载产生最大的偏心弯矩，即产生最大墩柱底弯矩。

3）双柱反力横向分布计算

（1）汽车荷载（图2-30）

单列车：$\eta_1 = \dfrac{560 + 520}{1040} = 1.038$，$\eta_2 = 1 - 1.038 = -0.038$；

双列车：$\eta_1 = \dfrac{405 + 520}{1040} = 0.889$，$\eta_2 = 1 - 0.889 = 0.111$；

三列车：$\eta_1 = \dfrac{250 + 520}{1040} = 0.740$，$\eta_2 = 1 - 0.740 = 0.260$；

四列车：$\eta_1 = \dfrac{95 + 520}{1040} = 0.591$，$\eta_2 = 1 - 0.591 = 0.409$。

（2）人群荷载（图 2-30）

单侧：$\eta_1 = \dfrac{790 + 520}{1040} = 1.260$，$\eta_2 = 1 - 1.260 = -0.260$；

双侧：$\eta_1 = \eta_2 = 0.5$。

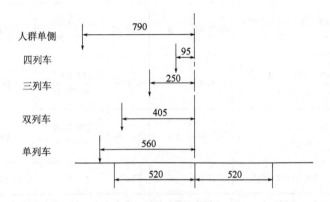

图 2-30　汽车及人群荷载（尺寸单位：cm）

4）荷载组合
（1）最大、最小垂直反力计算
可变荷载组合最大、最小垂直反力计算（双孔）见表 2-49。

可变荷载组合垂直反力计算（双孔）（单位：kN）　　　　　　　　　　　　　表 2-49

编号	荷载情况		最大垂直反力		最小垂直反力	
			横向分布 η_i	$B \times \eta_i \times (1+\mu)$	横向分布 η_i	$B \times \eta_i \times (1+\mu)$
1	汽车荷载	单列车	1.038×1.2	981.11	-0.038×1.2	−35.92
2		双列车	0.889	1400.47	0.111	174.86
3		三列车	0.740×0.78	1363.92	0.260×0.78	479.21
4		四列车	0.591×0.67	1247.56	0.409×0.67	863.37
5	人群荷载	单侧行人	1.260	195.00	−0.260	−40.24
6		双侧行人	0.500	154.76	0.500	154.76

注：一车道时考虑横向折减系数为 1.2，三车道时考虑横向折减系数为 0.78，四车道时考虑横向折减系数为 0.67；冲击系数为 $1+\mu = 1.274$。

（2）最大弯矩计算
可变荷载组合最大弯矩计算见表 2-50。

可变荷载组合最大弯矩计算(单孔) 表2-50

编号	荷载情况		墩柱顶反力计算式 $B \times \eta_i \times (1+\mu)$	垂直力(kN)			水平力 H (kN)	对柱顶中心的弯矩(kN·m)	
				B_2	B_2	B_1+B_2		$(B_1-B_2)\times 0.67$	$H\times 2.26$
1	上部构造与盖梁重		—	—	—	4516.00	0	0	0
2	汽车单孔	双列车	$467.79\times 2\times 0.889\times 1.274$	1059.62	0	1059.62	187.12/2 =93.56	709.95	211.45
		三列车	$467.79\times 3\times 0.740\times 0.78\times 1.274$	1031.97	0	1031.97	218.93/2 =109.47	691.42	247.39
		四列车	$467.79\times 4\times 0.591\times 0.67\times 1.274$	943.94	0	943.94	250.74/2 =125.37	632.44	283.34
3	人群单孔双侧		$77.38\times 2\times 0.5$	77.38	0	77.38	—	51.84	—

注:一车道时考虑横向折减系数为1.2,三车道时考虑横向折减系数为0.78,四车道时考虑横向折减系数为0.67;冲击系数为 $1+\mu=1.267$。

2.13.2 截面配筋计算及应力验算

1)作用于墩柱顶的外力(图2-31)

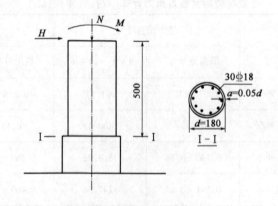

图2-31 墩柱顶外力(尺寸单位:cm)

(1)垂直力:

最大垂直力: $N_{max} = 4516.00 + 1400.47 + 195.00 = 6111.47(kN)$;

最小垂直力(需考虑与最大弯矩相适应): $N_{min} = 4516.00 + 1031.93 + 77.38 = 5525.31(kN)$。

(2)水平力: $H = 250.74/2 = 125.37(kN)$。

(3)弯矩: $M_{max} = 691.42 + 247.39 + 51.84 = 990.65(kN)$。

2)作用于墩柱底的外力

$N_{max} = 6111.47 + 318.09 = 6429.56(kN)$；

$N_{min} = 5525.31 + 318.09 = 5843.40(kN)$；

$M_{max} = 691.42 + 247.39 + 51.84 + 125.37 \times 5 = 1617.50(kN \cdot m)$。

3)截面配筋计算

已知墩柱顶用 C30 混凝土，采用 30⌀18HRB400 钢筋，$A_s = 76.35cm^2$，则纵向钢筋配筋率 $\rho = \dfrac{A_s}{\pi r^2} = \dfrac{76.35}{\pi \times 90^2} = 0.30\%$。由于 $l_0/(2r) = 2 \times 5/(2 \times 0.9) = 5.56 < 7$，故不计偏心增大系数，取 $\eta = \varphi = 1.0$。

(1)双孔荷载

最大垂直力时，墩柱顶按轴心受压构件验算，根据《公预规》5.3.1 条规定应符合式(2-81)要求：

$$\gamma_0 N_d \leq 0.9\varphi(f_{cd}A + f'_{sd}A_s) \tag{2-81}$$

$0.9\varphi(f_{cd}A + f'_{sd}A_s) = 0.9 \times 1.0 \times (13.8 \times 2.54 \times 10^6 + 330 \times 76.35 \times 10^2) = 33814.395(kN) > \gamma_0 N_d = 6111.47kN$，满足规范要求。

(2)单孔荷载

最大弯矩时，墩柱顶按小偏心受压构件验算：

$N_d = 5525.31kN$，$M_d = 990.65kN \cdot m$，$e_0 = M_d/N_d = 0.179m$，$l_0/(2r) = 2 \times 5/(2 \times 0.9) = 5.56 < 7$，取 $\eta = 1.0$，则 $\eta e_0 = 0.179m$。

根据《公预规》5.3.8 条规定，偏心受压构件承载力计算应符合式(2-82)、式(2-83)和式(2-84)规定：

$$\gamma_0 N_d \leq N_{ud} = \alpha f_{cd} A \left(1 - \dfrac{\sin 2\pi\alpha}{2\pi\alpha}\right) + (\alpha - \alpha_t) f_{sd} A_s \tag{2-82}$$

$$\gamma_0 N_d \eta e_0 \leq M_{ud} = \dfrac{2}{3} f_{cd} A r \dfrac{(\sin\pi\alpha)^3}{\pi} + f_{sd} A_s r_s \dfrac{\sin\pi\alpha + \sin\pi\alpha_t}{\pi} \tag{2-83}$$

$$\alpha_t = 1.25 - 2\alpha \tag{2-84}$$

式中：A——圆形截面面积，$A = \pi \times 0.9^2 = 2.54(m^2)$；

A_s——全部纵向普通钢筋截面面积，$A_s = 76.35 \ cm^2$；

r——圆形截面的半径，$r = 0.9m$；

r_s——纵向普通钢筋重心所在圆周的半径，取保护层厚度为 3cm，则 $r_s = 0.9 - 0.03 - 0.0205/2 = 0.86(m)$；

e_0——轴向力对截面重心的偏心距，$e_0 = 0.179 e_0 = 0.179m$。

以下采用试算法确定 α 值：

令 $\eta e_0 = M_{ud}/N_{ud}$；α 对应于受压区混凝土截面面积的圆心角(rad)与 2π 的比值，当取 $\alpha = 0.653 > 0.625$，则 $\alpha_t = 0$。

求得正截面抗压承载能力设计值：

$$N_{ud} = 0.653 \times 13.8 \times 2.54 \times 10^3 \times \left[1 - \frac{\sin(2\pi \times 0.653)}{2\pi \times 0.653}\right] + (0.653 - 0) \times 330 \times 76.35 \times 10^{-1}$$
$$= 29108.49(\text{kN}) > 5560.96\text{kN}$$

正截面抗弯承载力设计值:

$$M_{ud} = \frac{2}{3} \times 13.8 \times 10^3 \times 2.54 \times 0.9 \times \frac{[\sin(\pi \times 0.653)]^3}{\pi} +$$
$$330 \times 76.35 \times 10^{-1} \times 0.86 \times \frac{\sin(\pi \times 0.653) + \sin(\pi \times 0)}{\pi}$$
$$= 5278.45(\text{kN} \cdot \text{m}) > 990.65(\text{kN} \cdot \text{m})$$

墩柱承载力满足规范要求。

2.14 钻孔灌注桩计算

钻孔灌注桩直径为 2m,采用 C25 水下混凝土、HRB400 钢筋,桩身混凝土的受压弹性模量为 $E_c = 2.8 \times 10^4 \text{MPa}$。

2.14.1 荷载设计

每一根桩承受的荷载(图 2-32):

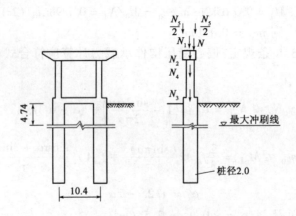

图 2-32 一根桩承受的荷载(尺寸单位:m)

(1)一孔恒载反力: $N_1 = 1/2 \times 7347.99 = 3674.00(\text{kN})$。
(2)盖梁恒重反力: $N_2 = 842.00\text{kN}$。
(3)系梁恒重反力: $N_3 = 1/2 \times 344.00 = 172.00(\text{kN})$。
(4)一根墩柱恒重: $N_4 = 318.09\text{kN}$;
作用于桩顶的恒载反力: $N_恒 = N_1 + N_2 + N_3 + N_4 = 5006.09\text{kN}$。
(5)灌注桩每延米自重: $q = \pi/4 \times 2.0^2 \times 25 = 78.54(\text{kN/m})$。
(6)可变荷载反力:
①两跨可变荷载反力: $N_5 = 1400.47$(双列车), $N'_5 = 195.00\text{kN}$(人群荷载单侧)。

②单跨可变荷载反力：N_6 = 1059.62（双列车），N_6' = 77.38kN（人群荷载单侧）。

③制动力：T = 1/2 × 331.39 = 165.70(kN)。

作用在支座中心距桩顶距离：0.042/2 + 2.2 + 5 = 7.22(m)。

(7) 作用于桩顶的外力：

$N_{\max}$ = 5006.09 + 1400.47 + 195.00 = 6601.56(kN)（双孔）；

$N_{\min}$ = 5006.09 + 1059.62 + 77.38 = 6143.09(kN)（单孔）；

H = 165.70kN；

$M = N_6 × 0.25 + T × 7.22 + N_6' × 0.25 = 1059.62 × 0.25 + 165.70 × 7.22 + 77.38 × 0.25$ = 1480.60(kN·m)。

(8) 作用于地面处桩顶的外力（图2-33）：

$N_{\max}$ = 6601.56 + 78.54 = 6680.10(kN)；

$N_{\min}$ = 6143.09 + 78.54 = 6221.63(kN)；

H = 165.70kN；

M_0 = 1480.60 + 165.70 × 1.0 = 1646.30(kN·m)。

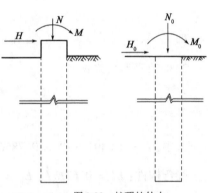

图2-33 桩顶的外力

2.14.2 桩长计算

由于假定土层是单一的，可由确定单桩容许承载力的经验公式初步计算桩长。灌注桩最大冲刷线以下的桩长为 h，则有式(2-85)：

$$[N] = \frac{1}{2}U\sum \tau_i l_i + \lambda m_0 A\{[\sigma_0] + k_2\gamma_2(h_3 - 3)\} \tag{2-85}$$

式中：U——桩周长，考虑用旋转式钻机，成孔直径增大5cm，则 $U = \pi × 2.05 = 6.44(m)$；

τ_i——桩壁极限摩阻力，取为70MPa；

l_i——土层厚度(m)；

λ——考虑桩入土深度影响的修正系数，取为0.75；

m_0——考虑孔底沉淀厚度影响的清底系数，取为0.80；

A——桩底截面积，$A = \pi R^2 = 3.14m^2$；

$[\sigma_0]$——桩底土层的容许承载力，取 $[\sigma_0] = 400$kPa；

k_2——深度修正系数，取 $k_2 = 4.0$；

γ_2——土层的重度，取 $\gamma_2 = 11.8$kN/m²（已扣除浮力）；

h_3——一般冲刷线以下深度(m)。

代入得：

$$[N] = \frac{1}{2}U\sum \tau_i l_i + \lambda m_0 A\{[\sigma_0] + k_2 g_2(h_3 - 3)\}$$

$$= \frac{1}{2} × 6.44 × (4.74 + h) × 70 + 0.75 × 0.8 × 3.14 × [400 + 4.0 × 11 × (4.74 + h - 3)]$$

$$= 1976.73 + 314.32h$$

桩底最大垂直力：$N_{\max}$ = 6680.10 + 4.74 × 78.54 + $\frac{1}{2}$ × 78.54h = 7052.38 + 39.27h，所

以：$7052.38 + 39.27h = 1976.73 + 314.32h$。

即 $h = \dfrac{7052.38 - 1976.73}{314.32 - 39.27} = 18.45(\text{m})$。

取 $h = 19\text{m}$，即地面以下桩长为 23.74m，由上式反求得：

$[N] = 1976.73 + 314.32 \times 19 = 7948.81(\text{kN}) > N_{\max} = 7052.38 + 39.27 \times 19 = 7798.51(\text{kN})$，可知桩的轴向承载力满足要求。

2.14.3 桩的内力计算

1) 桩的计算宽度 b_1

$$b_1 = k_f(d+1) \tag{2-86}$$

即 $b_1 = 0.90 \times (2.0 + 1) = 2.70(\text{m})$

2) 桩的变形系数 α

$$\alpha = \sqrt[5]{\dfrac{mb_1}{EI}} \tag{2-87}$$

式中，$I = 0.0491 \times d^4 = 0.7856(\text{m}^4)$，$m = 10000\text{kN/m}^4$。

受弯构件：$EI = 0.67 E_h I$，$E_h = 2.80 \times 10^7 \text{kN/m}^2$，故：

$$\alpha = \sqrt[5]{\dfrac{10000 \times 2.70}{0.67 \times 2.80 \times 10^7 \times 0.7856}} = 0.284(\text{m}^{-1})$$

桩的换算深度：$\bar{h} = \alpha h = 0.284 \times 23.74 = 6.74(\text{m}) > 2.50\text{m}$，可按弹性桩计算。

3) 地面以下深度 z 处桩身截面上的弯矩 M_z 与水平压应力 σ_{zx} 的计算

已知作用于地面处桩顶的外力为：$N_0 = 6680.10\text{kN}$，$H_0 = 165.70\text{kN}$，$M_0 = 1646.30\text{kN·m}$。

(1) 桩身弯矩 M_z

$$M_z = \dfrac{H_0}{\alpha} A_m + M_0 B_m \tag{2-88}$$

式(2-88)的无纲量系数 A_m 和 B_m 可由表格查得，计算结果见表 2-51，桩身的弯矩分布如图 2-34 所示。

桩身弯矩 M_z 计算结果　　表 2-51

$z(\text{m})$	$\bar{z} = \alpha z(\text{m})$	$\bar{h} = \alpha h(\text{m})$	A_m	B_m	$\dfrac{H_0}{\alpha} A_m(\text{kN·m})$	$M_0 B_m(\text{kN·m})$	$M_z(\text{kN·m})$
0.35	0.1	4.0	0.09960	0.99974	58.11	1645.87	1703.98
0.70	0.2	4.0	0.19696	0.99806	114.92	1643.11	1758.02
1.41	0.4	4.0	0.37739	0.98617	220.19	1623.53	1843.72
2.11	0.6	4.0	0.52938	0.95861	308.87	1578.16	1887.03
2.82	0.8	4.0	0.64561	0.91324	376.68	1503.47	1880.15

续上表

$z(\text{m})$	$\bar{z}=\alpha z(\text{m})$	$\bar{h}=\alpha h(\text{m})$	A_m	B_m	$\dfrac{H_0}{\alpha}A_\text{m}(\text{kN}\cdot\text{m})$	$M_0 B_\text{m}(\text{kN}\cdot\text{m})$	$M_z(\text{kN}\cdot\text{m})$
3.52	1.0	4.0	0.72305	0.85089	421.86	1400.82	1822.68
4.58	1.3	4.0	0.76761	0.73161	447.86	1204.45	1652.31
5.28	1.5	4.0	0.75466	0.64081	440.31	1054.97	1495.27
7.04	2.0	4.0	0.61413	0.40658	358.31	669.35	1027.67
8.80	2.5	4.0	0.39896	0.20904	232.77	344.14	576.92
10.56	3.0	4.0	0.19305	0.07595	112.64	125.04	237.67
12.32	3.5	4.0	0.05081	0.01354	29.65	22.29	51.94
14.08	4.0	4.0	0.00005	0.00009	0.03	0.15	0.18

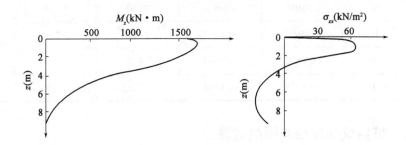

图 2-34 桩身弯矩和水平压应力

(2) 桩身最大弯矩 $M_{\max}$ 及最大弯矩位置计算

由 $Q_z = 0$,得 $C_Q = \dfrac{\alpha M_0}{H_0} = \dfrac{0.284 \times 1646.30}{165.70} = 2.822$。

由 $C_Q = 2.822$ 及 $\bar{h} = 6.74 > 4$,查《基础工程》(第 5 版)(王晓谋主编)附表 13 得 $\bar{z}_{\max} = 0.678$,故 $z_{\max} = \dfrac{0.678}{0.284} = 2.39(\text{m})$。

由 $\bar{z}_{\max} = 0.678$ 及 $\bar{h} = 6.74$,查《基础工程》(第 5 版)(王晓谋主编)附表 13 得 $K_\text{M} = 1.156$;$M_{\max} = K_\text{M} M_0 = 1.156 \times 1646.30 = 1903.12(\text{kN}\cdot\text{m})$。

(3) 桩身的水平压应力 σ_{zx}

$$\sigma_{zx} = \dfrac{\alpha H_0}{b_1}\bar{z}A_x + \dfrac{\alpha^2 M_0}{b_1}\bar{z}B_x \tag{2-89}$$

式(2-89)中的无量纲系数 A_x 和 B_x 可由表格查得,$\bar{z}$ 为换算深度。计算结果见表 2-52,桩身的水平压应力分布如图 2-34 所示。

水平压应力 σ_{zx} 计算结果　　　　　　　　　　　　表 2-52

$z(\mathrm{m})$	$\bar{z}=\alpha z(\mathrm{m})$	A_x	B_x	$\dfrac{\alpha H_0}{b_1}\bar{z}A_x$	$\dfrac{\alpha^2 M_0}{b_1}\bar{z}B_x$	$\sigma_{zx}(\mathrm{kN/m^2})$
0	0	2.44066	1.62100	0.00	0.00	0.00
0.70	0.2	2.11779	1.29088	7.38	12.70	20.08
1.41	0.4	1.80273	1.00064	12.57	19.68	32.25
1.76	0.5	1.65042	0.87036	14.38	21.40	35.78
2.11	0.6	1.50268	0.74981	15.71	22.13	37.84
2.46	0.7	1.36024	0.63885	16.60	21.99	38.59
2.82	0.8	1.22370	0.53727	17.06	21.14	38.20
3.17	0.9	1.09361	0.44481	17.15	19.69	36.84
3.52	1.0	0.97041	0.36119	16.91	17.76	34.68
7.04	2.0	0.14696	-0.07572	5.12	-7.45	-2.32
10.56	3.0	-0.08741	-0.09471	-4.57	-13.97	-18.54
14.08	4.0	-0.10788	-0.01487	-7.52	-2.93	-10.45

2.14.4 桩身截面配筋与强度验算

验算最大弯矩 $z=2.39\mathrm{m}$ 处的截面强度,该处的内力值:
$M=1903.12\mathrm{kN\cdot m}$, $N=6680.10+78.54\times 2.39=6867.81(\mathrm{kN})$。

桩内竖向钢筋按 0.2% 配置,则 $A_s=\dfrac{\pi}{4}\times 2.0^2\times 0.2\%=62.80(\mathrm{cm^2})$。

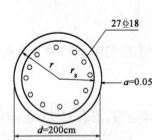

图 2-35 桩身截面配筋

选用 27Φ18 HRB400 钢筋(图 2-35),$A_s=68.72\mathrm{m^2}$,$\rho=\dfrac{A_s}{\pi r^2}=\dfrac{68.72}{\pi\times 100^2}=0.21\%$,$\alpha_{ES}=\dfrac{E_s}{E_c}=\dfrac{2.1\times 10^5}{2.8\times 10^4}=7.5$。

桩的换算面积 A_0:
$$A_0=A_h+\alpha_{ES}A_s=\dfrac{\pi}{4}\times 2.0^2+7.5\times 0.006872=3.193(\mathrm{m^2})$$

桩的换算截面模量 W_0:
$$W_0=\dfrac{\pi}{4}R^3+\dfrac{\alpha_{ES}A_s r_s^2}{2R}=\dfrac{\pi}{4}\times 1.0^3+\dfrac{7.5\times 0.006872\times 0.86^2}{2\times 1.0}=0.804(\mathrm{m^3})$$

l_p 为桩的计算长度,l_0 为桩在地面以上部分的长度。$l_0=1\mathrm{m}$,当 $\alpha h\geqslant 4$ 时,取 $l_p=0.7(l_0+4.0/\alpha)=0.7\times(1+4.0/0.284)=10.56(\mathrm{m})$,桩的长细比为 $l_p/i=10.56<17.5$,不考虑偏心距增大系数。

计算截面实际偏心距 e_0：

$$e_0 = \frac{\eta M_{max}}{N_{max}} = \frac{1903.12}{6867.81} = 0.277(\text{m})$$

根据《公预规》5.3.8 条规定，偏心受压构件承载力计算应符合下列规定：

$$\gamma_0 N_d \leq N_{ud} = \alpha f_{cd} A \left(1 - \frac{\sin 2\pi\alpha}{2\pi\alpha}\right) + (\alpha - \alpha_t) f_{sd} A_s$$

$$\gamma_0 N_d \eta e_0 \leq M_{ud} = \frac{2}{3} f_{cd} A r \frac{\sin^3 \pi\alpha}{\pi} + f_{sd} A_s r_s \frac{\sin \pi\alpha + \sin \pi\alpha_t}{\pi}$$

$$\alpha_t = 1.25 - 2\alpha$$

式中：A——圆形截面面积，$A = \pi \times 1.0^2 = 3.14(\text{m}^2)$；

A_s——全部纵向普通钢筋截面面积，$A_s = 68.72 \text{ cm}^2$；

r——圆形截面的半径，$r = 1.0\text{m}$；

r_s——纵向普通钢筋重心所在圆周的半径，取保护层厚度为3cm，则 $r_s = 1.0 - 0.03 - 0.0205/2 = 0.96(\text{m})$；

e_0——轴向力对截面重心的偏心距，$e_0 = 0.277\text{m}$。

以下采用试算法确定 α 值：

令 $\eta e_0 = M_{ud}/N_{ud}$，α 对应于受压区混凝土截面面积的圆心角（rad）与 2π 的比值，当取 $\alpha = 0.598 > 0.625$，则 $\alpha_t = 0.054$。

求得正截面抗压承载能力设计值：

$$N_{ud} = 0.598 \times 13.8 \times 3.14 \times 10^3 \times \left[1 - \frac{\sin(2\pi \times 0.598)}{2\pi \times 0.598}\right] + (0.598 - 0.054) \times 330 \times$$

$$68.72 \times 10^{-1} = 31129.43(\text{kN}) > 6867.81\text{kN}$$

正截面抗弯承载力设计值：

$$M_{ud} = \frac{2}{3} \times 13.8 \times 10^3 \times 3.14 \times 1.0 \times \frac{[\sin(\pi \times 0.598)]^3}{\pi} + 330 \times 68.72 \times 10^{-1} \times$$

$$0.96 \times \frac{\sin(\pi \times 0.598) + \sin(\pi \times 0.054)}{\pi}$$

$$= 8735.65(\text{kN} \cdot \text{m}) > 1903.12\text{kN} \cdot \text{m}$$

钻孔桩的正截面受压承载力满足要求。

2.14.5 墩顶纵向水平位移验算

1) 桩在地面处的水平位移 x_0 和转角 φ_0 的计算

$$x_0 = \frac{H_0}{a^3 EI} A_x + \frac{M_0}{a^2 EI} B_x \tag{2-90}$$

当 $ah \geq 4$，$Z = 0$ 时，查表得到：$A_x = 2.44066$，$B_x = 1.621$，$a^3 EI = (0.284)^3 \times 0.67 \times 2.8 \times 0.7856 \times 10^7 = 3.376 \times 10^5$，$a^2 EI = (0.284)^2 \times 0.67 \times 2.8 \times 0.7856 \times 10^7 = 11.887 \times 10^5$。

故 $x_0 = \frac{165.70}{3.376 \times 10^5} \times 2.44066 + \frac{1646.30}{11.887 \times 10^5} \times 1.621 = 3.44 \times 10^{-3}(\text{m}) = 3.44\text{mm} < 6\text{mm}$，符合 "$m$" 法的计算要求。

$$\varphi_0 = \frac{H_0}{a^2 EI} A_\varphi + \frac{M_0}{aEI} B_\varphi \tag{2-91}$$

同上查表得到：$A_\varphi = -1.62100$，$B_\varphi = -1.75058$，$aEI = 0.284 \times 0.67 \times 2.8 \times 0.7856 \times 10^7 = 41.86 \times 10^5$。

故 $\varphi_0 = \dfrac{165.70}{11.887 \times 10^5} \times (-1.62100) + \dfrac{1646.30}{41.86 \times 10^5} \times (-1.75058) = -0.000914(\text{rad})$。

2）墩顶纵向水平位移验算

由于桩露出地面部分为变截面，其上部墩柱截面抗弯刚度为 $E_1 I_1$（直径 d_1），下部桩截面抗弯刚度为 EI（直径 d）（图 2-36），假设 $n = E_1 I_1$，则墩顶的水平位移公式为：

$$x_1 = x_0 - \varphi_0 l_0 + x_Q + x_m \tag{2-92}$$

式中，$x_Q = \dfrac{H}{E_1 I_1}\left[\dfrac{1}{3}(nh_2^3 + h_1^3) + nh_1 h_2(h_1 + h_2)\right]$；$x_m = \dfrac{M}{2E_1 I_1}[h_1^2 + nh_2(2h_1 + h_2)]$。

已知：$h = 23.74\text{m}$，$h_1 = 7.20\text{m}$，$h_2 = 1.0\text{m}$，$n = E_1 I_1 / EI = \left(\dfrac{1.8}{2.0}\right)^4 = 0.6561$。

则

$$x_Q = \frac{H}{E_1 I_1}\left[\frac{1}{3}(nh_2^3 + h_1^3) + nh_1 h_2(h_1 + h_2)\right]$$

$$= \frac{125.37}{0.6561 \times 0.67 \times 2.8 \times 10^7 \times 0.7856}$$

$$\left[\frac{1}{3}(0.6561 \times 1.0^3 + 7.2^3) + 0.6561 \times 7.20 \times 1.0 \times (7.20 + 1.0)\right]$$

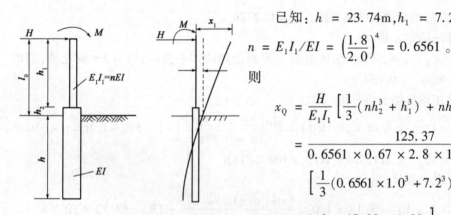

图 2-36 墩顶纵向水平位移计算

$= 0.00212(\text{m})$

$$x_m = \frac{M}{2E_1 I_1}[h_1^2 + nh_2(2h_1 + h_2)]$$

$$= \frac{990.65}{2 \times 0.6561 \times 0.67 \times 2.8 \times 10^7 \times 0.7856}[7.2^2 + 0.6561 \times 1.0 \times (2 \times 7.2 + 1.0)]$$

$= 0.00317(\text{m})$

$x_1 = x_0 - \varphi_0 l_0 + x_Q + x_m$

$= 3.44 \times 10^{-3} - (-0.000914) \times 8.2 + 0.00212 + 0.00317$

$= 0.01622(\text{m})$

$= 16.22(\text{mm})$

墩顶容许的纵向水平位移为：$[\Delta] = 5\sqrt{l} = 5 \times \sqrt{30} = 27.39(\text{mm}) > x_1 = 16.22\text{mm}$，符合规范要求。

本章附图（图 2-37 ~ 图 2-40）。

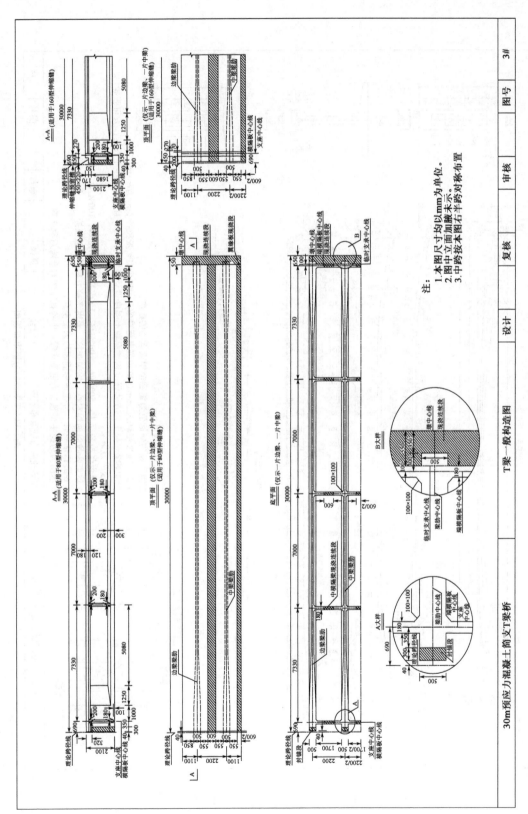

图2-37 T梁一般构造图

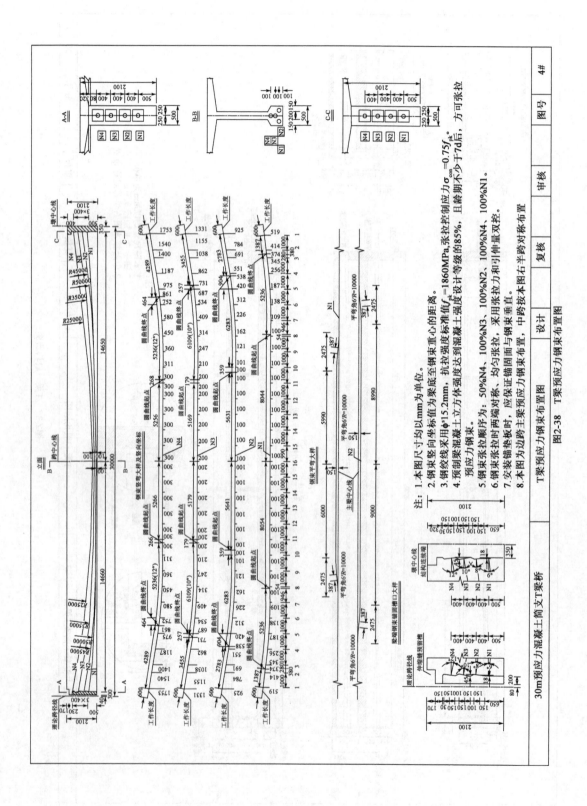

图2-38 T梁预应力钢束布置图

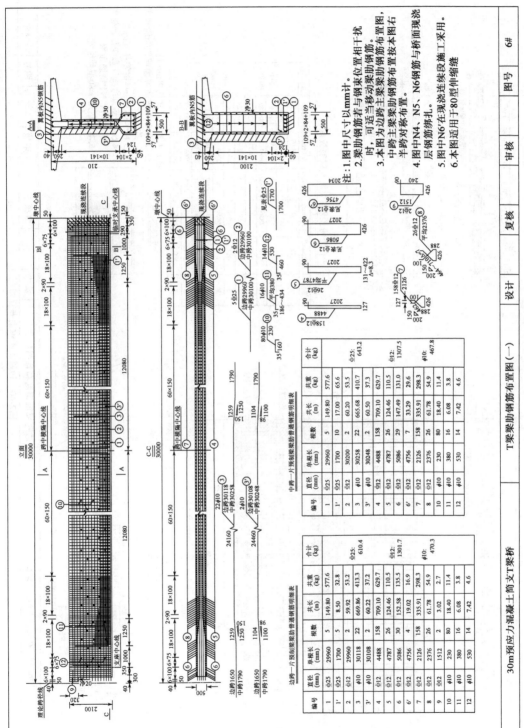

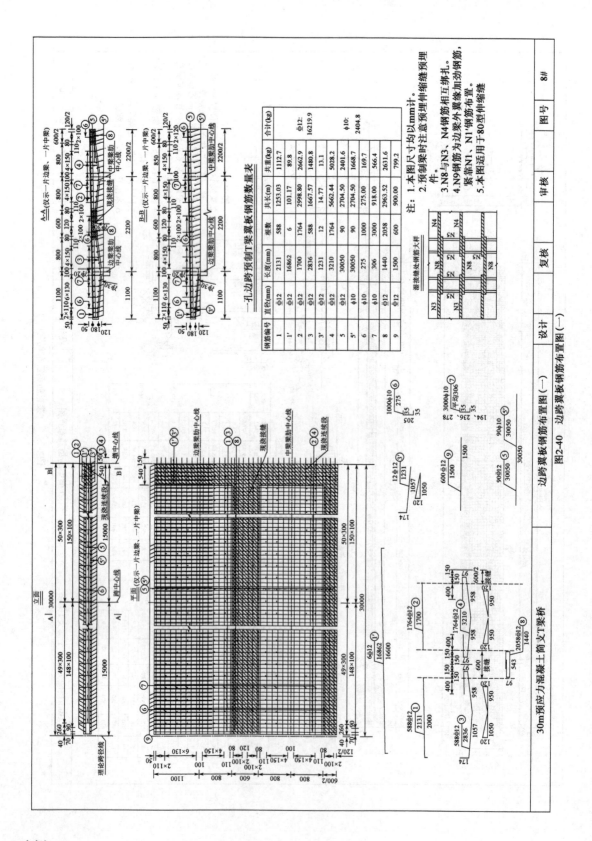

图2-40 边跨翼板板钢筋布置图（一）

第3章 3×30m 预应力混凝土小箱梁设计

【设计任务纲要】

某高速公路桥梁为预应力混凝土小箱梁结构,设计跨径布置为 3×30m,桥梁安全等级为一级,环境条件为Ⅱ类。设计行车速度为80km/h。桥面布置:0.50m(防撞护栏)+11.25m(行车道)+0.50m(防撞护栏)。设计荷载:汽车荷载等级为公路—Ⅰ级,防撞护栏按顺桥向 7kN/m 计。

混凝土:箱梁、湿接缝采用C50;箱梁调平层采用C40;桥墩承台、墩身、盖梁、台帽、背墙和防撞护栏采用C30;桥墩承台的基础采用C25。钢筋混凝土重度取26kN/m。

预应力钢绞线 1×7(七股):标准强度 f_{pk} = 1860MPa,公称直径 d = 15.2mm,面积为 140mm²,弹性模量 E_p = 1.95×10⁵MPa。非预应力钢筋:采用HRB400, f_{sk} = 400MPa, E_p = 2.0×10⁵MPa。

锚具:对于钢绞线采用OVM锚具。

支座:引桥采用圆形板式橡胶支座,连续端墩顶采用GYZ375×77、非连续端采用GYZF4250×65。其产品性能应符合交通行业现行标准《公路桥梁盆式支座》(JT/T 391)和《公路桥梁板式橡胶支座》(JT/T 4)的有关规定。

伸缩缝:采用模数式伸缩缝,1号墩处采用MF160型伸缩缝,在引桥梁端与桥台背墙间采用MF80伸缩缝。伸缩缝的材料及其成品的技术要求应符合交通行业现行标准《公路桥梁伸缩装置通用技术条件》(JT/T 327)的有关规定。

桥面铺装:桥面铺装采用10cm厚沥青混凝土,沥青混凝土重度取23kN/m,并设置8cm水泥混凝土调平,桥面防水采用FYT-1型防水材料。

在文献调研和资料准备的基础上,主要设计内容包括:①桥梁总体布置及结构尺寸拟定。②作用效应及作用效应组合计算。③预应力钢束估算及钢束布置后的内力及组合计算。④截面应力验算及主梁变形计算等。⑤根据设计和计算结果绘制桥梁施工图。⑥完成毕业论文的撰写,应采用规范的论文格式,包括摘要、关键词、目录、概述、正文、结论等,并配以相关的图表。毕业设计进度安排如下:

第1周,收集相关资料,完成开题报告;

第2周,桥型总体布置及主梁、横梁、桥面板等细部尺寸拟定;

第3~4周,作用效应及作用效应组合计算;

第5~7周,主梁预应力钢束估算及布置;

第8~9周,钢束布置后的内力及组合计算;

第10~12周,截面应力验算及主梁变形计算;

第13周,整理设计计算书;

第14周,绘制工程图纸,不少于10张,其中手绘图不少于2张;
第15周,完成毕业设计答辩并提交材料。

【教师点评】

预应力混凝土小箱梁是实际工程中最常用的结构形式之一,尤其是目前施工吊装能力的不断提升,这种预制安装的结构形式得到了很好的推广。"3×30m预应力混凝土小箱梁设计",由于其成桥后形成三跨连续体系,荷载计算时要分施工阶段考虑,故作为毕业设计选题,属于稍有一点难度的课题。

在本设计中,首先根据给定条件进行孔径的划分和桥梁结构的布置,拟定了桥梁各部件的结构尺寸,并进行了截面几何特性计算;在建立Midas模型时,依据施工过程对边界条件进行处理,针对四个施工阶段进行计算,得出了每个施工阶段的自重作用内力,以及基础沉降作用内力、温度作用内力和汽车荷载作用内力;依据作用效应组合对预应力钢筋进行估算和布置,并对配筋后的截面内力进行验算,结果均满足规范要求。毕业设计完成的设计深度和设计工作量符合本科毕业设计教学大纲的培养要求。

通过毕业设计表明:该学生设计思路清晰,条理清楚,基础理论知识和专业知识扎实,能熟练运用Midas计算软件进行桥梁结构计算。设计内容完整,结果正确。设计中的不足表现在:对手算和电算之间出现的误差没有做出必要的说明;在用Midas软件进行桥梁结构计算时,边界条件和输入数据没有介绍清楚。

3.1 设 计 资 料

高速公路,设计行车速度80km/h;桥面宽度:0.50m(防撞护栏)+11.25m(行车道)+0.50m(防撞护栏)=12.25m;设计荷载:汽车荷载等级为公路—Ⅰ级,防撞护栏按顺桥向7kN/m计;混凝土C50:用于箱梁、湿接缝;C40:用于箱梁调平层;C30:用于桥墩承台、墩身、盖梁、台帽、背墙和防撞护栏;C25:用于桥墩承台的基础。钢筋混凝土重度取26kN/m。

预应力钢绞线1×7(七股):标准强度$f_{pk}=1860$MPa,公称直径$d=15.2$mm,面积为140mm²,弹性模量$E_p=1.95×10^5$MPa。非预应力钢筋:采用HRB400,$f_{sk}=400$MPa,$E_p=2.0×10^5$MPa。

锚具:对于钢绞线采用OVM锚具。

支座:引桥采用圆形板式橡胶支座,连续端墩顶采用GYZ375×77、非连续端采用GYZF4250×65。其产品性能应符合交通行业现行标准《公路桥梁盆式支座》(JT/T 391)和《公路桥梁板式橡胶支座》(JT/T 4)的有关规定。

伸缩缝:采用模数式伸缩缝,1号墩处采用MF160型伸缩缝,在引桥梁端与桥台背墙间采用MF80伸缩缝。伸缩缝的材料及其成品的技术要求应符合交通行业现行标准《公路桥梁伸缩装置通用技术条件》(JT/T 327)的有关规定。

桥面铺装:桥面铺装采用10cm厚沥青混凝土,沥青混凝土重度取23kN/m,并设置8cm水泥混凝土调平,桥面防水采用FYT-1型防水材料。

3.2 桥位布置及构造设计

3.2.1 桥位布置

本设计为某大桥的引桥,引桥上部结构采用 3×30m 预应力混凝土组合箱梁,施工方法为先简支后连续。引桥下部构造及过渡墩:墩身采用空心薄壁墩,上设盖梁,壁厚 0.50m,钢筋混凝土结构。过渡墩采用 1.80m 钻孔灌注桩基础,引桥桥墩采用 1.50m 钻孔灌注桩基础,具体桥位布置如图 3-1 所示。

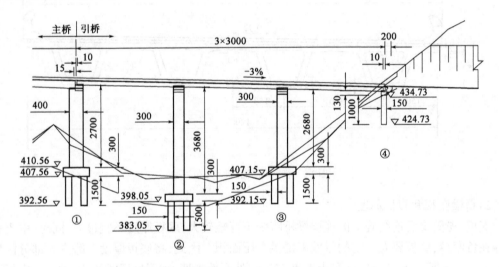

图 3-1 桥位布置图(尺寸单位:cm;高程单位:m)

3.2.2 孔径划分

成桥状态下,引桥长 8980cm,即在桥的两头各设 10cm 的伸缩缝,两边孔计算跨径为 2950cm,中孔计算跨径为 3000cm。连续梁两端至边支座中心线之间的距离为 40cm,桥跨结构计算简图如图 3-2 所示。

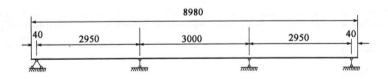

图 3-2 桥跨结构计算简图(尺寸单位:cm)

3.2.3 构造设计

1)横截面

横截面采用等高度箱形截面。梁高 1.40m,高跨比 1/21.43。桥面宽度为 3×3.75+2×

0.5=12.25(m)。由于采用先简支后连续的施工方法,主梁先在工厂预制,再运输、吊装就位,考虑吊运能力,将全桥做成四个单箱单室的轴对称的组合截面。其中,预制中梁顶板宽2.40m,预制边梁顶板宽2.70m,底板宽均为1.00m,预制主梁间采用0.60m的横向湿接缝,以减少主梁的吊装质量,边、中梁均采用斜腹板,以减轻主梁自重,桥面横坡采用2%,梁底采用垫石调平。

为满足顶板负弯矩钢束、普通钢筋的布置及轮载的局部作用,箱梁顶板取等厚度18cm,同时,为了防止应力集中和便于脱模,在腹板与顶板交界处设置15cm×7.3cm的承托,如图3-3所示。

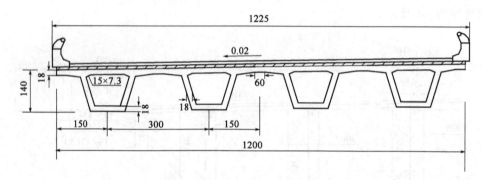

图3-3 标准横断面(尺寸单位:cm)

2)箱梁底板和腹板厚度

底板:先简支后连续施工的连续梁桥跨中正弯矩较大,底板厚度不宜过大;同时,中支点处也存在负弯矩,底板要有一定的厚度来提供受压面积。因此,将底板厚度在跨内大部分区域设为18cm,仅在距边支点160cm和中支点220cm处开始加厚,加厚区段长均为150cm,底板逐渐加厚至25cm,这样的构造处理同时为锚固底板预应力束提供了空间。箱梁底板厚度变化如图3-4所示。

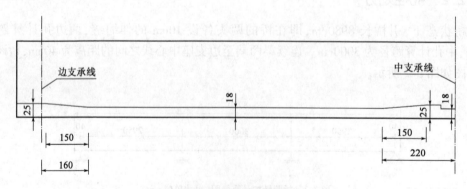

图3-4 箱梁底板构造图(尺寸单位:cm)

腹板厚度:根据连续梁剪力变化规律,兼顾施工方便,腹板宽度除在支点附近区域加宽外,其余均为18cm,在距边支点160cm和中支点220cm处开始加厚,加厚区段长均为150cm。底板逐渐加厚至25cm,如图3-5所示。

经过腹板和底板厚度变化,得到跨中和支点横截面构造图,如图3-6所示。

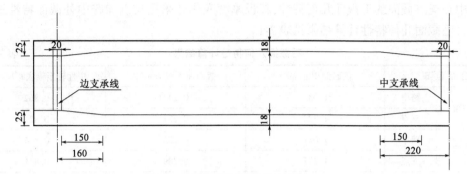

图 3-5 箱梁腹板构造图(尺寸单位:cm)

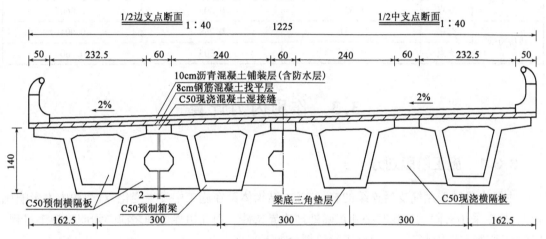

图 3-6 跨中横截面构造图(尺寸单位:cm)

3) 横隔梁(板)

为保证支座处传力的可靠性,在边永久支承处设置一道20cm的端横隔梁,在中永久支承处设置一道40cm的横隔梁,如图3-7所示。

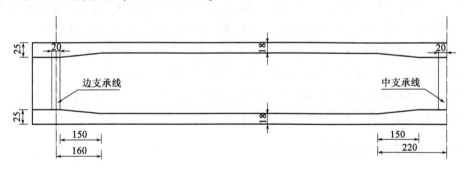

图 3-7 横隔梁设置(尺寸单位:cm)

3.2.4 截面几何特性计算

截面几何特性是依据结构内力进而估算配置预应力束的前提。本设计应用CAD软件计算毛截面几何特性,由于本设计主梁截面变化不大,故只计算预制中梁、边梁和成桥后中梁、边梁的跨中和支点截面的毛截面几何特性,腹板厚度变化处采用支点和跨中处截面特性进行线性内插。毛截面几何特性计算结果见表 3-1。

毛截面几何特性计算结果 表 3-1

截面位置		截面面积 $A(m^2)$	截面惯性矩 $I(m^4)$	中性轴至梁底距离(m)
预制中梁	跨中	1.033	0.248	0.862
	支点	1.222	0.281	0.820
预制边梁	跨中	1.087	0.255	0.884
	支点	1.277	0.289	0.841
成桥中梁	跨中	1.141	0.268	0.904
	支点	1.331	0.305	0.860
成桥边梁	跨中	1.141	0.268	0.904
	支点	1.331	0.305	0.860

3.3 作用内力计算

3.3.1 施工阶段划分

由于本设计采用简支后连续的施工方法,结构体系在施工中发生变化,对结构内力影响比较大,故在采用有限元计算时必须正确处理边界条件。而在边界处理之前必须明确施工过程,以便合理进行内力计算。故对施工阶段划分如下:

第一施工阶段:本阶段预制主梁,待混凝土达到设计强度 100% 后,张拉正弯矩区预应力筋束,并压注水泥浆,再将各跨箱梁安装就位,形成临时支座支承的简支梁。本阶段用时大约 50 天。

第二施工阶段:同时浇筑边跨与中跨之间的连续段接头混凝土,待混凝土达到设计强度 100% 后,张拉负弯矩区预应力钢束并压注水泥浆。本阶段持续时间大约 10 天。

第三施工阶段:拆除全桥临时支座,主梁支承在永久支座上,完成体系转换,再完成主梁间横向湿接缝的浇筑,最后形成三跨连续梁。本阶段持续时间大约 10 天。

第四施工阶段:进行桥面钢筋混凝土找平层和防撞护栏施工,以及桥面铺装等后续工作的作业,完成全桥施工。本阶段持续时间大约 15 天。

3.3.2 建立 Midas 模型

结合施工方法,使用阶段结构受力特性和预应力筋的布置,在各跨的 1/4、1/2、3/4 跨处,临时支点中心,永久支点中心,变截面起、始点,预应力筋的对称点、起弯点、弯起结束点和锚固点处,另外为了便于车道荷载建立,在奇数跨度处,即 x 坐标从 1~89m,设置节点并建立单元,如图 3-8 所示。全桥共 324 个单元,由于节点和单元众多,逐一给出计算结果数据太多,为了表述简洁,下面的计算过程均只示出半跨边梁的各截面计算结果。

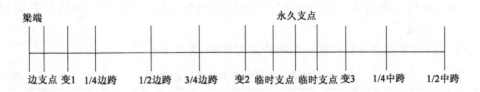

图 3-8 特征截面划分(半跨边梁)

3.3.3 永久作用效应计算

根据《桥规》4.1.1 条规定,公路桥涵设计采用的作用分为永久作用、可变作用、偶然作用和地震作用。本例不考虑偶然作用和地震作用。

其中,配置预应力筋前,永久作用只计结构重力作用和基础变位作用,可变作用计汽车作用和温度作用,各作用的具体计算均按《桥规》相关规定进行。

1) 结构重力作用的形成

由施工阶段划分可知,本桥的结构重力是分几个阶段形成的,主要包括由第一施工阶段形成的预制箱梁一期结构重力集度(g_1),第二、三施工阶段形成的成桥箱梁一期结构重力集度(g_2)和第四施工阶段形成的成桥二期结构重力集度(g_3)。

(1) 预制箱梁一期结构重力集度(g_1):

由预制箱梁的构造可知,横隔梁均位于支承处,横隔梁自重对主梁不产生重力弯矩。因此,将横隔梁作为集中力作用在支承节点上,故忽略横隔梁的自重,仅考虑预制箱梁自重集度。计算公式:

$$g_1 = A_1 \times 26 \text{kN/m} \tag{3-1}$$

式中:A_1——预制箱梁毛截面面积;当该段截面变化时,为该区段两端截面面积的平均值。

预制箱梁一期结构重力集度见表3-2。

预制箱梁一期结构重力集度计算结果　　　　表3-2

不同位置的梁	内 容	支 座 段	变 化 段	跨 中 段
边梁	面积(m^2)	1.277	1.182	1.087
	荷载集度(kN/m)	33.20	30.73	28.27
中梁	面积(m^2)	1.222	1.128	1.033
	荷载集度(kN/m)	31.78	29.32	28.86

根据以上计算结果,取预制箱梁一期结构重力集度:

边梁 $g_1 = 30.73 \text{kN/m}$,中梁 $g_1 = 29.32 \text{kN/m}$。

(2) 成桥箱梁一期结构重力集度(g_2):

预制箱梁计入每片梁间现浇湿接缝混凝土后的结构重力集度即成桥后箱梁一期结构重力集度,成桥后忽略横隔梁产生的内力,仅计其产生的支反力。另外,中、边箱梁的构造尺寸已知,其结构重力集度计算公式如下:

$$g_2 = A_2 \times 26 \text{kN/m} \tag{3-2}$$

式中：A_2——成桥一期箱梁毛截面面积；当该段截面变化时，为该区段两端截面面积的平均值。

由式(3-2)计算得到成桥箱梁一期结构重力集度，见表3-3。

成桥箱梁一期结构重力集度计算结果　　　　　　　　　　　　表3-3

区段	支座段	变化段	跨中段
面积(m^2)	1.331	1.236	1.141
荷载集度(kN/m)	34.61	32.14	29.67

根据以上计算结果，成桥箱梁一期结构重力集度：

边、中梁：$g_2 = 32.14$ kN/m。

(3) 成桥箱梁二期结构重力集度(g_3)：

二期结构重力集度由桥面铺装、钢筋混凝土找平层和防撞护栏的结构重力集度之和。防撞护栏的结构重力集度按7kN/m计，因桥梁横断面由4片箱梁组成，按每片箱梁承担全部二期结构重力的1/4，则二期结构重力集度：

$$g_3 = [(0.1 \times 11.25) \times 23 + (0.08 \times 12) \times 26 + 7 \times 2]/4 = 16.21 \text{(kN/m)}$$

2) 各施工阶段结构自重作用内力计算

由于本桥采用先简支后连续的施工方法，施工过程中包含了结构体系的转化，所以结构自重内力计算过程必须先将各施工阶段的内力计算出来，然后进行内力叠加。第一施工阶段，结构体系为简支，自重作用荷载为g_1；第二施工阶段，由于两跨间接头较短，混凝土质量较小，其产生的内力较小，且会减小跨中弯矩，故忽略不计；第三施工阶段，结构体系已经转换为连续体系，因临时支座间距较小，忽略临时支座移除产生的效应，故自重作用荷载仅为翼缘板及横隔梁接头重力，此时去边梁跨中截面荷载集度($g_2 - g_1$)；第四施工阶段，结构体系为连续梁，自重作用荷载为桥梁二期结构自重作用荷载，即g_3。

第一施工阶段结构自重作用内力：

第一施工阶段为简支梁，按均布荷载为g_1计算。此时，对于中跨和边跨的计算跨径均为29m，各截面内力计算结果见表3-4。

第一施工阶段边、中梁各截面内力　　　　　　　　　　　　表3-4

截面位置	边 梁		中 梁	
	剪力(kN)	弯矩(kN·m)	剪力(kN)	弯矩(kN·m)
左边支点	445.59	0	425.29	0
变化点	396.42	673.60	378.36	642.91
1/4边跨	222.79	2422.87	212.64	2312.49
1/2边跨	0	3230.49	0	3083.32
3/4边跨	-222.79	2422.87	-212.64	2312.49
变化点	-377.98	905.92	-360.76	864.65
临时支点左	-445.59	0	-425.29	0
临时支点右	7.68	0.96	-5.87	0.92

续上表

截面位置	边梁		中梁	
	剪力(kN)	弯矩(kN·m)	剪力(kN)	弯矩(kN·m)
中支点左	0	0	0	0
中支点右	0	0	0	0
临时支点左	−7.68	0.96	5.87	0.92
临时支点右	445.59	0	425.29	0
变化点	377.98	905.92	360.76	864.65
1/4 中跨	222.79	2450.48	212.64	2312.49
1/2 中跨	0	3229.53	0	3083.32

第三、四施工阶段自重作用内力：

由力法求出赘余力(按 EI 为常数)，取简支梁基本结构。其基本体系如图 3-9 所示。

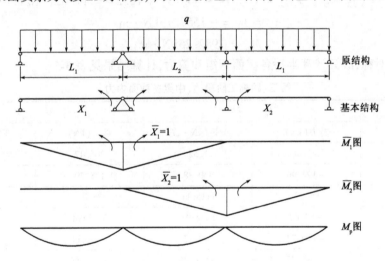

图 3-9 第三、四施工阶段内力计算示意图

力法方程如下：

$$\delta_{11}x_1 + \delta_{12}x_2 + \Delta_{1p} = 0 \tag{3-3}$$

$$\delta_{21}x_1 + \delta_{22}x_2 + \Delta_{2p} = 0 \tag{3-4}$$

由图乘法可得各系数和自由项：

$$\sigma_{11} = \frac{1}{EI}\left(\frac{1}{2}l_1 \times \frac{2}{3} + \frac{1}{2}l_2 \times \frac{2}{3}\right) = \frac{l_1 + l_2}{3EI} \tag{3-5}$$

$$\sigma_{12} = \frac{1}{EI} \times \frac{1}{2}l_2 \times \frac{2}{3} = \frac{l_2}{6EI} \tag{3-6}$$

$$\Delta_{1p} = \frac{1}{EI}\left(\frac{2}{3}l_1 \times \frac{1}{8}ql_1^2 \times \frac{1}{2} + \frac{2}{3}l_2 \times \frac{1}{8}ql_2^2 \times \frac{1}{2}\right) = \frac{q(l_1^3 + l_2^3)}{24EI} \tag{3-7}$$

由对称性知：

$$\delta_{11} = \delta_{22}, \quad \delta_{12} = \delta_{21}, \quad \Delta_{1p} = \Delta_{2p}$$

解得:

$$x_1 = x_2 = \frac{-\Delta_{1p}}{\delta_{11} + \delta_{22}} = -\frac{q(l_1^3 + l_2^3)}{4EI(2L_1 + 3l_2)} \tag{3-8}$$

第三施工阶段作用效应和第四施工阶段作用效应同理,故将两者线性求和后一同计算。对于中梁,有:

$$q = (g_2 - g_1) + g_3 = (32.14 - 29.32) + 16.21 = 19.02(\text{kN/m})$$

将相关数据代入式(3-8),得到:$x_1 = x_2 = -1680.92\text{kN}\cdot\text{m}$。

截面内力:

$$M = \overline{M_1} \times x_1 + \overline{M_2} \times x_2 + M_p \tag{3-9}$$

$$M_p = \frac{1}{8} \times 19.02 \times 30^2 = 2139.75(\text{kN}\cdot\text{m})$$

同理,对于边梁,有:

$$q = (g_2 - g_1) + g_3 = (32.14 - 30.73) + 16.21 = 17.62(\text{kN/m})$$

$$x_1 = x_2 = -1557.19\text{kN}\cdot\text{m}$$

$$M_p = 1982.25\text{kN}\cdot\text{m}$$

由于全桥对称,故只计算半桥各截面弯矩和剪力,计算结果见表3-5。

第三、四施工阶段边、中梁各截面内力 表3-5

截面位置	边梁		中梁	
	剪力(kN)	弯矩(kN·m)	剪力(kN)	弯矩(kN·m)
左边支点	222.88	1.52	206.47	-1.41
变化点	-192.46	330.88	178.29	306.52
1/4 边跨	85.07	1115.11	78.81	1033.03
1/2 边跨	-52.82	1232.01	-48.94	1141.32
3/4 边跨	-190.72	349.17	-176.68	323.46
变化点	-286.77	-856.49	-265.66	-793.45
临时支点左	-328.61	-1533.42	-304.43	-1420.55
临时支点右	-328.61	-1533.42	-304.43	-1420.55
中支点左	-338.12	-1700.1	-313.24	-1574.96
中支点右	285.39	-1700.1	264.39	-1574.96
临时支点左	275.88	-1559.78	255.58	-1444.97
临时支点右	275.88	-1559.78	255.58	-1444.97
变化点	233.99	-998.86	216.77	-925.34
1/4 中跨	142.74	-94.58	132.24	-87.62
1/2 中跨	0.09	441.07	0.09	408.61

成桥状态下各阶段作用内力组合:

经过第一到第四施工阶段,全桥已经完全建立,进入成桥状态。下面将第一、三、四施工阶段由结构自重产生的内力进行线性组合,即可得到成桥状态下结构自重的内力结果,见表3-6。

第一、三、四施工阶段边、中梁各截面内力组合 表3-6

截面位置	边梁		中梁	
	剪力(kN)	弯矩(kN·m)	剪力(kN)	弯矩(kN·m)
左边支点	652.06	-1.41	648.17	1.52
变化点	574.71	980.12	185.9	973.79
1/4 边跨	301.6	3455.9	297.71	3427.6
1/2 边跨	-48.94	4371.81	-52.82	4315.33
3/4 边跨	-399.47	2746.33	-403.36	2661.66
变化点	-643.64	112.47	-647.53	8.16
临时支点左	-750.02	-1420.55	-753.9	-1533.42
临时支点右	-296.75	-1419.59	-334.48	-1532.5
中支点左	-313.24	-1574.96	-338.12	-1700.1
中支点右	264.39	-1574.96	285.39	-1700.1
临时支点左	247.9	-1444.01	281.75	-1558.86
临时支点右	701.17	-1444.97	701.17	-1559.78
变化点	594.75	-19.42	594.75	-134.21
1/4 中跨	355.03	2362.86	355.38	2217.91
1/2 中跨	0.09	3638.14	0.09	3524.39

另外,由程序计算得到的成桥状态下边、中梁自重作用内力结果见表3-7。

成桥状态下边、中梁自重作用内力 表3-7

截面位置	边梁		中梁	
	剪力(kN)	弯矩(kN·m)	剪力(kN)	弯矩(kN·m)
左边支点	-622.25	-3.67	-622.25	-3.67
变化点	-548.76	933.14	-548.76	933.14
1/4 边跨	-283.26	3337.68	-283.26	3337.68
1/2 边跨	55.73	4177.29	55.73	4177.29
3/4 边跨	394.72	2515.15	394.72	2515.15
变化点	609.69	164.84	609.69	164.85
临时支点左	710.74	-1287.63	710.74	-1287.62
临时支点右	710.74	-1287.63	710.74	-1287.62

续上表

截面位置	边梁		中梁	
	剪力(kN)	弯矩(kN·m)	剪力(kN)	弯矩(kN·m)
中支点左	733.71	-1648.74	733.71	-1648.73
中支点右	-689.01	-1648.74	-689.01	-1648.73
临时支点左	-666.04	-1309.98	-666.04	-1309.97
临时支点右	-666.04	-1309.98	-666.04	-1309.97
变化点	-564.99	44.15	-564.98	44.15
1/4 中跨	-344.5	2226.92	-344.5	2226.92
1/2 中跨	0	3518.82	0	3518.81

3) 基础沉降作用内力计算

根据基础实际变位作用及后期更换支座的需要,按照每个地基及基础的最大沉降量的最不利荷载组合进行计算。本桥分别考虑各种支座变位的组合,取其中最不利情况进行控制设计。基本参数为:边支座不均匀沉降 0.005m;中支座不均匀沉降 0.006m。具体计算过程由 Midas 程序进行,计算结果见表 3-8、表 3-9。

边、中梁基础沉降作用内力(max)　　　　　　　　　表 3-8

截面位置	边梁		中梁	
	剪力(kN)	弯矩(kN·m)	剪力(kN)	弯矩(kN·m)
左边支点	7.86	0	7.86	0
变化点	7.86	13.26	7.86	13.26
1/4 边跨	7.86	61.17	7.86	61.17
1/2 边跨	7.86	122.35	7.86	122.35
3/4 边跨	7.86	183.52	7.86	183.52
变化点	7.86	222.31	7.86	222.31
临时支点左	7.86	240.55	7.86	240.55
临时支点右	7.86	240.55	7.86	240.55
中支点左	7.86	244.69	7.86	244.69
中支点右	15.89	244.69	15.89	244.69
临时支点左	15.89	236.75	15.89	236.75
临时支点右	15.89	236.75	15.89	236.75
变化点	15.89	201.78	15.89	201.78
1/4 中跨	15.89	130.86	15.89	130.86
1/2 中跨	15.89	75.58	15.89	75.58

边、中梁基础沉降作用内力(min)   表3-9

截面位置	边梁 剪力(kN)	边梁 弯矩(kN·m)	中梁 剪力(kN)	中梁 弯矩(kN·m)
左边支点	-8.29	0	-8.29	0
变化点	-8.29	-12.58	-8.29	-12.58
1/4 边跨	-8.29	-58.02	-8.29	-58.02
1/2 边跨	-8.29	-116.05	-8.29	-116.05
3/4 边跨	-8.29	-174.07	-8.29	-174.07
变化点	-8.29	-210.87	-8.29	-210.87
临时支点左	-8.29	-228.16	-8.29	-228.16
临时支点右	-8.29	-228.16	-8.29	-228.16
中支点左	-8.29	-232.1	-8.29	-232.1
中支点右	-15.89	-232.1	-15.89	-232.1
临时支点左	-15.89	-224.15	-15.89	-224.15
临时支点右	-15.89	-224.15	-15.89	-224.15
变化点	-15.89	-189.18	-15.89	-189.18
1/4 中跨	-15.89	-118.26	-15.89	-118.26
1/2 中跨	-15.89	-62.98	-15.89	-62.98

3.3.4 可变作用效应计算

1) 温度作用效应计算

温度作用次内力应力按《公预规》附录 D 所给公式计算：

$$N_t = \sum A_y t_y \alpha_c E_c \quad (3\text{-}10)$$

$$M_t^0 = -\sum A_y t_y \alpha_c E_c e_y \quad (3\text{-}11)$$

式中：A_y——截面内的单元面积；

t_y——单元面积内温差梯度平均值，均以正值带入；

α_c——混凝土线膨胀系数，取 0.00001；

E_c——混凝土弹性模量；

e_y——单位面积重心至截面重心轴的距离，重心轴以上取正值，以下取负值。

如图 3-10 所示，利用 midas 程序进行温度的升、降作用计算时，截面类型选择 PSC/组合截面。H 和 T 的具体数据根据《桥规》表 4.3.12-3 中查得。混凝土铺装竖向温差计算的温差基数：升温时，$T_1 = 14℃$、$T_2 = 5.5℃$，而降温时温度数值为升温的 -0.5 倍。

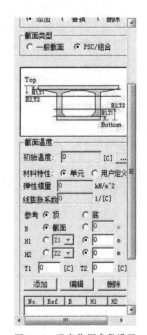

图 3-10 温度作用参数设置

各参数意义及设置如下:

B:具有温度差的宽度,不包含空心部分,即在箱形截面的腹板位置处,应输入腹板厚度之和。本例宽度 B 在程序中选择自动考虑,并非是表中的数据。

$H1$、$H2$:从梁截面参考位置到温度变化点的距离。

$T1$、$T2$:$H1$、$H2$ 处的温度。

T、H 的数值见表 3-10。

具有计算结果见表 3-11、表 3-12。

T、H 输 入 数 值　　　　表 3-10

温　度	序　号	到箱梁顶距离 H(m)	温度 T(℃)
降温	1	0	−7.00
	2	0.10	−2.75
	3	0.40	0
升温	1	0	14.00
	2	0.10	5.50
	3	0.40	0

温度作用效应计算结果(升温)　　　　表 3-11

截 面 位 置	边　梁		中　梁	
	剪力(kN)	弯矩(kN·m)	剪力(kN)	弯矩(kN·m)
左边支点	−25.27	0	−25.27	0
变化点	−25.27	40.44	−25.27	40.44
1/4 边跨	−25.27	186.52	−25.27	186.52
1/2 边跨	−25.27	373.04	−25.27	373.04
3/4 边跨	−25.27	559.56	−25.27	559.56
变化点	−25.27	677.85	−25.27	677.85
临时支点左	−25.27	733.45	−25.27	733.45
临时支点右	−25.27	733.45	−25.27	733.45
中支点左	−25.27	746.09	−25.27	746.09
中支点右	0	746.09	0	746.09
临时支点左	0	746.09	0	746.09
临时支点右	0	746.09	0	746.09
变化点	0	746.09	0	746.09
1/4 中跨	0	746.09	0	746.09
1/2 中跨	0	746.09	0	746.09

温度作用效应计算结果(降温) 表 3-12

截面位置	边梁		中梁	
	剪力(kN)	弯矩(kN·m)	剪力(kN)	弯矩(kN·m)
左边支点	12.64	0	12.64	0
变化点	12.64	-20.22	12.64	-20.22
1/4 边跨	12.64	-93.26	12.64	-93.26
1/2 边跨	12.64	-186.52	12.64	-186.52
3/4 边跨	12.64	-279.78	12.64	-279.78
变化点	12.64	-338.92	12.64	-338.92
临时支点左	12.64	-366.72	12.64	-366.72
临时支点右	12.64	-366.72	12.64	-366.72
中支点左	12.64	-373.04	12.64	-373.04
中支点右	0	-373.04	0	-373.04
临时支点左	0	-373.04	0	-373.04
临时支点右	0	-373.04	0	-373.04
变化点	0	-373.04	0	-373.04
1/4 中跨	0	-373.04	0	-373.04
1/2 中跨	0	-373.04	0	-373.04

2)汽车荷载效应计算

(1)计算中、边梁的荷载横向分布系数

根据本桥具体截面情况,汽车荷载内力计算考虑横向分布,按照"刚接梁法"计算荷载横向分布系数。而连续梁桥荷载横向分布的简化实用计算方法是按等刚度原则,将连续梁的某一跨等代为等跨度的等截面简支梁来计算荷载横向分布系数,所谓"等刚度"是指在跨中施加一个集中荷载或一个集中扭矩,则连续梁和等代简支梁的跨中挠度或扭转角彼此相等。本例为三跨连续箱梁桥,边跨与中跨之比为 $L_2/L_1 = 30/29.52 \approx 1$,则可将此桥作为三跨连续梁来分析,计算跨径取为 30m;又因每片箱梁仅在支点附近很小区域内腹板、底板尺寸有所改变,仍可按近似等截面箱梁来考虑,这样带来的计算误差是很小的。综上所述,本例可简化为三跨等截面连续箱梁桥。对等跨等截面连续梁等效简支梁抗弯惯性矩换算系数:边跨 $C_{w1} = 1.425$,中跨 $C_{w2} = 1.827$,而抗扭惯性矩不变。

①边跨荷载横向分布系数计算:

a.边跨等代简支梁主梁抗弯(抗扭)惯性矩计算。

三等跨等截面连续梁的边跨按等刚度原则变换为等截面简支梁,每片箱梁的抗弯、抗扭刚度仍彼此相等,只是大小发生变换,可按下式计算:

$$I_1^* = \chi_1 I \tag{3-12}$$

$$I_{T1}^* = \overline{\chi_1} I_T \tag{3-13}$$

式中：I_1^*——边跨的等刚度等截面简支梁的抗弯惯性矩；

χ_1——抗弯惯性矩修正系数；

I——连续箱梁一片主梁跨中截面抗弯惯性矩；

I_{T1}^*——边跨的等刚度等截面简支梁的抗扭惯性矩；

$\overline{\chi_1}$——抗扭惯性矩修正系数；

I_T——连续梁一片主梁跨中截面抗扭惯性矩。

抗弯惯性矩已在毛截面几何特性计算中给出，现补充抗扭惯性矩的计算。在连续箱梁（一片主梁）跨中截面抗扭惯性矩计算时，闭合截面以外的翼板可以忽略不计，计算误差在1%左右，这样主截面就简化成一个对称梯形，如图3-11所示。

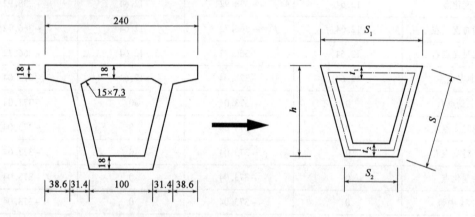

图3-11 主梁抗扭惯性矩计算简化示意图（尺寸单位：cm）

抗扭惯性矩按下式计算：

$$I_T = \frac{4\Omega^2}{\int \frac{d_s}{t}} = (S_1 + S_2)^2 h^2 \frac{1}{2\frac{S}{t} + \frac{S_1}{t_1} + \frac{S_2}{t_2}} \tag{3-14}$$

式中符号如图3-11中具体尺寸数据所示，其中：

$S_1 = 158.2 \text{cm}, S_2 = 82 \text{cm}, S = 126.5 \text{cm}, h = 122 \text{cm}, t_1 = t_2 = 18 \text{cm}, t = 17.5 \text{cm}$。

将数据代入式(3-14)，计算得：

$$I_T = (158.2 + 82)^2 \times 122^2 \frac{1}{2 \times \frac{126.5}{17.5} + \frac{158.2}{18} + \frac{82}{18}} = 0.261 \text{ (m}^4\text{)}$$

又$\chi_1 = 1.425, I = 0.268 \times 10^8 \text{m}^4$，则边跨的等刚度等截面简支梁的抗弯惯性矩：

$$I_1^* = \chi_1 I = 1.425 \times 0.268 \times 10^8 = 0.382 \times 10^8 \text{ (m}^4\text{)}$$

b. 计算刚度参数 γ 和 β 计算。

主梁抗弯刚度与抗扭刚度比例参数 γ 和主梁与桥面的抗弯刚度比例参数 β 按下式计算：

$$\gamma = \frac{\pi^2 EI}{4GI_T}\left(\frac{b_1}{l}\right)^2 = 5.8 \frac{I}{I_T}\left(\frac{b_1}{l}\right)^2 \tag{3-15}$$

$$\beta = \frac{\pi^4 I d_1^3}{3 l^4 I_1} = 390 \frac{I}{l^4} \left(\frac{d_1}{h_1}\right)^3 \tag{3-16}$$

式中：E——混凝土弹性模量；
G——混凝土剪切弹性模量；
I——主梁抗弯惯性矩；
I_T——主梁抗扭惯性矩；
I_1——单位宽度(沿桥纵向)的桥面板抗弯惯性矩；
l——主梁的计算跨径；
d_1——翼板的悬出长度。

对边跨等跨度等截面简支主梁：

$I = I_1^* = 0.353 \times 10^8 \text{ m}^4$，$l = L_1 = 29.52\text{m}$，$b_1 = 2.4\text{m}$，$d_1 = 68.7\text{cm}$，$h_1 = 0.209\text{m}$，将数据代入式(3-15)及式(3-16)，计算得：

$$\gamma = 5.8 \times \frac{0.382}{0.261} \times \left(\frac{240}{2952}\right)^2 = 0.056$$

$$\beta = 390 \times \frac{0.382}{29.52^4} \times \left(\frac{0.687}{0.209}\right)^3 = 0.007$$

c. 主梁荷载横向分布系数影响线 η 计算。

查阅参考文献《公路桥梁荷载横向分布计算》中所列刚接板、梁桥荷载横向分布影响线表，根据线性插值得表3-13所列的 η 值，并由此绘出如图3-12所示的荷载横向分布影响线。由结构的对称性，图3-12仅示出1号梁和2号梁的影响线。

η 值 表3-13

梁 号	β	γ	$P=1$ 位置(主梁轴线)			
			1号	2号	3号	4号
1号	0.007	0.056	0.365	0.278	0.211	0.168
2号	0.007	0.056	0.278	0.275	0.243	0.211
3号	0.007	0.056	0.211	0.243	0.275	0.278
4号	0.007	0.056	0.168	0.211	0.278	0.365

绘制边梁和中梁影响线并进行最不利组合加载，如图3-12所示。

经计算，得到：

1号梁(边梁)的车辆荷载横向分布系数为：

$$m_{cq1} = \frac{1}{2}(0.380 + 0.327 + 0.290 + 0.247 + 0.218 + 0.190) = 0.826$$

2号梁(中梁)的车辆荷载横向分布系数：

$$m_{cq2} = \frac{1}{2}(0.279 + 0.277 + 0.275 + 0.260 + 0.246 + 0.227) = 0.782$$

②中跨荷载横向分布系数计算：

a. 中跨等代简支梁主梁抗弯(抗扭)惯性矩计算。

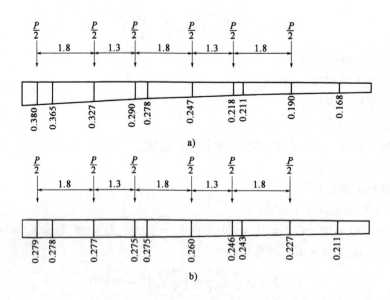

图 3-12 1 号梁(边梁)和 2 号梁(中梁)影响线(尺寸单位:m)
a) 1 号梁(边梁)影响线；b) 2 号梁(中梁)影响线

计算原理同边跨,计算结果如下:
$$I_2^* = \chi_2 I = 1.827 \times 0.268 \times 10^8 = 0.490 \times 10^8 \ (m^4)$$

b. 计算刚度参数 γ 和 β 计算。

主梁抗弯刚度与抗扭刚度比例参数 γ 和主梁与桥面的抗弯刚度比例参数 β 按下式计算：
对与中跨等跨度等截面简支主梁：

$I = I_2^* = 0.490 \times 10^8 \ m^4, l = L_2 = 30m, b_1 = 2.4m, d_1 = 68.7cm, h_1 = 0.209m$，将数据代入公式(3-15)及式(3-16)，计算得：

$$\gamma = 5.8 \times \frac{0.490}{0.261} \times \left(\frac{240}{3000}\right)^2 = 0.070$$

$$\beta = 390 \times \frac{0.490}{30^4} \times \left(\frac{0.687}{0.209}\right)^3 = 0.008$$

c. 主梁荷载横向分布系数影响线 η 计算。

查《公路桥梁荷载横向分布计算》中所列刚接板、梁桥荷载横向分布影响线表,根据线性插值得表 3-14 所列的 η 值,并由此绘出如图 3-13 所示的荷载横向分布影响线。由于结构具有对称性,图 3-13 仅示出 1 号梁和 2 号梁的影响线。

η 值　　　　　　　　　　　　　　　　　表 3-14

梁 号	β	γ	$P=1$ 位置(主梁轴线)			
			1 号	2 号	3 号	4 号
1 号	0.008	0.068	0.385	0.284	0.198	0.136
2 号	0.008	0.068	0.284	0.280	0.241	0.198

绘制边梁和中梁影响线并进行最不利组合加载,如图 3-13 所示。

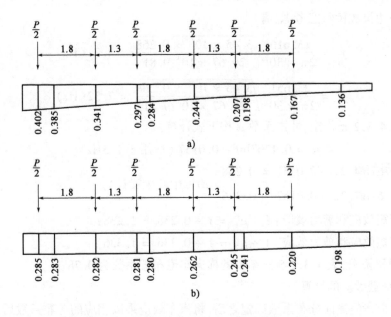

图3-13　1号梁(边梁)和2号梁(中梁)影响线(尺寸单位:m)
a)1号梁(边缘)影响线；b)2号梁(中梁)影响线

经计算,得到:
1号梁(边梁)的车辆荷载横向分布系数:

$$m_{cq1} = \frac{1}{2}(0.402 + 0.341 + 0.297 + 0.244 + 0.207 + 0.167) = 0.829$$

2号梁(中梁)的车辆荷载横向分布系数:

$$m_{cq2} = \frac{1}{2}(0.285 + 0.282 + 0.281 + 0.262 + 0.245 + 0.220) = 0.788$$

(2)结构基频和冲击系数计算

根据《桥规》条文说明中4.3.2规定,适用于连续梁桥的结构基频计算如下:

$$f_1 = \frac{13.616}{2\pi l^2}\sqrt{\frac{EI_c}{m_c}} \tag{3-17}$$

$$f_2 = \frac{23.651}{2\pi l^2}\sqrt{\frac{EI_c}{m_c}} \tag{3-18}$$

式中:f_1、f_2——基频(Hz),计算连续梁冲击力引起的效应和剪力引起的效应时用f_1,计算连续梁冲击力引起的负弯矩效应时采用f_2;

　　　l——计算跨径(m);

　　　E——混凝土的弹性(MPa);

　　　I_c——梁跨中截面惯性矩(m^4);

　　　m_c——结构跨中的单位长度质量(kg/m)。

本例均按边梁成桥状态考虑,有:

$$f_1 = \frac{13.616}{2\pi \times 30^2}\sqrt{\frac{3.45 \times 10^{10} \times 0.268}{29.67 \times 10^3/9.81}} = 4.21(\text{Hz})$$

$$f_2 = \frac{23.651}{2\pi \times 30^2}\sqrt{\frac{3.45 \times 10^{10} \times 0.268}{29.67 \times 10^3/9.81}} = 7.32(\text{Hz})$$

按《桥规》4.3.2 条规定,冲击系数 μ 按下式计算:

$$\mu = 0.1767\ln f - 0.0157 \quad (适用于 1.5\text{Hz}) \tag{3-19}$$

$\mu_1 = 0.1767\ln 4.21 - 0.0157 = 0.238$
$\mu_2 = 0.1767\ln 7.32 - 0.0157 = 0.336$（均按中跨中梁计）。

用于正弯矩效应和剪力效应: $1 + \mu_1 = 1 + 0.238 = 1.238$;
用于负弯矩效应和剪力效应: $1 + \mu_2 = 1 + 0.336 = 1.336$。
另外,根据《桥规》表 4.3.1-5 三车道的横向车道布置系数为 0.78。

(3) 汽车荷载效应的计算

主梁汽车荷载的横向分布系数确定之后,将汽车效应乘以相应的分布系数后,在主梁的内力影响线上最不利布载,可得主梁最大汽车荷载效应内力,计算公式:

$$S_p = (1 + \mu) m_i \sum (P_k y_i + q_k \omega_i) \tag{3-20}$$

式中: S_p——主梁最大汽车荷载内力(弯矩或剪力);
$(1 + \mu)$——汽车荷载的冲击系数;
m_i——荷载的横向分布系数(此处已经计入车道折减系数);
P_k——车道集中荷载的标准值;
y_i——主梁内力影响线竖标值;
q_k——车道荷载的均布标准值;
ω_i——主梁内力影响线中均布荷载所在的面积。

由于 $L_1/L_2 \approx 1$,在进行移动荷载分析时可以近似看成等跨连续梁进行分析计算,这样就可以用《公路桥涵设计手册——基本资料》,查得影响线的最大值和各跨影响线的面积,从而根据上述公式计算汽车荷载的效应。实际计算采用 Midas 程序计算,结果见表 3-15、表 3-16。

汽车荷载内力(max)　　　　表 3-15

截面位置	边梁		中梁	
	剪力(kN)	弯矩(kN·m)	剪力(kN)	弯矩(kN·m)
左边支点	43.7	0	39.19	0
变化点	41.26	714.46	37.71	660.12
1/4 边跨	198.55	2144.37	155.49	2020.64
1/2 边跨	323.76	2561.34	292.92	2414.86
3/4 边跨	424.13	1480.98	400.39	1408.45
变化点	594.68	598.71	544.98	524.42
临时支点左	666.36	315.81	600.28	302.67

续上表

截面位置	边梁		中梁	
	剪力(kN)	弯矩(kN·m)	剪力(kN)	弯矩(kN·m)
临时支点右	666.36	315.81	600.28	302.67
中支点左	666.36	323.58	600.28	307.65
中支点右	99.26	323.58	68.63	307.65
临时支点左	99.26	297.17	68.63	282.09
临时支点右	99.26	297.17	68.63	282.09
变化点	81.56	552.08	63.62	508.09
1/4 中跨	157.9	1438.74	120.94	1371.7
1/2 中跨	252.23	2180.44	220.55	2076.27

汽车荷载内力(min) 表3-16

截面位置	边梁		中梁	
	剪力(kN)	弯矩(kN·m)	剪力(kN)	弯矩(kN·m)
左边支点	-613.1	0	-551.63	0
变化点	-512.98	-61.69	-470.8	-57.42
1/4 边跨	-313.06	-277.74	-295.48	-268.65
1/2 边跨	-201.1	-550.92	-167.78	-540.69
3/4 边跨	-126.96	-857.51	-87.79	-818.27
变化点	-59.52	-1336.24	-35.58	-1259.1
临时支点左	-74.52	-1859.25	-43.24	-1803.57
临时支点右	-74.52	-1859.25	-43.24	-1803.57
中支点左	-74.52	-2085.49	-43.24	-2019.5
中支点右	-652.25	-2085.49	-586.14	-2019.5
临时支点左	-652.25	-1952.75	-586.14	-1891.29
临时支点右	-652.25	-1952.75	-586.14	-1891.29
变化点	-575.1	-1525.36	-526.35	-1423.21
1/4 中跨	-392.75	-1004.49	-369.38	-964.26
1/2 中跨	-280.44	-697.5	-252.12	-681.59

3.3.5 作用组合的效应计算

1) 承载能力极限状态设计

按桥规《桥规》4.1.5条规定,公路桥涵结构按承载能力极限状态设计时,对持久设计状况和短暂设计状况应采用作用的基本组合。

基本组合:永久作用的设计值和可变作用设计值相结合,作用基本组合的效应设计值按下式计算:

$$S_{ud} = \gamma_0 S(\sum_{i=1}^{m}\gamma_{Gi}G_{ik}, \gamma_{Q1}\gamma_{L1}Q_{1k}, \psi_c\sum_{j=2}^{n}\gamma_{Lj}\gamma_{Qj}Q_{jk}) \tag{3-21}$$

式中：S_{ud}——承载能力极限状态下作用基本组合的效应设计值；

$S(\cdot)$——作用组合的效应函数；

γ_0——结构的重要性系数，按《桥规》表4.1.5-1规定的结构设计安全等级采用，对应于设计安全等级一级、二级和三级分别取1.1、1.0、0.9；

γ_{Gi}——第i个永久作用的分项系数，按《桥规》表4.1.5-2采用；

G_{ik}——第i个永久作用的标准值；

γ_{Q1}——汽车荷载（含汽车冲击力、离心力）的分项系数，采用车道荷载计算时，取$\gamma_{Q1}=1.4$；

Q_{1k}——汽车荷载效应（含汽车冲击力、离心力）的标准值；

γ_{Qj}——在作用组合中除汽车荷载（含汽车冲击力、离心力）、风荷载外的其他第j个可变作用的分项系数，取$\gamma_{Qj}=1.4$，但风荷载的分项系数取$\gamma_{Qj}=1.1$；

Q_{jk}——在作用组合中除汽车荷载（包括汽车冲击力、离心力）外的其他第j个可变作用的标准值；

ψ_c——在作用组合中除汽车荷载效应（含汽车冲击力、离心力）外的其他可变作用的组合系数，取$\psi_c=0.75$；

$\psi_c Q_{jk}$——在作用组合中除汽车荷载（包括汽车冲击力、离心力）外的第j个可变作用的组合值；

γ_{Lj}——第j个可变作用的结构使用年限荷载调整系数。

2）正常使用极限状态设计

根据《桥规》4.1.6条规定，公路桥涵结构按正常使用极限状态设计时，应依据不同的设计要求，采用作用的频遇组合或准永久组合，并应符合下列规定：

频遇组合：永久作用标准值与汽车荷载作用频遇值、其他可变作用准永久值相结合。作用频遇组合的效应设计值按下式计算：

$$S_{fd} = S(\sum_{i=1}^{m}G_{ik}, \psi_{f1}Q_{1k}, \sum_{j=2}^{n}\psi_{qj}Q_{jk}) \tag{3-22}$$

式中：S_{fd}——作用频遇组合的效应设计值；

ψ_{qj}——第j个可变作用的准永久值系数，温度梯度作用$\psi_1=0.8$；

ψ_{f1}——汽车荷载（不计汽车冲击力）的频遇值系数，取0.7。

准永久组合：永久作用标准值与可变作用准永久值相组合。作用准永久组合的效应设计值按下式计算：

$$S_{qd} = S(\sum_{i=1}^{m}G_{ik}, \sum_{j=1}^{n}\psi_{qj}Q_{jk}) \tag{3-23}$$

式中：S_{qd}——作用准永久组合的效应设计值；

ψ_{qj}——第j个可变作用的准永久值系数，汽车荷载（不计汽车冲击力）准永久值系数取0.4。

3）配筋前作用内力组合

应用Midas程序进行作用组合时，各项作用的荷载工况参数见表3-17。

工 况 表   表 3-17

序 号	工况名称	描 述
1	cSH	徐变两次
2	cD	恒荷载
3	SUM	收缩两次
4	M[1]	车道荷载
5	TPG[1]	温度升
6	TPG[2]	温度降
7	SM	支座沉降
8	cCR[1]	钢束一次
9	cCR[2]	钢束两次

配筋前各作用的内力组合方式详见表 3-18。

荷 载 组 合 表   表 3-18

组合方式	荷 载 组 合
基本组合	1:温度为升温,恒载取对结构承载能力不利 0.55SM[1] + 1.32(cD) + 1.54 M[1] + 1.155 TPG[1]
	2:温度为升温,恒载取对结构承载能力有利 0.55SM[1] + 1.1(cD) + 1.54 M[1] + 1.155 TPG[1]
	3:温度为降温,恒载取对结构承载能力不利 0.55SM[1] + 1.32(cD) + 1.54 M[1] + 1.155 TPG[2]
	4:温度为降温,恒载取对结构承载能力有利 0.55SM[1] + 1.1(cD) + 1.54 M[1] + 1.155 TPG[2]
频遇组合	5:温度为升温 SM[1] + (cD) + 0.7M[1] + 0.8 TPG[1]
	6:温度为降温 SM[1] + (cD) + 0.7M[1] + 0.8 TPG[2]
准永久组合	7:温度为升温 SM[1] + (cD) + 0.4M[1] + 0.8 TPG[1]
	8:温度为降温 SM[1] + (cD) + 0.4M[1] + 0.8 TPG[2]

计算结果见表 3-19,为了简洁,只给出半跨边梁的计算结果(表中剪力单位为 kN,弯矩单位为 kN·m)。

配筋前边梁内力组合   表 3-19

截面位置	内力分项	基本组合(不利)		频遇组合		准永久组合	
		温度升	温度降	温度升	温度降	温度升	温度降
左边支点	弯矩 max	-4.85	-4.85	-3.67	-3.67	-3.67	-3.67
	弯矩 min	-4.85	-4.85	-3.67	-3.67	-3.67	-3.67
	剪力 max	-778.94	-735.16	-604.02	-573.69	-617.13	-586.8
	剪力 min	-1799.29	-1755.51	-1079.93	-1049.6	-896	-865.67
变化点	弯矩 max	3797.92	3684.08	2344.13	2265.28	1996.53	1917.67
	弯矩 min	1835.9	1722.06	1420.81	1341.96	1450.92	1372.06
	剪力 max	-625.06	-581.27	-486.3	-455.97	-498.68	-468.35
	剪力 min	-1487.47	-1443.68	-890.42	-860.09	-736.53	-706.2

续上表

截面位置	内力分项	基本组合(不利)		频遇组合		准永久组合	
		温度升	温度降	温度升	温度降	温度升	温度降
1/4边跨	弯矩 max	7957.15	7634	5049.13	4825.31	4405.82	4182
	弯矩 min	4161.55	3838.4	3234.46	3010.63	3317.78	3093.95
	剪力 max	-93.01	-49.22	-156.64	-126.31	-216.2	-185.87
	剪力 min	-889.76	-845.98	-530.91	-500.58	-436.99	-406.67
1/2边跨	弯矩 max	9956.63	9310.34	6391.01	5943.35	5622.6	5174.95
	弯矩 min	5032.65	4386.35	3974.04	3526.38	4139.31	3691.66
	剪力 max	547.28	591.06	270	300.33	172.87	203.2
	剪力 min	-269.89	-226.1	-113.55	-83.23	-53.22	-22.89
3/4边跨	弯矩 max	6347.94	5378.5	4183.01	3511.53	3738.71	3067.24
	弯矩 min	2550	1580.55	2188.48	1517	2445.73	1774.25
	剪力 max	1149.32	1193.1	679.25	709.58	552.01	582.34
	剪力 min	291.76	335.55	277.34	307.67	315.43	345.75
变化点	弯矩 max	2044.78	870.42	1348.53	535.11	1168.92	355.5
	弯矩 min	-1173.28	-2347.65	-439.12	-1252.53	-38.24	-851.66
	剪力 max	1695.73	1739.52	1013.61	1043.94	835.2	865.53
	剪力 min	679.37	723.16	539.51	569.84	557.37	587.7
临时支座左	弯矩 max	-233.89	-1504.59	-239.25	-1119.39	-334	-1214.14
	弯矩 min	-3841.26	-5111.96	-2230.5	-3110.64	-1672.73	-2552.87
	剪力 max	1939.5	1983.29	1164.83	1195.16	964.93	995.26
	剪力 min	789.66	833.45	630.07	660.4	652.42	682.75
临时支座右	弯矩 max	-233.89	-1504.59	-239.25	-1119.39	-334	-1214.14
	弯矩 min	-3841.26	-5111.96	-2230.5	-3110.64	-1672.73	-2552.87
	剪力 max	1939.5	1983.29	1164.83	1195.16	964.93	995.26
	剪力 min	789.66	833.45	630.07	660.4	652.42	682.75
中支点左	弯矩 max	-681.72	-1974.31	-580.67	-1475.98	-677.75	-1573.05
	弯矩 min	-4653.92	-5946.51	-2743.81	-3639.11	-2118.16	-3013.47
	剪力 max	1969.82	2013.6	1187.8	1218.13	987.89	1018.22
	剪力 min	819.98	863.77	653.03	683.36	675.39	705.72
中支点右	弯矩 max	-681.72	-1974.31	-580.67	-1475.98	-677.75	-1573.05
	弯矩 min	-4653.92	-5946.51	-2743.81	-3639.11	-2118.16	-3013.47
	剪力 max	-747.88	-747.88	-603.63	-603.63	-633.41	-633.41
	剪力 min	-1922.69	-1922.69	-1161.47	-1161.47	-965.8	-965.8
临时支座左	弯矩 max	-279.6	-1572.19	-268.35	-1163.65	-357.5	-1252.8
	弯矩 min	-3997.96	-5290.55	-2304.18	-3199.49	-1718.36	-2613.66

续上表

截面位置	内力分项	基本组合(不利)		频遇组合		准永久组合	
		温度升	温度降	温度升	温度降	温度升	温度降
临时支座左	剪力 max	-717.56	-717.56	-580.66	-580.66	-610.44	-610.44
	剪力 min	-1892.37	-1892.37	-1138.5	-1138.5	-942.83	-942.83
临时支座右	弯矩 max	-279.6	-1572.19	-268.35	-1163.65	-357.5	-1252.8
	弯矩 min	-3997.96	-5290.55	-2304.18	-3199.49	-1718.36	-2613.66
	剪力 max	-717.56	-717.56	-580.66	-580.66	-610.44	-610.44
	剪力 min	-1892.37	-1892.37	-1138.5	-1138.5	-942.83	-942.83
变化点	弯矩 max	1881.19	588.6	1229.26	333.95	1063.63	168.33
	弯矩 min	-1533.09	-2825.69	-615.92	-1511.22	-158.31	-1053.61
	剪力 max	-611.44	-611.44	-492	-492	-516.47	-516.47
	剪力 min	-1640.17	-1640.17	-983.45	-983.44	-810.92	-810.92
1/4中跨	弯矩 max	6088.9	4796.31	3961.77	3066.46	3530.14	2634.84
	弯矩 min	2189.31	896.71	2002.39	1107.08	2303.74	1408.43
	剪力 max	-202.85	-202.85	-218.08	-218.08	-265.45	-265.45
	剪力 min	-1068.33	-1068.33	-635.32	-635.32	-517.5	-517.5
1/2中跨	弯矩 max	8906.02	7613.42	5717.57	4822.27	5063.44	4168.14
	弯矩 min	4397.77	3105.18	3564.45	2669.15	3773.7	2878.4
	剪力 max	397.17	397.17	192.45	192.45	116.78	116.78
	剪力 min	-440.61	-440.61	-212.2	-212.2	-128.07	-128.07

3.4 预应力筋的估算及布置

3.4.1 按正常使用极限状态的应力要求估算

预应力混凝土梁在预加力和使用荷载作用下的应力状态应满足的基本条件是截面上、下缘均不产生拉应力,且上、下缘的混凝土均不被压碎,该条件可表示为:

$$\sigma_{y上} + \frac{M_{min}}{W_上} \geqslant 0 \tag{3-24}$$

$$\sigma_{y上} + \frac{M_{max}}{W_上} \leqslant [\sigma_w] \tag{3-25}$$

$$\sigma_{y\text{下}} - \frac{M_{\max}}{W_{\text{下}}} \geqslant 0 \tag{3-26}$$

$$\sigma_{y\text{下}} - \frac{M_{\min}}{W_{\text{下}}} \leqslant [\sigma_w] \tag{3-27}$$

式中：$\sigma_{y\text{上}}$、$\sigma_{y\text{下}}$——由预加力在截面上缘和下缘所产生的应力；

$\quad\quad W_{\text{上}}$、$W_{\text{下}}$——分别为截面上、下缘的抗弯模量（可按毛截面考虑）；

$\quad\quad M_{\max}$、$M_{\min}$——荷载最不利组合时的计算截面内力，当为正弯矩时取正值，当为负弯矩时取负值；

$\quad\quad [\sigma_w]$——混凝土弯压应力限值，取 $[\sigma_w] = 0.5 f_{ck}$，f_{ck} 为混凝土轴心抗压强度标准值。

根据截面受力情况，其配筋不外乎有三种形式：截面上、下缘均配置力筋以抵抗正、负弯矩；仅在截面下缘配置力筋以抵抗正弯矩；仅在截面上缘配置力筋以抵抗负弯矩。

1）截面上、下缘均布置预应力筋

由力筋 $N_{\text{上}}$ 及 $N_{\text{下}}$ 在截面上、下缘产生的应力分别为

$$\sigma_{y\text{上}} = \frac{N_{\text{上}}}{A} + \frac{N_{\text{上}} e_{\text{上}}}{W_{\text{上}}} + \frac{N_{\text{下}}}{A} - \frac{N_{\text{下}} e_{\text{下}}}{W_{\text{上}}} \tag{3-28}$$

$$\sigma_{y\text{下}} = \frac{N_{\text{上}}}{A} - \frac{N_{\text{上}} e_{\text{上}}}{W_{\text{下}}} + \frac{N_{\text{下}}}{A} + \frac{N_{\text{下}} e_{\text{下}}}{W_{\text{下}}} \tag{3-29}$$

令：

$$N_{\text{上}} = n_{\text{上}} A_y \sigma_y \tag{3-30}$$

$$N_{\text{下}} = n_{\text{下}} \sigma_y A_y \tag{3-31}$$

则得：

$$n_{\text{上}} \geqslant \frac{M_{\max}(e_{\text{下}} - K_{\text{下}}) - M_{\min}(K_{\text{上}} + e_{\text{下}})}{(K_{\text{上}} + K_{\text{下}})(e_{\text{上}} + e_{\text{下}}) \cdot A_y \sigma_y} \tag{3-32}$$

$$n_{\text{下}} \geqslant \frac{M_{\max}(e_{\text{上}} + K_{\text{下}}) - M_{\min}(K_{\text{上}} - e_{\text{上}})}{(K_{\text{上}} + K_{\text{下}})(e_{\text{上}} + e_{\text{下}}) \cdot A_y \sigma_y} \tag{3-33}$$

式中：$n_{\text{上}}$、$n_{\text{下}}$——截面上、下缘估算的预应力钢筋束数；

$\quad\quad A_y$——每束预应力钢筋的面积；

$\quad\quad \sigma_y$——预应力钢筋的永存应力，估算力筋数量时取 $\sigma_y = 0.75 \sigma_{con}$，$\sigma_{con}$ 为锚下张拉控制应力；

$\quad\quad e_{\text{上}}$、$e_{\text{下}}$——截面上、下缘的预应力钢筋重心至截面重心的距离；

$\quad\quad K_{\text{上}}$、$K_{\text{下}}$——截面上、下核心距；

$\quad\quad A$——混凝土截面积，可按毛截面计算。

另外，各截面的最大配束数：

$$n_{\text{上}} \leqslant \frac{-M_{\max}(K_{\text{上}} + e_{\text{下}}) - M_{\min}(K_{\text{下}} - e_{\text{下}}) + e_{\text{下}}(W_{\text{上}} + W_{\text{下}})[\sigma_W]}{(K_{\text{上}} + K_{\text{下}})(e_{\text{上}} + e_{\text{下}}) A_y \sigma_y} \tag{3-34}$$

$$n_{下} \leqslant \frac{M_{\max}(K_{上} - e_{上}) + M_{\min}(K_{下} + e_{上}) + e_{上}(W_{上} + W_{下})[\sigma_{W}]}{(K_{上} + K_{下})(e_{上} + e_{下})A_{y}\sigma_{y}} \quad (3-35)$$

2)仅在截面下缘布置预应力筋

由下缘预应力钢筋在截面上、下缘产生的应力分别为

$$\sigma_{y上} = \frac{N_{下}}{A} - \frac{N_{下}e_{下}}{W_{上}} \quad (3-36)$$

$$\sigma_{y下} = \frac{N_{下}}{A} + \frac{N_{下}e_{下}}{W_{下}} \quad (3-37)$$

令:

$$N_{下} = n_{下}A_{y}\sigma_{y} \quad (3-38)$$

则得:

$$n_{下} \geqslant \frac{M_{\max}}{(e_{下} + K_{上})A_{y}\sigma_{y}} \quad (3-39)$$

$$n_{下} \leqslant \frac{M_{\min}}{(e_{下} - K_{下})A_{y}\sigma_{y}} \quad (3-40)$$

3)仅在截面上缘布置预应力筋

由上缘预应力钢筋在截面上、下缘产生的应力分别为:

$$\sigma_{y上} = \frac{N_{上}}{A} + \frac{N_{上}e_{上}}{W_{上}} \quad (3-41)$$

$$\sigma_{y下} = \frac{N_{上}}{A} - \frac{N_{上}e_{上}}{W_{下}} \quad (3-42)$$

令:

$$N_{上} = n_{上}A_{y}\sigma_{y} \quad (3-43)$$

则得:

$$n_{上} \geqslant \frac{-M_{\min}}{(e_{上} + K_{下})A_{y}\sigma_{y}} \quad (3-44)$$

$$n_{上} \leqslant \frac{M_{\max}}{(K_{上} - e_{上})A_{y}\sigma_{y}} \quad (3-45)$$

3.4.2 按承载能力极限状态的强度要求估算

预应力梁达到受弯极限状态时,受压区混凝土应力达到混凝土抗压设计强度,受拉区钢筋达到抗拉设计强度。截面的安全性是通过计算截面抗弯安全系数来保证的。在初步估算预应力筋数量时,T形或箱形截面,当中性轴位于受压翼缘内可按矩形截面计算,但是当忽略实际

存在的双筋影响时(受拉区、受压区都有预应力筋),会使计算结果偏大,作为力筋数量的估算是允许的。

按破坏阶段估算预应力筋的基本公式是:

$$\sum X = 0 \quad N_y = f_{cd}bx \tag{3-46}$$

$$\sum M = 0 \quad \gamma_c M = M_p = f_{cd}bx\left(h_0 - \frac{x}{2}\right) \tag{3-47}$$

其中:

$$x = h_0 - \sqrt{h_0^2 - \frac{2\gamma_c M}{f_{cd}b}} \tag{3-48}$$

则得:

$$n_y = \frac{f_{cd}b}{f_{pd}A_y}\left(h_0 - \sqrt{h_0^2 - \frac{2\gamma_c M}{f_{cd}b}}\right) \tag{3-49}$$

式中:n_y——预应力筋束数;
f_{cd}——混凝土抗压强度设计值;
f_{pd}——预应力筋抗拉强度设计值;
γ_c——混凝土安全系数;
h_0——截面有效高度。

若截面承受双向弯矩时,可各视为单筋截面,分别计算上、下缘所需的力筋数量。

3.4.3 预应力筋估算结果

计算时,相关参数取值如下:
跨中截面:$e_上 = 0.396$,$e_下 = 0.80$,$K_上 = 0.260$,$K_下 = 0.473$;
支点截面:$e_上 = 0.46$,$e_下 = 0.78$,$K_上 = 0.266$,$K_下 = 0.424$。

经计算,边跨跨中段为下缘配筋,需要42~82根预应力筋,中跨跨中段为下缘配筋,需要37~73根预应力筋,两个中支点区段为上缘配筋,需要29~51根预应力筋。

参考预应力筋估算结果,并考虑构件的构造和受力特点以及施工条件,然后在程序中反复调试,最后确定:边、中跨的跨中段下缘均采用42根,分别为2N1、2N3、2N2、2N4,其中,N1、N3每6根一束,N2、N4每5根一束,两个中支点区段采用30根,分别为1N5、2N6、2N7(N5、N6、N7均为每6根一束)。

3.4.4 预应力筋的布置原则

连续梁预应力筋束的配置除满足《公预规》构造要求外,还应考虑以下原则:

应选择适当的预应力束筋的形式与锚具形式,对不同跨径的桥梁结构,要选用预加力大小恰当的预应力束筋,以达到合理的布置形式。避免造成因预应力束筋与锚具形式选择不当,而使结构构造尺寸加大。当预应力束筋选择过大,每束的预加力不大,造成大跨结构中布束过多,而构造尺寸限制布置不下时,则要求增大截面。反之,在跨径不大的结构中,如选择预加力很大的单根束筋,也可能使结构受力过于集中而不利。

预应力束筋的布置要考虑施工的方便,也不能像钢筋混凝土结构中任意切断钢筋那样去切断预应力束筋,从而导致在结构中布置过多的锚具。由于每根束筋都是一巨大的集中力,这样锚下应力区受力较复杂,因而必须在构造上加以保证,为此常导致结构构造复杂,而使施工不便。

预应力束筋的布置,既要符合结构受力的要求,又要注意在超静定结构体系中避免引起过大的结构次内力。

预应力束筋配置,应考虑材料经济指标的先进性,这往往与桥梁体系、构造尺寸、施工方法的选择都有密切关系。

预应力束筋应避免使用多次反向曲率的连续束,因为这会引起很大的摩阻损失,降低预应力束筋的效益。

预应力束筋的布置,不但要考虑结构在使用阶段的弹性受力状态的需要,而且也要考虑到结构在破坏阶段时的需要。

对于本设计,各断面的锚固束和通过束确定以后,就应确定各钢束在箱梁中的空间位置和几何特征,这是计算预应力效应和施工放样的依据。钢束布置时,应遵循以下原则:

(1)应满足构造要求。例如,孔道中心最小距离、锚孔中心最小距离、最小曲线半径、最小扩孔长度等。

(2)注意钢束平、竖弯曲线的配合及钢束之间的空间位置。钢束一般应尽量早地平弯,在锚固前竖弯。此外,应特别注意竖弯段上、下层钢束不要冲突,还应满足孔道净距的要求。

(3)钢束应尽量靠近腹板布置。这样可使预应力以较短的传力路线分布在全截面上,有利于降低预应力传递过程中局部应力的不利影响;能减小钢束的平弯长度;能减小横向内力;能充分利用梗腋布束,有利于截面的轻型化。

(4)尽量以 S 形曲线锚固于设计位置,以消除锚固点产生的横向力。

(5)钢束的线形种类尽量减少,以便于计算和施工。

(6)尽量加大曲线半径,以便于穿束和压浆。

(7)分层布束时,应使管道上下对齐,这样有利于混凝土的浇筑和振捣,不可采用梅花形布置。

顶板束的布置:①钢束尽量靠截面上缘布置,以极大发挥其力学效应。②分层布束时应使长束布置在上层,短束布置在下层。首先,因为先锚固短束,后锚固长束,只有这样布置才不会发生干扰;其次,长束通过的梁段多,放在顶层能充分发挥其力学效应;最后,较长束在施工中管道出现质量问题的概率较高,放在顶层处理比较容易些。

3.4.5 预应力筋束的布置结果

由以上确定的实际预应力钢束束数,结合本设计所采用的施工方法,最终确定本设计全桥纵向预应力钢束布置情况共分两类:一类为底板束,另一类为顶板束。各控制截面的钢束布置,详见设计附图。

3.4.6 预应力损失计算

按以上预应力筋束布置之后,便可进行净截面及换算截面几何特性计算。其中,净截面为扣除预应力孔道的截面,换算截面为孔道压浆后钢束与混凝土梁形成整体后的截面。显然,预加力阶段(施工阶段)应采用净截面,使用阶段(运营阶段)应采用换算截面。具体换算的结果可见 Midas 软件的结果数据,见表3-20。

换算截面特性　　　　表3-20

面积(m^2)	I(m^4)	中和轴移动距离 y(m)	中和轴移动距离 z(m)
1.315	0.3493	0.0017	0.0048

根据《公预规》6.2.1 条规定,预应力混凝土构件在正常使用极限状态计算中,应考虑由下列因素引起的预应力损失:

预应力钢筋与管道壁之间的摩擦 σ_{l1};

锚具变形、钢筋回缩和接缝压缩 σ_{l2};

预应力钢筋与台座之间的温差 σ_{l3};

混凝土的弹性压缩 σ_{l4};

预应力钢筋的应力松弛 σ_{l5};

混凝土的收缩和徐变 σ_{l6}。

1)摩阻损失

摩阻损失是指预应力筋与管道间的摩擦损失 σ_{l1},按以下公式计算:

$$\sigma_{l1} = \sigma_{con}[1 - e^{-(\mu\theta+kx)}] \tag{3-50}$$

式中:σ_{con}——张拉钢筋时锚下的控制应力 $\sigma_{con} = 0.75 f_{pk}$;

μ——预应力钢筋与管道壁的摩擦系数,采用预埋塑料波纹管,取0.15;

θ——从张拉端至计算截面曲线管道部分切线的夹角之和,以 rad 计;

k——管道每米局部偏差对摩擦的影响系数,取0.0015;

x——从张拉端至计算截面的管道长度,以 m 计。

2)锚具变形损失

锚具变形,钢筋回缩和拼装构件的接缝压缩损失 σ_{l2},可按下列规定计算:

(1)直线预应力筋:

$$\sigma_{l2} = \frac{\sum \Delta l}{l} E_p \tag{3-51}$$

式中:Δl——锚具变形、钢筋回缩和接缝压缩值,统一取6mm;

l——预应力钢筋的有效长度;

E_p——预应力钢筋的弹性模量,取 1.95×10^5 MPa。

(2)曲线预应力筋参照《公预规》附录 G 计算。

3)混凝土的弹性压缩损失

后张法预应力混凝土构件,采用分批张拉时,完成张拉的预应力钢筋由后批张拉的预应力钢筋所产生的混凝土弹性压缩引起的预应力损失,可按下式计算:

$$\sigma_{l4} = \alpha_{EP} \sum \Delta \sigma_{pc} \tag{3-52}$$

式中:$\sum \Delta \sigma_{pc}$——在计算截面完成钢筋重心处,由后张拉各批钢筋而产生的混凝土法向应力;

α_{EP}——预应力钢筋与混凝土弹性模量比。

4) 预应力筋的引力松弛损失

预应力钢筋松弛引起的预应力损失,可按下列公式计算:

本设计中采用预应力钢丝、钢绞线:

$$\sigma_{l5} = \psi\xi\left(0.52\frac{\sigma_{pe}}{f_{pk}} - 0.26\right)\sigma_{pe} \tag{3-53}$$

式中:ψ——张拉系数,一次张拉时,$\psi = 1.0$;超张拉时,$\psi = 0.9$;

ξ——钢筋松弛系数,Ⅰ级松弛(普通松弛),$\xi = 1.0$;Ⅱ级松弛(低松弛),$\xi = 0.3$;

σ_{pe}——传力锚固时的钢筋应力,对后张法构件 $\sigma_{pe} = \sigma_{con} - \sigma_{l1} - \sigma_{l2} - \sigma_{l4}$。

对先张法构件,$\sigma_{pe} = \sigma_{con} - \sigma_{l2}$。

5) 收缩徐变损失

由混凝土收缩和徐变引起的预应力钢筋应力损失 σ_{l6},这种损失可由以下公式计算:

$$\sigma_{l6}(t) = \frac{0.9[E_p\varepsilon_{cs}(t,t_0) + \alpha_{EP}\sigma_{pc}\phi(t,t_0)]}{1 + 15\rho\rho_{ps}} \tag{3-54}$$

$$\sigma'_{l6}(t) = \frac{0.9[E_p\varepsilon_{cs}(t,t_0) + \alpha_{EP}\sigma'_{pc}\phi(t,t_0)]}{1 + 15\rho'\rho'_{ps}} \tag{3-55}$$

$$\rho = \frac{A_p + A_s}{A}, \quad \rho' = \frac{A'_p + A'_s}{A} \tag{3-56}$$

$$\rho_{ps} = 1 + \frac{e_{ps}^2}{i^2}, \quad \rho'_{ps} = 1 + \frac{e'^2_{ps}}{i^2} \tag{3-57}$$

$$e_{ps} = \frac{A_p e_p + A_s e_s}{A_p + A_s}, \quad e'_{ps} = \frac{A'_p e'_p + A'_s e'_s}{A'_p + A'_s} \tag{3-58}$$

上述式中:$\sigma_{l6}(t)$、$\sigma'_{l6}(t)$——构件受拉、受压区全部纵向钢筋截面重心处由混凝土收缩、徐变引起的预应力损失;

σ_{pc}、σ'_{pc}——构件受拉、受压区全部纵向钢筋截面重心处由预应力产生的混凝土法向应力;

i——截面回转半径,$i^2 = I/A$,后张法采用净截面特性;

e_s、e'_s——构件受拉区、受压区纵向普通钢筋截面重心至构件截面重心的距离;

ρ、ρ'——构件受拉区、受压区全部纵向钢筋配筋率;

e_p、e'_p——构件受拉区、受压区预应力钢筋截面重心至构件截面重心的距离;

e_{ps}、e'_{ps}——构件受拉区、受压区纵向预应力钢筋和普通钢筋截面重心至构件截面重心轴的距离;

A——构件截面面积,对后张法构件 $A = A_n$;

α_{EP}——预应力钢筋弹性模量与混凝土弹性模量之比;

$\varepsilon_{cs}(t,t_0)$ ——预应力钢筋传力锚固龄期为 t_0，计算考虑的龄期为 t 时的混凝土收缩、徐变，按《公预规》附录 C 计算；

$\phi(t,t_0)$ ——加载龄期为 t_0，计算考虑的龄期为 t 时的徐变系数，按《公预规》附录 C 计算。

最终预应力损失在 Midas 软件中计算出，具体见模型预应力损失结果，表 3-21 仅列出一根预应力筋的预应力在损失后在各截面的有效预应力。

预应力筋 N1 的预应力损失后的有效预应力　　　　　表 3-21

单元	截面位置	N1F(MPa)	单元	截面位置	N1F(MPa)
2	J	1269477	15	I	1319780
3	I	1269477	16	I	1312097
4	I	1270740	17	I	1290668
5	I	1272842	18	I	1284865
6	I	1274941	19	I	1284614
7	I	1279130	20	I	1283655
8	I	1283307	21	I	1279645
9	I	1284932	22	I	1279478
10	I	1290317	23	I	1275288
11	I	1313612	24	I	1274826
12	I	1319419	25	I	1271085
13	I	1323808	26	I	1270201
14	I	1323487	27	J	1269674

3.5　布筋后内力计算及组合

3.5.1　各项内力计算结果

1) 恒载内力

恒载是指除预应力、收缩和徐变外，在各施工阶段主梁自重、铺装层和找平层自重、栏杆自重之和。计算结果见表 3-22，内力包络图如图 3-14、图 3-15 所示。

布筋后恒载内力　　　　　表 3-22

截面位置	边梁		中梁	
	剪力(kN)	弯矩(kN·m)	剪力(kN)	弯矩(kN·m)
左边支点	-622.35	-3.67	-622.36	-3.67
变化点	-548.86	933.3	-548.87	933.31
1/4 边跨	-283.37	3338.45	-283.37	3338.46
1/2 边跨	55.62	4178.83	55.62	4178.84
3/4 边跨	394.61	2517.48	394.61	2517.48

续上表

截面位置	边梁		中梁	
	剪力(kN)	弯矩(kN·m)	剪力(kN)	弯矩(kN·m)
变化点	609.58	167.68	609.58	167.67
临时支点左	710.63	-1284.55	710.64	-1284.57
临时支点右	710.63	-1284.52	710.64	-1284.54
中支点左	733.6	-1645.61	733.6	-1645.63
中支点右	-689	-1645.61	-689.01	-1645.63
临时支点左	-666.03	-1306.82	-666.04	-1306.84
临时支点右	-666.03	-1306.85	-666.04	-1306.87
变化点	-564.98	47.27	-564.98	47.26
1/4 中跨	-344.5	2230.03	-344.5	2230.03
1/2 中跨	0	3521.91	0	3521.91

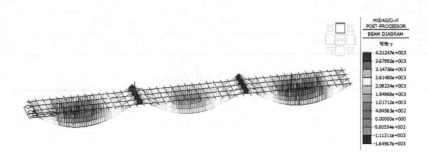

图 3-14　恒载弯矩包络图

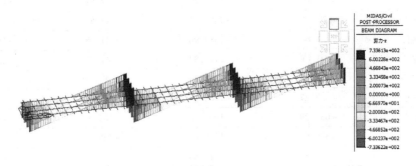

图 3-15　恒载剪力包络图

2）基础变位作用次内力（表 3-23、表 3-24；图 3-16、图 3-17）

基础变位作用次内力（max）　　　　　　　　　　　　　　　　　　　　表 3-23

截面位置	边梁		中梁	
	剪力（kN）	弯矩（kN·m）	剪力（kN）	弯矩（kN·m）
左边支点	44.54	0	38.74	0
变化点	40.55	721.33	37.48	664.68
1/4 边跨	195.12	2165.3	153.7	2049.51
1/2 边跨	327.09	2599.1	294.39	2454.39
3/4 边跨	430.14	1502.84	403.66	1428.8
变化点	598.61	602.31	547.42	526.2
临时支点左	667.65	318.21	601.46	297.47
临时支点右	667.64	318.09	601.44	297.46
中支点左	667.6	327.7	601.4	302.45
中支点右	95.28	327.7	67.61	302.45
临时支点左	95.34	300.96	67.65	277.11
临时支点右	95.37	300.84	67.67	277.1
变化点	80.32	560.73	63.04	510.09
1/4 中跨	156.04	1457.39	119.72	1390.74
1/2 中跨	253.39	2211.49	220.9	2109.46

基础变位作用次内力（min）　　　　　　　　　　　　　　　　　　　　表 3-24

截面位置	边梁		中梁	
	剪力（kN）	弯矩（kN·m）	剪力（kN）	弯矩（kN·m）
左边支点	-614.47	0	-553.28	0
变化点	-517.64	-61.22	-473.82	-57.1
1/4 边跨	-315.3	-276.19	-298.57	-266.72
1/2 边跨	-200.51	-547.46	-167.53	-537.04
3/4 边跨	-123.99	-870.15	-86.25	-813.86
变化点	-56.31	-1336.28	-34.51	-1268.69
临时支点左	-70.14	-1884.11	-41.59	-1813.45
临时支点右	-70.14	-1884.96	-41.58	-1814.11
中支点左	-70.13	-2111.34	-41.57	-2030.71
中支点右	-653.25	-2111.34	-587.29	-2030.71
临时支点左	-653.27	-1960.87	-587.33	-1901.82
临时支点右	-653.29	-1961.75	-587.34	-1902.54
变化点	-578.59	-1526.68	-528.62	-1433.62
1/4 中跨	-398.34	-1019.89	-372.12	-958.21
1/2 中跨	-282.87	-693.55	-253.1	-677.32

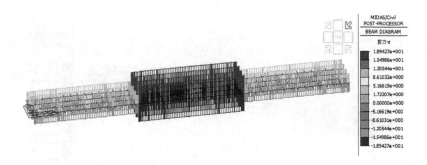

图 3-16　基础变位次内力剪力包络图

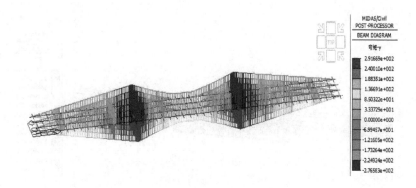

图 3-17　基础变位次内力弯矩包络图

3) 收缩徐变作用次内力(表 3-25;图 3-18、图 3-19)

收缩徐变作用次内力　　　　　　表 3-25

截面位置	边梁		中梁	
	剪力(kN)	弯矩(kN·m)	剪力(kN)	弯矩(kN·m)
左边支点	−41.41	0	−41.26	0
变化点	−41.35	66.31	−41.31	66.11
1/4 边跨	−41.33	305.17	−41.37	305.15
1/2 边跨	−41.37	610.51	−41.38	610.53
3/4 边跨	−41.42	916.08	−41.37	915.86
变化点	−41.44	1109.15	−41.31	1109.26
临时支点左	−41.39	1198.3	−41.28	1200.19
临时支点右	−41.39	1198.27	−41.28	1200.16
中支点左	−41.38	1219	−41.28	1220.83
中支点右	−0.04	1219	−0.16	1220.83
临时支点左	−0.03	1218.98	−0.16	1220.88
临时支点右	−0.03	1219.01	−0.16	1220.91
变化点	0.01	1221.05	−0.13	1221.16
1/4 中跨	−0.01	1222	−0.08	1221.76
1/2 中跨	−0.08	1222.4	−0.08	1222.4

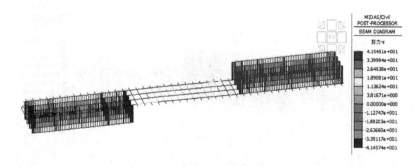

图 3-18 收缩徐变作用次内力剪力包络图

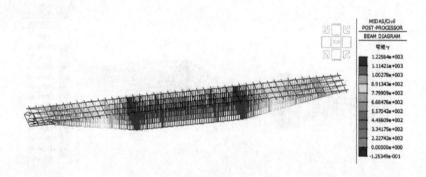

图 3-19 收缩徐变作用次内力弯矩包络图

4) 预加力产生的次内力(表 3-26;图 3-20、图 3-21)

预加力产生的次内力   表 3-26

截面位置	边梁		中梁	
	剪力(kN)	弯矩(kN·m)	剪力(kN)	弯矩(kN·m)
左边支点	47.84	0	47.82	0
变化点	47.83	-76.55	47.82	-76.52
1/4 边跨	47.83	-353.03	47.84	-353
1/2 边跨	47.83	-706.06	47.84	-706.04
3/4 边跨	47.84	-1059.12	47.83	-1059.06
变化点	47.84	-1282.85	47.82	-1282.89
临时支点左	47.84	-1387.81	47.82	-1388.11
临时支点右	47.84	-1387.78	47.82	-1388.08
中支点左	47.84	-1411.73	47.82	-1412.02
中支点右	0.01	-1411.73	0.03	-1412.02
临时支点左	0.01	-1411.7	0.03	-1412
临时支点右	0.01	-1411.73	0.03	-1412.03
变化点	0	-1412.05	0.03	-1412.09
1/4 中跨	0.01	-1412.28	0.02	-1412.21
1/2 中跨	0.01	-1412.38	0.02	-1412.34

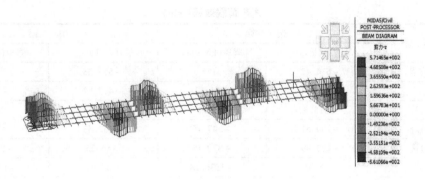

图 3-20 预加力次内力剪力包络图

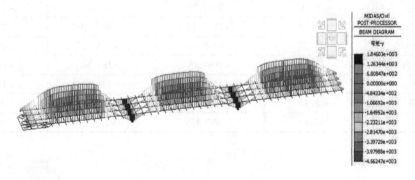

图 3-21 预加力次内力弯矩包络图

5）汽车荷载效应（表 3-27、表 3-28；图 3-22、图 3-23）

汽车荷载效应（max） 表 3-27

截面位置	边 梁		中 梁	
	剪力（kN）	弯矩（kN·m）	剪力（kN）	弯矩（kN·m）
左边支点	44.54	0	38.74	0
变化点	40.55	721.33	37.48	664.68
1/4 边跨	195.12	2165.3	153.7	2049.51
1/2 边跨	327.09	2599.1	294.39	2454.39
3/4 边跨	430.14	1502.84	403.66	1428.8
变化点	598.61	602.31	547.42	526.2
临时支点左	667.65	318.21	601.46	297.47
临时支点右	667.64	318.09	601.44	297.46
中支点左	667.6	327.7	601.4	302.45
中支点右	95.28	327.7	67.61	302.45
临时支点左	95.34	300.96	67.65	277.11
临时支点右	95.37	300.84	67.67	277.1
变化点	80.32	560.73	63.04	510.09
1/4 中跨	156.04	1457.39	119.72	1390.74
1/2 中跨	253.39	2211.49	220.9	2109.46

汽车荷载效应(min)　　　　　　　　　　　表 3-28

截面位置	边梁		中梁	
	剪力(kN)	弯矩(kN·m)	剪力(kN)	弯矩(kN·m)
左边支点	-614.47	0	-553.28	0
变化点	-517.64	-61.22	-473.82	-57.1
1/4 边跨	-315.3	-276.19	-298.57	-266.72
1/2 边跨	-200.51	-547.46	-167.53	-537.04
3/4 边跨	-123.99	-870.15	-86.25	-813.86
变化点	-56.31	-1336.28	-34.51	-1268.69
临时支点左	-70.14	-1884.11	-41.59	-1813.45
临时支点右	-70.14	-1884.96	-41.58	-1814.11
中支点左	-70.13	-2111.34	-41.57	-2030.71
中支点右	-653.25	-2111.34	-587.29	-2030.71
临时支点左	-653.27	-1960.87	-587.33	-1901.82
临时支点右	-653.29	-1961.75	-587.34	-1902.54
变化点	-578.59	-1526.68	-528.62	-1433.62
1/4 中跨	-398.34	-1019.89	-372.12	-958.21
1/2 中跨	-282.87	-693.55	-253.1	-677.32

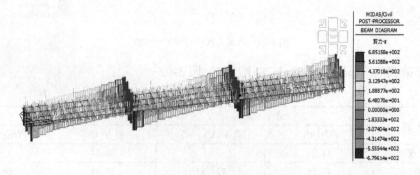

图 3-22　汽车荷载剪力包络图

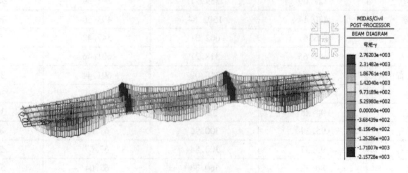

图 3-23　汽车荷载弯矩包络图

6) 温度作用次内力(升温)(表3-29;图3-24、图3-25)

温度作用次内力(升温)　　　　　　　表3-29

截面位置	边梁		中梁	
	剪力(kN)	弯矩(kN·m)	剪力(kN)	弯矩(kN·m)
左边支点	-24.87	0	-24.87	0
变化点	-24.87	39.79	-24.87	39.79
1/4 边跨	-24.87	183.53	-24.87	183.53
1/2 边跨	-24.87	367.06	-24.87	367.06
3/4 边跨	-24.87	550.58	-24.87	550.59
变化点	-24.87	666.97	-24.87	666.97
临时支点左	-24.87	721.68	-24.87	721.68
临时支点右	-24.87	721.66	-24.87	721.66
中支点左	-24.87	734.11	-24.87	734.11
中支点右	0	734.11	0	734.11
临时支点左	0	734.1	0	734.1
临时支点右	0	734.11	0	734.11
变化点	0	734.11	0	734.11
1/4 中跨	0	734.11	0	734.11
1/2 中跨	0	734.12	0	734.11

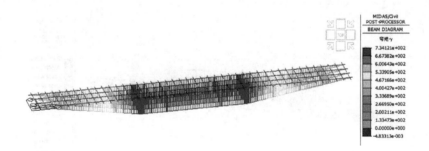

图3-24　温度次内力弯矩包络图(升温)

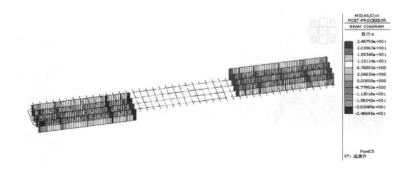

图3-25　温度次内力剪力包络图(升温)

7)温度作用次内力(降温)(表3-30;图3-26、图3-27)

温度作用次内力(降温)　　　　　表3-30

截面位置	边梁		中梁	
	剪力(kN)	弯矩(kN·m)	剪力(kN)	弯矩(kN·m)
左边支点	12.43	0	12.43	0
变化点	12.43	-19.89	12.43	-19.89
1/4 边跨	12.43	-91.76	12.43	-91.76
1/2 边跨	12.43	-183.53	12.43	-183.53
3/4 边跨	12.43	-275.29	12.43	-275.29
变化点	12.43	-333.48	12.43	-333.48
临时支点左	12.43	-360.84	12.43	-360.84
临时支点右	12.43	-360.83	12.43	-360.83
中支点左	12.43	-367.06	12.43	-367.06
中支点右	0	-367.06	0	-367.06
临时支点左	0	-367.05	0	-367.05
临时支点右	0	-367.06	0	-367.06
变化点	0	-367.06	0	-367.06
1/4 中跨	0	-367.06	0	-367.06
1/2 中跨	0	-367.06	0	-367.06

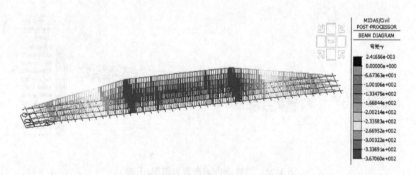

图 3-26　温度次内力弯矩包络图(降温)

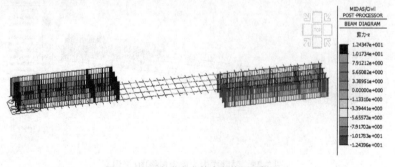

图 3-27　温度次内力剪力包络图(降温)

3.5.2 布筋后各内力组合

布筋后各内力组合见表3-31。

布筋后各内力组合 表3-31

基本组合	cLCB1:基本组合(永久荷载):0.55SM[1] +1.32(cD) +1.32 cCR[2] +1.1 cSH +1.1 SUM
	cLCB2:基本组合:0.55SM[1] +1.32(cD) +1.32 cCR[2] +1.1 cSH +1.1 SUM +1.54 M[1]
	cLCB3:基本组合:0.55SM[1] +1.32(cD) +1.32 cCR[2] +1.1 cSH +1.1 SUM +1.155 TPG[1]
	cLCB4:基本组合:0.55SM[1] +1.32(cD) +1.32 cCR[2] +1.1 cSH +1.1 SUM +1.155 TPG[2]
	cLCB5:基本组合:0.55SM[1] +1.32(cD) +1.32 cCR[2] +1.1 cSH +1.1 SUM +1.155 TPG[1] +1.54 M[1]
	cLCB6:基本组合:0.55SM[1] +1.32(cD) +1.32 cCR[2] +1.1 cSH +1.1 SUM +1.155 TPG[2] +1.54 M[1]
	cLCB7:基本组合(永久荷载):0.55SM[1] +1.1(cD) +1.1 cCR[2] +1.1 cSH +1.1 SUM
	cLCB8:基本组合:0.55SM[1] +1.1(cD) +1.1cCR[2] +1.1 cSH +1.1 SUM +1.54 M[1]
	cLCB9:基本组合:0.55SM[1] +1.1(cD) +1.1cCR[2] +1.1 cSH +1.1 SUM +1.155 TPG[1]
	cLCB10:基本组合:0.55SM[1] +1.1(cD) +1.1cCR[2] +1.1 cSH +1.1 SUM +1.155 TPG[2]
	cLCB11:基本组合:0.55SM[1] +1.1(cD) +1.1 cCR[2] +1.1 cSH +1.1 SUM +1.155 TPG[1] +1.54 M[1]
	cLCB12:基本组合:0.55SM[1] +1.1(cD) +1.1 cCR[2] +1.1 cSH +1.1 SUM +1.155 TPG[2] +1.54 M[1]
频遇组合	cLCB13:基本组合(永久荷载):1.0SM[1] +1.0(cD) + 1.0cCR[1] +1.0cCR[2] +1.0 cSH +1.0 SUM
	cLCB14:基本组合:1.0SM[1] +1.0(cD) +1.0cCR[1] + 1.0cCR[2] +1.1 cSH +1.1 SUM +1.54 M[1] +0.7 M[1]
	cLCB15:基本组合:1.0SM[1] +1.0(cD) +1.0cCR[1] +1.0cCR[2] +1.1 cSH +1.1 SUM +1.54 M[1] +0.8 TPG[1]
	cLCB16:基本组合:1.0SM[1] +1.0(cD) +1.0cCR[1] +1.0cCR[2] +1.1 cSH +1.1 SUM +1.54 M[1] +0.8 TPG[2]
	cLCB17:基本组合:1.0SM[1] +1.0(cD) +1.0cCR[1] +1.0cCR[2] +1.1 cSH +1.1 SUM +1.54 M[1] +0.7M[1]
	cLCB18:基本组合:1.0SM[1] +1.0(cD) +1.0cCR[1] +1.0cCR[2] +1.1 cSH +1.1 SUM +1.54 M[1] +0.7 M[1]
准永久组合	cLCB19:基本组合:1.0SM[1] +1.0(cD) +1.0cCR[1] +1.0cCR[2] +1.1 cSH +1.1 SUM +1.54 M[1] +0.4 M[1]
	cLCB20:基本组合:1.0SM[1] +1.0(cD) +1.0cCR[1] + 1.0cCR[2] +1.1 cSH +1.1 SUM +1.54 M[1] +0.4 M[1] +0.8 TPG[1]
	cLCB21:基本组合:1.0SM[1] +1.0(cD) +1.0cCR[1] + 1.0cCR[2] +1.1 cSH +1.1 SUM +1.54 M[1] +0.4 M[1] +0.8 TPG[2]
弹性阶段应力验算组合	cLCB22:基本组合:1.0SM[1] +1.0(cD) +1.0cCR[1] +1.0cCR[2] +1.1 cSH +1.1 SUM +1.54 M[1] +1.0 M[1]
	cLCB23:基本组合:1.0SM[1] +1.0(cD) +1.0cCR[1] +1.0cCR[2] +1.1 cSH +1.1 SUM +1.54 M[1] +1.0 TPG[1]
	cLCB24:基本组合:1.0SM[1] +1.0(cD) +1.0cCR[1] +1.0cCR[2] +1.1 cSH +1.1 SUM +1.54 M[1] +1.0 TPG[2]

3.5.3 配筋后内力组合计算结果

为了简洁,只给出半跨边梁的配筋后内力组合(升温)计算结果,如表 3-32 所示(表中剪力单位为 kN,弯矩单位为 kN·m)。内力组合包络图如图 3-28 ~ 图 3-33 所示。

布筋后内力组合计算结果　　　　表 3-32

截面位置	内力分项	基本组合(不利)		频遇组合		准永久组合	
		温度升	温度降	温度升	温度降	温度升	温度降
左边支点	弯矩 max	-4.85	-4.85	-3.67	-3.67	-510.17	-510.17
	弯矩 min	-4.85	-4.85	-3.67	-3.67	-510.17	-510.17
	剪力 max	-758.88	-715.8	-595.27	-565.43	-140.05	-110.2
	剪力 min	-1784.34	-1741.26	-1075.82	-1045.98	-422.9	-393.06
变化点	弯矩 max	2369.34	2300.4	1475.62	1427.88	12.82	-34.93
	弯矩 min	1147.27	1078.34	897.04	849.29	-331	-378.75
	剪力 max	-667.96	-624.88	-524.51	-494.67	-67.79	-37.94
	剪力 min	-1538.15	-1495.07	-934.49	-904.65	-310.31	-280.47
1/4 边跨	弯矩 max	7863.08	7545.11	5026.04	4805.8	432.77	212.53
	弯矩 min	4025.06	3707.1	3174.94	2954.7	-685.88	-906.12
	剪力 max	-79.46	-36.37	-150.81	-120.97	104.72	134.56
	剪力 min	-876.09	-833	-527.35	-497.51	-118.69	-88.85
1/2 边跨	弯矩 max	9762.39	9126.46	6342.13	5901.66	1002.04	561.57
	弯矩 min	4760.42	4124.49	3855.41	3414.94	-540.7	-981.17
	剪力 max	571.2	614.29	280.52	310.36	182.39	212.24
	剪力 min	-251.88	-208.8	-108.04	-78.2	-47.89	-18.05
3/4 边跨	弯矩 max	6003.33	5049.44	4085.64	3424.94	1309.13	648.43
	弯矩 min	2114.53	1160.64	1998.37	1337.67	-66.24	-726.95
	剪力 max	1177.32	1220.4	691.6	721.45	167.97	197.81
	剪力 min	313.38	356.46	284.47	314.31	-72.93	-43.09
变化点	弯矩 max	1591.69	436.16	1214.15	413.79	1398.95	598.59
	弯矩 min	-1677.69	-2833.22	-659.13	-1459.49	107.25	-693.12
	剪力 max	1720.49	1763.58	1024.48	1054.32	382.98	412.82
	剪力 min	701.33	744.42	546.79	576.63	101.76	131.6
临时支座左	弯矩 max	-728.11	-1978.42	-387.25	-1253.26	872.26	6.25
	弯矩 min	-4426.92	-5677.23	-2487.49	-3353.5	-567.28	-1433.3
	剪力 max	1960.26	2003.35	1173.91	1203.75	527.97	557.81
	剪力 min	813.47	856.55	638.2	668.04	213.6	243.44

续上表

截面位置	内力分项	基本组合(不利)		频遇组合		准永久组合	
		温度升	温度降	温度升	温度降	温度升	温度降
临时支座右	弯矩 max	-728.27	-1978.55	-387.32	-1253.32	872.22	6.23
	弯矩 min	-4428.19	-5678.47	-2488.06	-3354.05	-567.6	-1433.59
	剪力 max	1960.24	2003.32	1173.9	1203.74	527.96	557.8
	剪力 min	813.48	856.56	638.21	668.05	213.6	243.45
中支点左	弯矩 max	-1181.82	-2453.67	-730	-1610.93	1017.72	136.79
	弯矩 min	-5250.47	-6522.32	-3005.56	-3886.5	-526.13	-1407.07
	剪力 max	1990.51	2033.6	1196.85	1226.69	996.57	1026.41
	剪力 min	843.82	886.91	661.19	691.03	682.23	712.07
中支点右	弯矩 max	-1181.82	-2453.67	-730	-1610.93	1017.72	136.79
	弯矩 min	-5250.47	-6522.32	-3005.56	-3886.5	-526.13	-1407.07
	剪力 max	-752.37	-752.37	-603.39	-603.39	-631.98	-631.98
	剪力 min	-1925.93	-1925.93	-1165.24	-1165.24	-969.27	-969.27
临时支座左	弯矩 max	-781.01	-2052.84	-419.41	-1300.32	846.75	-34.16
	弯矩 min	-4566.33	-5838.15	-2551.97	-3432.89	-607.26	-1488.18
	剪力 max	-721.95	-721.94	-580.38	-580.38	-163.46	-163.45
	剪力 min	-1895.65	-1895.65	-1142.29	-1142.29	-500.78	-500.78
临时支座右	弯矩 max	-781.22	-2053.07	-419.5	-1300.44	846.7	-34.24
	弯矩 min	-4567.72	-5839.57	-2552.61	-3433.57	-607.64	-1488.57
	剪力 max	-721.9	-721.89	-580.35	-580.35	-163.44	-163.44
	剪力 min	-1895.66	-1895.66	-1142.3	-1142.3	-500.79	-500.79
变化点	弯矩 max	1385.35	113.5	1076.58	195.65	1281.99	401.05
	弯矩 min	-2085.54	-3357.38	-850.56	-1731.49	-18.93	-899.86
	剪力 max	-611.65	-611.65	-489.8	-489.8	-52.52	-52.52
	剪力 min	-1647.2	-1647.2	-988.92	-988.92	-353.97	-353.97
1/4中跨	弯矩 max	5601.81	4329.96	3803.39	2922.45	1035.52	154.59
	弯矩 min	1623.29	351.44	1772.02	891.09	-252.66	-1133.59
	剪力 max	-204.04	-204.04	-216.34	-216.34	120.49	120.49
	剪力 min	-1078.62	-1078.62	-642.29	-642.29	-139.15	-139.15
1/2中跨	弯矩 max	8432.6	7160.75	5557.78	4676.85	425.17	-455.77
	弯矩 min	3867.58	2595.72	3358.31	2477.37	-902.79	-1783.73
	剪力 max	400.57	400.57	196.25	196.25	120.23	120.23
	剪力 min	-446.1	-446.1	-217.01	-217.01	-132.15	-132.15

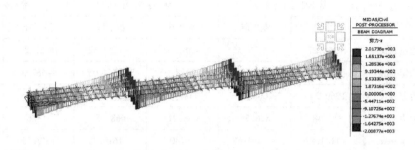

图 3-28 基本组合剪力包络图(升温)

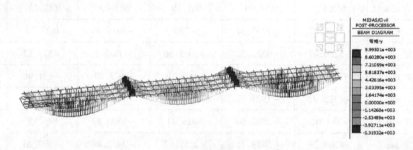

图 3-29 基本组合弯矩包络图(升温)

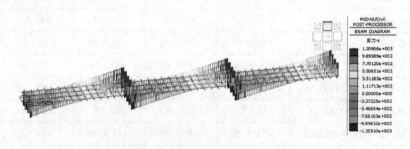

图 3-30 频遇组合剪力包络图(升温)

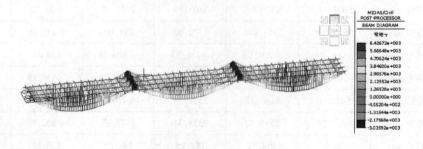

图 3-31 频遇组合弯矩包络图(升温)

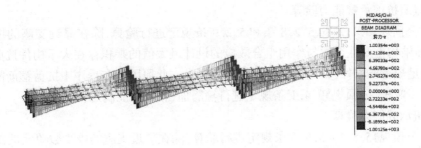

图 3-32　准永久组合剪力包络图(升温)

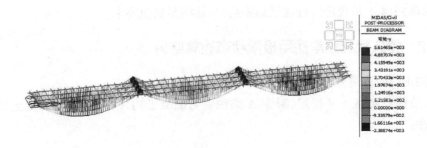

图 3-33　准永久组合弯矩包络图(升温)

3.6　主梁截面验算

3.6.1　持久状况验算

1）截面受压区高度取值

根据《公预规》5.2.1 条规定,受弯构件的正截面相对界限受压区高度 ξ_b 按表 3-33 采用。

相对界限受压区高度 ξ_b　　　　　表 3-33

钢筋种类	C50 及以下	C55、C60	C65、C70	C75、C80
HPB300	0.58	0.56	0.54	—
HRB400、HRBF400、RRB400	0.53	0.51	0.49	—
HRB500	0.49	0.47	0.46	—
钢绞线、钢丝	0.40	0.38	0.36	0.35
预应力轧螺纹钢筋	0.40	0.38	0.36	—

本例 ξ_b 取 0.53。

2）截面抗弯承载能力验算

按照《公预规》5.1.2 条和 5.2.2 条规定进行验算,结构重要性系数与作用组合效应设计最大值的乘积均小于等于构件承载力设计值,满足规范要求。

3)斜截面抗剪承载能力验算

按照《公预规》5.1.2条、5.2.8条和5.2.9条规定进行验算,除在靠近支座的极少数单元的部分截面结构重要性系数与作用组合效应的设计最大值的乘积存在大于构件抗剪承载力设计值,不满足规范要求外,其他截面验算均满足要求。此原因是在程序中抗剪箍筋配置无法与实际相符,一般按《公预规》9.4.1条规定进行箍筋加密后,均能满足抗剪要求。

4)抗扭承载能力验算

按照《公预规》5.5.1~5.5.5条规定进行验算,除在靠近支座的极少数单元的部分截面处结构重要性系数与作用组合效应的设计最大值的乘积存在大于构件抗扭承载力设计值,不满足规范要求外,其他截面处均满足要求。此原因是在程序中抗扭箍筋配置无法与实际相符,一般按《公预规》9.4.1条规定进行箍筋加密后,均能满足抗扭要求。

3.6.2 持久状况正常使用极限状态验算结果

1)结构正截面抗裂验算

依据《公预规》6.3.1条规定,对于A类预应力混凝土构件,其正截面混凝土拉应力应符合下列条件:

$$\sigma_{st} - \sigma_{pc} \leq 0.7f_{tk} \tag{3-59}$$

$$\sigma_{lt} - \sigma_{pc} \leq 0 \tag{3-60}$$

验算过程由程序自动进行,验算结论:频遇组合和准永久组合均满足要求。

2)结构斜截面抗裂验算

根据《公预规》6.3.1条规定,对于A类和B类预应力混凝土构件,其斜截面混凝土主拉应力应符合下列条件:

预制构件:

$$\sigma_{tp} \leq 0.7f_{tk} \tag{3-61}$$

现场浇筑(包括预制拼装)构件:

$$\sigma_{tp} \leq 0.5f_{tk} \tag{3-62}$$

结论:验算满足要求。

3.6.3 持久状况构件应力验算结果

1)正截面混凝土法向压应力验算

按照《公预规》7.1.5-1条规定,受压区混凝土的最大压应力应满足以下条件:

未开裂构件:

$$\sigma_{kc} + \sigma_{pt} \leq 0.50f_{ck} \tag{3-63}$$

允许开裂构件:

$$\sigma_{cc} \leq 0.50f_{ck} \tag{3-64}$$

经验算，$\sigma_{kc} + \sigma_{pt} = 15.59\text{MPa} \leqslant 0.50f_{tk} = 16.20\text{MPa}$，满足规范要求。

2）正截面受拉区钢筋拉应力验算

按照《公预规》7.1.5-2 条规定，受拉区预应力钢筋的最大拉应力应满足以下条件：

未开裂构件：

$$\sigma_{pe} + \sigma_p \leqslant 0.65 f_{pk} \tag{3-65}$$

允许开裂构件：

$$\sigma_{p0} + \sigma_p \leqslant 0.65 f_{pk} \tag{3-66}$$

结论：$\sigma_{pe} + \sigma_p = 1183.67\text{MPa} \leqslant 0.65 f_{ptk} = 1209.00\text{MPa}$，满足规范要求。

3）斜截面混凝土的主压应力验算

按照《公预规》7.1.6 条规定，混凝土的主压应力应符合下式规定：

$$\sigma_{cp} \leqslant 0.6 f_{ck} \tag{3-67}$$

验算结果：满足要求。

3.6.4 短暂状况构件应力验算结果

按照《公预规》7.2.8 条规定，截面边缘混凝土的法向压应力应符合下式规定：

$$\sigma_{cc}^t \leqslant 0.7 f'_{ck} \tag{3-68}$$

验算结果：满足要求。

3.7 变形计算及预拱度设置

按照《公预规》6.5.3 条规定，受弯构件在使用阶段的挠度应考虑荷载长期效应的影响，即按荷载频遇组合和《公预规》6.5.2 条规定的刚度计算的挠度值，乘以挠度长期增长系数。本桥采用 C50 混凝土，其挠度长期增长系数为 1.425，消除结构自重产生的长期挠度后，主梁最大挠度不应超过计算跨径的 1/600，即 $L/600 = 30/600 = 0.05(\text{m}) = 5\text{cm}$。通过 Midas 软件计算，自重作用下变形为 3.3cm，如图 3-34 所示。

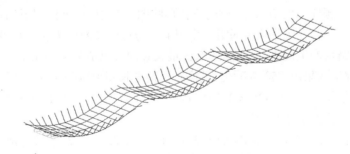

图 3-34　自重作用下变形

可变荷载作用下变形，温升时为 1.5cm，温降时为 1.8cm，如图 3-35、图 3-36 所示。

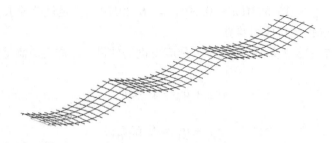

图 3-35 可变作用变形(升温)

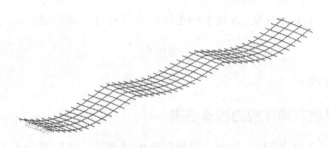

图 3-36 可变作用变形(降温)

在预应力作用下向上反拱值为 4.4cm,如图 3-37 所示。

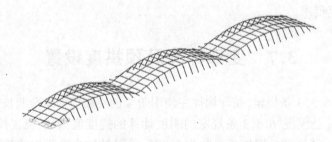

图 3-37 预应力作用下变形

上面几幅图分别为结构在自重作用下、可变荷载频遇组合作用下以及预应力荷载作用下(考虑了收缩徐变对预应力的折减效应)的位移形状图。其中,自重作用下结构中跨跨中截面最大竖向位移为 3.3cm,可变荷载频遇组合作用下中跨跨中截面最大竖向位移为 1.8cm,在预应力荷载作用下,结构产生反拱,中跨跨中截面最大竖向反拱值为 4.4cm。

由于本桥上部结构采用 C50 混凝土,其挠度长期增长系数取为 1.425,所以考虑挠度长期增长系数后挠度值为 $1.8 \times 1.425 = 2.565(\text{cm})$,小于计算跨径的 1/600 即 5cm(计算跨径 30m),结构刚度满足设计规范要求。

作用频遇组合计算的长期挠度值为 $(3.3+1.8) \times 1.425 = 7.27(\text{cm})$,预加应力产生的长期反拱值为 $4.4 \times 2 = 8.8(\text{cm})$,即预加应力产生的长期反拱值大于按作用频遇组合计算的长期挠度值,所以不用设预拱度。

本章附图(图 3-38 ~ 图 3-40)。

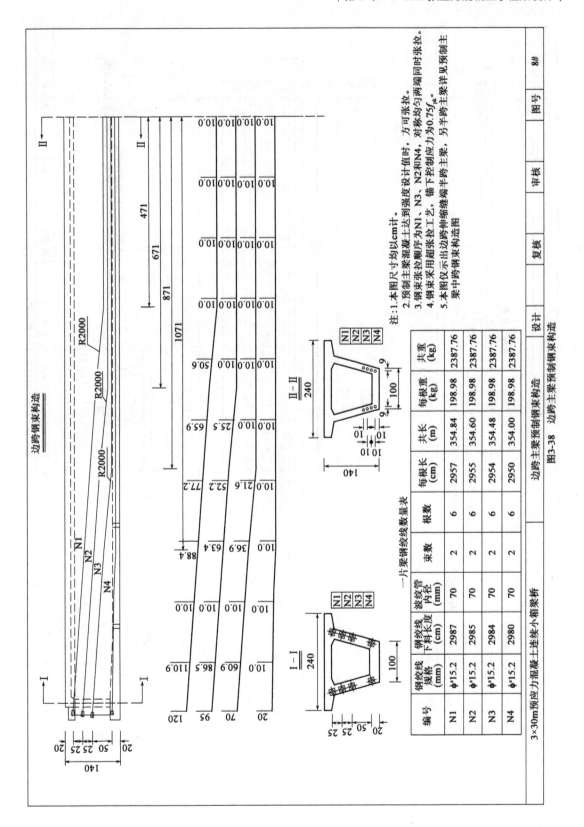

图3-38 边跨主梁预制钢束构造

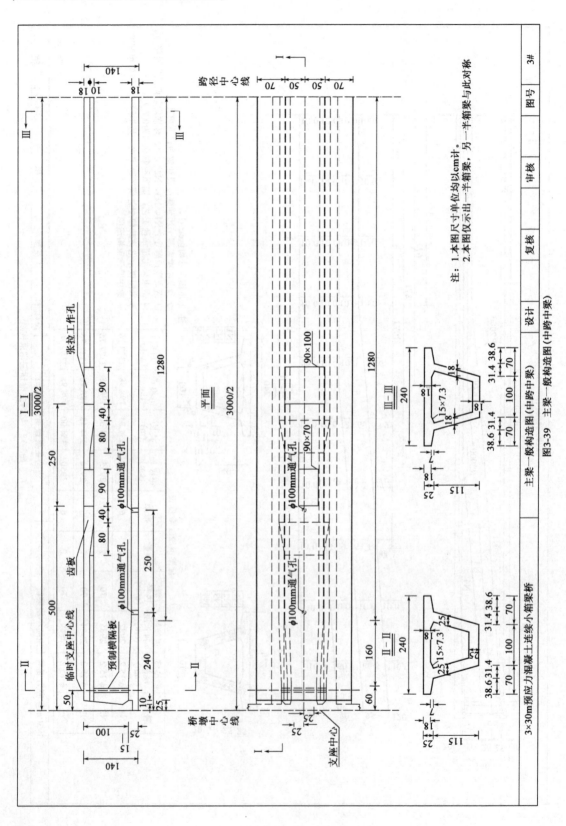

图3-39 主梁一般构造图(中跨中梁)

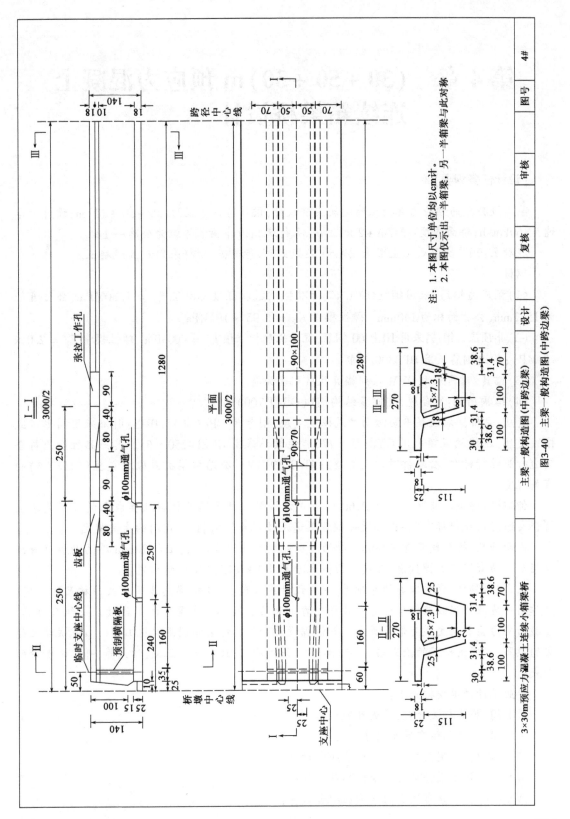

图3-40 主梁一般构造图(中跨边梁)

第4章 (30+50+30)m 预应力混凝土连续箱梁桥设计

【设计任务纲要】

某二级公路的预应力混凝土连续箱梁桥设计,设计跨径布置为(30+50+30)m;设计行车速度:60km/h;桥面宽度:净-7m+2×1.5m(人行道);汽车荷载等级为公路—Ⅰ级。

混凝土:预应力混凝土主梁采用C50混凝土,人行道板、栏杆采用C25混凝土。

钢材:

(1)预应力钢筋:采用钢绞线(1×7标准型),抗拉强度标准值 f_{pk} = 1860MPa,公称直径为15.2mm,公称面积为140mm²,弹性模量 E_p = 1.95×10⁵MPa。

(2)非预应力钢筋:采用HRB400钢筋,抗拉强度标准值 f_{sk} = 400MPa,弹性模量 E_s = 2.0×10⁵MPa;构造钢筋采用HPB300钢筋。

(3)锚具:锚具采用OVM系列锚具及其配套设备。

(4)结构用钢:符合现行《碳素结构钢》(GB/T 700)的规定。

支座:主桥梁端设置单向活动盆式橡胶支座,型号为GPZ(Ⅱ)5.0DX;引桥采用圆形板式橡胶支座,连续端墩顶采用GYZ375×77、非连续端采用GYZF4250×65。其产品性能应符合交通行业现行标准《公路桥梁盆式支座》(JT/T 391)和《公路桥梁板式橡胶支座》(JT/T 4)的有关规定。

伸缩缝:桥梁伸缩缝均采用D160模数式伸缩缝。伸缩缝的材料及其成品的技术要求应符合交通行业现行标准《公路桥梁伸缩装置通用技术条件》(JT/T 327)的有关规定。

桥面铺装:桥面铺装选用80mm厚的防水混凝土作为铺装层,上加20mm厚的沥青混凝土磨耗层。沥青混凝土摊铺前,在箱梁顶板上涂两层HKM1500型防水材料。

在文献调研和资料准备的基础上,主要设计内容包括:①桥梁总体布置及结构尺寸拟定。②作用效应及作用效应组合计算。③预应力钢束估算及钢束布置后的荷载效应及组合计算。④截面应力验算及主梁变形计算等。⑤根据设计和计算结果绘制桥梁施工图。⑥完成毕业论文的撰写,应采用规范的论文格式,包括摘要、关键词、目录、概述、正文、结论等,并配以相关的图表。

毕业设计进度安排如下:

第1周,搜集相关资料,完成开题报告;

第2周,桥型总体布置及尺寸拟定;

第3~4周,作用效应及作用效应组合计算;

第5~7周,主梁预应力钢束估算及布置;

第8~9周,钢束布置后的内力及组合计算;

第 10~12 周,截面应力验算及主梁变形计算;

第 13 周,整理设计计算书;

第 14 周,绘制工程图纸,不少于 10 张,其中手绘图不少于 2 张;

第 15 周,完成毕业设计答辩并提交材料。

【教师点评】

预应力混凝土连续箱梁桥具有整体性能好、结构刚度大、变形小、抗震性能好、桥面接缝少及便于养护等优点,这些优点使得这种桥型得到广泛采用。预应力混凝土连续箱梁一般用于大跨度桥梁设计中,尤其是随着悬臂浇筑施工技术的发展,在实际工程中这种结构形式采用得越来越多。"(30+50+30)m 预应力混凝土连续箱梁桥设计",由于其成桥后是三跨连续体系,属超静定结构,当采用悬臂浇筑施工时,荷载计算要分施工阶段进行,故作为毕业设计选题,属于有一些难度的课题。

在本设计中,首先根据给定条件进行桥梁结构的布置,拟定了桥梁各部件的结构尺寸,并对桥面板进行了详细的设计;采用悬臂浇筑施工,建立了 Midas 计算模型并拟定 16 个施工阶段,对桥梁的各施工阶段及成桥进行模拟计算;依据作用效应组合对预应力钢筋进行估算和布置,并对配筋后的截面内力进行验算,结果均满足规范要求。毕业设计完成的设计深度和设计工作量符合本科毕业设计教学大纲的培养要求。

通过毕业设计表明:该学生设计思路清晰,条理清楚,基础理论知识和专业知识扎实,能熟练运用 Midas 计算软件进行桥梁结构计算。设计内容完整,结果正确。设计中的不足表现在:针对连续箱梁桥悬臂浇筑施工,设计中没有交代桥梁合龙的工艺以及是否需要设置预拱度等问题。另外,行车道板内力计算时,没有计算正常使用极限状态下的内力组合工况。

4.1 设 计 资 料

大桥位于太行山南麓浅山区峡谷内,二级公路;设计行车速度:60km/h;桥面宽度:净-7m+2×1.5m(人行道);汽车荷载等级为公路—Ⅰ级。

1)混凝土

预应力混凝土主梁采用 C50 混凝土,弹性模量 $E_c = 3.45 \times 10^4$ MPa,抗压强度标准值 $f_{ck} = 32.4$ MPa,抗压强度设计值 $f_{cd} = 22.4$ MPa,抗拉强度标准值 $f_{tk} = 2.65$ MPa,抗拉强度设计值 $f_{td} = 1.83$ MPa;人行道板、栏杆采用 C25 混凝土。

2)钢材

(1)预应力钢筋:采用钢绞线(1×7 标准型),抗拉强度标准值 $f_{pk} = 1860$ MPa,抗拉强度设计值 $f_{pd} = 1260$ MPa,公称直径为 15.2mm,公称面积为 140mm²,弹性模量 $E_p = 1.95 \times 10^5$ MPa。

(2)非预应力钢筋:采用 HRB400 钢筋,抗拉强度标准值 $f_{sk} = 400$ MPa,抗拉强度设计值 $f_{sd} = 330$ MPa,弹性模量 $E_s = 2.0 \times 10^5$ MPa;构造钢筋采用 HPB300 钢筋。

(3)锚具:锚具采用 OVM 系列锚具及其配套设备,主桥纵向预应力束采用 OVM15-16 锚具及 OVM15-19 锚具;横向预应力束采用 BM15-3 锚具;主桥箱梁竖向预应力、主墩临时固接及

0号块横隔板横向预应力采用YGM锚具。

(4)结构用钢:要求符合现行《碳素结构钢》(GB/T 700)的规定。

3)支座

主桥梁端设置单向活动盆式橡胶支座,型号为GPZ(Ⅱ)5.0DX;引桥采用圆形板式橡胶支座,连续端墩顶采用GYZ375×77、非连续端采用GYZF4250×65。其产品性能应符合交通行业现行标准《公路桥梁盆式支座》(JT/T 391)和《公路桥梁板式橡胶支座》(JT/T 4)的有关规定,具体支座型号、参数详见相关设计图纸及产品说明书。

4)伸缩缝

根据高速公路的使用特点和平整度要求,主桥桥梁伸缩缝均采用D160模数式伸缩缝。伸缩缝的材料及其成品的技术要求应符合交通行业现行标准《公路桥梁伸缩装置通用技术条件》(JT/T 327)的有关规定。

5)桥面铺装

桥面铺装选用80mm厚的防水混凝土作为铺装层,上加20mm厚的沥青混凝土磨耗层,共计100mm厚。沥青混凝土摊铺前,在箱梁顶板上涂两层HKM1500型防水材料。

4.2 上部结构形式

根据桥位地形及地质资料,本设计经方案比选后采用三跨一联预应力混凝土变截面连续梁结构,全长110m,如图4-1所示。根据桥下通航净空要求,主跨径定为50m。上部结构根据桥面净宽:净−7m+2×1.5m(人行道),采用单箱单室箱形梁,箱宽9.2m。

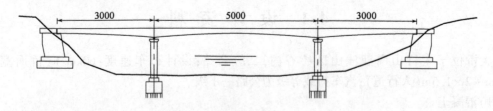

图4-1 连续梁桥(尺寸单位:cm)

4.2.1 桥孔分跨

连续梁桥有做成三跨或者四跨一联的,也有做成多跨一联的,但一般不超过六跨。对于桥孔分跨,往往要受到如下因素的影响,如桥址地形、地质与水文条件,通航要求以及墩台、基础及支座构造,力学要求,美学要求等。若采用三跨不等的桥孔布置,一般边跨长度可取为中跨的0.5~0.8倍,这样可使中跨跨中不致产生异号弯矩。此外,边跨跨长与中跨跨长之比(简称边中跨比),还与施工方法有着密切的联系。对于采用现场浇筑的桥梁,边跨长度取为中跨长度的0.8倍较为经济;但是若采用悬臂施工法,边中跨比一般为0.55~0.6。本设计跨度,根据设计任务书的要求,取跨度组合为30m+50m+30m,符合以上一般要求。

4.2.2 截面形式

1) 立面

根据悬臂施工法施工的预应力混凝土连续梁的受力特点来分析,连续梁的立面应采取变高度布置为宜。在恒、活载作用下,支点截面将出现较大的负弯矩,从绝对值上来看,支点截面的负弯矩往往大于跨中截面的正弯矩。因此,采用变高度梁能较好地符合梁的内力分布规律。另外,变高度梁使梁体外形和谐,节省材料并增大桥下净空。但是,在采用顶推法、移动模架法、整孔架设法施工的桥梁,由于施工的需要,一般采用等高度梁。等高度梁的缺点是,在支点上不能利用增加梁高而只能增加预应力束筋用量来抵抗较大的负弯矩,预应力钢筋用量多;其优点是结构构造简单、线形简洁美观、预制定型、施工方便。

2) 横截面

梁式桥横截面的设计主要是确定横截面布置形式,包括主梁截面形式、主梁间距和主梁各部尺寸,这与梁式桥体系在立面上布置、建筑高度、施工方法、美观要求以及经济用料等因素都有关系。

当横截面的形心距较大时,轴向压力的偏心大,也就是说,预应力钢筋合力的力臂越大,可以充分发挥预应力的作用。箱形截面这种闭合薄壁截面抗扭刚度很大,对于弯桥和采用悬臂施工的桥梁尤为有利。同时,由于顶、底板都具有较大的面积,所以能够有效地抵抗正负弯矩,并满足配筋要求。另外,箱形截面具有良好的动力特性,自振频率高,振幅小等特点。总之,箱形截面是大、中跨预应力连续梁最适宜的横截面形式。

常见的箱形截面形式有单箱单室、单箱双室、双箱单室、单箱多室、双箱多室等。单箱单室截面的优点是受力明确,施工方便,节省材料用量。单箱单室和单箱双室比较,根据桥宽来选择单室或双室,当桥宽小于等于16.5m(双向六车道桥梁)时宜采用单箱单箱,桥宽大于16.5m时,采用单箱双室。单箱单室箱梁自重较轻,截面挖空率大,构造简洁,但由于大悬臂和宽顶板导致剪力滞效应较为显著。单箱双室箱梁腹板总厚度增加,腹板钢束与顶板钢束布置空间较大,布束容易,这是单箱双室的优点;其缺点是施工相对困难,腹板自重增加导致恒载弯矩比例增大等。本设计采用的横截面形式为单箱单室。

4.3 结构尺寸拟定

4.3.1 主梁高

根据工程经验,预应力混凝土连续梁桥的中支点主梁高度与其跨径之比通常为1/15~1/25,而跨中梁高与主跨之比一般为1/40~1/50,且不小于中支点梁高的0.4倍。当建筑高度不受限制时,增大梁高往往是较经济的方案,因为增大梁高只是增加腹板高度,而混凝土用量增加不多,却能显著节省预应力钢束用量。

连续梁在支点和跨中的梁估算值:

等高度梁:$H = (1/15 \sim 1/30)L$,常用 $H = (1/18 \sim 1/20)L$;

变高度(曲线)梁:支点处 $H = (1/16 \sim 1/20)L$,跨中 $H = (1/30 \sim 1/50)L$;

变高度(直线)梁:支点处 $H = (1/16 \sim 1/20)L$,跨中 $H = (1/22 \sim 1/28)L$。

此设计采用变高度的直线梁,支点处梁高取 2.8m,跨中梁高取 1.5m。

4.3.2 细部尺寸

1)顶板与底板

箱形截面的顶板和底板是结构承受正负弯矩的主要工作部位。其尺寸要受到承载能力要求和构造要求两个方面的控制。支墩处底板还要承受很大的压应力。一般来讲,变截面的底板厚度也随梁高变化,墩顶处底板为梁高的 1/10～1/12,跨中处底板一般为 200～250mm。底板厚最小应有 120mm。箱梁顶板厚度应满足横向弯矩的要求和布置纵向预应力筋的要求。

本设计中底板由支点处向跨中以抛物线的形式变化。底板在支点处厚度取 600mm,在跨中厚度取 300mm;顶板厚度取 200mm。

2)腹板和其他细部结构

(1)箱梁腹板厚度

腹板的功能是承受截面的剪应力和主拉应力。在预应力梁中,因为弯束对外剪力的抵消作用,所以剪应力和主拉应力的值比较小,腹板不必设得过大。同时,腹板的最小厚度应考虑力筋的布置和混凝土浇筑要求,其设计经验如下:

①板内无预应力筋时,采用 200mm。

②腹板内有预应力筋管道时,采用 250～300mm。

③腹板内有锚头时,采用 250～300mm。

大跨度预应力混凝土箱梁桥,腹板厚度可从跨中逐步向支点加宽,以承受支点处较大的剪力,一般采用 300～600mm,甚至可达到 1m 左右。本设计支座处腹板厚度取 400mm,跨中腹板厚度取 400mm。

(2)梗腋

在顶板和腹板接头处须设置梗腋。梗腋的形式一般为 1∶1、1∶2、1∶3、1∶4 等。梗腋的作用是提高截面的抗扭刚度和抗弯刚度,减少扭转剪应力和畸变应力。此外,梗腋使力线过渡比较平缓,减弱了应力的集中程度。

本设计中,根据箱室的外形设置了宽为 200mm、长为 600mm 的上部梗腋。

(3)横隔梁

横隔梁可以增强桥梁的整体性和优化荷载横向分布,同时还可以限制畸变。支承处的横隔梁还起着承担和分布支承反力的作用。由于箱形截面的抗扭刚度很大,一般可以比其他截面的桥梁少设置横隔梁,甚至不设置中间横隔梁,而只在支座处设置支承横隔梁。本设计中,由于中间横隔梁对内力的影响较小,在内力计算中可不做考虑。

跨中截面及中支点截面示意图如图 4-2、图 4-3 所示。

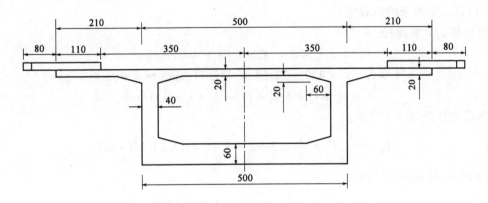

图 4-2　支座截面(尺寸单位:cm)

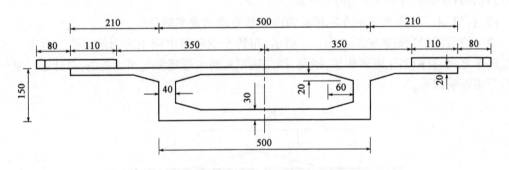

图 4-3　跨中截面(尺寸单位:cm)

4.4　桥面板的计算

4.4.1　单向板的内力计算

因箱梁顶板的纵向尺寸远大于横向尺寸且大于 2,故按多跨连续单向板来进行内力计算。
1)恒载及其内力计算
(1)每延米板的恒载
桥面铺装：

$$g_1: 0.02 \times 1.0 \times 22 = 0.44 (kN/m) \text{（沥青混凝土层）}$$
$$g_2: 0.08 \times 1.0 \times 23 = 1.84 (kN/m) \text{（防水混凝土层）}$$

将承托面积摊于桥面板,则平均厚度：

$$t = (20 \times 60)/(500 - 2 \times 20) + 20 = 22.61 (cm)$$

桥面板：

$$g_3: 0.2261 \times 1.0 \times 25 = 5.65 (kN/m)$$

恒载合计：

$$g = g_1 + g_2 + g_3 = 7.93 (kN/m)$$

(2)每米宽板条的恒载弯矩
桥面板的计算跨径:
$$l = l_0 + b = 420 + 40 = 460 (\text{cm})$$
$$l = l_0 + t = 420 + 22.61 = 442.61 (\text{cm}) \approx 4.4 (\text{m})$$
$$l = \min(l_0 + b, l_0 + t) = l_0 + t = 4.4 (\text{m})$$

按简支板计算跨中弯矩:
$$M_{og} = \frac{1}{8}gl^2 = \frac{1}{8} \times 7.93 \times 4.4^2 = 19.19 (\text{kN} \cdot \text{m})$$

(3)每米宽板条上的剪力
$$Q_{Ag} = \frac{1}{2}gl = \frac{1}{2} \times 7.93 \times 4.4 = 17.45 (\text{kN})$$

2)活载(公路—Ⅰ级)及其内力计算

按《桥规》4.3.1条规定的车辆荷载横向布置要求布置车辆荷载。

做出桥面跨中弯矩影响线如图4-4所示,布置车辆使跨中弯矩达到最大值。由于支座在第二辆车之间,且距两轮距离相等,因此,第二辆车对跨中弯矩影响相互抵消,只计第一辆车对跨中弯矩影响即可。

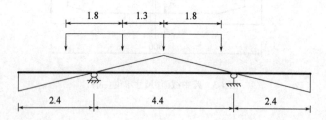

图4-4 车辆荷载布置图(尺寸单位:m)

(1)板的有效分布宽度

如上分析,将车辆荷载的后轮一个作用于板的跨中,另一个作用于靠近支点处,如图4-5所示,两个后轴作用力$2P = 280\text{kN}$。

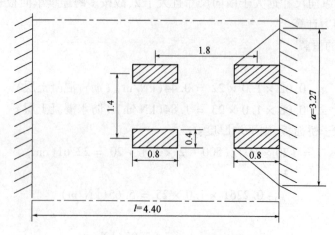

图4-5 有效分布宽度(尺寸单位:m)

由《桥规》4.3.1条表4.3.1-3查得,车辆荷载的后轮着地长度为0.2m,宽度为0.6m,车轮荷载在板上分布:

$$a_2 = a_1 + 2h = 0.2 + 2 \times 0.1 = 0.4(\text{m})$$
$$b_2 = b_1 + 2h = 0.6 + 2 \times 0.1 = 0.8(\text{m})$$

荷载在支承上:

$$a' = a_1 + 2h + t = 0.2 + 2 \times 0.1 + 0.23 = 0.63(\text{m}) < d = 1.4\text{m}$$

荷载靠近支承处:

$$x = \frac{l}{2} - 1.80 + \frac{b_2}{2} = \frac{4.40}{2} - 1.80 + \frac{0.8}{2} = 0.8(\text{m})$$
$$a_x = (a_1 + 2h) + t + 2x = 2.23(\text{m}) > d = 1.4(\text{m})$$
$$a_x = (a_1 + 2h) + t + d + 2x = 3.63(\text{m})$$

因此,$a_x = 3.63\text{m}$。

荷载在跨中处:

$$a = (a_1 + 2h) + \frac{l}{3} = (0.2 + 2 \times 0.10) + \frac{4.40}{3} = 1.87(\text{m}) > d = 1.4(\text{m})$$

$$a = (a_1 + 2h) + d + \frac{l}{3} = (0.2 + 2 \times 0.10) + 1.4 + \frac{4.40}{3} = 3.27(\text{m})$$

因此,$a = 3.27\text{m}$。

(2)每米宽板条的活载弯矩

依据《桥规》,汽车荷载的局部加载及在T梁、箱梁悬臂板上的冲击系数采用0.3,即冲击系数$\mu = 0.3$。则作用于每米宽板条上的跨中弯矩按图4-6的简支梁计算。

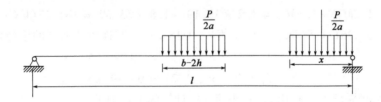

图4-6 简支梁上的荷载图示

作用于跨中处的车轮对跨中的弯矩:

$$M_1 = \frac{(1+\mu)2P}{8a}\left(l - \frac{b_2}{2}\right) = \frac{(1+0.3) \times 280}{8 \times 3.27} \times \left(4.4 - \frac{0.8}{2}\right) = 55.67(\text{kN} \cdot \text{m})$$

作用于支点处的车轮对跨中的弯矩:

$$M_2 = (1+\mu) \times \frac{\frac{P}{2a_x}}{4} \times x = 1.3 \times \frac{280}{8 \times 3.63} \times 0.8 = 10.03(\text{kN} \cdot \text{m})$$

作用于每米宽板条上的跨中弯矩:

$$M_{op} = M_1 + M_2 = 55.66 + 10.03 = 65.69(\text{kN} \cdot \text{m})$$

(3)每米宽板条的作用剪力(图 4-7)

$$p = \frac{P}{2ab_2} = \frac{140}{2 \times 3.27 \times 0.8} = 26.758(\text{kN/m}^2)$$

$$p' = \frac{P}{2a'b_2} = \frac{140}{2 \times 0.63 \times 0.8} = 138.889(\text{kN/m}^2)$$

$$Q_{Ap} = (1 + \mu)(A_1 y_1 + A_2 y_2 - A_3 y_3) = 100.61(\text{kN})$$

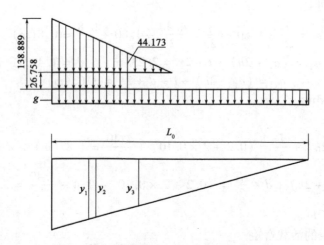

图 4-7 剪力计算图示(注:图中数值单位:kN/m²)

3)行车道板的设计内力

按承载能力极限状态进行组合,则按简支梁计算的设计弯矩:

$$M_0 = 1.2 M_{og} + 1.8 M_{op} = 1.2 \times 19.19 + 1.8 \times 65.69 = 141.27(\text{kN} \cdot \text{m})$$

再由 $t/h = 0.2261/1.5$(取梁高最小值)$= 0.15 < 1/4$,则连续桥面板的设计弯矩:

跨中弯矩: $M_{中} = 0.5 M_0 = 0.5 \times 141.27 = 70.64(\text{kN} \cdot \text{m})$

支点弯矩: $M_{支} = 0.7 M_0 = 0.7 \times 141.27 = 98.89(\text{kN} \cdot \text{m})$

按承载能力极限状态进行组合,则按简支梁计算的设计剪力:

$$Q_A = 1.2 Q_{Ag} + 1.8 Q_{Ap} = 1.2 \times 17.45 + 1.8 \times 100.615 = 202.047(\text{kN} \cdot \text{m})$$

4.4.2 悬臂板的内力计算

1)恒载及其内力的计算

(1)每延米板的恒载

桥面铺装:

$$g_1 = 0.02 \times 1.0 \times 22 + 0.08 \times 1.0 \times 23 = 2.28(\text{kN/m})$$

悬臂板:

$$g_2 = [(0.2 \times 0.6)/2.1 + 0.2] \times 1.0 \times 25 = 6.43(\text{kN/m})$$

合计:

$$g = g_1 + g_1 = 2.28 + 6.43 = 8.71(\text{kN/m})$$

每侧的栏杆及人行道板构件按 $G = 5.0 \text{kN/m}$ 计。

(2)每米宽板条的恒载弯矩

悬臂板的长度 $l_0 = 2.1\text{m}$,人行道板作用合力位置距悬臂板末端距离为 0.5m。则悬臂板根部恒载弯矩:

$$M_{Ag} = -\frac{1}{2}gl_0^2 - G(l_0 - 0.5) = -\frac{1}{2} \times 8.71 \times 2.1^2 - 5 \times (2.1 - 0.5) = -27.21(\text{kN} \cdot \text{m})$$

$$Q_{Ag} = gl_0 + G = 8.71 \times 2.10 + 5 = 23.29(\text{kN})$$

2)活载(公路—Ⅰ级)及其内力计算

(1)悬臂板的有效分布宽度

将车辆荷载的后轮横向靠人行道边布置(图 4-5),两后轴作用 $2P = 280\text{kN}$。

由《桥规》4.3.1 条表 4.3.5-3 查得,车辆荷载后轮着地长度为 0.2m、宽度为 0.6m,则由图 4-8 可计算出荷载压力面外缘至腹板外边缘的距离:

$$c = l_0 - (0.5 + 1.1) + \frac{b_1 + 2h}{2}$$

$$= 2.1 - (0.5 + 1.1) + \frac{0.6 + 2 \times 0.1}{2}$$

$$= 0.9(\text{m})$$

则荷载分布宽度为:

$$a = a_1 + 2h + 2c = 2.2\text{m} > d = 1.4\text{m}$$

$$a = a_1 + 2h + d + 2c = 3.6\text{m}$$

因此,$a = 3.6\text{m}$。

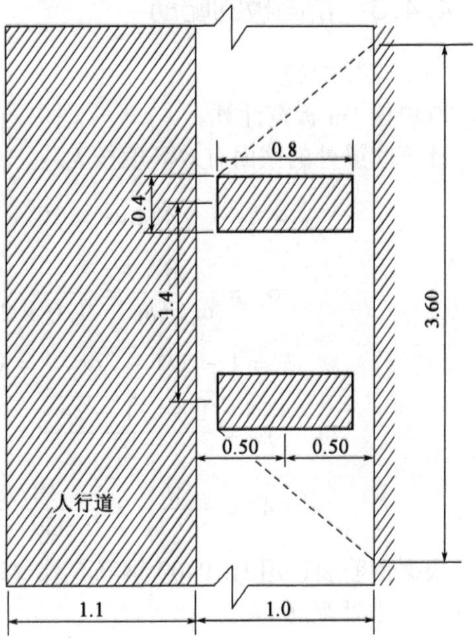

图 4-8 悬臂板上的荷载图示(尺寸单位:m)

(2)每米宽板条的活载弯矩

依据《桥规》4.3.2 条,汽车荷载的局部加载及在 T 梁、箱梁悬臂板上的冲击系数采用 0.3,即冲击系数 $\mu = 0.3$。则作用于每米宽板条上的弯矩:

$$M_{Ap} = -(1+\mu) \cdot \frac{2P}{2a}\left(l_0 - \frac{b_2}{2}\right) = -1.3 \times \frac{280}{2 \times 3.60} \times \left(2.10 - \frac{0.8}{2}\right) = -85.94(\text{kN} \cdot \text{m})$$

$$Q_{Ap} = (1+\mu) \cdot \frac{2P}{2a} = 1.3 \times \frac{280}{2 \times 3.60} = 25.28(\text{kN})$$

3)行车道板的设计内力

按承载能力极限状态进行内力组合,计算的设计弯矩:

$$M_A = 1.2M_{Ag} + 1.8M_{Ap} = 1.2 \times 27.21 + 1.8 \times 85.94 = 187.34(\text{kN} \cdot \text{m})$$

按承载能力极限状态进行内力组合,计算的设计弯矩:

$$Q_A = 1.2Q_{Ag} + 1.8Q_{Ap} = 1.2 \times 23.29 + 1.8 \times 25.28 = 73.45(\text{kN})$$

依据以上计算数据,作出桥面板横向弯矩图,如图 4-9 所示。

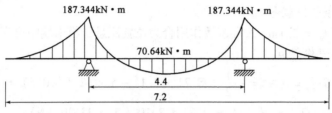

图 4-9 桥面板横向弯矩图(尺寸单位:m)

4.4.3 桥面板的配筋

1)支点处配筋

取单位 1m 板宽计算。

计算肋梁处的截面有效高度按 h_0:

$$h_0 = h_1 + s \times \tan\alpha = 20 + \frac{40}{2} \times \frac{1}{3} = 26.67(\text{cm}) = 266.7\text{mm}$$

$$\alpha_s = \frac{M}{\alpha_1 f_c b h_0} = \frac{187.344 \times 10^6}{1.0 \times 23.1 \times 1000 \times 266.7^2} = 0.1140$$

$$\xi = 1 - \sqrt{1 - 2\alpha_s} = 0.1214 < \xi_b = 0.55 \text{(满足要求)}$$

$$\gamma_s = \frac{1 + \sqrt{1 - 2\alpha_s}}{2} = \frac{1 + \sqrt{1 - 2 \times 0.1140}}{2} = 0.939$$

$$A_s = \frac{M}{\gamma_s f_y h_0} = \frac{187.344 \times 10^6}{0.939 \times 300 \times 266.7} = 2493.6 \text{ (mm}^2\text{)}$$

根据钢筋表选用 HRB400 钢筋 5 根 ⌀28mm@100mm,则 $A_s = 3079 \text{ mm}^2$,满足要求。

2)跨中处配筋

取单位 1m 板宽计算:

$$h_0 = h - a = 20 - 4 = 16(\text{cm})$$

$$\alpha_s = \frac{M}{\alpha_1 f_c b h_0} = \frac{70.64 \times 10^6}{1.0 \times 23.1 \times 1000 \times 160^2} = 0.1195$$

$$\xi = 1 - \sqrt{1 - 2\alpha_s} = 0.1276 < \xi_b = 0.55 \text{(满足要求)}$$

$$\gamma_s = \frac{1 + \sqrt{1 - 2\alpha_s}}{2} = \frac{1 + \sqrt{1 - 2 \times 0.1195}}{2} = 0.936$$

$$A_s = \frac{M}{\gamma_s f_y h_0} = \frac{70.64 \times 10^6}{0.936 \times 300 \times 160} = 1572.3 \text{ (mm}^2\text{)}$$

根据钢筋表选用 HRB400 钢筋 5 根 ⌀22mm@200mm,$A_s = 1900 \text{ mm}^2$,满足要求。

4.5 模型的建立与分析

4.5.1 建立计算模型

1)使用软件

Midas Civil 8.32。

2)单元划分

根据该桥梁构造特点,共划分64个单元,其中边跨2×18个,中跨28个,如图4-10所示。

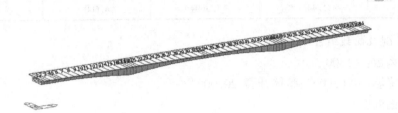

图 4-10 桥梁单元划分图

3)施工阶段

施工阶段数量:16个。

施工步骤如下:

(1)支架现浇0#、1#,持续时间30d;

(2)悬浇2#,持续时间10d;

(3)悬浇3#,持续时间10d;

(4)悬浇4#,持续时间10d;

(5)悬浇5#,持续时间10d;

(6)悬浇6#,持续时间10d;

(7)悬浇7#,持续时间10d;

(8)悬浇8#,持续时间10d;

(9)悬浇9#,持续时间10d;

(10)悬浇10#,持续时间10d;

(11)悬浇11#,持续时间10d;

(12)悬浇12#、现浇边跨,持续时间10d;

(13)边跨合龙,持续时间10d;

(14)体系转换,持续时间3d;

(15)中跨合龙,持续时间10d;

(16)二期,持续时间30d。

4)截面特性(表4-1、表4-2)

支 座 截 面 表 4-1

$A(\mathrm{m}^2)$	$A_{sy}(\mathrm{m}^2)$	$A_{sz}(\mathrm{m}^2)$	$z(+)(\mathrm{m})$	$z(-)(\mathrm{m})$
6.800	4.218	1.801	1.459	1.341
$I_{xx}(\mathrm{m}^4)$	$I_{yy}(\mathrm{m}^4)$	$I_{zz}(\mathrm{m}^4)$	$y(+)(\mathrm{m})$	$y(-)(\mathrm{m})$
13.428	7.783	29.462	4.600	4.600

跨 中 截 面 表 4-2

$A(\text{m}^2)$	$A_{sy}(\text{m}^2)$	$A_{sz}(\text{m}^2)$	$z(+)(\text{m})$	$z(-)(\text{m})$
4.500	3.207	0.690	0.660	0.840
$I_{xx}(\text{m}^4)$	$I_{yy}(\text{m}^4)$	$I_{zz}(\text{m}^4)$	$y(+)(\text{m})$	$y(-)(\text{m})$
3.413	1.441	22.094	4.600	4.600

5) 荷载工况及荷载组合

(1) 自重系数：-1.00。

(2) 整体降温：-20.00℃；整体升温：20.00℃。

(3) 梁截面温度。

(4) 徐变收缩。

①收缩龄期：7d（一般设计对于悬臂浇注的预应力混凝土连续箱梁，为了减少收缩徐变，一般为7d）；

②构件理论厚度：1m；

③理论厚度自动计算：由程序自动计算各构件的理论厚度。公式如下：

$$h = a \times A_c/u \qquad (4-1)$$

$$u = L_0 + a \times L_i \qquad (4-2)$$

(5) 可变荷载。

活载：汽车荷载，桥梁等级为公路—Ⅰ级；

对于汽车荷载纵向整体冲击系数 μ，按照《桥规》4.3.2条规定，冲击系数 μ 可按下式计算：

①当 $f < 1.5\text{Hz}$ 时，$\mu = 0.05$；

②当 $1.5\text{Hz} \leq f \leq 14\text{Hz}$ 时，$\mu = 0.1767\ln(f) - 0.0157$；

③当 $f < 14\text{Hz}$ 时，$\mu = 0.45$。

按《桥规》条文说明第4.3.2条，计算正弯矩效应和剪力效应的结构基频 $f_1 = 0.99\text{Hz}$，冲击系数 $\mu_1 = 0.050$；计算负弯矩效应的结构基频 $f_2 = 0.72\text{Hz}$，冲击系数 $\mu_2 = 0.080$。

6) 荷载组合（表4-3）

荷载工况及荷载组合荷载工况 表 4-3

序 号	工况名称	描 述
1		合计(CS)
2	cSH	徐变二次(CS)
3	cD	恒荷载(CS)
4	cEL	安装荷载1(CS)
5	SUM	收缩一次(CS)
6	M[1]	车道荷载
7	TPG	梯度升温
8	cTP	安装荷载2(CS)
9	cCR	钢束二次(CS)
10	cTS	安装荷载3(CS)

荷载组合列表:
cLCB1:基本组合(永久荷载):1.2(cD)+1.2(cTS)+1.0(cCR)+1.0(cSH)
cLCB2:基本组合:1.2(cD)+1.2(cTS)+1.0(cCR)+1.0(cSH)+1.4M
cLCB3:基本组合(永久荷载):1.0(cD)+1.0(cTS)+1.0(cCR)+1.0(cSH)
cLCB4:基本组合:1.0(cD)+1.0(cTS)+1.0(cCR)+1.0(cSH)+1.4M
cLCB5:极限组合(永久荷载):1.0(cD)+1.0(cTP)+1.0(cTS)+1.0(cCR)+1.0(cSH)
cLCB6:短期组合:1.0(cD)+1.0(cTP)+1.0(cTS)+1.0(cCR)+1.0(cSH)+0.7M
cLCB7:长期组合:1.0(cD)+1.0(cTP)+1.0(cTS)+1.0(cCR)+1.0(cSH)+0.4M
cLCB8:弹性阶段应力验算组合:1.0(cD)+1.0(cTP)+1.0(cTS)+1.0(cCR)+1.0(cSH)+1.0M

4.5.2 梁单元内力图

(1)弯矩图(图4-11)。

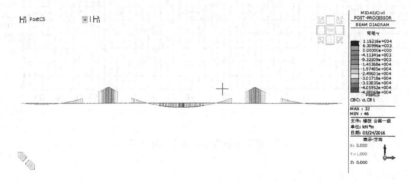

图4-11 弯矩图(基本组合)

(2)剪力图(图4-12)。

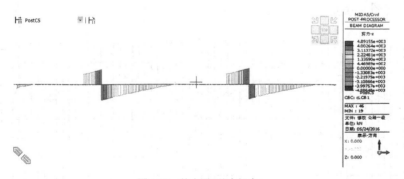

图4-12 剪力图(基本组合)

4.5.3 持久状况承载能力极限状态验算结果

(1)截面受压区高度(表4-4)。
(2)正截面抗弯承载能力验算。

截面受压区高度相对界限受压区高度 ξ_b 表4-4

钢筋种类	C50及以下	C55/C60	C65/C70	C75/C80
R235	0.62	0.60	0.58	—
HRB335	0.56	0.54	0.52	—
HRB400/KL400	0.53	0.51	0.49	—
钢绞线、钢丝	0.40	0.38	0.36	0.35
精轧螺纹钢筋	0.40	0.38	0.36	—

结论：按照《公预规》5.1.2 条 $\gamma_0 S \leq R$ 验算，结构重要性系数 x 作用效应的组合设计最大值均小于等于构件承载力设计值，满足规范要求（图4-13）。

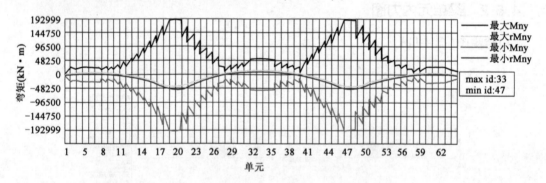

图4-13　正截面抗弯承载能力验算结果图形

（3）斜截面抗剪承载能力验算。

结论：按照《公预规》5.1.2 条 $\gamma_0 S \leq R$ 验算，结构重要性系数 x 作用效应的组合设计最大值均小于等于构件承载力设计值，满足规范要求；按照《公预规》5.2.9 条进行抗剪截面验算，满足规范要求（图4-14）。

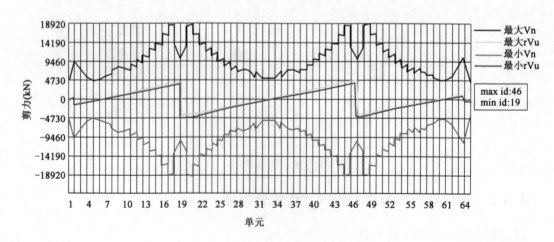

图4-14　斜截面抗剪承载能力验算结果图形

(4)抗扭承载能力验算。

结论:按照《公预规》5.1.2条 $\gamma_0 S \leqslant R$ 验算,结构重要性系数 x 作用效应的组合设计最大值均小于等于构件承载力设计值,满足规范要求;按照《公预规》5.5.3条进行抗扭截面验算,满足规范要求(图4-15、图4-16)。

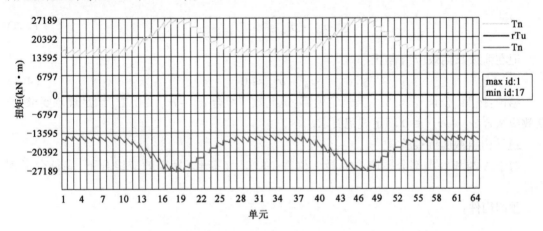

图4-15 抗扭承载能力验算——T结果图形

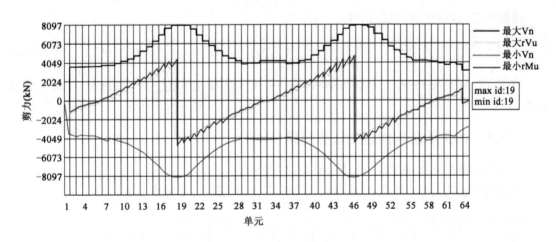

图4-16 抗扭承载能力验算——V结果图形

(5)支反力计算(表4-5)。

支反力计算结果表格　　　　表4-5

节　　点	F_X(kN)	F_Y(kN)	F_Z(kN)	M_x(kN·m)
69	0.000	0.000	1625.566	0.000
76	0.000	0.000	9420.879	0.000
81	0.000	0.000	9430.074	0.000
88	0.000	0.000	1622.617	0.000

4.5.4 持久状况正常使用极限状态验算结果

1)结构正截面抗裂验算

对于部分预应力 A 类构件,在作用(荷载)短期效应组合下,应符合下列条件:

$$\sigma_{st} - \sigma_{pc} \leq 0.7 f_{tk} \tag{4-3}$$

但在荷载长期效应组合下:

$$\sigma_{lt} - \sigma_{pc} \leq 0 \tag{4-4}$$

结论:按照《公预规》6.3.1 条规定验算:短期效应组合 $\sigma_{st} - \sigma_{pc} \leq 0.7 f_{tk}$ 满足规范要求;长期效应组合 $\sigma_{lt} - \sigma_{pc} \leq 0$ 满足规范要求。

2)结构斜截面抗裂验算

对于 A 类和 B 类部分预应力混凝土构件,在作用(荷载)短期效应组合下,应符合下列条件:

预制构件:

$$\sigma_{tp} \leq 0.7 f_{tk} \tag{4-5}$$

现场浇筑(包括预制拼装)构件:

$$\sigma_{tp} \leq 0.5 f_{tk} \tag{4-6}$$

结论:按照《公预规》6.3.1-2 条验算:$\sigma_{tp} = 0.00 \text{MPa} \leq 0.5 f_{tk} = 1.325 \text{MPa}$,满足规范要求。

4.5.5 持久状况构件应力验算结果

1)正截面混凝土法向压应力验算(图4-17、图4-18)

按《公预规》7.1.5-1 条规定,荷载取其标准值,汽车荷载考虑冲击系数。

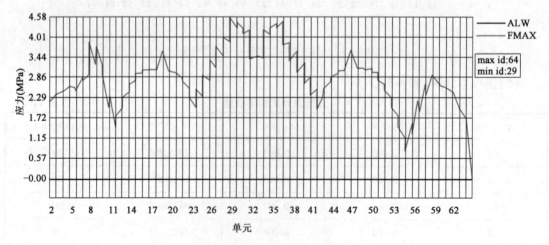

图 4-17 结构正截面抗裂验算长期效应组合结果图形

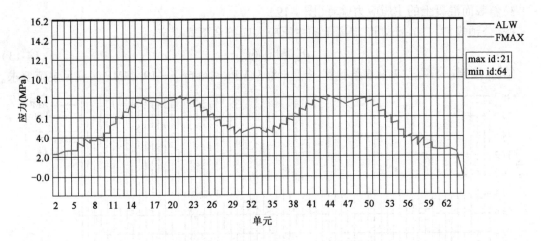

图 4-18　正截面混凝土法向压应力验算结果图形

受压区混凝土的最大压应力：
未开裂构件：
$$\sigma_{kc} + \sigma_{pt} \leq 0.5 f_{ck} \tag{4-7}$$

允许开裂构件：
$$\sigma_{cc} \leq 0.5 f_{ck} \tag{4-8}$$

结论：按照《公预规》7.1.5 条验算：$\sigma_{kc} + \sigma_{pt} = 8.31\text{MPa} \leq 0.5 f_{ck} = 16.20\text{MPa}$，满足规范要求。

2）正截面受拉区钢筋拉应力验算

按《公预规》7.1.5-2 条规定，荷载取其标准值，汽车荷载考虑冲击系数。
受拉区预应力钢筋的最大拉应力：
（1）对钢绞线、钢丝
未开裂构件：
$$\sigma_{pe} + \sigma_p \leq 0.65 f_{pk} \tag{4-9}$$

允许开裂构件：
$$\sigma_{p0} + \sigma_p \leq 0.65 f_{pk} \tag{4-10}$$

（2）对精轧螺纹钢筋
未开裂构件：
$$\sigma_{pe} + \sigma_p \leq 0.75 f_{pk} \tag{4-11}$$

允许开裂构件：
$$\sigma_{po} + \sigma_p \leq 0.75 f_{pk} \tag{4-12}$$

结论：按照《公预规》7.1.5-2 条验算：$\sigma_{pe} + \sigma_p = 624.35\text{MPa} \leq 0.65 f_{pk} = 1209.00\text{MPa}$，满足规范要求。

3) 斜截面混凝土的主压应力验算(图 4-19)

按《公预规》7.1.6 条规定,混凝土的主压应力应符合下式规定:

$$\sigma_{cp} \leqslant 0.6 f_{ck} \tag{4-13}$$

结论:按照《公预规》7.1.6 条验算:$\sigma_{cp} = 8.31 \text{MPa} \leqslant 0.6 f_{ck} = 19.44 \text{MPa}$,满足规范要求。

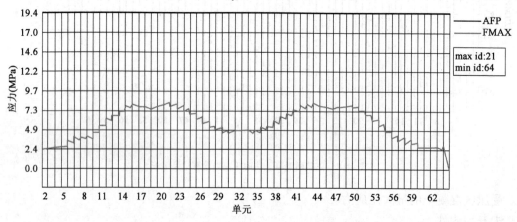

图 4-19 斜截面混凝土的主压应力验算结果图形

4.5.6 短暂状况构件应力验算结果(图 4-20)

按《公预规》7.2.8 条规定,截面边缘混凝土的法向压应力应符合下式规定:

$$\sigma_{cc}^{t} \leqslant 0.70 f'_{ck} \tag{4-14}$$

结论:按照《公预规》7.2.8 条验算:$\sigma_{cc}^{t} = 9.12 \text{MPa} \leqslant 0.70 f'_{ck} = 18.14 \text{MPa}$,满足规范要求。

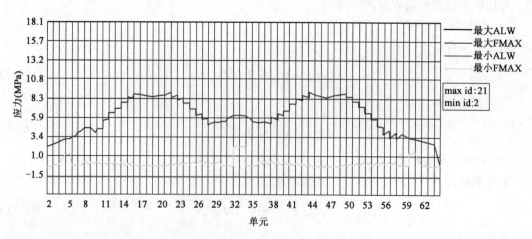

图 4-20 短暂状况构件应力验算结果图形

本章附图:(30 + 50 + 30)m 预应力混凝土大箱梁桥设计纵向预应力钢筋平立面及横断面图如图 4-21 ~ 图 4-23 所示。

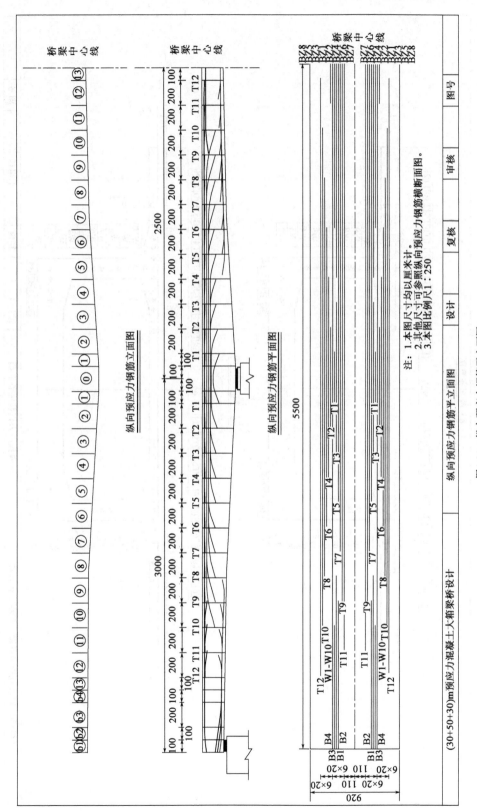

图4-21 纵向预应力钢筋平立面图

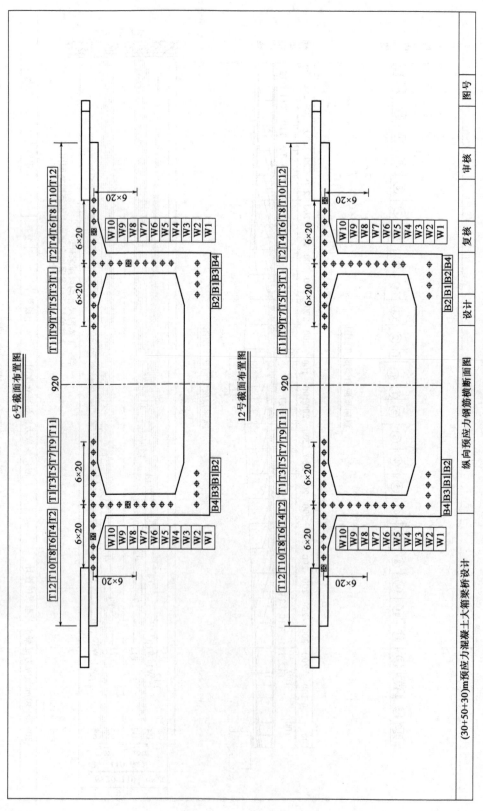

图4-22 纵向预应力钢筋横断面图

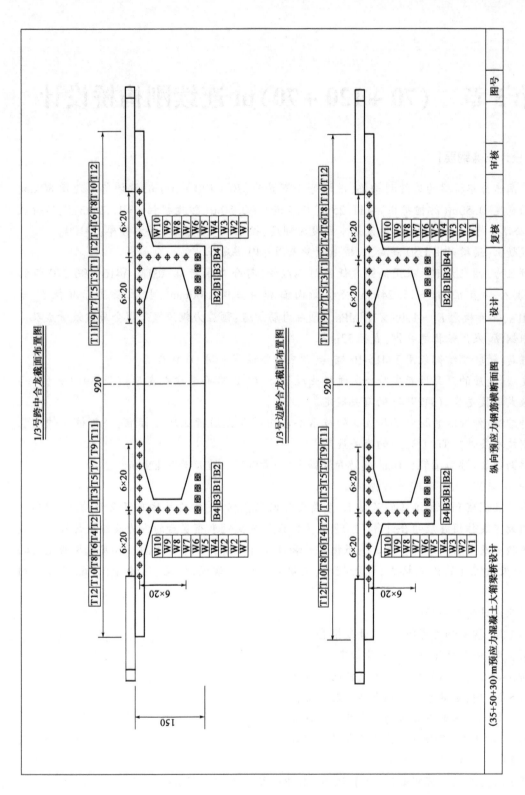

图4-23 纵向预应力钢筋横断面图

第5章 (70+120+70)m 连续刚构桥设计

【设计任务纲要】

某高速公路桥梁为连续刚构桥,设计跨径布置为(70+120+70)m;设计行车速度80km/h;桥面宽度:0.50m(防撞护栏)+11.25m(行车道)+0.50m(防撞护栏)=12.25m;汽车荷载等级:公路—Ⅰ级;地震烈度:地震基本烈度为Ⅶ度,按Ⅷ度设防;设计洪水频率:1/100。

混凝土:箱梁采用C50混凝土,桥墩墩身采用C40混凝土。

预应力:预应力钢束采用高强度低松弛钢绞线,符合美国标准 ASTM A416-96 270级的规定,其公称直径 $\phi_s=15.24mm$,公称断面面积 $A=140.00mm^2$,抗拉强度标准值 $f_{pk}=1860MPa$,弹性模量 $E_p=1.95\times10^5 MPa$。预应力筋管道:预应力钢绞线采用金属波纹管成孔。

粗钢筋:采用精扎螺纹钢,直径32mm。

锚具:精轧螺纹钢采用 YM15-19 锚具,预应力钢绞线采用 OVM 锚具。

支座:支座的产品性能应符合交通行业现行标准《公路桥梁盆式支座》(JT 391)和《公路桥梁板式橡胶支座》(JT/T 4)的有关规定。

伸缩缝:伸缩缝的材料及其成品的技术要求应符合交通行业现行标准《公路桥梁伸缩装置通用技术条件》(JT/T 327)的有关规定。

桥面铺装:桥面铺装 8.0cm 厚沥青混凝土,沥青混凝土重度为 $23kN/m^3$。

护栏:采用 80cm 混凝土防撞护栏。

在文献调研和资料准备的基础上,主要设计内容包括:①桥梁总体布置及结构尺寸拟定。②作用效应及作用效应组合计算。③预应力钢束估算及钢束布置后的内力及组合计算。④截面应力验算及主梁变形计算等。⑤根据设计和计算结果绘制桥梁施工图。⑥完成毕业论文的撰写,应采用规范的论文格式,包括摘要、关键词、目录、概述、正文、结论等,并配以相关的图表。

毕业设计进度安排如下:

第1周,搜集相关资料,完成开题报告;

第2周,桥型总体布置及尺寸拟定;

第3~4周,作用效应及作用效应组合计算;

第5~7周,主梁预应力钢束估算及布置;

第8~9周,钢束布置后的内力及组合计算;

第10~12周,截面应力验算及主梁变形计算;

第13周,整理设计计算书;

第14周,绘制工程图纸,不少于10张,其中手绘图不少于2张;

第15周,完成毕业设计答辩并提交材料。

【教师点评】

预应力混凝土连续刚构桥一般用于高墩、大跨度桥梁设计中,该桥型适合采用悬臂浇筑施工。"(70+120+70)m 连续刚构桥设计",由于其成桥后是超静定结构,当采用悬臂浇筑施工时,计算要分施工阶段进行,故作为毕业设计选题,属于有一定难度的课题。

在本设计中,首先根据给定条件进行桥梁结构的布置,拟定了桥梁各部件的结构尺寸,并进行了施工设计;在建立 Midas 模型时依施工过程对边界条件进行处理,根据施工工艺将施工过程划分为 18 个施工阶段,针对各个施工阶段进行计算;依据作用效应组合对预应力钢筋进行估算和布置,并经承载能力极限状态下的正截面抗弯验算,正常使用极限状态下正、斜截面抗裂验算及应力验算,结果均满足规范要求。毕业设计完成的设计深度和设计工作量符合本科毕业设计教学大纲的培养要求。

通过毕业设计表明:该学生设计思路清晰,条理清楚,能熟练运用 Midas 计算软件进行桥梁结构计算。设计内容较完整,结果正确。设计中的不足表现在:在表述上不是很严谨,前后表述不完全一致,并且设计中缺少了对细部结构如桥面板等详细计算。

5.1 设 计 资 料

高速公路设计行车速度 80km/h;桥面宽度:0.50m(防撞护栏)+11.25m(行车道)+0.50m(防撞护栏)=12.25m;汽车荷载等级:公路—Ⅰ级;地震烈度:地震基本烈度为Ⅶ度,按Ⅷ度设防;设计洪水频率:1/100。

5.2 桥跨总体布置及施工阶段划分

5.2.1 桥梁结构形式和主要尺寸拟定

1)截面形式

该桥地处峡谷,施工设备和车辆受限,为了减小主梁上部结构自重引起的跨中弯矩,拟采用连续刚构体系,将跨中弯矩部分转移至支点形成负弯矩,从而提高桥梁的跨越能力,采用悬臂施工技术。主梁采用单箱单室变截面箱形截面,底板按照二次抛物线变化。桥梁纵坡采用对称式竖曲线,即直线+圆曲线+直线。由于两边对称,可以采用对称式悬臂施工,预应力钢束的布置也可以采用对称式。

桥墩采用薄壁空心墩(双薄壁一般是实心墩),顺桥向宽度 7m,横桥向宽度 9m,对桥墩的刚度应予以控制,桥墩最高处 63m,应使用强梁弱柱的桥墩形式,使之不但可以协调顺桥向的变形和位移,而且还能够协调主梁和桥墩之间的变形。基础采用嵌岩桩基础。

2)跨度

桥梁跨度应根据公路等级、功能、通行能力及泄洪要求,结合桥址处的水文、地质、河道断面、通航、环境要求综合考虑,并依据相关的规范,选出适合于该桥位的跨径。桥位选择在河道顺直稳定,河床地质条件良好的河段。本桥跨径组成为 70m+120m+70m 连续刚构桥。

3) 立面形式

预应力混凝土连续刚构桥,桥跨布置为70m+120m+70m,桥梁总长260m。1号桥墩高度63m,2号桥墩高度50m,属于高墩大跨结构。

4) 主梁高度

根据《高墩大跨连续刚构桥》《结构设计原理》及相关公路桥梁规范,主跨拟采用单箱单室截面。连续刚构桥中支点的高跨比一般为1/15~1/25,本桥根部截面高度拟取6.8m。主跨中部箱梁的高跨比一般为1/40~1/55,本桥跨中截面高度拟取2.8m。顶板宽度取12.25m,底板宽度取6.5m。

本桥拟采用悬臂对称施工,其中边跨两端10m采用满堂支架施工,梁高与跨中截面相同,其余采用悬臂对称施工。

5) 箱梁顶、底板厚度

连续刚构桥底板和顶板需要承受正负弯矩,悬臂施工时墩身附近所受弯矩更大,需要更大的厚度来承受压力。

连续刚构桥根部产生负弯矩,底板厚度应相应加大。根据构造要求,根部底板厚度拟采用80cm,跨中底板厚30cm,底板厚度沿顺桥向方向曲线渐变。

顶板厚度需满足桥面板横向弯矩的要求,同时满足构造要求的正常合理配筋的厚度,根部顶板厚度取值为40cm,跨中顶板厚度取值为28cm。

6) 箱梁腹板厚度

根据经验公式(5-1)确定腹板厚度:

$$t = \frac{B}{50}\left(1 + \frac{L}{50}\right) \tag{5-1}$$

式中:L——主跨跨度(m);

B——桥面跨度(m)。

同时应满足构造要求:单个腹板厚度$t_0 \geq 0.15$m。

根据式(5-1)计算得到腹板厚度为81cm,按构造要求,主梁腹板厚度应大于50cm,故主梁根部截面腹板厚度、跨中截面腹板厚度分别拟采用80cm和45cm;腹板由主梁根部向跨中曲线渐变。全桥对称悬臂施工,单箱单室截面内部上部倒角采用120cm×35cm,下部倒角采用50cm×25cm。

5.2.2 施工设计

本桥桥梁全长260m,总体布置70m+120m+70m,桥梁沿长度方向分为71块梁,主桥悬臂分块长度分别为3.5m、4.0m、4.5m。20、21、51、52号块(根部)长度为3.5m,中、边跨合龙段长度均为2.0m;19~22号块、50~53号块在墩顶及托架上浇筑,其余各段采用挂篮悬臂浇筑(图5-1)。边跨现浇段采用支架施工。所以,本桥完全可以采用对称施工。

步骤1:

(1) 先行施工1、2号双薄壁墩墩身至墩顶。

(2) 浇筑0号梁段,即19~22号、50~53号梁段。

(3) 混凝土强度达到85%后,张拉预应力钢束。

(4)在0号梁段上对称架设4个挂篮,从左至右分别编号为1、2、3、4,每个挂篮的模拟按如上所述。

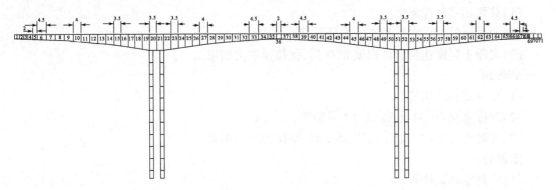

图 5-1 桥梁结构分段示意图

步骤 2:
(1)对称浇筑 18、23 号和 49、54 号梁段。
(2)混凝土强度达到设计强度的 85% 后,张拉预应力钢束。

步骤 3:
(1)往两端移动挂篮。
(2)对称浇筑 17、24 号和 48、55 号梁段。
(3)混凝土强度达到设计强度 85% 后,张拉预应力钢束。

步骤 4:
(1)往两端移动挂篮。
(2)对称浇筑 16、25 号和 47、56 号梁段。
(3)混凝土强度达到设计强度 85% 后,张拉预应力钢束。

步骤 5:
(1)往两端移动挂篮。
(2)对称浇筑 15、26 号和 46、57 号梁段。
(3)混凝土强度达到设计强度 85% 后,张拉预应力钢束。

步骤 6:
(1)往两端移动挂篮。
(2)对称浇筑 14、27 号和 45、58 号梁段。
(3)混凝土强度达到设计强度 85% 后,张拉预应力钢束。

步骤 7:
(1)往两端移动挂篮。
(2)对称浇筑 13、28 号和 44、59 号梁段。
(3)混凝土强度达到设计强度 85% 后,张拉预应力钢束。

步骤 8:
(1)往两端移动挂篮。
(2)对称浇筑 12、29 号和 43、60 号梁段。

(3)混凝土强度达到设计强度85%后,张拉预应力钢束。

步骤9:

(1)往两端移动挂篮。

(2)对称浇筑11、30号和42、61号梁段。

(3)混凝土强度达到设计强度85%后,张拉预应力钢束。

步骤10:

(1)往两端移动挂篮。

(2)对称浇筑10、31号和41、62号梁段。

(3)混凝土强度达到设计强度85%后,张拉预应力钢束。

步骤11:

(1)往两端移动挂篮。

(2)对称浇筑9、32号和40、63号梁段。

(3)混凝土强度达到设计强度85%后,张拉预应力钢束。

步骤12:

(1)往两端移动挂篮。

(2)对称浇筑8、33号和39、64号梁段。

(3)混凝土强度达到设计强度85%后,张拉预应力钢束。

步骤13:

(1)往两端移动挂篮。

(2)对称浇筑7、34号和38、65号梁段。

(3)混凝土强度达到设计强度85%后,张拉预应力钢束。

步骤14:

(1)往两端移动挂篮。

(2)对称浇筑6、35号和37、66号梁段。

(3)混凝土强度达到设计强度85%后,张拉预应力钢束。

步骤15:

(1)保留挂篮不动,在桥梁最左端和最右端架设满堂支架。

(2)对称浇筑1~4号和68~71号梁段。

(3)混凝土强度达到设计强度85%后,张拉预应力钢束。

(4)在已浇筑好的4、68号梁段上加边跨合龙配重。

步骤16:

(1)启用1、4号挂篮。

(2)对称浇筑5、67号梁段,进行边跨合龙。

(3)混凝土强度达到设计强度85%后,张拉预应力钢束。

(4)拆除边跨合龙配重,加中跨合龙配重。

步骤17:

(1)拆除1、4号挂篮,启用2、3号挂篮。

(2)对称浇筑36号梁段,进行中跨合龙。

(3)混凝土强度达到设计强度85%后,张拉预应力钢束。
(4)拆除中跨合龙配重,拆除2、3号挂篮。

步骤18:
(1)进行桥面铺装。
(2)拆除满堂支架,成桥。

5.3 Midas/civil 软件建模

Midas/civil 软件是通用的有限元分析软件,适用于桥梁结构、地下结构、工业建筑、飞机场、大坝、港口等结构的分析与设计。Midas/civil 软件结合国内的规范与习惯,在桥梁结构建模、分析、后处理、设计等方面提供了很多便利的功能。可根据相关规范添加荷载,也可后期处理修改荷载。Midas/civil 软件可以输出各种反力、位移、内力和应力,便于后期结构调整修改。

5.3.1 建立模型

1)设定操作环境和结构类型

(1)安装并打开 Midas/civil 软件,建立新项目并命名为"70m + 120m + 70m 高墩大跨连续刚构桥"。

(2)本桥单位体系为 m(长度)、kN(力)。具体操作如下:查看菜单栏,点选工具 > 单位体系,弹出如图5-2所示的对话框,选择 m、kN,单击确认,关闭即可。

(3)本桥结构类型为:3-D,不转换,重力加速度为9.806(默认值),初始温度为0℃。具体操作如下:查看菜单栏,点选模型 > 结构类型,弹出如图5-3所示的对话框,选择3-D,不转换,重力加速度设定为9.806,初始温度为0℃,单击确认,关闭即可。

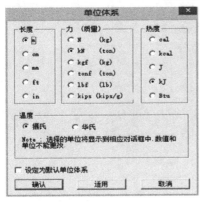

图5-2 定义单位体系   图5-3 定义结构类型

2)定义材料

(1)混凝土。本桥建模采用 C50 混凝土、C40 混凝土,分别用于主桥的箱梁和主桥墩身。具体操作如下:查看菜单栏,点选模型 > 材料和截面特性 > 材料,弹出如图5-4所示的对话框,分别命名为 C50 混凝土、C40 混凝土,选择混凝土 JTG04(RC)规范,分别在数据库中添加 C50、C40,单击确认,关闭即可。

图 5-4 定义混凝土

(2)钢材。本桥建模采用的预应力钢绞线:符合国标规定,其标准强度 $f_{pk} = 1860$ MPa,公称直径 $\phi^s = 15.2$ mm,面积为 140mm^2,弹性模量 $E_y = 1.95 \times 10^5$ MPa。

具体操作如下:查看菜单栏,点选模型 > 材料和截面特性 > 材料,弹出如图 5-5 所示的对话框,命名为 Strand1860,选择 JTG04(S)规范,在数据库中添加 Strand1860,单击确认,关闭即可。

图 5-5 定义钢材

(3)定义时间依存性材料。C50 混凝土、C40 混凝土,强度分别为 50000kN/m^2、40000kN/m^2,环境年平均相对湿度为 70%,构件理论厚度为 1m(后期软件自动计算),水泥种类系数为 5,收缩开始时混凝土龄期为 3。

具体操作如下:查看菜单栏,点选模型>材料和截面特性>时间依存性材料,弹出对话框(图5-6),单击添加,命名为 C50 混凝土、C40 混凝土,填写相应指标,单击确认,关闭即可。

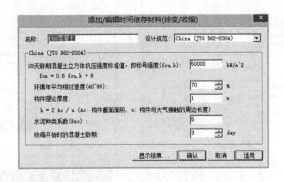

图5-6 定义时间依存性材料

(4)定义时间依存性材料链接。具体操作如下:查看菜单栏,点选模型>材料和截面特性>时间依存性材料链接,弹出对话框,选择收缩和徐变:C50 混凝土,强度进展:C50,选择的材料:C50 混凝土,单击添加;同样的方法添加 C40 混凝土,单击确认后关闭。

3)建立节点和单元

(1)建立节点:选取坐标(0,0,0)建立节点1,复制移动建立完成71节点,总共72节点。

具体操作如下:查看菜单栏,点选模型>节点>建立,弹出对话框(图5-7),建立节点1坐标(0,0,0),其余71节点可通过节点1复制和移动得到,建立完成,单击确认后关闭。

(2)建立单元:选取1、2节点建立单元1,按顺序依次建立单元2~71,总共71单元。

具体操作如下:查看菜单栏,点选模型>单元>建立,弹出对话框(图5-8),建立节点1坐标(0,0,0),其余71节点可通过节点1复制和移动得到,建立完成,单击确认后关闭。

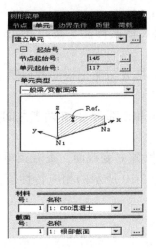

图5-7 建立节点

图5-8 建立单元

4)定义截面

(1)定义根部截面。根部梁高6.8m,根部底板厚80cm,腹板厚度为80cm,顶板厚度为40cm,上、下部倒角分别采用120cm×35cm、50cm×25cm。

具体操作如下:查看菜单栏,点选模型＞材料和截面特性＞截面,弹出对话框,选择PSC截面,输入如图5-9所示的相应特性值,单击确认后关闭。

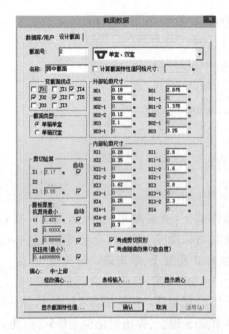 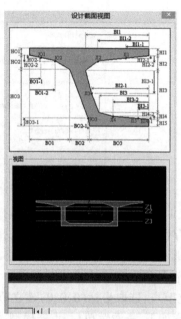

图5-9 定义跨中截面

截面定义完成后,利用Midas/civil软件特有的拖放功能把跨中截面赋予20、21、51、52单元。

(2)定义跨中截面。跨中梁高2.8m,底板厚30cm,腹板厚度为45cm,顶板厚度为28cm,上、下部倒角分别采用120cm×35cm、50cm×25cm。

具体操作如下:查看菜单栏,点选模型＞材料和截面特性＞截面,弹出对话框,选择PSC截面,输入相应特性值,单击确认后关闭。

截面定义完成后,利用Midas/civil软件特有的拖放功能把根部截面赋予1、2、3、4、36、67、68、69、70、71单元。

(3)建立变截面组。根据之前建立的跨中截面和根部截面,在两者之间定义变截面组,分为跨中-根部变截面组、根部-跨中变截面组。

具体操作如下:导入跨中截面和根部截面尺寸,建立变截面。查看菜单栏,点选模型＞材料和截面特性＞变截面组,弹出对话框,输入如图5-10所示的相应特性值,单击转换为变截面,关闭。

5)边界条件

本桥为连续刚构桥,采用悬臂施工,边界条件为:墩梁固结约束、桥墩约束、满堂支架约束以及成桥后两端支座约束。

桥墩采用刚性连接约束,弹出对话框后,主节点为20(或50),选择刚体,点击试用;两端支座约束除x方向平动和y方向转动放开外,其余全部约束;墩梁固结约束采用弹性连接刚性约束,弹出对话框后,选择两点单击适用;满堂支架约束采用弹性连接刚性约束。

边界条件定义完成后,单击工作>边界条件>弹性连接,右键单击选择表格,查看表格如图 5-11 所示。

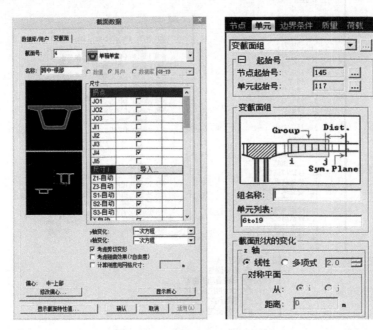

图 5-10 定义跨中—根部变截面组

号	节点1	节点2	类型	角度 ([deg])	SDx (kN/m)	SDy (kN/m)	SDz (kN/m)	SRx (kN*m/rad)	SRy (kN*m/rad)	SRz (kN*m/rad)	剪力弹性支承位置
1	20	73	刚性连	0.00	0.0000	0.0000	0.0000	0.00	0.00	0.00	
2	22	87	刚性连	0.00	0.0000	0.0000	0.0000	0.00	0.00	0.00	
3	51	103	刚性连	0.00	0.0000	0.0000	0.0000	0.00	0.00	0.00	
4	53	114	刚性连	0.00	0.0000	0.0000	0.0000	0.00	0.00	0.00	
5	1	127	刚性连	0.00	0.0000	0.0000	0.0000	0.00	0.00	0.00	
6	72	133	刚性连	0.00	0.0000	0.0000	0.0000	0.00	0.00	0.00	
7	127	143	一般	0.00	100000.00	0.0000	0.0000	0.00	0.00	0.00	
8	133	144	一般	0.00	100000.00	0.0000	0.0000	0.00	0.00	0.00	

图 5-11 部分边界条件

6)定义结构组、钢束组、荷载组和边界组

本连续刚构桥采用对称式悬臂浇筑施工,按第 2 章施工阶段划分荷载组,0～13 号块、边跨合龙、中跨合龙拆除支架以及成桥共计 19 个结构组;49 个钢束组,底板束 14 个、腹板束 14 个、中跨合龙顶板 3 个、中跨合龙底板 10 个、边跨合龙顶板 3 个和边跨合龙底板 5 个;45 个荷载组,包括自重、预应力钢束、挂篮荷载、混凝土湿重;5 边界组,墩梁固结、满堂支架、墩底约束、边跨滑动约束和边跨支座约束。组建立完成后,赋予相应单元。

具体操作如下:查看菜单栏,单选组,弹出对话框,选择结构组右键单击"新建...",输入相应名称,采用拖放功能选择单元,单击确认后关闭。依次建立钢束组、荷载组和边界组即可。具体可参照图 5-12、图 5-13。

7)输入预应力钢束

(1)输入钢束特性值:钢束布置在顶板、腹板和底板,预应力钢束特性值分为顶板束、底板束和腹板束 3 种。

具体操作如下:查看菜单栏,单选荷载>预应力荷载>钢束特性值,弹出对话框,单击添加,完成输入,单击确认后关闭,具体如图 5-14 所示。

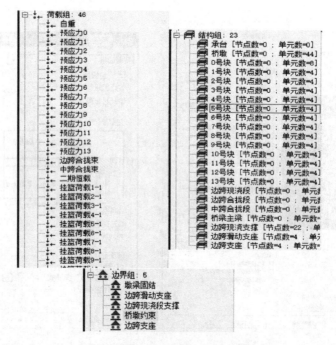

图 5-12 模型定义的结构组、边界组、荷载组

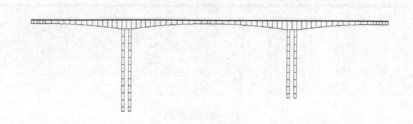

图 5-13 组单元完成的连续刚构桥模型

(2)输入钢束形状。根据相关规范要求的连续刚构桥构造要求,对整个桥梁进行预应力钢束形状初配,计算出钢束上特征点的位置导入 Midas 布置钢束。具体操作如下:查看菜单栏,单选荷载>预应力荷载>钢束布置形状,弹出对话框,单击添加,完成输入,单击确认后关闭,具体如图 5-15 所示。

(3)张拉预应力,输入钢束荷载。每一施工阶段,选择与之对应的静力荷载工况、荷载组、钢束,选择张拉位置,张拉总应力的 75% 为 $1860000 \times 75\% = 1395000 (\mathrm{kPa})$。选择添加,依次输入钢束荷载。

8)自重、挂篮荷载、混凝土湿重

(1)定义静力荷载工况。具体操作如下:荷载>静力荷载工况,定义静力荷载工况,自重、二期荷载、预应力、挂篮荷载、混凝土湿重。

(2)定义自重。具体操作如下:选择荷载>自重,弹出对话框,选择荷载组输入相应数值,单击添加,单击关闭。

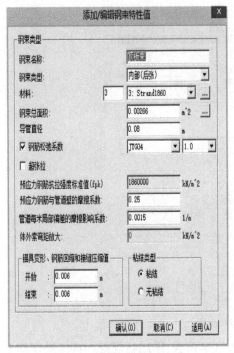

图 5-14　预应力钢束特性值图　　图 5-15　预应力钢束形状布置

(3) 挂篮荷载。软件采用集中力和集中力偶来模拟静力荷载工况中的挂篮荷载。具体操作如下：

选择荷载 > 节点荷载,选择节点,输入荷载值。

(4) 混凝土湿重。混凝土湿重属于节点荷载,操作方法同挂篮荷载。混凝土湿重引起的弯矩和剪力尚未有明确计算公式,可用式(5-2)、式(5-3)近似计算：

$$M_y = \frac{1}{4} \times \gamma \times (A_1 + A_2) \times L^2 \tag{5-2}$$

$$F_z = \frac{1}{2} \times \gamma \times (A_1 + A_2) \times L \tag{5-3}$$

9) 输入二期恒载和温度荷载

(1) 二期恒载。二期恒载是桥面铺装以及护栏等,属于梁单元荷载。具体操作如下：

选择荷载 > 梁单元荷载,输入具体的 ω 值。

(2) 温度荷载。本桥温度荷载设有整体升温、整体降温。

10) 输入移动荷载

(1) 选择规范。本桥采用的是软件自带的移动荷载规范,具体操作如下：

荷载 > 移动荷载分析数据 > 移动荷载规范,选择 China。

(2) 定义车道。本桥宽 12.25m,其中包括 0.50m 宽的防撞护栏、11.25m 宽的行车道、0.50m 宽的防撞护栏。本桥不设人行道,采用三车道,偏心距离分别为 0m、3.75m、3.75m。具体操作如下：

选择荷载 > 移动荷载分析数据 > 车道,弹出对话框,根据需要完成移动荷载的输入(图 5-16),单击确认后关闭。

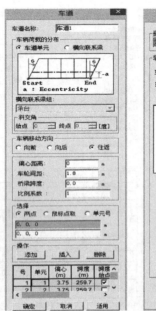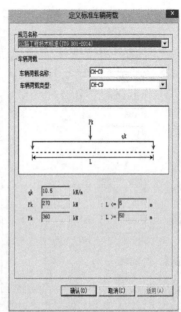

图 5-16 定义移动荷载

(3)定义车辆荷载。本桥设计采用公路—Ⅰ级汽车荷载,采用新规范。具体操作如下:

选择荷载>移动荷载分析数据>车辆荷载,弹出对话框,根据规范完成移动荷载的输入,单击关闭。

(4)定义移动荷载工况。具体操作如下:

选择荷载>移动荷载分析数据>移动荷载工况,添加上述定义的车辆荷载,单击添加。

11)定义施工阶段

(1)施工阶段定义。施工阶段的定义就是软件中模拟实际施工过程,因此要严格按照实际施工情况定义施工阶段,只有这样才是符合实际的。

具体操作如下:

选择荷载>施工阶段分析数据>定义施工阶段(图5-17),本桥定义了桥墩、0~13号块、两端、边跨合龙、中跨合龙、成桥共计19个施工阶段,单击添加。

施工阶段定义时在各个施工阶段里分别定义需要激活和钝化的组,仔细检查防止出现错误,施工阶段定义错误后期运行将出现问题。

(2)定义施工阶段(图5-17)分析控制。具体操作如下:

查看菜单栏,选择分析>施工阶段分析控制,选择参数,完成定义即可。

5.3.2 运行并查看结果

1)运行

具体操作如下:查看菜单栏,选择分析>运行分析,单击运行分析后,弹出对话框,软件会自行分析,直至运行结束。

运行分析结束后,根据左下角分析信息提示的错误,不断修改调整,解决掉施工前的错误后,再次运行分析,如果通过则结束,否则继续修改直至运行分析通过。

运行分析常见错误为边界条件定义有误,结构组、荷载组赋予有误,预应力钢束赋予单元错误没有得到张拉,以及最重要的定义施工阶段错误。

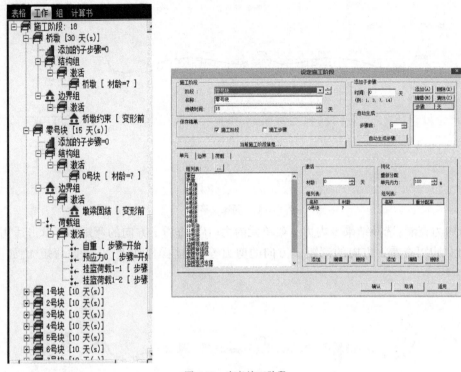

图 5-17　定义施工阶段

2) 定义荷载组合

具体操作如下:

查看菜单栏,选择结果 > 荷载组合 > 混凝土设计,单击自动生成,弹出对话框,选择相应参数,单击确认。

3) 查看结果

查看结构反力、内力、位移及应力,具体操作如下。

(1) 反力查看:选择结果 > 反力 > 反力(R),选择相应参数,查看 F_z 方向,单击适用。具体查看如图 5-18 所示。

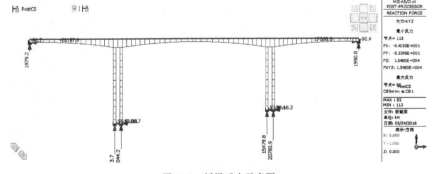

图 5-18　桥梁反力示意图

(2)位移查看:选择结果＞位移＞位移形状(D),选择相应参数,查看D_z方向,单击适用。如图5-19所示。

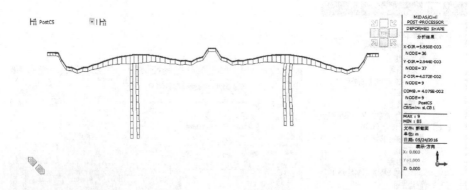

图5-19 桥梁位移图

(3)内力查看:选择结果＞内力＞梁单元内力(B),查看z方向的弯矩M_y,单击适用,完成查看。此处也可查看x方向的弯矩、z方向的剪力等,具体操作如上。z方向弯矩M_y如图5-20所示。

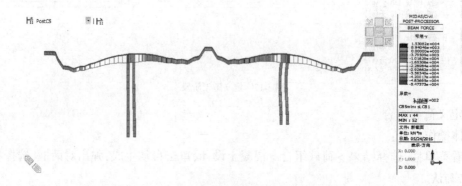

图5-20 桥梁剪力示意图

(4)应力查看:选择结果＞应力＞梁单元应力(B),选择参数,单击适用即可。如图5-21所示。

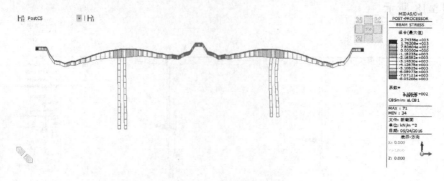

图5-21 梁单元弯矩示意图

5.3.3 PSC 截面设计

1)编辑构件类型

具体操作如下:

设计 > 一般参数设计 > 编辑构件类型,弹出对话框,选择框架梁,窗选 1~71 单元,确认完成梁的定义,单击关闭。如图 5-22 所示。

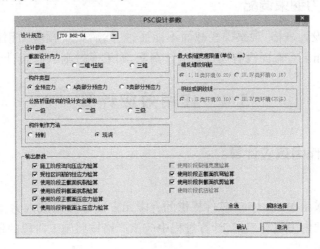

图 5-22　PSC 设计参数图

2)PSC 设计

(1)PSC 设计参数和材料:

①PSC 设计参数定义。具体操作如下:

设计 > PSC 设计 > PSC 设计参数,弹出对话框,窗选 1~69 单元。截面设计内力:二维;构建类型:全预应力;公路桥涵构件的设计安全等级:二级;构件制作方法:现浇。确认完成梁的定义,单击关闭。

②PSC 实际材料定义。具体操作如下:

设计 > PSC 设计 > PSC 设计材料,在 C50、C40 混凝土中加入普通钢筋。主筋选择 HRB400 级钢筋,抗剪钢筋选择 HRB400 级钢筋,单击适用,关闭。如图 5-23 所示。

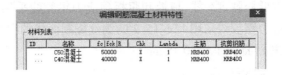

图 5-23　PSC 设计材料图

(2)PSC 设计钢束调整:通过 PSC 设计不断调整结构受力和变形,使其能够满足要求。具体操作:

设计 > PSC 设计 > PSC 设计,根据实际所受内力和位移,不断调整钢束(增加或者减少钢束)的粗细或者添加新的钢筋直至其满足规定要求,完成 PSC 截面设计。

(3)查看 PSC 截面设计结果:通过运行查看结果,表格 > 设计表格 > PSC 设计,查看 PSC

截面设计结果。桥梁结构截面验算可以通过上述步骤以表格的形式查看,结构的截面验算有9个,分别对应施工阶段和使用阶段。其中,施工阶段为正截面法向应力验算和受拉区钢筋的拉应力验算,使用阶段为正截面抗裂验算、斜截面抗裂验算、正截面压应力验算、斜截面主压应力验算、预应力钢筋量估计、正截面抗弯验算和斜截面抗剪验算。只有当结构截面全部都满足时结构才是可以运行通过的,否则仍需修改。

5.3.4 预应力钢束调配

查看上述 PSC 设计表格,观察哪些截面不能通过,然后查看预应力钢筋量估计表调配预应力钢筋;调配后,如果有截面没有通过则继续调配,如果通过则 PSC 设计合格。

5.4 作用效应计算

5.4.1 永久作用效应计算

计算方法:

本连续刚构桥采用 Midas/civil 软件提供的有限元方法计算恒载内力,施工过程中不同的施工方法产生的恒载内力也有差异,计算过程中应该严格按照施工阶段的划分。

1)材料特性取值

混凝土强度等级有 C50、C40 两种,特性取值见表 5-1。

混凝土材料特性取值　　　　表 5-1

混凝土特性值混凝土强度等级	C50	C40
混凝土用途	主桥的箱梁	主桥墩身
弹性模量	$E_c = 3.45 \times 10^4 \mathrm{MPa}$	$E_c = 3.25 \times 10^4 \mathrm{MPa}$
混凝土重度	$\gamma_2 = 26 \mathrm{~kN/m^3}$	$\gamma_1 = 25 \mathrm{~kN/m^3}$
混凝土抗压标准强度	$f_{ck} = 32.4 \mathrm{MPa}$	$f_{ck} = 26.8 \mathrm{MPa}$
混凝土抗拉标准强度	$f_{tk} = 2.65 \mathrm{MPa}$	$f_{tk} = 2.40 \mathrm{MPa}$
线膨胀系数	$\alpha = 1.0 \times 10^{-5}$	$\alpha = 1.0 \times 10^{-5}$

钢绞线:采用高强度低松弛钢绞线,顶板和腹板预应力钢绞线采用 19φ°15.2 的钢丝烧制而成的钢绞线;底板预应力钢绞线采用 15φ°15.2 的钢丝烧制而成的钢绞线;

单根 φ°15.2,公称断面面积 $A = 140.00 \mathrm{mm^2}$;

抗拉强度标准值:$f_{pk} = 1860 \mathrm{MPa}$;

弹性模量:$E_p = 1.95 \times 10^5 \mathrm{MPa}$;

粗钢筋:采用精轧螺纹钢,直径 32mm;

预应力筋管道:连续刚构梁预应力筋采用金属波纹管成孔;

锚具:精轧螺纹钢采用 YM15-19 锚具,钢绞线采用 OVM 锚具。

2)二期恒载

桥面铺装 8.0cm 厚沥青混凝土,浇筑 80cm 混凝土防撞护栏。其中,沥青混凝土重度为

$23kN/m^3$,混凝土重度为$24kN/m^3$。本桥二期恒载为$q = 41.28 \ kN/m$。

5.4.2 作用组合的效应计算

本连续刚构桥有承载能力极限状态、正常使用极限状态短期效应组合以及正常使用极限状态长期效应组合3种极限状态效应组合。

1)承载能力极限状态设计

按《桥规》4.1.5条规定,当公路桥涵结构按承载能力极限状态设计时,对持久设计状况和短暂设计状况应采用作用的基本组合。

基本组合:永久作用的设计值和可变作用设计值相结合。作用基本组合的效应设计值按下式计算:

$$S_{ud} = \gamma_0 S(\sum_{i=1}^{m}\gamma_{Gi}G_{ik}, \gamma_{Q1}\gamma_{L1}Q_{1k}, \psi_c \sum_{j=2}^{n}\gamma_{Lj}\gamma_{Qj}Q_{jk}) \tag{5-4}$$

式中:S_{ud}——承载能力极限状态下作用基本组合的效应设计值;

$S(\cdot)$——作用组合的效应函数;

γ_0——结构的重要性系数,按《桥规》表4.1.5-1规定的结构设计安全等级采用,对应于设计安全等级一级、二级和三级分别取1.1、1.0、0.9;

γ_{Gi}——第i个永久作用效应的分项系数,按《桥规》4.1.5-2表采用;

G_{ik}——第i个永久作用的标准值;

γ_{Q1}——汽车荷载效应(含汽车冲击力、离心力)的分项系数,采用车道荷载计算时,取$\gamma_{Q1} = 1.4$;

Q_{1k}、Q_{1d}——汽车荷载效应(含汽车冲击力、离心力)的标准值和设计值;

γ_{Qj}——在作用组合中除汽车荷载(含汽车冲击力、离心力)、风荷载外的其他第j个可变作用的分项系数,取$\gamma_{Qj} = 1.4$,但风荷载的分项系数取$\gamma_{Qj} = 1.1$;

Q_{jk}——在作用组合中除汽车荷载(包括汽车冲击力、离心力)外的其他第j个可变作用的标准值;

ψ_c——在作用组合中除汽车荷载(含汽车冲击力、离心力)外的其他可变作用的组合值系数,取$\psi_c = 0.75$;

$\psi_c Q_{jk}$——在作用组合中除汽车荷载(包括汽车冲击力、离心力)外的第j个可变作用的组合值;

γ_{Lj}——第j个可变作用的结构是使用年限荷载调整系数。

2)按正常使用极限状态设计时

根据《桥规》4.1.6条规定,公路桥涵结构按正常使用极限状态设计时,应依据不同的设计要求,采用作用的频遇组合或准永久组合,并应符合下列规定。

(1)频遇组合:永久作用标准值与汽车荷载作用频遇值、其他可变作用准永久值相结合。作用频遇组合的效应设计值按下式计算:

$$S_{fd} = S(\sum_{i=1}^{m}G_{ik}, \psi_{f1}Q_{1k}, \sum_{j=2}^{n}\psi_{qj}Q_{jk}) \tag{5-5}$$

式中:S_{fd}——作用频遇组合的效应设计值;

ψ_{qj}——第j个可变作用的准永久值系数,温度梯度作用ψ_q取0.8;

ψ_{f1}——汽车荷载(含汽车冲击力、离心力)的频遇值系数,取 0.7。

(2)准永久组合:永久作用标准值与可变作用准永久值相组合。作用准永久组合的效应设计值按下式计算:

$$S_{qd} = S(\sum_{i=1}^{m} G_{ik}, \sum_{j=1}^{n} \psi_{qj} Q_{jk}) \qquad (5\text{-}6)$$

式中:S_{qd}——作用准永久组合的效应设计值;

ψ_{qj}——第 j 个可变作用的准永久值系数,汽车荷载(不计汽车冲击力)ψ_q 取 0.4。

3)荷载工况及荷载组合

荷载工况定义了某种荷载类型,荷载组合是对定义的荷载工况按照效应组合,乘以相应系数以求出最不利的荷载作用状态。在 Midas/civil 软件建立模型中定义了全部恒载和活载,可依据式(5-4)~式(5-6)建立荷载工况和荷载组合。

本桥荷载工况考虑恒载,活载有施工荷载、汽车荷载,预应力荷载钢束一次、钢束二次,混凝土徐变二次、收缩二次。具体见表5-2、表5-3。

荷载工况　　　　　　　　　　　　　　　　　　　　　　表5-2

名 称	描 述	名 称	描 述
cD	恒载	cCR	徐变二次
cEL	施工荷载	cSH	收缩二次
M	汽车荷载	T[1]	整体温升
cTP	钢束一次	T[2]	整体温降
cTS	钢束二次		

荷载组合表　　　　　　　　　　　　　　　　　　　　　表5-3

名 称	激 活	描 述
cLCB1	承载能力极限状态	基本组合(永久荷载): 1.2(cD) + 1.2(cTS) + 1.0(cCR) + 1.0(cSH)
cLCB2	承载能力极限状态	基本组合: 1.2(cD) + 1.2(cTS) + 1.0(cCR) + 1.0(cSH) + 1.4M
cLCB3	承载能力极限状态	基本组合: 1.2(cD) + 1.2(cTS) + 1.0(cCR) + 1.0(cSH) + 1.4T[1]
cLCB4	承载能力极限状态	基本组合: 1.2(cD) + 1.2(cTS) + 1.0(cCR) + 1.0(cSH) + 1.4T[2]
cLCB5	承载能力极限状态	基本组合: 1.2(cD) + 1.2(cTS) + 1.0(cCR) + 1.0(cSH) + 1.4M + 1.12T[1]
cLCB6	承载能力极限状态	基本组合:1.2(cD) + 1.2(cTS) + 1.0(cCR) + 1.0(cSH) + 1.4M + 1.12T[2]
cLCB7	承载能力极限状态	基本组合(永久荷载): 1.0(cD) + 1.0(cTS) + 1.0(cCR) + 1.0(cSH)
cLCB8	承载能力极限状态	基本组合: 1.0(cD) + 1.0(cTS) + 1.0(cCR) + 1.0(cSH) + 1.4M

续上表

名称	激活	描述
cLCB9	承载能力极限状态	基本组合： $1.0(cD)+1.0(cTS)+1.0(cCR)+1.0(cSH)+1.4T[1]$
cLCB10	承载能力极限状态	基本组合： $1.0(cD)+1.0(cTS)+1.0(cCR)+1.0(cSH)+1.4T[2]$
cLCB11	承载能力极限状态	基本组合： $1.0(cD)+1.0(cTS)+1.0(cCR)+1.0(cSH)+1.4M+1.12T[1]$
cLCB12	承载能力极限状态	基本组合： $1.0(cD)+1.0(cTS)+1.0(cCR)+1.0(cSH)+1.4M+1.12T[2]$
cLCB13	正常使用极限状态	极限组合（永久荷载）： $1.0(cD)+1.0(cTP)+1.0(cTS)+1.0(cCR)+1.0(cSH)$
cLCB14	正常使用极限状态	短期组合： $1.0(cD)+1.0(cTP)+1.0(cTS)+1.0(cCR)+1.0(cSH)+0.7M$
cLCB15	正常使用极限状态	短期组合： $1.0(cD)+1.0(cTP)+1.0(cTS)+1.0(cCR)+1.0(cSH)+1.0T[1]$
cLCB16	正常使用极限状态	短期组合： $1.0(cD)+1.0(cTP)+1.0(cTS)+1.0(cCR)+1.0(cSH)+1.0T[2]$
cLCB17	正常使用极限状态	短期组合： $1.0(cD)+1.0(cTP)+1.0(cTS)+1.0(cCR)+1.0(cSH)+0.7M+1.0T[1]$
cLCB18	正常使用极限状态	短期组合： $1.0(cD)+1.0(cTP)+1.0(cTS)+1.0(cCR)+1.0(cSH)+0.7M+1.0T[2]$
cLCB19	正常使用极限状态	长期组合： $1.0(cD)+1.0(cTP)+1.0(cTS)+1.0(cCR)+1.0(cSH)+0.4M$
cLCB20	正常使用极限状态	长期组合： $1.0(cD)+1.0(cTP)+1.0(cTS)+1.0(cCR)+1.0(cSH)+0.4M+1.0T[1]$
cLCB21	正常使用极限状态	长期组合： $1.0(cD)+1.0(cTP)+1.0(cTS)+1.0(cCR)+1.0(cSH)+0.4M+1.0T[2]$
cLCB22	正常使用极限状态	弹性阶段应力验算组合： $1.0(cD)+1.0(cTP)+1.0(cTS)+1.0(cCR)+1.0(cSH)+1.0M$
cLCB23	正常使用极限状态	弹性阶段应力验算组合： $1.0(cD)+1.0(cTP)+1.0(cTS)+1.0(cCR)+1.0(cSH)+1.0M+1.0T[1]$
cLCB24	正常使用极限状态	弹性阶段应力验算组合： $1.0(cD)+1.0(cTP)+1.0(cTS)+1.0(cCR)+1.0(cSH)+1.0M+1.0T[2]$

4) 查组合结果

根据上述荷载组合,采用式(5-4)选择"恒载+活载"组合计算,分别计算出弯矩和剪力的最大组合值。然后选择最不利组合分别计算出弯矩和剪力的最大值组合。

(1) 恒载+活载

弯矩的最大值组合 $M_y(\max)$ 如图 5-24 所示。剪力的最大值组合 $F_z(\max)$ 如图 5-25 所示。

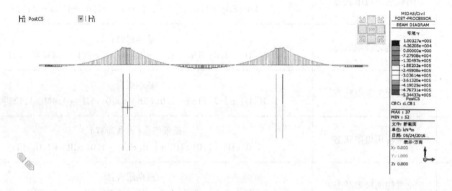

图 5-24 弯矩图

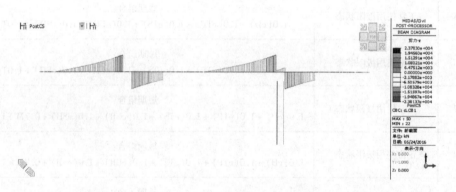

图 5-25 剪力图

(2) 恒载+活载+钢束一次+钢束二次+收缩一次+徐变一次(最不利组合)

弯矩的最大值组合 $M_y(\max)$ 如图 5-26 所示,剪力的最大值组合 $F_z(\max)$ 如图 5-27 所示。

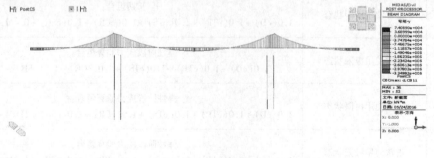

图 5-26 弯矩图

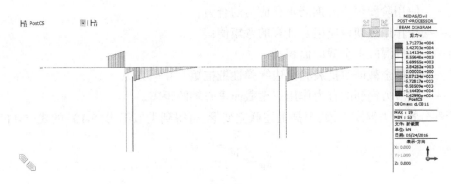

图 5-27 剪力图

5.5 预应力钢束估算布置和有效预应力计算

5.5.1 预应力钢筋估算

预应力钢筋的存在是为了桥梁结构更好的受力,使得结构内力分布合理。桥梁本身应满足《公预规》规定的结构内力、变形、位移、抗裂性等要求,所以结构内部预应力钢筋也是按照规定满足这些要求布置的。

桥梁结构要进行两种极限状态计算,分别是承载能力极限状态计算和正常使用极限状态计算。在两种极限状态计算最不利荷载组合下,预应力结构混凝土梁以抗裂性为控制设计,设计时应严格满足抗裂性要求。结构抗裂性主要与结构截面和预加力有关,本桥截面之前已经确定,所以结构抗裂主要是应从预加力上考虑。

桥梁结构中布置有预应力钢筋和非预应力钢筋。其中,预应力钢筋数量可根据抗裂性确定,非预应力钢筋数量主要根据构造配置。具体计算如下。

1)预应力钢筋数量估算

预应力钢筋数量估算一般步骤:计算使用阶段预应力钢筋永存应力合力、计算所需预应力钢筋总面积以及两者相除得到预应力钢筋数量。

(1)本桥按照作用短期效应组合进行正截面抗裂性验算,计算出法向拉应力应满足式(5-7):

$$\sigma_{st} - 0.85\sigma_{pc} \leq 0 \tag{5-7}$$

式(5-7)中 σ_{pc} 可通过式(5-8)计算:

$$\sigma_{pc} = \frac{N_p}{A_n} + \frac{N_p e_{pn}}{W_n} \tag{5-8}$$

联立式(5-7)、式(5-8)得

$$\frac{M_s}{W} - 0.85 N_p \left(\frac{1}{A} + \frac{e_p}{W} \right) \leq 0 \tag{5-9}$$

其中,通过 N_p 得到使用阶段预应力钢筋永存应力合力 N_{pe}:

$$N_{pe} \geq \frac{\dfrac{M_s}{W}}{0.85 \left(\dfrac{1}{A} + \dfrac{e_p}{W} \right)} \tag{5-10}$$

式中:N_{pe}——使用阶段预应力钢筋永存应力的合力;

M_s——按作用短期效应组合计算的弯矩值;

A——构件混凝土全截面面积;

W——构件全截面对抗裂验算边缘弹性抵抗矩;

e_p——预应力钢筋的合力作用点至截面重心轴的距离。

对于部分预应力混凝土梁,根据上述联立变形,可得到类似于式(5-10)的式(5-11):

$$N_{pe} \geq \frac{\dfrac{M_s}{W} - 0.7f_{tk}}{\dfrac{1}{A} + \dfrac{e_p}{W}} \tag{5-11}$$

其中参数详见式(5-10)。

(2)根据相关规范确定适当的张拉控制应力和相应预应力损失(材料为钢绞线的后张法预应力构件 $\sigma_l = 0.2\sigma_{con}$),可通过式(5-12)估算出所需要的预应力钢筋面积。

$$A_p = \frac{N_{pe}}{(1-0.2)\sigma_{con}} \tag{5-12}$$

式中:A_p——预应力钢筋总面积;

σ_{con}——张拉控制应力。

(3)预应力钢束数量(n_1)按照式(5-13)计算得:

$$n_1 = \frac{A_p}{A_{p1}} \tag{5-13}$$

式中:A_{p1}——一束预应力钢束的面积。

2)非预应力钢筋数量估算

本桥为全预应力结构,非预应力钢筋按构造配置即可。

3)最小配筋率的要求

根据《公预规》9.1.12条规定,最小配筋率应满足式(5-14):

$$\frac{M_u}{M_{cr}} \geq 1.0 \tag{5-14}$$

$$M_{cr} = (\sigma_{pc} + \gamma f_{tk})W_0 \tag{5-15}$$

式中:M_u——受弯构件正截面抗弯承载力设计值;

M_{cr}——受弯构件正截面开裂弯矩值。

5.5.2 预应力钢束的估算

本桥顶板和腹板预应力钢筋采用19束直径15.2mm的钢绞线,底板采用15束直径15.2mm的钢绞线,钢绞线为1860MPa,取强度值75%为张拉控制应力,即1860×75% = 1395MPa。Midas/civil软件建模中先试算再不断调整直至全部满足要求。

5.5.3 预应力钢束的布置

1)布置原则

连续刚构桥预应力钢束的布置除满足规范要求的构造要求外,还应考虑预应力钢筋的束界和弯起位置及角度。

预应力钢束其重心应布置在束界内,这样才能保证结构受力合理,确保施工和使用阶段都不会超过界限值。弯起角度不宜过大,否则弯起处摩擦会很大,弯起角度和弯起长度应根据桥梁实际受力合理布置。

预应力钢筋应注意平、竖弯曲线的配合及钢束之间的空间位置。钢束一般应尽可能早地平弯,在锚固前竖弯,竖弯时应特别注意上下层钢束空间位置分布,避免间距过小或过大。预应力钢束中较长钢束应布置在上层,短束可布置在下层,这样对预应力钢束受力比较好。预应力钢束应避免多次弯曲,这样容易增大预应力损失,对结构后期受力不利。同时,预应力钢束布置也应注意避免在超静定结构中引起过大内力,从而破坏结构,影响后期正常使用。

2) 预应力钢束弯起点和弯起角度

根据相关规范,参考《结构设计原理》(叶见曙主编,后同),预应力钢束弯起点应根据结构实际受力合理布置,弯起处剪力开始发生较大变化,弯起完成后负弯矩逐渐增大。因此,要考虑结构受剪和受弯两方面,而弯起角度可根据规范要求,参考实际工作经验合理选择。

3) 预应力钢束布置的具体要求及锚具

本连续刚构桥采用后张法施工预应力。按照《公预规》9.4.9 条规定,直线管道之间的水平净距不应小于40mm,且不宜小于管道直径的0.6倍;孔道内经的截面面积不应小于预应力钢束截面面积的2倍。

4) 部分预应力钢筋线形坐标

根据以上原则配预应力钢筋。

5.5.4 预应力损失计算

根据《公预规》6.2.1 条规定,同时参照《结构设计原理》,预应力结构采用后张法张拉,在正常使用极限状态计算中,需考虑下列预应力损失:

(1) 预应力筋与管道壁间摩擦引起的应力损失 σ_{l1};

(2) 锚具变形、钢筋回缩和接缝压缩引起的应力损失 σ_{l2};

(3) 混凝土弹性压缩引起的应力损失 σ_{l4};

(4) 钢筋松弛引起的应力损失 σ_{l5};

(5) 混凝土收缩和徐变引起的应力损失 σ_{l6}。

其中,由于是墩梁固结,所以不考虑预应力钢筋和台座之间的温差引起的预应力损失。下面将根据《结构设计原理》介绍上述5种预应力损失。

1) 磨阻损失

磨阻损失是指预应力筋与管道间的摩擦引起的预应力损失,按照式(5-16)计算得到:

$$\sigma_{l1} = \frac{N_{con} - N_x}{A_p} = \sigma_{con}[1 - e^{-(\mu\theta - kx)}] \tag{5-16}$$

式中: σ_{con} ——张拉钢筋时锚下控制应力;

A_p ——预应力钢束截面面积;

x ——从张拉端至计算截面间管道长度在构件纵轴上的投影长度;

θ ——从张拉端至计算截面间管道平面曲线的夹角之和;

k ——管道每米长度的局部偏差对摩擦的影响系数,见表5-4;

μ——钢筋与管道之间的摩擦系数,见表 5-4。

系数 k 及 μ 的值   表 5-4

管 道 类 型	k	μ
橡胶管抽芯成型的管道	0.0015	0.55
铁皮套管	0.0030	0.35
金属波纹管	0.0020~0.0030	0.20~0.26

2) 锚具变形损失

锚具变形,钢筋回缩和拼装构件的接缝压缩损失,其中接缝压缩损失只计算第一次。按式(5-17)计算如下:

$$\sigma_{l2} = \frac{\sum \Delta l}{l} E_p \tag{5-17}$$

式中:$\sum \Delta l$——张拉端锚具变形、钢筋回缩和接缝压缩值之和;

l——张拉端至锚固端之间的距离;

E_p——预应力钢筋的弹性模量。

为减小预应力损失,可采用超张拉,或者选用 $\sum \Delta l$ 值小的锚具。

3) 混凝土弹性压缩损失

预应力混凝土构件采用后张法张拉预应力钢筋,对于受到压力的混凝土构件来说,本身受压变形会导致与预应力钢束之间产生位移,从而引起预应力损失。混凝土弹性压缩引起的预应力损失可按式(5-18)计算:

$$\sigma_{l4} = \alpha_{EP} \sum \Delta \sigma_{pc} \tag{5-18}$$

式中:α_{EP}——预应力钢筋弹性模量与混凝土弹性模量的比值;

$\sum \Delta \sigma_{pc}$——在计算截面上先张拉的钢筋重心处,由后张拉各批钢筋产生的混凝土法向应力之和。

若逐一计算 $\sum \Delta \sigma_{pc}$ 的值较为烦琐,可用式(5-19)近似计算:

$$\sigma_{l4} = \frac{\alpha_{EP} \sigma_{pc}(N-1)}{N} \tag{5-19}$$

4) 钢筋松弛损失

预应力钢筋松弛引起的损失是指预应力钢束在施工过程中采用超张拉后引起的松弛损失。《公预规》6.2.6 条规定,对于预应力钢丝、钢绞线,可按照(式 5-20)计算得到:

$$\sigma_{l5} = \psi \zeta \left(0.52 \frac{\sigma_{pe}}{f_{pk}} - 0.26\right) \sigma_{pe} \tag{5-20}$$

式中:ψ——张拉系数,一次张拉时取 1.0,超张拉时取 0.9;

ζ——钢筋松弛系数,一级松弛取 1.0,二级松弛取 0.3;

σ_{pe}——传力锚固时的钢筋应力。

5) 混凝土收缩和徐变损失

混凝土收缩和徐变引起的预应力损失是由于混凝土变形而导致的微小移动。混凝土收缩徐变损失可按式(5-21)、式(5-22)计算得到:

受拉区预应力钢筋的应力损失:

$$\sigma_{l6}(t) = \frac{0.9[E_p \varepsilon_{cs}(t,t_0) + \alpha_{EP} \sigma_{pc} \varphi(t,t_0)]}{1 + 15\rho\rho_{ps}} \tag{5-21}$$

式中：σ_{pc}——构件受拉区全部纵向钢筋截面重心处由混凝土收缩徐变引起的预应力损失；

$\quad E_p$——预应力钢筋的弹性模量；

$\quad \alpha_{EP}$——预应力钢筋弹性模量与混凝土弹性模量的比值；

$\quad \rho$——构件受拉区全部纵向钢筋配筋率；

$\quad \rho_{ps}$——$\rho_{ps} = 1 + e_{ps}^2/i^2$，$i$ 为回转半径，e_{ps} 为构件受拉区预应力钢筋和非预应力钢筋截面重心至构件截面重心轴的距离；

$\quad \varepsilon_{cs}(t,t_0)$——预应力钢筋传力锚固龄期为 t_0，计算考虑龄期为 t 时的混凝土收缩应变，其终值可由表查得到；

$\quad \varphi(t,t_0)$——加载龄期为 t_0，计算考虑龄期为 t 时的徐变系数，其终值可由表查得到。

$$\sigma'_{l6}(t) = \frac{0.9[E_p \varepsilon_{cs}(t,t_0) + \alpha_{EP} \sigma'_{pc} \varphi(t,t_0)]}{1 + 15\rho'\rho'_{ps}} \tag{5-22}$$

式中：$\sigma'_{l6}(t)$——构件受压区全部纵向钢筋截面重心处由混凝土收缩徐变引起的应力损失；

$\quad \sigma'_{pc}$——构件受压区全部纵向钢筋截面重心处由预应力和结构自重产生的混凝土法向应力；

$\quad \rho'$——构件受压区全部纵向钢筋配筋率；

$\quad \rho'_{ps}$——构件受压区预应力钢筋和非预应力钢筋截面重心至构件截面重心轴的距离，由如下公式计算 $\rho'_{ps} = 1 + e'^2_{ps}/i^2$。

5.5.5 有效预应力计算

1）预应力损组合

不同阶段的预应力损失不同，折旧导致不同阶段的有效预应力也不相同，所以要采用预应力损失组合来表示。有效预应力 σ_{pe} 等于锚下控制应力 σ_{con} 扣除相应阶段的应力损失 σ_l 后的实际预存应力值，即 $\sigma_{pe} = \sigma_{con} - \sigma_l$。参考《结构设计原理》后张法预应力各阶段预应力损失组合，见表 5-5。

后张法预应力各阶段预应力损失组合　　　　表 5-5

预应力损失组合	后张法构件
传力锚固时的损失（第一批）σ_{lI}	$\sigma_{l1} + \sigma_{l2} + \sigma_{l4}$
传力锚固后的损失（第二批）σ_{lII}	$\sigma_{l5} + \sigma_{l6}$

2）预应力钢筋有效预应力

（1）预加应力阶段有效预应力计算公式如下：

$$\sigma_{pe} = \sigma_{pI} = \sigma_{con} - \sigma_{lI} \tag{5-23}$$

（2）使用阶段有效预应力即永存应力计算公式如下：

$$\sigma_{pe} = \sigma_{pII} = \sigma_{con} - (\sigma_{lI} + \sigma_{lII}) \tag{5-24}$$

本连续刚构桥选择 2 号墩 0 号块上顶板预应力钢束 3 分析,按式(5-23)、式(5-24)得到初始预应力、预应力损失和永存应力,如图 5-28 所示。

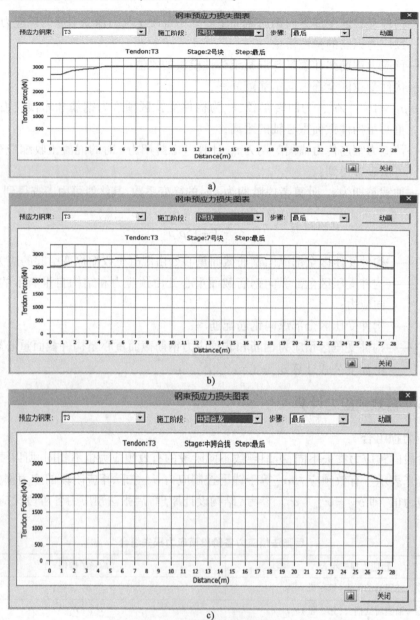

图 5-28 顶板预应力损失图
a)2 号块;b)7 号块;c)中跨合龙

5.6 截面验算

运行 Midas/civil 软件,调整相应参数后进行 PSC 截面设计,在不同的受力状态下,验算截面,不断调整使其能够满足极限状态的要求,步骤如下:

(1) 编辑构件类型,本桥选择梁>框架梁。
(2) 设置 PSC 设计的参数和材料:本设计中的设计内力为三维,全预应力混凝土构件,主梁为 C50 混凝土,主筋为 HRB400 钢筋,箍筋为 HPB300 钢筋。
(3) 确定 PSC 截面设计位置,选择 I&J。
(4) 进行 PSC 设计运行。
(5) 查看 PSC 设计表格,并对 PSC 设计中验算不满足的设计内力进行分析。对于在 PSC 设计的所有验算内容(除使用阶段抗扭验算外)都要进行复核检查,若不满足可在必要时调整钢束的布置和钢束的截面积,对于斜截面抗剪中的截面验算不满足要求的截面进行重新设计,使之符合要求。

5.6.1 持久状况截面承载能力极限状态验算

持久状况截面承载能力极限状态验算是为了满足结构安全性所做的承载能力极限状态验算,验算通过则可以保证截面安全性。本验算是使用阶段正截面抗弯验算,具体计算如下。

根据《结构设计原理》预应力构件在承载能力极限状态设计下,正截面、斜截面抗弯都有可能破坏,因此要进行正截面抗弯验算,本连续刚构桥为单箱单室截面因此可以参照 T 形截面计算。

当满足 $f_{pd}A_p \leqslant f_{cd}b'_f x$ 时,按式(5-25)进行验算。

$$\gamma_0 M_d \leqslant M_u = f_{cd}bx\left(h_0 - \frac{x}{2}\right) \tag{5-25}$$

式中,γ_0 为结构重要性系数;$x = f_{pd}A_p/f_{cd}b'_f$,且 $x \leqslant \zeta_b h_0$。

当不满足 $f_{pd}A_p \leqslant f_{cd}b'_f x$ 时,按式(5-26)进行验算:

$$\gamma_0 M_d \leqslant f_{cd}\left[bx\left(h_0 - \frac{x}{2}\right) + (b'_f - b)h'_f\left(h_0 - \frac{h'_f}{2}\right)\right] \tag{5-26}$$

式中,x 根据 $f_{pd}A_p = f_{cd}[bx + (b'_f - b)h'_f]$ 来计算。

运行后验算结果见表 5-6。

使用阶段正截面抗弯验算表　　　　　表 5-6

单元	位置	最大/最小	组合名称	类型	验算	γ_{Mu}(kN·m)	M_n(kN·m)
1	I[1]	最大	cLCB6	FX-MAX	OK	62392.9298	98325.0261
		最小	cLCB9	FX-MIN	OK	36211.1681	98325.0261
	J[2]	最大	cLCB6	FX-MAX	OK	62386.0947	94402.3123
		最小	cLCB11	FX-MIN	OK	40426.5595	94402.3123
2	I[2]	最大	cLCB5	FX-MAX	OK	64893.1276	82947.2018
		最小	cLCB12	FX-MIN	OK	36119.4481	82947.2018
	J[3]	最大	cLCB5	FX-MAX	OK	63254.3713	83034.2532
		最小	cLCB12	FX-MIN	OK	40428.96	83034.2532
3	I[3]	最大	cLCB5	FX-MAX	OK	66700.6989	77257.152
		最小	cLCB12	FX-MIN	OK	29262.7545	77257.152
	J[4]	最大	cLCB5	FX-MAX	OK	64870.4817	82947.2018
		最小	cLCB12	FX-MIN	OK	36147.3631	82947.2018

续上表

单元	位置	最大/最小	组合名称	类型	验算	γ_{Mu}(kN·m)	M_n(kN·m)
4	I[4]	最大	cLCB5	FX-MAX	OK	67448.3448	77257.152
		最小	cLCB12	FX-MIN	OK	28604.3361	77257.152
	J[5]	最大	cLCB5	FX-MAX	OK	65400.4007	82947.2018
		最小	cLCB12	FX-MIN	OK	35613.236	82947.2018
5	I[5]	最大	cLCB5	FX-MAX	OK	65422.9034	82947.2018
		最小	cLCB12	FX-MIN	OK	35585.2215	82947.2018
	J[6]	最大	cLCB5	FX-MAX	OK	63758.0633	83034.2532
		最小	cLCB12	FX-MIN	OK	40010.144	83034.2532
6	I[6]	最大	cLCB6	FX-MAX	OK	62221.4288	94402.3366
		最小	cLCB11	FX-MIN	OK	40684.241	94402.3366
	J[7]	最大	cLCB6	FX-MAX	OK	62253.9078	98325.0205
		最小	cLCB9	FX-MIN	OK	36806.5577	98325.0205
7	I[7]	最大	cLCB6	FX-MAX	OK	62355.7761	98624.5939
		最小	cLCB9	FX-MIN	OK	36607.0772	98624.5939
	J[8]	最大	cLCB6	FX-MAX	OK	58188.1247	102034.1587
		最小	cLCB11	FX-MIN	OK	24243.7511	102034.1587

5.6.2 持久状况正常使用极限状态验算

全预应力混凝土构件必须进行持久状况正常使用极限状态验算。

1) 使用阶段正截面抗裂验算

本连续刚构桥为全预应力混凝土构件,应进行持久状况正常使用极限状态验算。本桥按式(5-27)计算:

$$\sigma_{st} - 0.85\sigma_{pc} \leq 0 \tag{5-27}$$

其中对于分段浇筑构件,按式(5-28)计算:

$$\sigma_{st} - 0.80\sigma_{pc} \leq 0 \tag{5-28}$$

计算结果见表5-7。

正截面抗裂验算数据表　　表5-7

单元	位置	组合名称	类型	验算	Sig_T (kN/m²)	Sig_B (kN/m²)	Sig_BR (kN/m²)	Sig_MAX (kN/m²)
46	J[46]	cLCB18	FX-MIN	OK	1015.8643	5731.2897	5731.2897	1015.8643
	I[46]	cLCB18	FX-MIN	OK	131.4543	6456.2846	6456.2846	131.4543
47	J[47]	cLCB18	FX-MIN	OK	1018.9291	6039.4382	6039.4382	1018.9291
	I[47]	cLCB18	FX-MIN	OK	212.3977	6702.5091	6702.5091	212.3977
48	J[48]	cLCB18	FX-MIN	OK	1031.4953	6790.5601	6790.5601	1031.4953
	I[48]	cLCB18	FX-MIN	OK	265.9431	7283.8162	7283.8162	265.9431

续上表

单元	位置	组合名称	类型	验算	Sig_T (kN/m²)	Sig_B (kN/m²)	Sig_BR (kN/m²)	Sig_MAX (kN/m²)
49	J[49]	cLCB18	FX-MIN	OK	1089.4361	7339.0815	7339.0815	1089.4361
	I[49]	cLCB18	FX-MIN	OK	352.8461	7693.6714	7693.6714	352.8461
50	J[50]	cLCB18	FX-MIN	OK	1134.682	7730.5632	7730.5632	1134.682
	I[50]	cLCB18	FX-MIN	OK	424.3446	7973.2971	7973.2971	424.3446
51	J[51]	cLCB18	FX-MIN	OK	452.4167	7942.6792	7942.6792	452.4167
	I[51]	cLCB18	FX-MIN	OK	1164.3709	7697.3737	7697.3737	1164.3709
52	J[52]	cLCB18	FX-MIN	OK	382.5244	7660.4939	7660.4939	382.5244
	I[52]	cLCB18	FX-MIN	OK	1120.4773	7303.4574	7303.4574	1120.4773
53	J[53]	cLCB18	FX-MIN	OK	296.966	7248.2062	7248.2062	296.966
	I[53]	cLCB18	FX-MIN	OK	1063.5313	6752.7535	6752.7535	1063.5313
54	J[54]	cLCB18	FX-MIN	OK	244.4096	6664.717	6664.717	244.4096
	I[54]	cLCB18	FX-MIN	OK	1051.4944	5999.859	5999.859	1051.4944
55	J[55]	cLCB18	FX-MIN	OK	163.994	6416.6701	6416.6701	163.994
	I[55]	cLCB18	FX-MIN	OK	1048.426	5690.4247	5690.4247	1048.426
56	J[56]	cLCB18	FX-MIN	OK	135.4604	6126.2244	6126.2244	135.4604
	I[56]	cLCB18	FX-MIN	OK	1603.2111	4670.0423	4670.0423	1603.2111
57	J[57]	cLCB18	FX-MIN	OK	272.4042	5579.8417	5579.8417	272.4042
	I[57]	cLCB18	FX-MIN	OK	1908.4347	3769.0848	3769.0848	1908.4347
58	J[58]	cLCB18	FX-MIN	OK	1174.0894	5238.6738	5238.6738	1174.0894
	I[58]	cLCB18	FX-MAX	OK	3337.7593	2221.8818	2221.8818	2221.8818
59	J[59]	cLCB18	FX-MIN	OK	1220.8189	5332.5935	5332.5935	1220.8189
	I[59]	cLCB18	FX-MAX	OK	3560.2184	1973.2773	1973.2773	1973.2773

2) 使用阶段斜截面抗裂验算

持久状况正常使用极限状态验算除了使用阶段正截面抗裂验算,还应进行使用阶段斜截面抗裂验算。具体操作如下:

对于全预应力混凝土现场浇筑构件,作用短期效应组合下应满足式(5-29):

$$\sigma_{tp} \leq 0.4 f_{tk} \tag{5-29}$$

根据式(5-29)进行部分验算结果见表5-8。

使用阶段斜截面抗裂验算表 表5-8

单元	位置	组合名称	类型	验算	Sig_P9 (kN/m²)	Sig_P10 (kN/m²)	Sig_MAX (kN/m²)	Sig_AP (kN/m²)
46	J[46]	cLCB18	FX-MAX	OK	-103.4127	-103.4127	-189.034	-1060
	I[46]	cLCB18	FX-MAX	OK	110.2334	110.2334	-114.6123	-1060

续上表

单元	位置	组合名称	类型	验算	Sig_P9 (kN/m²)	Sig_P10 (kN/m²)	Sig_MAX (kN/m²)	Sig_AP (kN/m²)
47	J[47]	cLCB18	FX-MAX	OK	-167.0297	-167.0297	-305.8202	-1060
	I[47]	cLCB18	FX-MAX	OK	68.6032	68.6032	-232.8806	-1060
48	J[48]	cLCB18	FX-MAX	OK	-117.7931	-117.7931	-264.9227	-1060
	I[48]	cLCB18	FX-MAX	OK	85.5236	85.5236	-176.1634	-1060
49	J[49]	cLCB18	FX-MAX	OK	-95.7098	-95.7098	-300.2793	-1060
	I[49]	cLCB18	FX-MAX	OK	94.1985	94.1985	-213.117	-1060
50	J[50]	cLCB18	FX-MAX	OK	-21.3436	-21.3436	-214.0813	-1060
	I[50]	cLCB18	FX-MAX	OK	116.7925	116.7925	-151.9625	-1060
51	J[51]	cLCB18	FX-MIN	OK	56.7606	56.7606	-243.4192	-1060
	I[51]	cLCB18	FX-MIN	OK	-152.6418	-152.6418	-342.1268	-1060
52	J[52]	cLCB18	FX-MIN	OK	-18.3275	-18.3275	-348.6599	-1060
	I[52]	cLCB18	FX-MIN	OK	-324.1863	-324.1863	-459.4611	-1060
53	J[53]	cLCB18	FX-MIN	OK	118.1939	118.1939	-88.8148	-1060
	I[53]	cLCB18	FX-MIN	OK	-300.4967	-300.4967	-413.8721	-1060
54	J[54]	cLCB18	FX-MIN	OK	131.5674	131.5674	-113.2384	-1060
	I[54]	cLCB18	FX-MIN	OK	-289.9839	-289.9839	-435.1406	-1060
55	J[55]	cLCB18	FX-MIN	OK	187.6498	187.6498	-6.6003	-1060
	I[55]	cLCB18	FX-MIN	OK	-167.6906	-167.6906	-299.7577	-1060
56	J[56]	cLCB18	FX-MAX	OK	-394.7225	-394.7225	-394.7225	-1060
	I[56]	cLCB18	FX-MAX	OK	95.3234	95.3234	-28.0786	-1060
57	J[57]	cLCB18	FX-MAX	OK	-532.2135	-532.2135	-532.2135	-1060
	I[57]	cLCB18	FX-MAX	OK	31.7625	31.7625	-138.057	-1060
58	J[58]	cLCB18	FX-MAX	OK	-537.9314	-537.9314	-537.9314	-1060
	I[58]	cLCB18	FX-MAX	OK	16.1738	16.1738	-111.0087	-1060
59	J[59]	cLCB18	FX-MAX	OK	-567.5881	-567.5881	-567.5881	-1060
	I[59]	cLCB18	FX-MAX	OK	-138.857	-138.857	-377.0708	-1060

3)正常使用阶段预应力混凝土构件受压区混凝土最大压应力验算

正常使用阶段应验算受压区混凝土斜截面主压应力和正截面压应力。

(1)对于预应力混凝土构件,使用阶段斜截面主压应力验算应满足式(5-30):

$$\sigma_{cp} \leq 0.6 f_{ck} \tag{5-30}$$

式中:σ_{cp}——作用标准值效应组合和预应力产生的混凝土主压应力按式(5-31)计算:

$$\sigma_{cp} = \frac{\sigma_{cx}}{2} + \sqrt{\frac{\sigma_{cx}^2}{4} + \tau^2} \tag{5-31}$$

$$\sigma_{cx} = \frac{N_p}{A_n} \pm \frac{M_P}{I_n}y_n \mp \frac{M_{gl}}{I_n}y_n \mp \frac{M_s - M_{gl}}{I_0} \tag{5-32}$$

$$\tau = \frac{V_{gl}S_n}{I_n b} + \frac{(V_s - V_{gl})S_0}{I_0 b} - \frac{V_p S_n}{I_n b} \tag{5-33}$$

式中：σ_{cx}——荷载标准值组合和预应力产生的混凝土法向应力；
τ——荷载标准值组合和预应力产生的混凝土剪应力。

根据式 9-6 进行部分验算结果见表 5-9。

使用阶段斜截面主压应力验算表　　　　　　　　　　　表 5-9

单元	位置	组合名称	类型	验算	Sig_P1 (kN/m²)	Sig_P2 (kN/m²)	Sig_P3 (kN/m²)	Sig_MAX (kN/m²)
1	I[1]	cLCB23	FX-MAX	OK	12632.7143	12632.7143	2035.5779	12632.7143
	J[2]	cLCB23	FX-MAX	OK	11808.7068	11808.7068	3664.1746	11808.7068
2	I[2]	cLCB23	FX-MAX	OK	11808.7018	11808.7018	3664.1607	11808.7018
	J[3]	cLCB23	FX-MAX	OK	11247.1874	11247.1874	4769.9092	11247.1874
3	I[3]	cLCB23	FX-MAX	OK	11247.1874	11247.1874	4769.9092	11247.1874
	J[4]	cLCB23	FX-MAX	OK	11013.9028	11013.9028	5303.4745	11013.9028
4	I[4]	cLCB23	FX-MAX	OK	11005.1077	11005.1077	7834.1492	11005.1077
	J[5]	cLCB23	FX-MIN	OK	9517.1947	9517.1947	11236.1833	11236.1833
5	I[5]	cLCB23	FX-MIN	OK	9520.2822	9520.2822	11215.4562	11215.4562
	J[6]	cLCB23	FX-MIN	OK	9525.8243	9525.8243	11291.3441	11291.3441
6	I[6]	cLCB23	FX-MIN	OK	10799.0956	10799.0956	12335.5327	12335.5327
	J[7]	cLCB23	FX-MIN	OK	10194.9618	10194.9618	13187.9488	13187.9488
7	I[7]	cLCB23	FX-MIN	OK	11185.6756	11185.6756	13041.2045	13041.2045
	J[8]	cLCB23	FX-MIN	OK	9777.0829	9777.0829	14580.6896	14580.6896
8	I[8]	cLCB23	FX-MIN	OK	11729.8215	11729.8215	14260.9514	14260.9514
	J[9]	cLCB23	FX-MIN	OK	10301.8111	10301.8111	15500.4877	15500.4877
9	I[9]	cLCB23	FX-MIN	OK	11260.6383	11260.6383	15335.9684	15335.9684
	J[10]	cLCB23	FX-MIN	OK	9745.7191	9745.7191	16030.3046	16030.3046
10	I[10]	cLCB23	FX-MIN	OK	11627.1919	11627.1919	14578.0588	14578.0588
	J[11]	cLCB23	FX-MIN	OK	10304.8598	10304.8598	15016.6487	15016.6487
11	I[11]	cLCB23	FX-MIN	OK	11230.2932	11230.2932	13815.5293	13815.5293
	J[12]	cLCB23	FX-MIN	OK	9738.0261	9738.0261	14220.6228	14220.6228
12	I[12]	cLCB23	FX-MIN	OK	11484.0717	11484.0717	12957.6673	12957.6673
	J[13]	cLCB23	FX-MIN	OK	10182.2971	10182.2971	13021.2307	13021.2307
13	I[13]	cLCB23	FX-MAX	OK	12337.414	12337.414	9661.8083	12337.414
	J[14]	cLCB23	FX-MIN	OK	9667.1316	9667.1316	12109.9965	12109.9965
14	I[14]	cLCB23	FX-MAX	OK	12442.0232	12442.0232	8933.5264	12442.0232
	J[15]	cLCB23	FX-MAX	OK	11015.2229	11015.2229	9186.1462	11015.2229

(2)对于预应力混凝土构件进行使用阶段正截面压应力验算,二期恒载、活载作用按照换算截面计算。具体按式(5-34)计算:

$$\sigma_{cu} = \sigma_{pt} + \sigma_{kc} = \left(\frac{N_p}{A_n} - \frac{N_p e_{pn}}{W_{nu}}\right) + \frac{M_{G1}}{W_{nu}} + \frac{M_{G2}}{W_{0u}} + \frac{M_Q}{W_{0u}} \qquad (5\text{-}34)$$

式中:N_p——预应力和非预应力筋的合力;

W_{nu}——构件混凝土净截面对截面上沿的抵抗矩;

e_{pn}——预应力钢筋和非预应力钢筋合力的作用点至构件净截面重心轴的距离。

5.6.3 施工阶段法向应力验算

预应力混凝土构件除了进行持久状况验算,还应计算短暂状况验算,施工过程中的短期作用与构件自重等引起截面应力,应符合限值要求。

施工阶段正截面法向应力应满足式(5-35):

$$\sigma_{ct}^t = \frac{N_{p0}}{W_{ns}} + \frac{M_{p0}}{W_{ns}} - \frac{M_{gl}}{W_{ns}} \leq 0.7 f_{ck} \qquad (5\text{-}35)$$

$$\sigma_{cc}^t = \frac{N_{p0}}{W_{ns}} + \frac{M_{p0}}{W_{ns}} - \frac{M_{gl}}{W_{ns}} \leq f_{ck} \qquad (5\text{-}36)$$

根据式(5-35)、式(5-36)进行部分验算结果见表5-10。

施工阶段法向应力验算表 表5-10

单元	位置	最大/最小	阶段	验算	Sig_T (kN/m²)	Sig_B (kN/m²)	Sig_MAX (kN/m²)	Sig_ALW (kN/m²)
45	I[45]	最大	边跨现浇	OK	4662.8348	8251.3294	8251.3294	18144
		最小	5号块	OK	1690.9003	-327.3506	-327.3506	-1484
	J[45]	最大	边跨现浇	OK	3494.347	8880.9694	8880.9694	18144
		最小	5号块	OK	1628.977	-160.9353	-160.9353	-1484
46	I[46]	最大	边跨现浇	OK	4589.7763	9036.3544	9036.3544	18144
		最小	5号块	OK	2787.2155	21.389	21.389	-1484
	J[46]	最大	边跨现浇	OK	3959.774	9066.6742	9066.6742	18144
		最小	5号块	OK	2909.2986	-36.8725	-36.8725	-1484
47	I[47]	最大	边跨现浇	OK	5019.9498	9188.949	9188.949	18144
		最小	5号块	OK	4017.7904	107.177	107.177	-1484
	J[47]	最大	边跨现浇	OK	4542.0361	8965.053	8965.053	18144
		最小	4号块	OK	2882.7567	-145.252	-145.252	-1484
48	I[48]	最大	边跨现浇	OK	5553.5644	9068.9252	9068.9252	18144
		最小	4号块	OK	3947.7807	-31.8186	-31.8186	-1484
	J[48]	最大	边跨现浇	OK	5029.497	8817.7157	8817.7157	18144
		最小	3号块	OK	2727.605	-127.6265	-127.6265	-1484

续上表

单元	位置	最大/最小	阶段	验算	Sig_T (kN/m²)	Sig_B (kN/m²)	Sig_MAX (kN/m²)	Sig_ALW (kN/m²)
49	I[49]	最大	边跨现浇	OK	6045.4078	8881.9907	8881.9907	18144
		最小	3号块	OK	3805.2056	-57.6823	-57.6823	-1484
	J[49]	最大	边跨现浇	OK	5470.4396	8617.4282	8617.4282	18144
		最小	2号块	OK	2614.7962	-128.4464	-128.4464	-1484
50	I[50]	最大	边跨现浇	OK	6433.011	8659.9848	8659.9848	18144
		最小	2号块	OK	3631.6914	-81.7172	-81.7172	-1484
	J[50]	最大	边跨现浇	OK	5814.1988	8391.7886	8391.7886	18144
		最小	1号块	OK	2465.9841	-123.0827	-123.0827	-1484
51	I[51]	最大	边跨现浇	OK	5630.0912	8778.6133	8778.6133	18144
		最小	1号块	OK	2434.6415	5.6289	5.6289	-1484
	J[15]	最大	边跨现浇	OK	5789.1623	8608.7987	8608.7987	18144
		最小	1号块	OK	2660.5186	-203.0551	-203.0551	-1484

5.6.4 受拉区钢筋的拉应力验算

使用阶段预应力钢束拉应力应满足式(5-37)：

$$\sigma_{pe} + \sigma_p \leq 0.65 f_{pk} \tag{5-37}$$

$$\sigma_p = \alpha_{EP} \sigma_{kt} \tag{5-38}$$

$$\sigma_{kt} = \frac{M_{gl} e_n}{I_n} + \frac{(M_k - M_{gl}) e_0}{I_0} \tag{5-39}$$

式中：σ_{pe}——预应力筋扣除全部预应力损失后的有效应力；

σ_p——在作用标准效应组合下受拉区预应力钢筋产生的拉应力；

e_n, e_0——分别为钢束重心到净轴和换轴的距离，即

$$e_n = y_{nx} - a_i \quad e_0 = y_{ax} - a_i \tag{5-40}$$

σ_{kt}——在作用标准效应组合下预应力筋重心处混凝土的法向拉应力；

α_{EP}——预应力筋与混凝土弹性模量的比值。

根据式(5-37)、式(5-38)进行部分验算结果见表5-11。

受拉区钢筋的拉应力验算表 表5-11

钢束	验算	Sig_DL (kN/m²)	Sig_LL (kN/m²)	Sig_ADL (kN/m²)	Sig_ALL (kN/m²)
B1-1	OK	1177262.382	1205460.37	1395000	1209000
B1-2	OK	1177262.382	1205460.37	1395000	1209000
B2-1	OK	1092092.463	1175862.334	1395000	1209000
B2-2	OK	1092092.463	1175862.334	1395000	1209000
B3-1	OK	1023510.837	1160175.334	1395000	1209000
B3-2	OK	1023510.837	1160175.334	1395000	1209000

续上表

钢束	验算	Sig_DL (kN/m²)	Sig_LL (kN/m²)	Sig_ADL (kN/m²)	Sig_ALL (kN/m²)
B4-1	OK	1104422.556	1154436.095	1395000	1209000
B4-2	OK	1104422.556	1154436.095	1395000	1209000
B5-1	OK	1087140.399	1168552.524	1395000	1209000
B5-2	OK	1087140.399	1168552.524	1395000	1209000
B6-1	OK	1074147.367	1173947.251	1395000	1209000
B6-2	OK	1074147.367	1173947.251	1395000	1209000
B7-1	OK	1061088.282	1162683.691	1395000	1209000
B7-2	OK	1061088.282	1162683.691	1395000	1209000
T1	OK	1091819.622	1055714.472	1395000	1209000
T2	OK	1126344.073	1091558.734	1395000	1209000
T3	OK	1026184.416	1086986.132	1395000	1209000
T4	OK	1027171.356	1098432.418	1395000	1209000
T5	OK	1001279.603	1096559.886	1395000	1209000
T6	OK	1009916.623	1098759.577	1395000	1209000
T7	OK	1010734.131	1096536.419	1395000	1209000
T8	OK	1020491.679	1098757.087	1395000	1209000
T9	OK	1032012.178	1098221.51	1395000	1209000
T10	OK	1041229.463	1101181.244	1395000	1209000
T11	OK	1060873.079	1105193.416	1395000	1209000
T12	OK	1048383.476	1099767.172	1395000	1209000
T13	OK	1053553.529	1099691.248	1395000	1209000
T14	OK	1067663.337	1114436.295	1395000	1209000
W1-1	OK	1113521.726	1082256.953	1395000	1209000
W2-1	OK	1111652.849	1101034.153	1395000	1209000
W3-1	OK	1111652.888	1103004.647	1395000	1209000
W4-1	OK	1111652.924	1106335.693	1395000	1209000
W5-1	OK	1111652.927	1111471.407	1395000	1209000
Z1-1	OK	1024733.767	1156142.392	1395000	1209000
Z2-1	OK	1031216.823	1154121.712	1395000	1209000
Z3-1	OK	1017662.824	1156102.612	1395000	1209000
Z4-1	OK	998294.4547	1137235.738	1395000	1209000
Z5-1	OK	991118.0207	1126492.98	1395000	1209000
Z6-1	OK	985030.1039	1128641.215	1395000	1209000
Z7-1	OK	1022875.621	1162475.67	1395000	1209000
Z8-1	OK	1021652.841	1159942.376	1395000	1209000
Z9-1	OK	1108533.476	1170738.068	1395000	1209000

本章附图如图 5-29 ~ 图 5-31 所示。

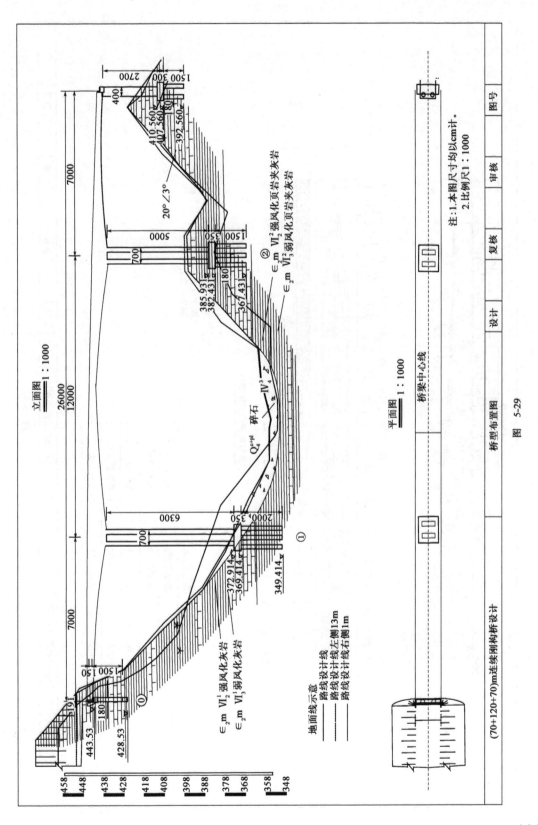

图 5-29 (70+120+70)m 连续刚构桥设计 桥型布置图

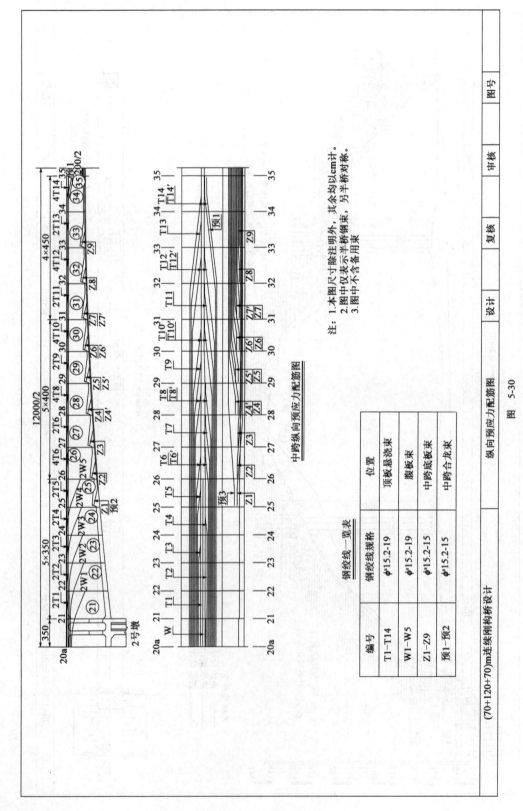

图 5-30 纵向预应力配筋图

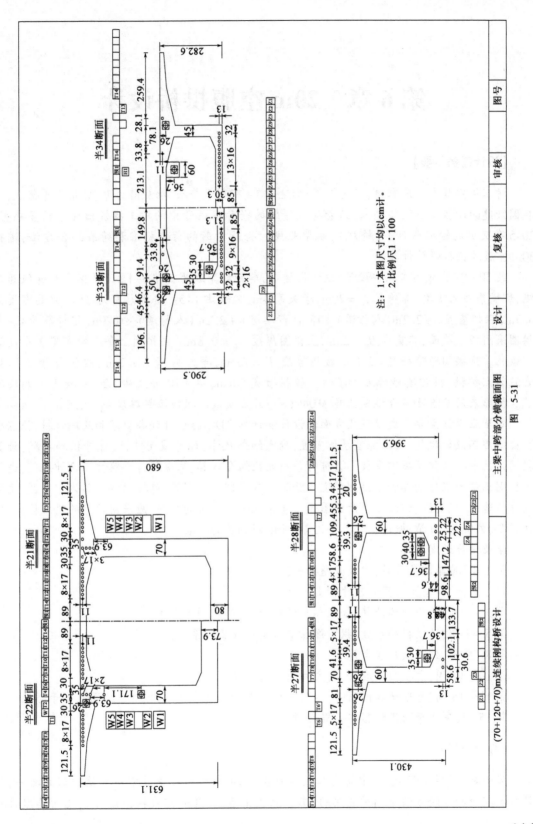

图 5-31 主梁中跨部分横截面图

第6章 20m空腹拱桥设计

【设计任务纲要】

圬工拱桥具有就地取材、节省钢筋、构造简单、有利于普及、承载潜力大、费用少等优点,在我国修建的比较多。近些年来,随着荷载等级的提升在运营中的圬工拱桥出现了较多病害。2015年交通运输部颁布了《桥规》,本毕业设计将基于新的荷载标准和荷载组合方法,进行30m空腹式拱桥设计计算。

某30m空腹式圬工拱桥设计,设计指标:汽车荷载等级为公路—Ⅰ级,桥梁安全等级为二级,环境条件为Ⅰ类,净跨径 $l_0=20\text{m}$,净矢高4m,矢跨比1:5。桥面总宽为23m,桥面布置为0.3m(栏杆基座)+2.2m(人行道)+18m(行车道)+2.2m(人行道)+0.3m(栏杆基座)。主拱圈采用矩形截面,其宽度 $B_0=23\text{m}$,主拱圈厚度 $D_0=0.8\text{m}$。主拱圈上每半跨布置3个圆弧形腹孔。腹拱圈净跨径 $l'_0=2.0\text{m}$,腹拱厚度 $d'=15\text{cm}$,净矢高 $f'_0=0.25\text{m}$,腹拱矢跨比1:8。素混凝土护拱,拱腔填砂砾石等填料。腹拱墩宽50cm,用M10砂浆砌C20混凝土预制块砌筑。横墙采用C15小石子混凝土砌MU40(块)片石筑成。拱顶填料厚度 $h_d=0.5\text{m}$。

本毕业设计主要完成以下几方面的设计和计算:①根据设计任务要求和基础资料,依据现行公路桥涵设计规范,确定桥型总体布置,确定细部尺寸,计算截面特性,计算拱轴系数,计算拱圈弹性中心及弹性压缩系数。②进行作用效应组合计算,依据现行公路桥涵设计规范,进行主拱圈正截面强度验算和主拱圈稳定性验算。③绘制工程图纸,包括拱桥的总体布置图、主要构件构造图、钢筋图、施工方案示意图等。④完成毕业论文的撰写,应采用规范的论文格式,包括摘要、关键词、目录、概述、正文、结论等,并配以相关的图表。

毕业设计进度安排如下:

第1周,搜集相关资料,完成开题报告;
第2周,桥型总体布置和尺寸拟定;
第3~4周,桥跨结构计算,如上部几何特性、上部结构恒重等;
第5~7周,选定拱轴系数、拱圈弹性中心及弹性压缩系数;
第8~9周,作用效应组合计算;
第10~12周,主拱圈强度验算,主拱圈稳定验算;
第13~14周,整理计算说明书,绘制工程图纸,不少于10张,其中手绘图不少于2张;
第15周,完成毕业设计答辩并提交材料。

【教师点评】

拱桥是《桥梁工程》教学中的基本教学内容,也是实际工程中最常用的结构形式之一,设计计算理论和建造方法是相对成熟的,工程经验丰富。"30m空腹拱桥设计",几何非线性和材料非线性效应均不明显,可以忽略,作为毕业设计选题,难度适中。通过设计,可在桥型选择、主拱圈和拱上结构尺寸拟定、荷载计算、内力组合、强度和稳定性验算以及绘制施工图方面得到锻炼。

同学在本设计中,首先根据给定条件进行了桥梁结构布置,拟定了桥梁各部件的结构尺寸,选定拱轴系数。依据《桥规》进行了荷载计算和荷载组合效应计算。并对主拱圈的强度及稳定性进行了验算,结果均满足规范要求。本设计采用的是手算方法,有限元建模计算方法未有涉及,圬工拱桥的建模可以采用梁理论、壳体理论和实体建模。对于本章小跨度圬工拱桥,采用梁理论基本上能满足计算精度要求,本设计尚应增加有限元建模计算,丰富设计内容和工作量。

通过毕业设计表明:该同学设计思路清晰,条理清楚,设计内容较完整,计算工作量较大,结果正确。毕业设计完成的设计深度和设计工作量已达到了本科毕业设计教学大纲的培养要求。设计中的不足表现在:全文前后内容的衔接需进一步梳理;设计的重、难点需进一步明确;细节问题有待提高,例如拱圈变形缝的设置数量和形式等问题未有涉及。建议在初拟拱桥重力式U形桥台尺寸基础上,进一步完善桥台的设计计算。

6.1 设 计 资 料

设计荷载:汽车荷载等级为公路—Ⅰ级;跨径及矢高:净跨径 $l_0=20\mathrm{m}$,净矢高 $4\mathrm{m}$,矢跨比 $1:5$;桥宽:该桥桥面总宽为 $23\mathrm{m}$,桥宽布置为 $0.3\mathrm{m}$(栏杆基座)$+2.2\mathrm{m}$(人行道)$+18\mathrm{m}$ 行车道 $+2.2\mathrm{m}$(人行道)$+0.3\mathrm{m}$(栏杆基座)。

主拱圈采用矩形截面,其宽度 $B_0=23\mathrm{m}$。主拱圈厚度 $D_0=0.8\mathrm{m}$。主拱圈用 M10 号砂浆砌 MU60 号块石筑成,材料重度 $\gamma_1=24\ \mathrm{kN/m^3}$,抗压极限强度 $R_a^j=9.0\mathrm{MPa}$,砌体弹性模量 $E=800R_a^j=800\times9.0\times10^3=7.2\times10^6(\mathrm{kPa})$。

主拱圈上每半跨布置 3 个圆弧形腹孔(图 6-1)。腹拱圈净跨径 $l_0'=2.0\mathrm{m}$,腹拱厚度 $d'=15\mathrm{cm}$,净矢高 $f_0'=0.25\mathrm{m}$,腹拱矢跨比 $1:8$。腹孔用 M10 号砂浆砌 MU50 号块石筑成,材料重度 $\gamma_2=24\ \mathrm{kN/m^3}$,抗压极限强度 $R_a^j=7.8\mathrm{MPa}$,砌体弹性模量 $E=800R_a^j=800\times7.8\times10^3=6.24\times10^6(\mathrm{kPa})$。

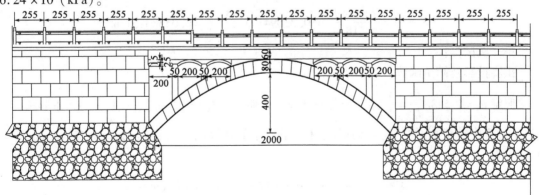

图 6-1 总体布置图(尺寸单位:cm)

素混凝土护拱,拱腔填砂砾石等填料,$\gamma_3 = 23 \text{ kN/m}^3$。腹拱墩宽 50cm,用 M10 号砂浆砌 C20 号混凝土预制块砌筑。横墙采用 C15 号小石子混凝土砌 MU40 号(块)片石筑成,材料重度 $\gamma_4 = 24 \text{ kN/m}^3$。拱顶填料厚度 $h_d = 0.5 \text{ m}$,拱顶填料和桥面系平均重度 $\gamma_5 = 21 \text{ kN/m}^3$。

6.2 桥跨结构设计计算

6.2.1 选定拱轴系数

拱轴系数 m 值的确定,一般采用"五点重合法",先假定一个 m 值,定出拱轴线,拟定上部结构各种几何尺寸,计算出半拱恒载对拱脚截面形心的弯矩 $\sum M_j$ 和自拱顶至 $l/4$ 跨的恒载对 $l/4$ 跨截面形心的弯矩 $\sum M_{l/4}$。其比值 $\dfrac{\sum M_{l/4}}{\sum M_j}$ 与选定的 m 值相应的 $\dfrac{y_{l/4}}{f}$ 值作比较,若两者之差在规定的范围内,则选定的 m 值可以作为该设计的拱轴系数使用,否则应该根据公式 $\dfrac{\sum M_{l/4}}{\sum M_j} = \dfrac{1}{\sqrt{2(1+m)}+2}$ 反算出 m 值,以求得的 m 值作为假定值,重复上述计算,直至满足条件为止。

1)上部结构几何特性

(1)主拱圈

截面面积:
$$A = B_0 \times D_0 = 23 \times 0.8 = 18.4 (\text{m}^2)$$

中性轴:
$$y_上 = y_下 = \frac{D_0}{2} = 0.4 (\text{m})$$

惯性矩:
$$I = \frac{bh^3}{12} = \frac{B_0 D_0^3}{12} = \frac{23 \times 0.8^3}{12} = 0.9813 (\text{m}^4)$$

回转半径:
$$r_\omega = \sqrt{\frac{I}{A}} = \sqrt{\frac{0.9813}{18.4}} = 0.23094 (\text{m}), \quad r_\omega^2 = 0.0533315 (\text{m}^2)$$

第一次试算:

拱脚投影及倾角函数:

假定 $m = 1.543, \dfrac{f_0}{l_0} = \dfrac{1}{5}$,查《公路桥涵设计手册:拱桥》(以下简称《拱桥》)表(Ⅲ)-20(3)(以下计算中除特别说明外,表均指《拱桥》手册中的计算用表),得:$\sin\varphi_j = 0.65447$,$\cos\varphi_j = 0.75609$。

$$x = D_0 \times \sin\varphi_j = 0.8 \times 0.65447 = 0.523576 (\text{m})$$

$$y = D_0 \times \cos\varphi_j = 0.8 \times 0.75609 = 0.604872 (\text{m})$$

计算跨径及矢高：
$$l = l_0 + 2y_下 \sin\varphi_j = 20 + 2 \times 0.4 \times 0.65447 = 20.523576(\text{m})$$
$$f = f_0 + y_下(1 - \cos\varphi_j) = 4 + 0.4 \times (1 - 0.75609) = 4.097564(\text{m})$$

主拱圈截面坐标。将拱中性轴沿跨径 24 等分，每等分长 $\Delta l = \dfrac{l}{24} = \dfrac{20.523576}{24} = 0.855149(\text{m})$，每等分点拱轴线的纵坐标 $y_1 = [表(Ⅲ)-1 值] \times f$，拱背曲面相应点的坐标 $y'_1 = y_1 - \dfrac{y_上}{\cos\varphi}$，拱腹曲面相应点的坐标 $y''_1 = y_1 + \dfrac{y_下}{\cos\varphi}$。

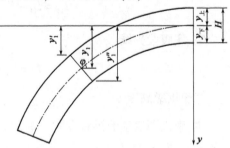

图 6-2 主拱圈截面坐标示意图

具体位置见图 6-2，计算结果见表 6-1。

主拱圈截面坐标计算结果（单位：m）　　表 6-1

截面号	x	y_1/f	y_1	$\cos\varphi$	$y_上/\cos\varphi$	$y_下/\cos\varphi$	y'_1	y''_1
0	10.2618	1.00000	4.0976	0.75609	0.52904	0.52904	3.5685	4.6266
1	9.4066	0.829330	3.3982	0.79088	0.50577	0.50577	2.8925	3.9040
2	8.5515	0.677219	2.7749	0.82411	0.48537	0.48537	2.2896	3.2603
3	7.6963	0.542609	2.2234	0.85535	0.46765	0.46765	1.7557	2.6910
4	6.8412	0.424565	1.7397	0.88423	0.45237	0.45237	1.2873	2.1921
5	5.9860	0.322265	1.3205	0.91041	0.43936	0.43936	0.8811	1.7599
6	5.1309	0.235000	0.9629	0.93360	0.42845	0.42845	0.5345	1.3914
7	4.2757	0.162162	0.6645	0.95357	0.41948	0.41948	0.2450	1.0839
8	3.4206	0.103246	0.4231	0.97012	0.41232	0.41232	0.0107	0.8354
9	2.5654	0.057841	0.2370	0.98313	0.40686	0.40686	−0.1699	0.6439
10	1.7103	0.025633	0.1050	0.99248	0.40303	0.40303	−0.2980	0.5081
11	0.8551	0.006397	0.0262	0.99812	0.40075	0.40075	−0.3745	0.4270
12	0.0	0.0	0.0	1.0	0.4	0.4	−0.4	0.4

（2）拱上结构

①腹拱拱脚的投影。

由 $\dfrac{f'_0}{l'_0} = \dfrac{0.25}{2} = \dfrac{1}{8}$，查《拱桥》（上册）表 3-2 得：$\sin\varphi_0 = 0.470588$，$\cos\varphi_0 = 0.882353$。

投影：
$$x' = d' \times \sin\varphi_0 = 0.15 \times 0.470588 = 0.0706(\text{m})$$
$$y' = d' \times \cos\varphi_0 = 0.15 \times 0.882353 = 0.1324(\text{m})$$

②腹拱重力作用线横坐标 l_x。

1 号横墙：
$$l_{13} = \dfrac{l}{2} + y_上 \sin\varphi_j - l'_0 - \dfrac{b}{2} = \dfrac{20.523576}{2} + 0.4 \times 0.65447 - 2 - \dfrac{0.5}{2} = 8.273576(\text{m})$$

2 号横墙：

$$l_{14} = l_{13} - l'_0 - b = 5.773576 (\text{m})$$

3号横墙：

$$l_{15} = l_{14} - l'_0 - \frac{b}{2} - \frac{x'}{2} = 3.488276 (\text{m})$$

空、实腹段界线：

$$l_x = l_{15} - \frac{x'}{2} = 3.452976 (\text{m})$$

③腹拱墩高度 h。

主、腹拱圈拱顶的拱背在同一高程时，腹拱的起拱线至主拱拱背的高度 $h = y_1 + y_\perp \left(1 - \frac{1}{\cos\varphi}\right) - (d' + f'_0)$，空、实腹段分界线的高度 $h = y_1 + y_\perp \left(1 - \frac{1}{\cos\varphi}\right)$。这些高度均可利用表6-1的数值内插得到，也可以用悬链线公式直接算得。具体计算结果见表6-2。

腹拱墩高度计算结果（单位：m） 表6-2

墩　号	x	y_1	$\cos\varphi$	$y_\perp\left(1-\frac{1}{\cos\varphi}\right)$	h
1号墩	8.273576	2.5957	0.83426	-0.0795	2.1162
2号墩	5.773576	1.2317	0.91617	-0.0366	0.7951
3号拱座	3.488276	0.4422	0.96881	-0.0129	0.0693
空实腹界线	3.452976	0.4322	0.96949	-0.0126	0.4196
$l_x/2$	1.726488	—	0.99230	—	—

2）上部结构恒重

（1）主拱圈

$$P_{0\sim12} = [\text{表}(\text{Ⅲ}) - 19(3)\text{值}] \times A\gamma_1 l = 0.55040 \times 18.4 \times 24 \times 20.523576 = 4988.3914(\text{kN})$$

$$M_{l/4} = [\text{表}(\text{Ⅲ}) - 19(3)\text{值}] \times \frac{A\gamma_1 l^2}{4} = 0.12644 \times \frac{18.4 \times 24 \times 20.523576^2}{4} = 5879.7604(\text{kN}\cdot\text{m})$$

$$M_j = [\text{表}(\text{Ⅲ}) - 19(3)\text{值}] \times \frac{A\gamma_1 l^2}{4} = 0.52435 \times \frac{18.4 \times 24 \times 20.523576^2}{4} = 24383.5207(\text{kN}\cdot\text{m})$$

（2）拱上空腹段

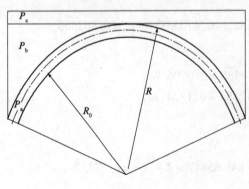

图6-3 腹孔布置示意图

腹孔布置如图6-3所示。

腹拱外弧跨径：

$$l'_{\text{外}} = l'_0 + 2d'\sin\varphi_0 = 2 + 2 \times 0.15 \times 0.470588$$
$$= 2.1412(\text{m})$$

腹拱内弧半径：

$$R_0 = [\text{表3-2值}] \times l'_0 = 1.062500 \times 2 = 2.125(\text{m})$$

$\frac{f'_0}{l'_0} = \frac{1}{8}$，查《拱桥》（上册）表3-2得：$\varphi_0 = 0.489957\text{rad}$。

一个腹拱圈面积：

$$A_1 = \frac{2\varphi_0}{2\pi} \times \pi[(R_0 + d')^2 - R_0^2] = 0.489957 \times [(2.125 + 0.15)^2 - 2.125^2] = 0.32337162(\text{m}^2)$$

一个腹拱圈重：
$$P_a = A_1 B_0 \gamma_2 = 0.32337162 \times 23 \times 24 = 178.5011(\text{kN})$$

腹拱的护拱面积：
$$A_2 = (f'_0 + d') \times (l'_0 + 2x') - A_1 - x'y' - \left(\frac{2\varphi_0}{2\pi}\pi R_0^2 - \frac{1}{2}l'_0 R_0 \cos\varphi_0\right) = 0.186254998(\text{m}^2)$$

腹拱的护拱重：
$$P_b = A_2 B_0 \gamma_3 = 0.186254998 \times 23 \times 23 = 98.5289(\text{kN})$$

路面及桥面系重：
$$P_c = l'_{外} h_d B_0 \gamma_4 = 2.1412 \times 0.5 \times 23 \times 21 = 517.0998(\text{kN})$$

腹拱墩布置如图 6-4 所示。
$$P_d = \{(0.5 - x')y'\gamma_2 + [(f'_0 + d' - y')\gamma_3 + h_d\gamma_4]$$
$$(0.5 - 2x')\}B_0$$
$$= \{(0.5 - 0.0706) \times 0.1324 \times 24 + [(0.25 + 0.15 -$$
$$0.1324) \times 23 + 0.5 \times 21] \times (0.5 - 2 \times 0.0706)\} \times 23$$
$$= 168.8247(\text{kN})$$

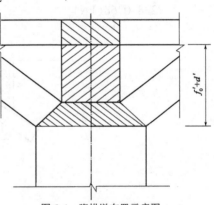

图 6-4　腹拱墩布置示意图

则一个腹拱重：
$$P = \sum_a^d P_i = 178.5011 + 98.5289 + 517.0998 + 168.8247 = 962.9545(\text{kN})$$

腹拱墩重：

1 号腹拱墩：　　　$P = 2.1162 \times 0.5 \times 23 \times 24 = 584.0712(\text{kN})$

2 号腹拱墩：　　　$P = 0.7951 \times 0.5 \times 23 \times 24 = 219.4476(\text{kN})$

3 号腹拱墩：$P = \left(0.0693 - \frac{0.1324}{2}\right) \times 0.0706 \times 23 \times 24 = 0.1208(\text{kN})$

腹拱集中恒重：
$$P_{13} = 962.9545 + 584.0712 = 1547.0257(\text{kN})$$
$$P_{14} = 962.9545 + 219.4476 = 1182.4021(\text{kN})$$
$$P_{15} = \frac{962.9545 - 168.8247}{2} + 0.1208 = 397.1857(\text{kN})$$

(3) 拱上实腹段

拱顶填料及桥面系：
$$P_{16} = l_x h_0 B_0 \gamma_5 = 3.452976 \times 0.5 \times 23 \times 21 = 833.8937(\text{kN})$$

曲边三角形块示意图见图 6-5。
$$m = 1.543$$
$$k = \ln(m + \sqrt{m^2 - 1}) = \ln(1.543 + \sqrt{1.543^2 - 1}) = 0.999931383$$
$$\xi_x = \frac{l_x}{l_1} = \frac{3.452976}{10.261788} = 0.3364887$$
$$k\xi_x = 0.999931383 \times 0.3364887 = 0.336465611$$

$$f_1 = f + y_{\pm}\left(1 - \frac{1}{\cos\varphi}\right) = 4.097564 + 0.4 \times \left(1 - \frac{1}{0.96949}\right) = 4.084964(\text{m})$$

$$P_{17} = \frac{l_1 f_1 (\text{sh}k\xi_x - k\xi_x)}{(m-1)k} \times B_0 \gamma_5$$

$$= \frac{10.261788 \times 4.084964}{(1.543-1) \times 0.999931383} \times 23 \times 21 \times \left(\frac{e^{0.336465611} - e^{-0.336465611}}{2} - 0.336465611\right)$$

$$= 238.0768(\text{kN})$$

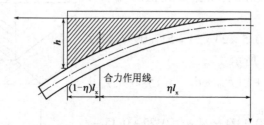

图 6-5 腹拱墩以上部分

重心横坐标：

$$x_0 = \frac{\left(\text{sh}\xi_x - \dfrac{k\xi_x}{2}\right) - \dfrac{\text{ch}k\xi_x - 1}{k\xi_x}}{\text{sh}k\xi_x - k\xi_x} \times l_x$$

$$= \frac{\left(\dfrac{e^{0.3364887} - e^{-0.3364887}}{2} - \dfrac{0.336465611}{2}\right) - \dfrac{\dfrac{e^{0.336465611} + e^{-0.336465611}}{2} - 1}{0.336465611}}{\dfrac{e^{0.336465611} - e^{-0.336465611}}{2} - 0.336465611} \times l_x$$

$$= \frac{0.174641741 - 0.16982593}{0.342850138 - 0.336465611} \times 3.452976$$

$$= 2.6046(\text{m})$$

3）验算拱轴系数

上部结构的恒载对拱跨 $l/4$ 截面和拱脚截面的力矩比值符合等于或接近选定的 m 值相应的 $\dfrac{y_{l/4}}{f}$ 值的条件，则选定的 m 值可作为该设计的拱轴系数。

（1）半跨恒载对拱跨 $l/4$ 截面和拱脚截面的力矩

半跨恒载对拱跨 $l/4$ 截面和拱脚截面的力矩计算结果见表 6-3。

半跨恒载对拱跨 $l/4$ 截面和拱脚截面的力矩计算结果　　表 6-3

分块号	恒重(kN)	$l/4$ 截面		拱脚截面	
		力臂(m)	力矩(kN·m)	力臂(m)	力矩(kN·m)
$P_{0\sim12}$	4988.3914	—	5879.7604	—	24383.5207
P_{13}	1547.0257	—	—	1.988212	3075.815061

续上表

分块号	恒重(kN)	l/4 截面		拱脚截面	
		力臂(m)	力矩(kN·m)	力臂(m)	力矩(kN·m)
P_{14}	1182.4021	—	—	4.488212	5306.871294
P_{15}	397.1857	1.642618	652.4243802	6.773512	2690.342105
P_{16}	833.8937	3.404406	2838.912716	8.5353	7117.532898
P_{17}	238.0768	2.526294	601.4519914	7.657188	1822.998816
合计	9186.9754	—	9972.549488	—	44397.08087

(2) 验算拱轴系数

设计的拱桥在主拱圈两截面的恒重力矩比值：

$$\frac{\sum M_{l/4}}{\sum M_j} = \frac{9972.549488}{44397.08087} = 0.224621738$$

假定的拱轴系数 $m = 1.543$，相应的 $\frac{y_{l/4}}{f} = 0.235$。

则 $\left|\frac{\sum M_{l/4}}{\sum M_j} - \frac{y_{l/4}}{f}\right| = |-0.010378262| = 0.010378262 > 0.0025$（半级）

所以，需要重新拟定 m 进行计算。

由 $\frac{\sum M_{l/4}}{\sum M_j} = \frac{1}{\sqrt{2(1+m)} + 2}$，得 $m = 2.005977566$。

所以，下一个假定的拱轴系数 $m = 1.988$。

6.2.2 重新选定拱轴系数

1) 上部结构几何特性

(1) 主拱圈

假定 $m = 1.988$，查《拱桥》（上册）表（Ⅲ）-20(3)得：$\sin\varphi_j = 0.67354$，$\cos\varphi_j = 0.73915$。

$$x = D_0 \times \sin\varphi_j = 0.8 \times 0.67354 = 0.5388 (\text{m})$$
$$y = D_0 \times \cos\varphi_j = 0.8 \times 0.73915 = 0.5913 (\text{m})$$

计算跨径及矢高：

$$l = l_0 + 2y_下 \sin\varphi_j = 20 + 2 \times 0.4 \times 0.67354 = 20.5388 (\text{m})$$
$$f = f_0 + y_下(1 - \cos\varphi_j) = 4 + 0.4 \times (1 - 0.73915) = 4.1043 (\text{m})$$

将拱中性轴沿跨径 24 等分，每等分长 $\Delta l = \frac{l}{24} = \frac{20.5388}{24} = 0.8558 \text{m}$，每等分点拱轴线的纵坐标 $y_1 = $ [《拱桥》（上册）表（Ⅲ）-1 值] $\times f$，相应拱背曲面的坐标 $y'_1 = y_1 - \frac{y_上}{\cos\varphi}$，拱腹曲面相应点的坐标 $y''_1 = y_1 + \frac{y_下}{\cos\varphi}$。

具体位置见图 6-2，计算结果见表 6-4。

主拱圈截面坐标计算结果(单位:m)　　　　　　　　　　表6-4

截面号	x	y_1/f	y_1	$\cos\varphi$	$y_\text{上}/\cos\varphi$	$y_\text{下}/\cos\varphi$	y_1'	y_1''
0	10.2694	1.00000	4.1043	0.73915	0.54116	0.54116	3.5631	4.6455
1	9.4136	0.821783	3.3728	0.78036	0.51258	0.51258	2.8602	3.8854
2	8.5578	0.665442	2.7312	0.81884	0.48850	0.48850	2.2427	3.2197
3	7.7021	0.529110	2.1716	0.85406	0.46835	0.46835	1.7033	2.6400
4	6.8463	0.411164	1.6875	0.88563	0.45166	0.45166	1.2358	2.1392
5	5.9905	0.310195	1.2731	0.91332	0.43796	0.43796	0.8351	1.7111
6	5.1347	0.225000	0.9235	0.93701	0.42689	0.42689	0.4966	1.3504
7	4.2789	0.154563	0.6344	0.95674	0.41809	0.41809	0.2163	1.0525
8	3.4231	0.098044	0.4024	0.97260	0.41127	0.41127	−0.0089	0.8137
9	2.5674	0.054769	0.2248	0.98472	0.40621	0.40621	−0.1814	0.6310
10	1.7116	0.024221	0.0994	0.99326	0.40271	0.40271	−0.3033	0.5021
11	0.8558	0.006037	0.0248	0.99832	0.40067	0.40067	−0.3759	0.4255
12	0.0	0.0	0.0	1.0	0.4	0.4	−0.4	0.4

(2)拱上结构

①腹拱拱脚的投影。

由 $\dfrac{f_0'}{l_0'}=\dfrac{0.25}{2}=\dfrac{1}{8}$,查《拱桥》(上册)表3-2得:

$$\sin\varphi_0=0.470588,\cos\varphi_0=0.882353。$$

投影:

$$x'=d'\times\sin\varphi_0=0.15\times0.470588=0.0706(\text{m})$$
$$y'=d'\times\cos\varphi_0=0.15\times0.882353=0.1324(\text{m})$$

②腹拱重力作用线横坐标 l_x。

1号横墙:

$$l_{13}=\dfrac{l}{2}+y_\text{上}\sin\varphi_\text{j}-l'-\dfrac{b}{2}=\dfrac{20.5388}{2}+0.4\times0.67354-2-\dfrac{0.5}{2}=8.288816(\text{m})$$

2号横墙:

$$l_{14}=l_{13}-l'-b=8.288816-2-0.5=5.788816(\text{m})$$

3号横墙:

$$l_{15}=l_{14}-l'-\dfrac{b}{2}-\dfrac{x'}{2}=5.788816-2-\dfrac{0.5}{2}-\dfrac{0.0706}{2}=3.503516(\text{m})$$

空、实腹段界线:

$$l_x=l_{15}-\dfrac{x'}{2}=3.503516-\dfrac{0.0706}{2}=3.468216(\text{m})$$

③腹拱墩高度 h。

主、腹拱圈拱顶的拱背在同一高程时,腹拱的起拱线至主拱拱背的高度 $h=y_1+y_\text{上}\left(1-\dfrac{1}{\cos\varphi}\right)-(d'+f_0')$,空、实腹段分界线的高度 $h=y_1+y_\text{上}\left(1-\dfrac{1}{\cos\varphi}\right)$。这些高度均可利

用表6-4的数值内插得到,也可以用悬链线公式直接算得。具体计算结果见表6-5。

腹拱墩高度计算结果(单位:m) 表6-5

墩 号	x	y_1	$\cos\varphi$	$y_{上}(1-1/\cos\varphi)$	h
1号墩	8.288816	2.5553	0.82991	−0.0820	2.0733
2号墩	5.788816	1.1907	0.91890	−0.0353	0.7554
3号拱座	3.503516	0.4242	0.97111	−0.0119	0.0723
空实腹界线	3.468216	0.4146	0.97176	−0.0116	0.4030
$l_x/2$	1.734108	—	0.99304	—	—

2)上部结构恒重

(1)主拱圈

$$\begin{aligned}P_{0\sim12} &= [表(Ⅲ)\text{-}19(3)值] \times A\gamma_1 l \\ &= 0.55134 \times 18.4 \times 24 \times 20.5388 \\ &= 5000.6175(\text{kN})\end{aligned}$$

$$\begin{aligned}M_{l/4} &= [表(Ⅲ)\text{-}19(3)值] \times \frac{A\gamma_1 l^2}{4} \\ &= 0.12631 \times \frac{18.4 \times 24 \times 20.5388^2}{4} \\ &= 5882.4323(\text{kN}\cdot\text{m})\end{aligned}$$

$$\begin{aligned}M_j &= [表(Ⅲ)\text{-}19(3)值] \times \frac{A\gamma_1 l^2}{4} \\ &= 0.52381 \times \frac{18.4 \times 24 \times 20.5388^2}{4} \\ &= 24394.5601(\text{kN}\cdot\text{m})\end{aligned}$$

(2)拱上空腹段

腹孔上部如图6-3所示。

腹拱外弧跨径:

$$l'_{外} = l' + 2d'\sin\varphi_0 = 2 + 2 \times 0.15 \times 0.470588 = 2.1412(\text{m})$$

腹拱内弧半径:

$$R_0 = [表3\text{-}2值] \times l' = 1.062500 \times 2 = 2.125(\text{m})$$

$\dfrac{f'_0}{l'_0} = \dfrac{1}{8}$,查《拱桥》(上册)表3-2得:

$$\varphi_0 = 28°04'20'' = 28.072500° = 0.489957(\text{rad})$$

一个腹拱圈面积:

$$\begin{aligned}A_1 &= \frac{2\varphi_0}{2\pi} \times \pi[(R_0+d')^2 - R_0^2] = 0.489957 \times [(2.125+0.15)^2 - 2.125^2] \\ &= 0.32337162(\text{m}^2)\end{aligned}$$

一个腹拱圈重:

$$P_a = A_1 B_0 \gamma_2 = 0.32337162 \times 23 \times 24 = 178.5011(\text{kN})$$

腹拱的护拱面积：
$$A_2 = (f'_0 + d') \times (l'_0 + 2x') - A_1 - x'y' - \left(\frac{2\varphi_0}{2\pi}\pi R_0^2 - \frac{1}{2}l'_0 R_0 \cos\varphi_0\right) = 0.186254998(\mathrm{m}^2)$$

腹拱的护拱重：
$$P_b = A_2 B_0 \gamma_3 = 0.186254998 \times 23 \times 23 = 98.5289(\mathrm{kN})$$

路面及桥面系重：
$$P_c = l'_{\text{外}} h_d B_0 \gamma_4 = 2.1412 \times 0.5 \times 23 \times 21 = 517.0998(\mathrm{kN})$$

腹拱墩，布置如图 6-4 所示。
$$P_d = \{(0.5 - x')y'\gamma_2 + [(f'_0 + d' - y')\gamma_3 + h_d \gamma_4](0.5 - 2x')\}B_0$$
$$= \{(0.5 - 0.0706) \times 0.1324 \times 24 + [(0.25 + 0.15 - 0.1324) \times 23 + 0.5 \times 21] \times$$
$$(0.5 - 2 \times 0.0706)\} \times 23 = 168.8247(\mathrm{kN})$$

则一个腹拱重：
$$P = \sum_a^d P_i = 178.5011 + 98.5289 + 517.0998 + 168.8247 = 962.9545(\mathrm{kN})$$

腹拱墩重：

1 号腹拱墩： $P = 2.0733 \times 0.5 \times 23 \times 24 = 572.2308(\mathrm{kN})$

2 号腹拱墩： $P = 0.7554 \times 0.5 \times 23 \times 24 = 208.4904(\mathrm{kN})$

3 号腹拱墩： $P = \left(0.0723 - \frac{0.1324}{2}\right) \times 0.0706 \times 23 \times 24 = 0.2377(\mathrm{kN})$

腹拱集中恒重：
$$P_{13} = 962.9545 + 572.2308 = 1535.1853(\mathrm{kN})$$
$$P_{14} = 962.9545 + 208.4904 = 1171.4449(\mathrm{kN})$$
$$P_{15} = \frac{962.9545 - 168.8247}{2} + 0.2377 = 397.3026(\mathrm{kN})$$

(3) 拱上实腹段

拱顶填料及桥面系：
$$P_{16} = l_x h_d B_0 \gamma_5 = 3.468216 \times 0.5 \times 23 \times 21 = 837.5742(\mathrm{kN})$$

曲边三角形块示意图见图 6-5。
$$m = 1.988$$
$$k = \ln(m + \sqrt{m^2 - 1}) = \ln(1.988 + \sqrt{1.988^2 - 1}) = 1.310001813$$
$$\xi_x = \frac{l_x}{l_1} = \frac{3.468216}{10.2694} = 0.3399233$$
$$k\xi_x = 1.310001813 \times 0.3399233 = 0.442418135$$
$$f_1 = f + y_{\text{上}}\left(1 - \frac{1}{\cos\varphi}\right) = 4.1043 + 0.4 \times \left(1 - \frac{1}{0.97176}\right) = 4.092676(\mathrm{m})$$
$$P_{17} = \frac{l_1 f_1 (\mathrm{sh}k\xi_x - k\xi_x)}{(m-1)k} \times B_0 \gamma_5$$
$$= \frac{10.2694 \times 4.092676}{(1.988 - 1) \times 1.310001813} \times 23 \times 21 \times \left(\frac{e^{0.442418135} - e^{-0.442418135}}{2} - 0.442418135\right)$$
$$= 228.5954(\mathrm{kN})$$

重心横坐标：

$$x_0 = \frac{\left(\mathrm{sh}\xi_x - \dfrac{k\xi_x}{2}\right) - \dfrac{\mathrm{ch}k\xi_x - 1}{k\xi_x}}{\mathrm{sh}k\xi_x - k\xi_x} \times l_x$$

$$= \frac{\left(\dfrac{e^{0.3377233} - e^{-0.3377233}}{2} - \dfrac{0.442418135}{2}\right) - \dfrac{\dfrac{e^{0.442418135} + e^{-0.442418135}}{2} - 1}{0.442418135}}{\dfrac{e^{0.442418135} - e^{-0.442418135}}{2} - 0.442418135} \times l_x$$

$$= 2.6046(\mathrm{m})$$

3）验算拱轴系数

上部结构的恒载对拱跨 $l/4$ 截面和拱脚截面的力矩比值符合等于或接近选定的 m 值相应的 $\dfrac{y_{l/4}}{f}$ 值的条件，则选定的 m 值可作为该设计的拱轴系数。

（1）半跨恒载对拱跨 $l/4$ 截面和拱脚截面的力矩

半跨恒载对拱跨 $l/4$ 截面和拱脚截面的力矩计算结果见表6-6。

半跨恒载对拱跨 $l/4$ 截面和拱脚截面的力矩计算结果 表6-6

分 块 号	恒重(kN)	$l/4$ 截面		拱脚截面	
		力臂(m)	力矩(kN·m)	力臂(m)	力矩(kN·m)
$P_{0\sim12}$	5000.6175	—	5882.4323	—	24394.5601
P_{13}	1535.1853	—	—	1.980584	3040.563442
P_{14}	1171.4449	—	—	4.480584	5248.757276
P_{15}	397.3026	1.631184	648.0736443	6.765884	2688.103304
P_{16}	837.5742	3.400592	2848.248124	8.535292	7148.940369
P_{17}	228.5954	2.5301	578.3692215	7.6648	1752.138022
合计	9170.7199	—	9957.12329	—	44273.06251

（2）验算拱轴系数

设计的拱桥在主拱圈两截面的恒重力矩比值：

$$\frac{\sum M_{l/4}}{\sum M_j} = \frac{9957.12329}{44273.06251} = 0.224902519$$

假定的拱轴系数 $m = 1.988$，相应的 $\dfrac{y_{l/4}}{f} = 0.225$。

则 $\left|\dfrac{\sum M_{l/4}}{\sum M_j} - \dfrac{y_{l/4}}{f}\right| = 0.000097481 < 0.0025$（半级）

说明假定的拱轴系数 $m = 1.988$ 与该设计的拱轴线接近，所以可选定 $m = 1.988$ 作为该设计的拱轴系数。

6.2.3 拱圈弹性中心及弹性压缩系数

$$y_s = [表(Ⅲ)-3 值] \times f = 0.342068 \times 4.097564 = 1.4016(m)$$

$$\frac{\gamma_\omega^2}{f^2} = \frac{0.0533315}{4.097564^2} = 0.003176$$

$$\mu_1 = [《拱桥》(上册)表(Ⅲ)-9 值] \times \frac{r_\omega^2}{f^2} = 11.0105 \times 0.003176 = 0.034969348$$

$$\mu = [《拱桥》(上册)表(Ⅲ)-11 值] \times \frac{r_\omega^2}{f^2} = 9.12644 \times 0.003176 = 0.028985573$$

$$\frac{\mu_1}{1+\mu} = 0.03399$$

6.2.4 永久荷载内力计算

(1) 不计弹性压缩的恒载推力

$$H'_g = \frac{\sum M_j}{f} = \frac{44273.06251}{4.097564} = 10804.7275(kN)$$

(2) 计入弹性压缩的恒载内力

计入弹性压缩的恒载内力计算见表 6-7。

计入弹性压缩的恒载内力　　　　表 6-7

项　目	拱　顶	$3l/8$ 截面	$l/4$ 截面	拱　脚
$y_1(m)$	0.0	0.2248	0.9235	4.1043
$y = y_s - y_1(m)$	1.4016	1.1768	0.4781	-2.7027
$\cos\varphi$	1.0	0.98472	0.93701	0.73915
$N_g = \left(\dfrac{1}{\cos\varphi} - \dfrac{\mu_1}{1+\mu}\cos\varphi\right)H'_g(kN)$	10437.4748	10610.7445	11186.9501	14346.3190
$M_g = \dfrac{\mu_1}{1+\mu}H'_g y(kN\cdot m)$	514.7414	432.1830	175.5835	-992.5738

6.2.5 可变荷载内力计算

1) 基本可变荷载

本次设计中基本可变荷载只有汽车荷载,未计入人群荷载作用。

2) 汽车荷载

(1) 汽车荷载冲击力

按照《桥规》第 4.3.2 条中规定,填料厚度(包括路面厚度)大于或等于 0.5m 的拱桥、涵洞以及重力式墩台不计冲击力,本例中拱顶填料厚度 $h_d = 0.5m$,因此可不计汽车荷载冲击力影响。

(2) 汽车均布荷载

公路—Ⅰ级荷载,则汽车均布荷载为:

$$1.0 \times 10.5 \times 6 \times 0.55 = 34.65 (\text{kN/m})$$

式中：$q_k = 10.5$——公路—Ⅰ级车道荷载均布荷载标准值，为 10.5kN/m；

　　　$n = 6$——车道数，为双向六车道；

　　　$\gamma = 0.55$——横桥向布置六车道荷载时考虑的汽车荷载折减系数。

(3) 汽车集中荷载

由《桥规》表 4.3.1-2 可知：

汽车集中荷载为：

$$1.0 \times 6 \times 2 \times (20.5388 + 130) \times 0.55 = 993.5561 (\text{kN})$$

3) 拱顶截面

$$m = 1.988, \quad \frac{f}{l} = \frac{1}{5}$$

(1) 为了加载公路—Ⅰ级的均布荷载，拱顶截面考虑弹性压缩的弯矩和相应的水平推力的影响线面积，可由《拱桥》附录表（Ⅲ）-14(35)（与该表对应的值，简称表值，以下类同）查得。

弯矩影响线面积：

$$\omega_M = [\text{表值}] \times l^2 = [\text{表值}] \times 20^2$$

最大正弯矩影响线面积：$0.00660 \times 20^2 = 2.64$

最大负弯矩影响线面积：$-0.00496 \times 20^2 = -1.984$

相应的水平推力影响线面积：

$$\omega_H = [\text{表值}] \times \frac{l^2}{f} = [\text{表值}] \times \frac{20^2}{4}$$

最大正弯矩影响线面积：$0.06536 \times \frac{20^2}{4} = 6.536$

最大负弯矩影响线面积：$0.06167 \times \frac{20^2}{4} = 6.167$

(2) 为了加载公路—Ⅰ级的集中荷载，拱顶截面不考虑弹性压缩的弯矩影响线坐标和相应的轴向力（拱顶即为水平推力）的影响线坐标，可由《拱桥》附录表（Ⅲ）-13(21) 和表（Ⅲ）-12(5) 分别查得。

最大（绝对值）正、负弯矩影响线坐标：

$$\omega'_M = [\text{表值}] \times l = [\text{表值}] \times 20$$

最大正弯矩影响线坐标：$0.05174 \times 20 = 1.0348$

最大负弯矩影响线坐标：$-0.01210 \times 20 = -0.242$

相应的水平推力影响线坐标：

$$\omega'_H = [\text{表值}] \times \frac{l}{f} = [\text{表值}] \times \frac{20}{4}$$

最大正弯矩影响线坐标：$0.23243 \times 5 = 1.16215$

最大负弯矩影响线坐标：$0.10713 \times 5 = 0.53565$

(3) 拱顶截面弯矩及其相应的轴向力影响线面积和坐标汇总见表 6-8。

拱顶截面弯矩及其相应的轴向力影响线面积和坐标　　　　　表 6-8

影 响 线			正 弯 矩	负 弯 矩
均布荷载	考虑弹性压缩	弯矩影响线面积	2.64	-1.984
		相应轴向力影响线面积	6.536	6.167
集中荷载	不考虑弹性压缩	弯矩影响线坐标	1.0348	-0.242
		相应轴向力影响线坐标	1.16215	0.53565

①拱顶截面正弯矩。

a. 均布荷载作用下考虑弹性压缩的弯矩: $M_{max} = 34.65 \times 2.64 = 91.476 (kN \cdot m)$

相应的考虑弹性压缩的水平推力: $H = 34.65 \times 6.536 = 226.4724 (kN)$

b. 集中荷载作用下不考虑弹性压缩的弯矩: $M'_{max} = 993.5561 \times 1.0348 = 1028.1319 (kN \cdot m)$

相应的不考虑弹性压缩的水平推力: $H_1 = 993.5561 \times 1.16215 = 1154.6612 (kN)$

弹性压缩附加水平推力:

$$\Delta H = -\frac{\mu_1}{1+\mu} H_1 = -0.03399 \times 1154.6612 = -39.2469 (kN)$$

弹性压缩附加弯矩:

$$\Delta M = (y_1 - y_s) \Delta H = (0 - 1.4016) \times (-39.2469) = 55.0085 (kN \cdot m)$$

考虑弹性压缩的水平推力:

$$H = H_1 + \Delta H = 1154.6612 - 39.2469 = 1115.4143 (kN)$$

考虑弹性压缩的弯矩:

$$M_{max} = M'_{max} + \Delta M = 1028.1319 + 55.0085 = 1083.1404 (kN \cdot m)$$

c. 汽车荷载总效应标准值为:

轴向力(即水平推力之和): $N = 226.4724 + 1115.4143 = 1341.8867 (kN)$

弯矩: $M_{max} = 0.7 \times (91.476 + 1083.1404) = 822.2315 (kN \cdot m)$

②拱顶截面负弯矩。

a. 均布荷载作用下考虑弹性压缩的弯矩: $M_{min} = -34.65 \times 1.984 = -68.7456 (kN \cdot m)$

相应的考虑弹性压缩的水平推力: $H = 34.65 \times 6.167 = 213.6866 (kN)$

b. 集中荷载作用下不考虑弹性压缩的弯矩: $M'_{min} = 993.5561 \times (-0.242) = -240.4406 (kN \cdot m)$

相应的不考虑弹性压缩的水平推力: $H_1 = 993.5561 \times 0.53565 = 532.1983 (kN)$

弹性压缩附加水平推力:

$$\Delta H = -\frac{\mu_1}{1+\mu} H_1 = -0.03399 \times 532.1983 = -18.0894 (kN)$$

弹性压缩附加弯矩:

$$\Delta M = (y_1 - y_s) \Delta H = (0 - 1.4016) \times (-18.0894) = 25.3541 (kN \cdot m)$$

考虑弹性压缩的水平推力:

$$H = H_1 + \Delta H = 532.1983 - 18.0894 = 514.1089 (kN)$$

考虑弹性压缩的弯矩:

$$M_{\min} = M'_{\min} + \Delta M = -240.4406 + 25.3541 = -215.0865(\text{kN}\cdot\text{m})$$

c. 汽车荷载总效应标准值为：

轴向力（即水平推力之和）：$N = 213.6866 + 514.1089 = 727.7955(\text{kN})$

弯矩：$M_{\min} = -(68.7456 + 215.0865) = -283.8321(\text{kN}\cdot\text{m})$

4) $l/4$ 截面

根据 $m = 1.988$，$\dfrac{f}{l} = \dfrac{1}{5}$，由《拱桥》附录表（Ⅲ）-20(5)查得 $l/4$ 截面处水平倾角的正弦和余弦：$\sin\varphi_j = 0.34930$，$\cos\varphi_j = 0.93701$。

(1) 为了加载公路—Ⅰ级的均布荷载，$l/4$ 截面考虑弹性压缩的弯矩、相应的水平推力和拱脚反力的影响线面积，可由《拱桥》附录表（Ⅲ）-14(35)查得。

弯矩影响线面积：

$$\omega_M = [\text{表值}] \times l^2 = [\text{表值}] \times 20^2$$

最大正弯矩影响线面积：$0.00897 \times 20^2 = 3.588$

最大负弯矩影响线面积：$-0.00100 \times 20^2 = -0.4$

相应的水平推力影响线面积：

$$\omega_H = [\text{表值}] \times \dfrac{l^2}{f} = [\text{表值}] \times \dfrac{20^2}{4}$$

最大正弯矩影响线面积：$0.04054 \times \dfrac{20^2}{4} = 4.054$

最大负弯矩影响线面积：$0.08650 \times \dfrac{20^2}{4} = 8.650$

相应的拱脚反力影响线面积：

$$\omega_V = [\text{表值}] \times l = [\text{表值}] \times 20$$

最大正弯矩影响线面积：$0.34613 \times 20 = 6.9226$

最大负弯矩影响线面积：$0.15387 \times 20 = 3.0774$

(2) 为了加载公路—Ⅰ级的集中荷载，$l/4$ 截面不考虑弹性压缩的弯矩影响线坐标和相应的轴向力（拱顶即为水平推力）与拱脚反力的影响线坐标，可由《拱桥》附录表（Ⅲ）-13(23)、表（Ⅲ）-12(5)和表（Ⅲ）-7(5)分别查得：

最大（绝对值）正、负弯矩影响线坐标：

$$\omega'_M = [\text{表值}] \times l = [\text{表值}] \times 20$$

最大正弯矩影响线坐标：$0.05958 \times 20 = 1.1916$

最大负弯矩影响线坐标：$-0.02863 \times 20 = -0.5726$

相应的水平推力影响线坐标：

$$\omega'_H = [\text{表值}] \times \dfrac{l}{f} = [\text{表值}] \times \dfrac{20}{4}$$

最大正弯矩影响线坐标：$0.13632 \times 5 = 0.6816$

最大负弯矩影响线坐标：$0.20639 \times 5 = 1.03195$

相应的拱脚反力影响线坐标：

$$\omega'_V = [\text{表值}]$$

最大正弯矩影响线坐标：0.83737

最大负弯矩影响线坐标：0.32125

(3) $l/4$ 截面弯矩及其相应的轴向力和拱脚反力影响线面积和坐标汇总见表 6-9。

$l/4$ 截面弯矩及其相应的轴向力和拱脚反力影响线面积和坐标　　　表 6-9

影　响　线			正　弯　矩	负　弯　矩
均布荷载	考虑弹性压缩	弯矩影响线面积	3.588	-0.4
		相应轴向力影响线面积	4.054	8.650
		相应拱脚反力影响线面积	6.9226	3.0774
集中荷载	不考虑弹性压缩	弯矩影响线坐标	1.1916	-0.5726
		相应水平推力影响线坐标	0.6816	1.03195
		相应拱脚反力影响线坐标	0.83737	0.32125

① $l/4$ 截面正弯矩。

a. 均布荷载作用下考虑弹性压缩的弯矩：$M_{max} = 34.65 \times 3.588 = 124.3242 (\text{kN} \cdot \text{m})$

相应的考虑弹性压缩的水平推力：$H = 34.65 \times 4.054 = 140.4711 (\text{kN})$

相应的拱脚反力：$V = 34.65 \times 6.9226 = 239.86809 (\text{kN})$

轴向力：

$$N = H\cos\varphi_j + V\sin\varphi_j$$
$$= 140.4711 \times 0.93701 + 239.86809 \times 0.34930 = 215.4087 (\text{kN})$$

b. 集中荷载作用下不考虑弹性压缩的弯矩：

$$M'_{max} = 993.5561 \times 1.1916 = 1183.9214 (\text{kN} \cdot \text{m})$$

相应的不考虑弹性压缩的水平推力：$H_1 = 993.5561 \times 0.6816 = 677.2078 (\text{kN})$

弹性压缩附加水平推力：

$$\Delta H = -\frac{\mu_1}{1+\mu}H_1 = -0.03399 \times 677.2078 = -23.0183 (\text{kN})$$

弹性压缩附加弯矩：

$$\Delta M = (y_1 - y_s)\Delta H = (0.9235 - 1.4016) \times (-23.0183) = 11.0050 (\text{kN})$$

考虑弹性压缩的水平推力：

$$H = H_1 + \Delta H = 677.2078 - 23.0183 = 654.1895 (\text{kN})$$

考虑弹性压缩的弯矩：

$$M_{max} = M'_{max} + \Delta M = 1183.9214 + 11.0050 = 1194.9264 (\text{kN} \cdot \text{m})$$

与 M_{max} 相应的拱脚反力：

$$V_j = 1.2 \times 993.5561 \times 0.83737 = 998.3689 (\text{kN})$$

《桥规》第 4.3.1 条中规定：集中荷载计算剪力时乘以系数 1.2。

轴向力：

$$N = H\cos\varphi_j + V_j\sin\varphi_j = 654.1895 \times 0.93701 + 998.3689 \times 0.3493 = 961.7124 (\text{kN})$$

c. 汽车荷载总效应标准值为：

轴向力(即水平推力之和):$N = 215.4087 + 961.7124 = 1177.1211(\text{kN})$

弯矩:$M_{\max} = 0.7 \times (124.3242 + 1194.9264) = 923.47542(\text{kN} \cdot \text{m})$

②$l/4$ 截面负弯矩。

a. 均布荷载作用下考虑弹性压缩的弯矩:$M_{\min} = -34.65 \times 0.4 = -13.86(\text{kN} \cdot \text{m})$

相应的考虑弹性压缩的水平推力:$H = 34.65 \times 8.650 = 299.7225(\text{kN})$

相应的拱脚反力:$V = 34.65 \times 3.0774 = 106.6319(\text{kN})$

轴向力:
$$N = H\cos\varphi_j + V_j\sin\varphi_j = 299.7225 \times 0.93701 + 106.6319 \times 0.3493 = 318.0895(\text{kN})$$

b. 集中荷载作用下不考虑弹性压缩的弯矩:$M'_{\min} = 993.5561 \times (-0.5726) = -568.9102(\text{kN} \cdot \text{m})$

相应的不考虑弹性压缩的水平推力:$H_1 = 993.5561 \times 1.03915 = 1025.3002(\text{kN})$

弹性压缩附加水平推力:
$$\Delta H = -\frac{\mu_1}{1+\mu}H_1 = -0.03399 \times 1025.3002 = -34.8500(\text{kN})$$

弹性压缩附加弯矩:
$$\Delta M = (y_1 - y_s)\Delta H = (0.9235 - 1.4016) \times (-34.8500) = 16.6618(\text{kN} \cdot \text{m})$$

考虑弹性压缩的水平推力:
$$H = H_1 + \Delta H = 1025.3002 - 34.8500 = 990.4502(\text{kN})$$

考虑弹性压缩的弯矩:
$$M_{\min} = M'_{\min} + M = -568.9102 + 16.6618 = -552.2484(\text{kN} \cdot \text{m})$$

与 $M_{\min}$ 相应的拱脚反力:$V_j = 1.2 \times 993.5561 \times 0.32125 = 383.0159(\text{kN})$

轴向力:
$$N = H\cos\varphi_j + V_j\sin\varphi_j = 990.4502 \times 0.93701 + 383.0159 \times 0.3493 = 1061.8492(\text{kN})$$

c. 汽车荷载总效应标准值为:

轴向力(即水平推力之和):$N = 318.0895 + 1061.8492 = 1379.9387(\text{kN})$

弯矩:$M_{\min} = -(13.86 + 552.2484) = -566.1084(\text{kN} \cdot \text{m})$

5)拱脚截面

根据 $m = 1.988, \dfrac{f}{l} = \dfrac{1}{5}$,由《拱桥》附录表(Ⅲ)-20(5)查得拱脚截面处水平倾角的正弦和余弦:$\sin\varphi_j = 0.6735, \cos\varphi_j = 0.7392$。

(1)为了加载公路—Ⅰ级的均布荷载,拱脚截面考虑弹性压缩的弯矩和相应的水平推力和拱脚反力的影响线面积,可由《拱桥》附录表(Ⅲ)-14(35)查得。

弯矩影响线面积:
$$\omega_M = [表值] \times l^2 = [表值] \times 20^2$$

最大正弯矩影响线面积:$0.01861 \times 20^2 = 7.444$

最大负弯矩影响线面积:$-0.01494 \times 20^2 = -5.976$

相应的水平推力影响线面积:
$$\omega_H = [表值] \times \frac{l^2}{f} = [表值] \times \frac{20^2}{4}$$

最大正弯矩影响线面积：$0.08977 \times \dfrac{20^2}{4} = 8.977$

最大负弯矩影响线面积：$0.03726 \times \dfrac{20^2}{4} = 3.726$

相应的拱脚反力影响线面积：
$$\omega_V = [表值] \times l = [表值] \times 20$$
最大正弯矩影响线面积：$0.16401 \times 20 = 3.2802$
最大负弯矩影响线面积：$0.33599 \times 20 = 6.7198$

（2）为了加载公路—Ⅰ级的集中荷载，拱脚截面不考虑弹性压缩的弯矩影响线坐标和相应的轴向力（拱顶即为水平推力）与拱脚反力的影响线坐标（拱脚反力不受弹性压缩的影响，因此没有弹性压缩附加力），可由《拱桥》附录表（Ⅲ）-13（25）、表（Ⅲ）-12（5）和表（Ⅲ）-7（5）分别查得。

最大（绝对值）正、负弯矩影响线坐标：
$$\omega'_M = [表值] \times l = [表值] \times 20$$
最大正弯矩影响线坐标：$0.05139 \times 20 = 1.0278$
最大负弯矩影响线坐标：$-0.06131 \times 20 = -1.2262$
相应的水平推力影响线坐标：
$$\omega'_H = [表值] \times \dfrac{l}{f} = [表值] \times \dfrac{20}{4}$$
最大正弯矩影响线坐标：$0.19731 \times 5 = 0.98655$
最大负弯矩影响线坐标：$0.06287 \times 5 = 0.31435$
相应的拱脚反力影响线坐标：
$$\omega'_V = [表值]$$
最大正弯矩影响线坐标：0.29286
最大负弯矩影响线坐标：0.93826

（3）拱脚截面弯矩及其相应的轴向力和拱脚反力影响线面积和坐标汇总见表 6-10。

拱脚截面弯矩及其相应的轴向力和拱脚反力影响线面积和坐标　　表 6-10

影响线			正弯矩	负弯矩
均布荷载	考虑弹性压缩	弯矩影响线面积	7.444	-5.976
		相应轴向力影响线面积	8.977	3.726
		相应拱脚反力影响线面积	3.2802	6.7198
集中荷载	不考虑弹性压缩	弯矩影响线坐标	1.0278	-1.2262
		相应水平推力影响线坐标	0.98655	0.31435
		相应拱脚反力影响线坐标	0.29286	0.93826

①拱脚截面正弯矩。

a. 均布荷载作用下考虑弹性压缩的弯矩：$M_{\max} = 34.65 \times 7.444 = 257.9346 (\text{kN} \cdot \text{m})$

相应的考虑弹性压缩的水平推力：$H = 34.65 \times 8.977 = 311.0531 (\text{kN})$

相应的拱脚反力：$V = 34.65 \times 3.2802 = 113.6589 (\text{kN})$

轴向力：
$$N = H\cos\varphi_j + V\sin\varphi_j = 311.0531 \times 0.7392 + 113.6589 \times 0.6735 = 306.4797(\text{kN})$$
b. 集中荷载作用下不考虑弹性压缩的弯矩：$M'_{\max} = 993.5561 \times 1.0278 = 1021.1770(\text{kN} \cdot \text{m})$
相应的不考虑弹性压缩的水平推力：$H_1 = 993.5561 \times 0.98655 = 980.1928(\text{kN})$
弹性压缩附加水平推力：
$$\Delta H = -\frac{\mu_1}{1+\mu}H_1 = -0.03399 \times 980.1928 = -33.3168(\text{kN})$$
弹性压缩附加弯矩：
$$\Delta M = (y_1 - y_s)\Delta H = (4.1043 - 1.4016) \times (-33.3168) = -90.0453(\text{kN})$$
考虑弹性压缩的水平推力：
$$H = H_1 + \Delta H = 980.1928 - 33.3168 = 946.8760(\text{kN})$$
考虑弹性压缩的弯矩：
$$M_{\max} = M'_{\max} + \Delta M = 1021.1770 - 90.0453 = 930.1317(\text{kN} \cdot \text{m})$$
与 $M_{\max}$ 相应的拱脚反力：
$$V_j = 1.2 \times 993.5561 \times 0.29286 = 349.1674(\text{kN})$$
轴向力：
$$N = H\cos\varphi_j + V_j\sin\varphi_j = 946.8760 \times 0.7392 + 349.1674 \times 0.6735 = 935.0950(\text{kN})$$
c. 汽车荷载总效应标准值为：
轴向力（即水平推力之和）：$N = 306.4797 + 935.0950 = 1241.5747(\text{kN})$
弯矩：$M_{\max} = 0.9 \times (257.9346 + 930.1317) = 1069.2597(\text{kN} \cdot \text{m})$

②拱脚截面负弯矩。
a. 均布荷载作用下考虑弹性压缩的弯矩：$M_{\min} = -34.65 \times 5.976 = -207.0684(\text{kN} \cdot \text{m})$
相应的考虑弹性压缩的水平推力：$H = 34.65 \times 3.726 = 129.1059(\text{kN})$
相应的拱脚反力：$V = 34.65 \times 6.7198 = 232.8411(\text{kN})$
轴向力：
$$N = H\cos\varphi_j + V_j\sin\varphi_j = 129.1059 \times 0.73921 + 232.8411 \times 0.6735 = 252.2536(\text{kN})$$
b. 集中荷载作用下不考虑弹性压缩的弯矩：$M'_{\min} = 993.5561 \times (-1.2262) = -1218.2985$ $(\text{kN} \cdot \text{m})$
相应的不考虑弹性压缩的水平推力：$H_1 = 993.5561 \times 0.31435 = 312.3244(\text{kN})$
弹性压缩附加水平推力：
$$\Delta H = -\frac{\mu_1}{1+\mu}H_1 = -0.03399 \times 312.3244 = -10.6159(\text{kN})$$
弹性压缩附加弯矩：
$$\Delta M = (y_1 - y_s)\Delta H = (4.1043 - 1.4016) \times (-10.6159) = -28.6916(\text{kN} \cdot \text{m})$$
考虑弹性压缩的水平推力：
$$H = H_1 + \Delta H = 312.3244 - 10.6159 = 301.7085(\text{kN})$$
考虑弹性压缩的弯矩：
$$M_{\min} = M'_{\min} + \Delta M = -1218.2985 - 28.6916 = -1246.9901(\text{kN} \cdot \text{m})$$

与 M_{min} 相应的拱脚反力：
$$V_j = 1.2 \times 993.5561 \times 0.93826 = 1118.6567 (kN)$$
轴向力：
$$N = H\cos\varphi_j + V_j\sin\varphi_j = 301.7085 \times 0.7392 + 1118.6567 \times 0.6735 = 976.4382 (kN)$$

c. 汽车荷载总效应标准值为：

轴向力（即水平推力之和）：$N = 252.2536 + 976.4382 = 1228.6918 (kN)$

弯矩：$M_{min} = -(207.0684 + 1246.9901) = -1454.0585 (kN \cdot m)$

拱顶截面、$l/4$ 截面和拱脚截面汽车荷载效应汇总见表 6-11。

拱顶截面、$l/4$ 截面和拱脚截面汽车荷载效应　　　表 6-11

荷 载 效 应		轴向力(kN)	弯矩(kN·m)
拱顶截面	正弯矩	1341.8867	822.2315
	负弯矩	727.7955	-283.8321
$l/4$ 截面	正弯矩	1177.1211	923.4754
	负弯矩	1379.9387	-566.1084
拱脚截面	正弯矩	1241.5747	1069.2597
	负弯矩	1228.6918	-1454.0585

6）温度内力

拱圈合龙温度 15℃，拱圈石砌体线膨胀系数 $\alpha = 0.000008 = 8.0 \times 10^{-6}$，变化温差 $\Delta t = \pm 15$℃，M10 号砂浆砌 MU60 号块石的弹性模量 $E = 800 \times 9.0 \times 10^3 = 7.2 \times 10^6 (MPa)$，温度下降在弹性中心产生的水平力：

$$H_t = \frac{\Delta l}{(1+\mu)\int_s \frac{y^2 ds}{EI}} = \frac{\alpha l \Delta t}{(1+\mu)[表(III)-5 值]\frac{lf^2}{EI}}$$

由表(III)-11 可知：当 $m = 1.988$，$\frac{f}{l} = \frac{1}{5}$ 时，$\mu = 9.12644$，所以

$$H_t = -\frac{8 \times 10^{-6} \times 7.2 \times 10^6 \times 0.9813 \times 15}{(1 + 9.12644) \times 0.100148 \times 4.1043^2} = -49.6293 (kN)$$

温度下降在拱圈中产生的内力见表 6-12。

温度下降在拱圈中产生的内力　　　表 6-12

项 目	拱顶截面	$l/4$ 截 面	拱脚截面
$\cos\varphi$	1.0	0.93701	0.73915
$\sin\varphi$	0.0	0.34930	0.67354
$y = y_s - y_1$ (m)	1.4016	0.4781	-2.7027
$N_t = H_t\cos\varphi$ (kN)	-49.6293	-46.5032	-36.6835
$M_t = -H_t y$ (kN·m)	69.5604	23.7278	-134.1331
$V_t = H_t\sin\varphi$ (kN)	0	-17.3355	-33.4273

6.2.6 主拱圈强度和稳定性验算

《公路圬工桥涵设计规范》(JTG D61—2005)规定,主拱圈采用分项安全系数的极限状态法设计,其设计原则是:荷载效应不利组合的设计值小于或等于结构(截面)抗力效应的设计值,以方程表示如下:

$$\gamma_0 S \leq R(f_d, a_d) \tag{6-1}$$

式中:γ_0——结构重要性系数,按桥涵结构设计安全等级规定的一级、二级、三级分别取用1.1、1.0、0.9;本例为二级设计安全等级,取1.0;

S——作用效应组合设计值,按《桥规》的规定计算;

$R(\cdot)$——构件承载力设计值函数;

f_d——材料强度设计值;

a_d——几何参数设计值,可采用几何参数标准值a_k,即设计文件规定值。

1)正截面受压强度验算

①荷载效应组合。

本设计荷载效应函数有如下几种组合:

组合Ⅰ:恒载 + 汽车荷载最大正弯矩M_{max} + 温度上升内力;

组合Ⅱ:恒载 + 汽车荷载最大负弯矩M_{min} + 温度上升内力;

组合Ⅲ:恒载 + 汽车荷载最大正弯矩M_{max} + 温度下降内力;

组合Ⅳ:恒载 + 汽车荷载最大负弯矩M_{min} + 温度下降内力。

②荷载效应不利组合的设计值。

荷载效应不利组合的设计值见表6-13。

主拱圈荷载效应不利组合的设计值 表6-13

编号	荷载效应	系数	拱顶截面		$l/4$ 截面		拱脚截面	
			$M(kN \cdot m)$	$N(kN)$	$M(kN \cdot m)$	$N(kN)$	$M(kN \cdot m)$	$N(kN)$
1	恒载	1.2	514.7414	10437.4748	175.5835	11186.9501	-992.5738	14346.3190
2	公路—Ⅰ级M_{max}	1.4	822.2315	1341.8867	923.4754	1177.1211	1069.2597	1241.5747
3	公路—Ⅰ级M_{min}		-283.8321	727.7955	-566.1084	1379.9387	-1454.0585	1228.6918
4	温度上升		-69.5604	49.6293	-23.7278	46.5032	134.1331	36.6835
5	温度下降		69.5604	-49.6293	23.7278	-46.5032	-134.1331	-36.6835
编号	荷载组合	系数	拱顶截面		$l/4$ 截面		拱脚截面	
			$M_j(kN \cdot m)$	$N_j(kN)$	$M_j(kN \cdot m)$	$N_j(kN)$	$M_j(kN \cdot m)$	$N_j(kN)$
6	组合 恒+汽M_{max}+温升	0.8	1337.1434	11578.4737	1176.2775	12109.9313	394.9291	15204.1154
7	恒+汽M_{min}+温升		98.3521	10890.6916	-492.0564	12337.0870	-2431.1873	15189.6866
8	恒+汽M_{max}+温降		1492.9587	11467.3041	1229.4277	12005.7641	94.4709	15121.9444
9	恒+汽M_{min}+温降		254.1674	10779.5220	-438.9061	12538.7429	-2731.6454	15107.5155

(1)结构(主拱圈)抗力效应的设计值

结构抗力效应的设计值为:

$$R_N = \alpha A \frac{R_a^j}{r_m} = \alpha \times 18.4 \times \frac{9.0 \times 10^3}{1.92} = 86250\alpha(\text{kN})$$

其中，$\alpha = \dfrac{1-\left(\dfrac{e_0}{y}\right)^{3.5}}{1+\left(\dfrac{e_0}{r_w}\right)^2}$；$e_0 = \dfrac{M_j}{N_j}$；$y = 0.4\text{m}$；$r_w = 0.23094\text{m}$。

主拱圈抗力效应的设计值见表6-14。

主拱圈抗力效应的设计值　　　　　表6-14

截面	荷载效应组合	Ⅰ：恒+汽M_{max}+温升	Ⅱ：恒+汽M_{min}+温升	Ⅲ：恒+汽M_{max}+温降	Ⅳ：恒+汽M_{min}+温降
拱顶截面	$e_0 = \dfrac{M_j}{N_j}(\text{m})$	0.11549	0.00903	0.13019	0.02358
	α	0.78960	0.99847	0.74391	0.98963
	$R_N(\text{kN})$	68103.0000	86118.0375	64162.2375	85355.5875
$l/4$截面	$e_0 = \dfrac{M_j}{N_j}(\text{m})$	0.09713	-0.03988	0.10240	-0.03500
	α	0.84370	0.97074	0.82860	0.97735
	$R_N(\text{kN})$	72769.1250	83726.3250	71466.7500	84296.4375
拱脚截面	$e_0 = \dfrac{M_j}{N_j}(\text{m})$	0.02598	-0.16006	0.00625	-0.18081
	α	0.98743	0.64813	0.99927	0.58147
	$R_N(\text{kN})$	85165.8375	55901.2125	86187.0375	50151.7875

将表6-14与表6-13相比较，结构抗力效应的设计值R_N均大于荷载效应最不利组合的设计值N_j。

(2) 主拱圈容许偏心距验算

主拱圈容许偏心距　　　$[e_0] = 0.6y_\perp = 0.6 \times 0.4 = 0.24(\text{m})$

与表6-14相比较，主拱圈正截面上纵向力的偏心距e_j均小于规范规定的容许偏心距$[e_0]$。

小结：主拱圈正截面受压强度满足规范要求。

2) 正截面受剪强度验算

一般拱脚截面的剪力最大，所以仅作拱脚截面直接抗剪验算。

按《公路圬工桥涵设计规范》(JTG D61—2005) 第 4.0.13 条，构件直接抗剪承载力按式(6-2)验算：

$$\gamma_0 V_d \leq A f_{vd} + \frac{1}{1.4}\mu_f N_k \tag{6-2}$$

式中：γ_0——结构重要性系数，$\gamma_0 = 1.0$；

V_d——剪力设计值；

A——受剪截面面积,$A = 18.4\mathrm{m}^2$;

f_{vd}——砌体式混凝土抗剪强度设计值,按该规范表 3.3.2、表 3.3.3-4 和表 3.3.4-3 采用,本设计采用规则砌块砌体且采用 M10 号砂浆,所以 $f_{vd} = 0.073$;

μ_f——摩擦系数,采用 $\mu_f = 0.7$;

N_k——与受剪截面垂直的压力标准值。

(1)内力计算

①恒载。

恒载产生的左拱脚反力,自表 6-6 第 2 栏合计为:$R_1 = 9170.7199\mathrm{kN}$。

自重产生的左拱脚考虑弹性压缩的水平推力为:

$$H_g = \left(1 - \frac{\mu_1}{1+\mu}\right)H'_g = (1 - 0.03399) \times 10804.7275 = 10437.4748(\mathrm{kN})$$

自重产生的剪力为:

$$V_g = H_g\sin\varphi_j - R_1\cos\varphi_j = 10437.4748 \times 0.6735 - 9170.7199 \times 0.7392 = 250.6431(\mathrm{kN})$$

由表 6-7 可知,与剪力相应的轴力为:$N_g = 14346.3190(\mathrm{kN})$

②汽车荷载剪力。

汽车均布荷载考虑弹性压缩的水平推力影响线面积按附表(Ⅲ)-14(35),可取拱顶处与 M_{max} 相应的水平推力 H 的影响线面积与 M_{min} 相应的水平推力 H 的影响线面积之和,即:$\omega_H = (0.06536 + 0.06167) \times \frac{l_0^2}{f_0} = 12.073$。

汽车均布荷载产生的考虑弹性压缩的水平推力为:$H = 34.65 \times 12.703 = 440.159(\mathrm{kN})$

汽车荷载集中力不考虑弹性压缩的水平推力影响线坐标,按附表(Ⅲ)-12(5),其最大值为 0.23243,所以 $\omega'_H = 0.23243 \times \frac{l_0}{f_0} = 0.23243 \times 5 = 1.16215$。

汽车荷载集中力产生的不考虑弹性压缩的水平推力为:

$$H_1 = 993.5561 \times 1.16215 = 1154.6612(\mathrm{kN})$$

弹性压缩在弹性中心的赘余力为:

$$\Delta H = -\frac{\mu_1}{1+\mu}H_1 = -0.03399 \times 1154.6612 = -39.2469(\mathrm{kN})$$

考虑弹性压缩的水平推力为:

$$H = H_1 + \Delta H = 1154.6612 - 39.2469 = 1115.4143(\mathrm{kN})$$

汽车荷载考虑弹性压缩的水平推力为:$H = 440.159 + 1115.4143 = 1555.5733(\mathrm{kN})$

(2)拱脚反力

汽车均布荷载左拱脚的反力影响线面积,按附表(Ⅲ)-14(35),可取拱顶处与 M_{max} 相应的左拱脚反力 R 的影响线面积与 M_{min} 相应的左拱脚反力 R 影响线面积之和,即:$\omega_R = (0.14854 + 0.35146) \times l_0 = 0.5 \times 20 = 10$。

汽车均布荷载产生的左拱脚反力为:$R = 34.65 \times 10 = 346.5(\mathrm{kN})$

汽车荷载集中力左拱脚的反力影响线坐标,在跨中截面(集中荷载设于跨中截面,为的是与求水平推力时一致)按附表(Ⅲ)-7(5)为 0.5,由汽车集中荷载产生的左拱脚反力为:

$R_1 = 1.2 \times 993.5561 \times 0.5 = 596.1337(\text{kN})$

汽车荷载作用下的左拱脚反力为:$R = 346.5 + 596.1337 = 942.6337(\text{kN})$

汽车荷载的剪力为:
$$V_g = H\sin\varphi_j - R\cos\varphi_j = 1555.5733 \times 0.6735 - 942.6337 \times 0.7392 = 350.8838(\text{kN})$$

与剪力相应的轴力为:
$$V_q = H\cos\varphi_j + R\sin\varphi_j = 1555.5733 \times 0.7392 + 942.6337 \times 0.6735 = 1784.7436(\text{kN})$$

温度内力为:

温度上升引起的剪力 $V_{t+} = 33.4273\text{kN}$

与剪力相应的轴力 $N_{t+} = 36.6835\text{kN}$

温度下降引起的剪力 $V_{t-} = -33.4273\text{kN}$

与剪力相应的轴力 $N_{t-} = -36.6835\text{kN}$

拱脚截面剪力及相应的轴力标准值见表 6-15。

拱脚截面剪力及相应的轴力标准值(单位:kN)　　　表 6-15

项　目	剪　力	与剪力相应的轴力
永久荷载	250.6431	14346.3190
汽车荷载	350.8838	1784.7436
温度上升	33.4273	36.6835
温度下降	-33.4273	-36.6835

(3)拱脚抗剪强度验算

①温度上升。
$$V_d = 1.2 \times 250.6431 + 1.4 \times 350.8838 + 0.7 \times 1.4 \times 33.4273 = 824.7643(\text{kN})$$
$$N_k = 14346.3190 + 1764.7436 + 36.6835 = 16147.7461(\text{kN})$$
$$Af_{vd} + \frac{1}{1.4}\mu_f N_k = 18.4 \times 0.073 \times 1000 + \frac{1}{1.4} \times 0.7 \times 16147.7461$$
$$= 9417.0731(\text{kN}) > \gamma_0 V_d = 824.7643\text{kN}$$

②温度下降。
$$V_d = 1.2 \times 250.6431 + 1.4 \times 350.8838 - 0.7 \times 1.4 \times 33.4273 = 759.2503(\text{kN})$$
$$N_k = 14346.3190 + 1764.7436 - 36.6835 = 16074.3791(\text{kN})$$
$$Af_{vd} + \frac{1}{1.4}\mu_f N_k = 18.4 \times 0.073 \times 1000 + \frac{1}{1.4} \times 0.7 \times 16074.3791$$
$$= 9380.3896(\text{kN}) > \gamma_0 V_d = 759.2503\text{kN}$$

③不计温度作用。
$$V_d = 1.2 \times 250.6431 + 1.4 \times 350.8838 = 792.0090(\text{kN})$$
$$N_k = 14346.3190 + 1764.7436 = 16111.0626(\text{kN})$$
$$Af_{vd} + \frac{1}{1.4}\mu_f N_k = 18.4 \times 0.073 \times 1000 + \frac{1}{1.4} \times 0.7 \times 16111.0626$$
$$= 9398.7313(\text{kN}) > \gamma_0 V_d = 792.0090\text{kN}$$

小结:经验算,拱脚截面抗剪强度满足规范要求。

3) 主拱圈的稳定性验算

对于采用拱式拱上结构的一般拱桥，拱上结构参与主拱圈联合作用，提高了全拱的刚度，降低了主拱圈的活载弯矩，而对拱的纵向力没有影响，从而缩小了纵向力的偏心距。一般拱的稳定性没有问题，可不作验算。

4) 主拱圈裸拱强度和稳定性验算

本桥采用早期脱架施工，必须验算裸拱在自重作用下的强度和稳定性。

(1) 弹性中心的弯矩和推力

$$M_s = [表(Ⅲ)\text{-}15 \text{ 值}] \times \frac{A\gamma l^2}{4} = 0.18535 \times 18.4 \times 24 \times \frac{20.5388^2}{4} = 8632.0072 (\text{kN}\cdot\text{m})$$

$$H_s = [表(Ⅲ)\text{-}16 \text{ 值}] \times \frac{A\gamma l^2}{4(1+\mu)f} = \frac{0.52906 \times 18.4 \times 24 \times 20.5388^2}{4 \times (1+0.028985573) \times 4.1043} = 5834.1253 (\text{kN})$$

(2) 截面剪力

$$M = M_s - H_s(y_s - y_1) - [表(Ⅲ)\text{-}19 \text{ 值}] \times \frac{A\gamma l^2}{4}$$

$$N = H_s\cos\varphi + [表(Ⅲ)\text{-}19 \text{ 值}] \times A\gamma l\sin\varphi$$

$$A\gamma l = 18.4 \times 24 \times 20.5388 = 9069.9341$$

$$\frac{A\gamma l^2}{4} = \frac{18.4 \times 24 \times 20.5388^2}{4} = 46571.3905$$

裸拱截面内力见表6-16。

裸拱截面内力 表6-16

项　目	拱顶截面	$l/4$ 截面	拱脚截面
$\cos\varphi$	1.0	0.93701	0.73915
$\sin\varphi$	0.0	0.34930	0.67354
表(Ⅲ)-19 值	0.0	0.25537	0.55134
$N(\text{kN})$	5834.1253	6275.6786	7680.4096
$y_s - y_1 (\text{m})$	1.4016	0.4781	-2.7027
表(Ⅲ)-19 值	0.0	0.12631	0.52381
$M(\text{kN}\cdot\text{m})$	454.8972	-39.7204	5.3376
$e_0 = \frac{M}{N}(\text{m})$	0.0780	-0.0063	0.0007

(3) 裸拱圈强度与稳定性验算

$$N_j \leqslant R_N = \varphi\alpha A \frac{R_a^j}{r_m}$$

$$\alpha = \frac{1 - \left(\dfrac{e_0}{y}\right)^{3.5}}{1 + \left(\dfrac{e_0}{r_\omega}\right)^2}$$

$$y = 0.4\text{m}$$

$$r_\omega = 0.23094\text{m}$$

$$\varphi = \frac{1}{1 + \alpha\beta(\beta-3)\left[1 + 1.33\left(\frac{e_0}{r_\omega}\right)^2\right]}$$

$$S = \frac{l}{r_1} = \frac{20.5388}{0.55134 \times 2} = 18.6263(\text{m})$$

$$l_0 = 0.36S = 6.7055(\text{m})$$

$$h_w = D = 0.8\text{m}$$

$$\beta = \frac{l_0}{h_w} = \frac{6.7055}{0.8} = 8.3819$$

$$\alpha\beta(\beta - 3) = 45.110548 \times 0.002 = 0.090221$$

$$A\frac{R_a^j}{r_m} = \frac{18.4 \times 9 \times 10^3}{1.92} = 86250(\text{kN})$$

裸拱圈的强度与稳定性验算见表 6-17。

裸拱圈的强度与稳定性验算　　　　　　表 6-17

项　　目	拱顶截面	$l/4$ 截　面	拱脚截面
$N_j = 0.77 \times 1.2N(\text{kN})$	5390.7318	5798.7270	7096.6985
$e_0 = \frac{M}{N}(\text{m})$	0.0780	-0.0063	0.0007
$\alpha = \dfrac{1 - \left(\dfrac{e_0}{\gamma}\right)^{3.5}}{1 + \left(\dfrac{e_0}{r_\omega}\right)^2}$	0.89467	0.99926	0.99999
φ	0.90587	0.91717	0.91724
$R_N = \varphi\alpha A\dfrac{R_a^j}{r_m}(\text{kN})$	69901.7190	79047.3741	79111.1589

计算表明，$R_N > N_j$，上部结构安全可靠。

至此，上部结构计算完毕。

本章附图见图 6-6 ~ 图 6-8。

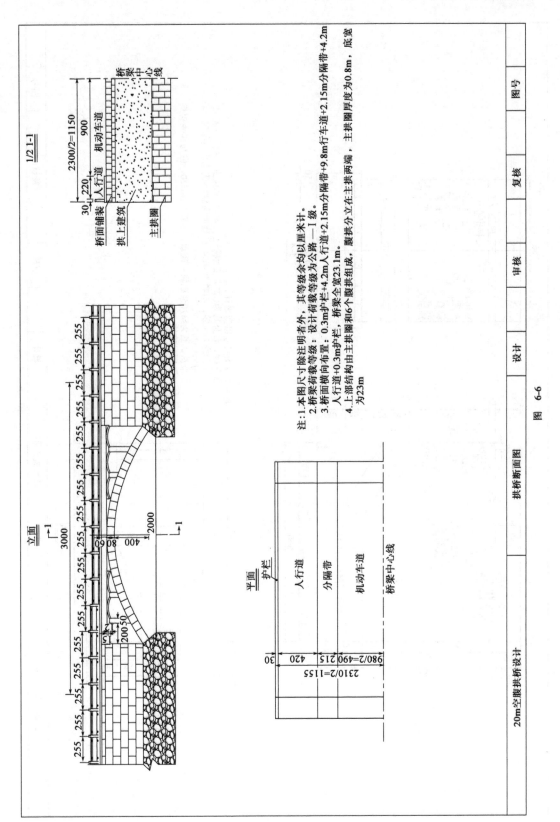

图 6-6 拱桥断面图

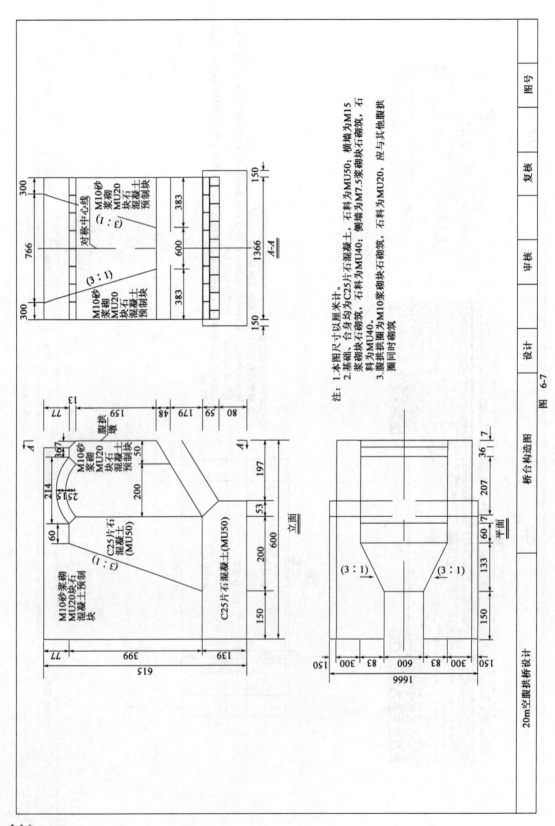

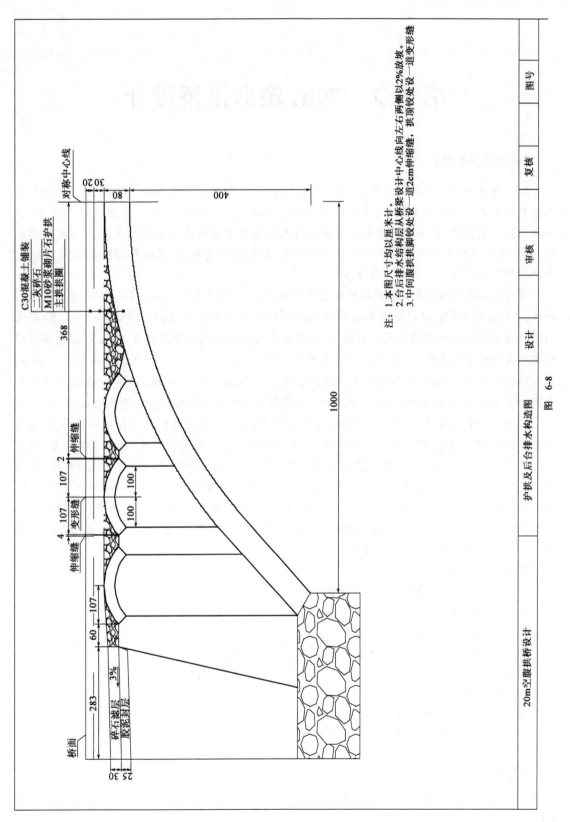

图 6-8 护拱及后台排水构造图

第7章 70m 箱形拱桥设计

【设计任务纲要】

拱桥在我国拥有悠久的历史,外形美观,构造简单,特别是圬工拱桥,技术容易被掌握,有利于广泛采用。本桥是单跨的,净跨径为70m等截面无铰拱拱桥。采用空腹式拱上结构,在主拱上侧布置立柱,拱圈为箱形截面。通过对此次等截面悬链线混凝土空腹式箱形拱桥的设计,基本掌握拱桥中主拱圈截面几何要素的计算、拱轴系数的确定、主拱圈正截面的强度验算、主拱圈稳定性验算以及荷载计算等知识。

某等截面悬链线箱形空腹式拱桥的设计指标:汽车荷载等级为公路—I级,桥梁安全等级为一级,环境条件为II类,净跨径为70m,净矢高:$f_0=10$m;桥面布置为:7m(行车道)+2×1.50m(人行道)+2×0.50m(防护带);设计荷载:汽车荷载为公路—II级,人群荷载为2.9 kN/m²。拱顶填料包括桥面的平均厚度$h'_d=0.5$m,材料重度$\gamma_1=22$ kN/m³;护拱及拱腔为M20片石砂浆砌体,$\gamma_2=23$ kN/m³;腹拱圈为C30混凝土预制圆弧拱,$\gamma_3=24$ kN/m³;腹拱墩为C30钢筋混凝土矩形截面排架式墩,$\gamma_4=25$ kN/m³;主拱圈为C40钢筋混凝土组合箱形截面,$\gamma_5=25$ kN/m³。

本毕业设计主要完成以下几方面的设计和计算:①根据设计任务要求和基础资料,依据现行公路桥涵设计规范,确定桥型总体布置,确定细部尺寸,计算截面特性,拱轴系数计算,拱圈弹性中心及弹性压缩系数计算。②进行作用效应组合计算,依据现行公路桥涵设计规范,进行主拱圈截面内力验算,主拱圈正截面强度验算,主拱圈稳定性验算,裸拱的强度和稳定性验算,拱圈竖向刚度验算。③绘制工程图纸,包括拱桥的总体布置图、主要构件构造图、钢筋图、施工方案示意图等。④完成毕业论文的撰写,应采用规范的论文格式,包括摘要、关键词、目录、概述、正文、结论等,并配以相关的图表。

毕业设计进度安排如下:

第1周,搜集相关资料,完成开题报告;

第2~3周,主拱圈几何要素、拱轴系数、弹性中心及压缩系数计算;

第4~5周,主拱圈截面内力验算;

第6~8周,主拱圈正截面强度及主拱圈稳定性验算;

第9~12周,裸拱的强度和稳定性验算、拱圈竖向刚度验算;

第13周,整理计算说明书;

第14周,绘制工程图纸,不少于10张,其中手绘图不少于2张;

第15周,完成毕业设计答辩并提交材料。

【教师点评】

箱形拱桥一般用于跨径比较大的拱桥中,这种结构形式刚度大、稳定性好,在跨度大于

50m的拱桥中常采用这种结构形式。"70m箱形拱桥设计",由于跨径较大,结构形式复杂,作为毕业设计选题,是有一定难度的课题。

该同学在本设计中,首先根据给定的设计条件进行截面几何特性计算,进而确定拱轴系数。按现行规范计算主拱圈的截面内力及组合作用,根据作用组合对截面进行配筋设计并验算,结果表明:满足规范要求。本章的计算,只考虑了拱桥在长期荷载作用下的结构验算,而拱桥在短暂状况即施工阶段的承载能力,如遇到需考虑地震力或撞击力等特殊情况还需考虑偶然状况下的承载能力,在本设计中未考虑,这是本章的不足之处。

计算书和工程图纸的检查表明,该毕业设计报告章节分明、文理通顺,既有计算数据,又有分析论证,还附有适当的插图和表格。通过毕业设计表明:该同学设计思路清晰,条理清楚,基础理论知识和专业知识扎实,设计内容完整,结果正确。毕业设计完成的设计深度和设计工作量达到了本科毕业设计教学大纲的培养要求。设计中的不足表现在:内容在表述上不是很严谨;设计的重、难点不很明确;截面承载能力计算未考虑普通钢筋参与受力。

7.1 设计资料

净跨径:$l_0 = 70$m;净矢高:$f_0 = 10$m;桥面布置:7m(行车道) + 2×1.50m(人行道) + 2×0.50m(防护带);设计荷载:汽车荷载等级为公路—Ⅱ级,人群荷载为2.9 kN/m²。

拱顶填料包括桥面的平均厚度$h'_d = 0.5$m,材料重度$\gamma_1 = 22$ kN/m³;护拱及拱腔为M20片石砂浆砌体,$\gamma_2 = 23$ kN/m³;腹拱圈为C30混凝土预制圆弧拱,$\gamma_3 = 24$ kN/m³;腹拱墩为C30钢筋混凝土矩形截面排架式墩,$\gamma_4 = 25$ kN/m³;主拱圈为C40钢筋混凝土组合箱形截面,$\gamma_5 = 25$ kN/m³。

7.2 主拱圈截面几何要素的计算

7.2.1 主拱圈横截面设计

拱圈截面高度按经验公式估算:

$$H = \left(\alpha + \frac{l_0}{\eta}\right)k = \left(60 + \frac{7000}{100}\right) \times 1 = 130(\text{cm}) = 1.3\text{m}$$

箱形拱桥主拱圈截面形式有单室箱和多室箱两种,本设计选取多室箱,即拱圈由7个1.4m宽的拱室箱组成,主拱圈全宽$B_0 = 9.8$m。箱顶板采用微弯板,主拱圈横断面的构造如图7-1所示。整个设计按全宽进行,其横截面的计算顺序为全宽的大矩形减去边箱外腹的梯形、减去箱内空矩形和箱内弓形再加上箱底板内角。

7.2.2 箱顶微弯盖板弓形截面的几何性质

为了计算简便,先将微弯板下弓形块的各几何要素求出,以便计算应用。

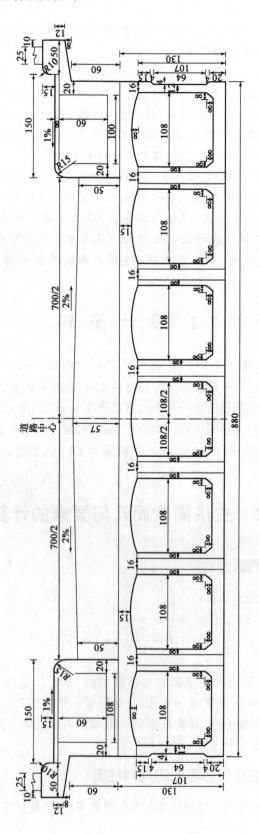

图7-1 主拱圈横断面构造(尺寸单位:cm)

净矢跨比：
$$D_0 = \frac{f_0}{l_0} = \frac{0.08}{1.08} = \frac{1}{13.5}$$

净半径：
$$R_0 = \frac{l_0}{2}\left(\frac{1}{4D_0} + D_0\right) = \frac{1.08}{2} \times \left(\frac{1.08}{4 \times 0.08} + \frac{0.08}{1.08}\right) = 1.8625(\text{m})$$

正弦、余弦值及半圆心角：
$$\sin\varphi_0 = \frac{l_0}{2R_0} = 0.2899$$

$$\cos\varphi_0 = 1 - \frac{f_0}{R_0} = 0.9571$$

$$\varphi_0 = \arcsin\varphi_0 = 16°51'14.18''$$

弓形面积：
$$A = \frac{1}{2}(2\varphi_0 - \sin2\varphi_0)R_0^2 = 0.057852\text{m}^2$$

弓形面积重心到圆心的距离：
$$y = \frac{4}{3} \cdot \frac{R_0 \sin^3\varphi_0}{2\varphi_0 - \sin2\varphi_0} = 1.81456\text{m}$$

弓形绕重心轴的惯性矩：
$$I_0 = \frac{4\varphi_0 - \sin4\varphi_0}{16}R_0^4 - Ay^2 = 0.000025544\text{m}^4$$

7.2.3 箱形拱圈截面几何性质

拱圈截面几何性质计算按全宽进行，其横截面的计算顺序为全宽的大矩形减去边箱外腹的梯形，再减去箱内空矩形和箱内弓形并加上箱底板内角。具体计算过程如下：

截面面积：
$$A = 9.8 \times 1.30 - 2 \times \frac{1}{2} \times (0.64 + 0.72) \times 0.04 - 7 \times 1.08 \times 0.92 - 7 \times 0.057852 +$$
$$14 \times \frac{1}{2} \times 0.08 \times 0.08$$
$$= 5.370236(\text{m}^2)$$

绕箱底边缘的静面矩：
$$S = \frac{1}{2} \times 9.8 \times 1.30^2 - 2 \times \frac{0.64 + 0.72}{2} \times 0.04 \times \left(\frac{0.72}{2} + 0.20\right) -$$
$$7 \times 1.08 \times 0.92 \times \left(\frac{1.02}{2} + 0.15\right) - 7 \times 0.057852 \times [1.15 - (1.8625 - 1.81456)] +$$
$$14 \times \frac{1}{2} \times 0.08 \times 0.08 \times \left(0.15 + \frac{1}{3} \times 0.08\right)$$
$$= 3.569484(\text{m}^3)$$

主拱圈截面重心轴到箱底下边缘距离：
$$y_下 = \frac{S}{A} = \frac{3.569484}{5.370236} = 0.66468(\mathrm{m})$$

主拱圈截面重心轴到箱底上边缘距离：
$$y_上 = 1.30 - y_下 = 0.63532(\mathrm{m})$$

主拱圈截面绕重心轴的惯性矩：

$$\begin{aligned}I_x =& \frac{1}{12} \times 9.8 \times 1.3^3 + 9.8 \times 1.3 \times \left(0.66468 - \frac{1.30}{2}\right)^2 - 2 \times \frac{1}{12} \times 0.04 \times \left(\frac{0.64+0.72}{2}\right)^3 - \\ & 2 \times \frac{1}{2} \times 0.04 \times (0.64+0.72) \times \left(0.66468 - \frac{0.72}{2} - 0.20\right)^2 - 7 \times \frac{1}{12} \times 1.08 \times 0.92^3 - \\ & 7 \times 1.08 \times 0.92 \times \left(0.66468 - 0.15 - \frac{0.92}{2}\right)^2 - 7 \times 0.000025544 - 7 \times 0.057852 \times \\ & (0.66468 - 1.10206)^2 + 14 \times \frac{1}{36} \times 0.08 \times 0.08^3 + 14 \times \frac{1}{2} \times 0.08^2 \times (0.66468 - 0.1767)^2 \\ =& 1.215937(\mathrm{m}^4)\end{aligned}$$

主拱圈箱形截面绕重心轴的回转半径：$r_w = \sqrt{\frac{I_x}{A}} = 0.47584\mathrm{m}$

7.3 确定拱轴系数

7.3.1 上部结构布置

上部结构布置如图 7-2 所示。

(1) 主拱圈

假定拱轴系数 $m = 2.24$，相应的 $\frac{y_{l/4}}{f} = \frac{1}{\sqrt{2(m+1)} + 2} = 0.22$，$\frac{f_0}{l_0} = \frac{1}{7}$，查《公路桥涵设计手册：拱桥》[19] 表（Ⅲ）-20(6)，得：$\sin\varphi_j = 0.55525$，$\cos\varphi_j = 0.83169$，$\varphi_j = 33°43'38''$。

主拱圈的计算跨径及计算矢高：
$$l = l_0 + 2y_下 \sin\varphi_j = 70 + 2 \times 0.66468 \times 0.55525 = 70.7381(\mathrm{m})$$
$$f = f_0 + y_下(1 - \cos\varphi_j) = 10 + 0.66468 \times (1 - 0.83169) = 10.1119(\mathrm{m})$$

拱脚截面的水平投影及竖向投影：
$$x = H\sin\varphi_j = 1.3 \times 0.55525 = 0.7218(\mathrm{m})$$
$$y = H\cos\varphi_j = 1.3 \times 0.83169 = 1.0812(\mathrm{m})$$

将拱轴沿跨径 24 等分，每等分长 $\Delta l = \frac{l}{24} = 2.9474\mathrm{m}$，每等分点拱轴线的纵坐标 $y_1 = [$表（Ⅲ）-1 值$] \cdot f$，相应的拱背曲面坐标 $y_1' = y_1 - \frac{y_上}{\cos\varphi}$，拱腹曲面坐标 $y_1'' = y_1 + \frac{y_下}{\cos\varphi}$。计算时使用的拱轴坐标如图 7-3 所示，详细计算结果见表 7-1。

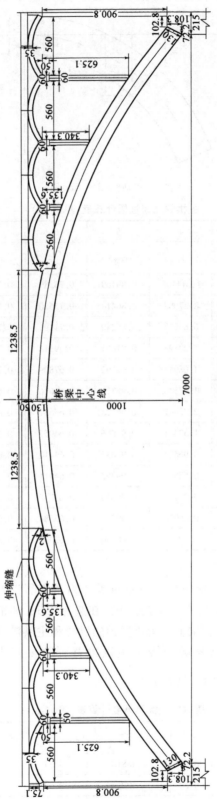

图7-2 上部结构布置(尺寸单位:cm)

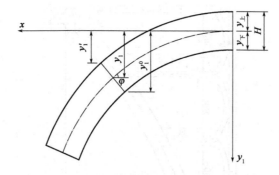

图 7-3 拱轴坐标计算示意图

主拱圈几何性质计算表(单位:m)　　　表 7-1

1	2	3	4	5	6	7	8	9
截面号	x	$\dfrac{y_1}{f}$	y_1	$\cos\varphi$	$\dfrac{y_上}{\cos\varphi}$	$\dfrac{y_下}{\cos\varphi}$	$y_1 - \dfrac{y_上}{\cos\varphi}$	$y_1 + \dfrac{y_下}{\cos\varphi}$
0	35.36880	1.00000	10.11190	0.83169	0.76389	0.79919	9.34801	10.91109
1	32.42140	0.81793	8.27082	0.86414	0.73520	0.76918	7.53561	9.04000
2	29.47400	0.65946	6.66837	0.89242	0.71191	0.74481	5.95647	7.41318
3	26.52660	0.52228	5.28128	0.91661	0.69312	0.72515	4.58816	6.00643
4	23.57920	0.40442	4.08941	0.93692	0.67809	0.70942	3.41133	4.79884
5	20.63180	0.30414	3.07543	0.95370	0.66616	0.69695	2.40927	3.77238
6	17.68440	0.22000	2.22462	0.96728	0.65681	0.68716	1.56781	2.91178
7	14.73700	0.15077	1.52461	0.97806	0.64957	0.67959	0.87504	2.20420
8	11.78960	0.09546	0.96524	0.98637	0.64410	0.67386	0.32114	1.63911
9	8.84220	0.05324	0.53839	0.99252	0.64011	0.66969	-0.10172	1.20808
10	5.89480	0.02352	0.23784	0.99673	0.63740	0.66686	-0.39956	0.90470
11	2.94740	0.05925	0.05925	0.99919	0.63584	0.66522	-0.57659	0.72446
12	0	0	0	1.00000	0.63532	0.66468	-0.63532	0.66468

(2)拱上腹拱布置

从主拱两端起拱线起向外延伸 2.15m 后向跨中对称布置四对圆弧小拱,腹拱圈厚 $d' = 0.35$m,净跨径 $l'_0 = 5.6$m,净矢高 $f'_0 = 0.7$m,坐落在宽为 0.5m 的钢筋混凝土排架式腹拱墩支承的宽为 0.6m 的钢筋混凝土盖梁上。腹拱拱顶的拱背和主拱拱顶的拱背在同一高程。对腹拱墩墩中线的横坐标 l_x 以及各墩中线自主拱拱背到腹拱起拱线的高度 $h = y_1 + y_上 \times \left(1 - \dfrac{1}{\cos\varphi}\right) - (d' + f'_0)$ 分别计算,见表7-2。

腹拱墩坐标及高度计算表(单位:m)　　　表 7-2

项目	l_x	$\xi = \dfrac{2lx}{l}$	$k\xi$	$y_1 = \dfrac{(\mathrm{ch}k\xi - 1)f}{m - 1}$	$\tan\varphi = \dfrac{2fk \times \mathrm{sh}k\xi}{l(m-1)}$	$\dfrac{1}{\cos\varphi} = \sqrt{(\tan^2\varphi + 1)}$	h
1号立柱	30.85	0.87223	1.26090	7.38818	0.54081	1.13687	6.25122
2号立柱	24.65	0.69694	1.00750	4.50092	0.39556	1.07539	3.40302

续上表

项目	l_x	$\xi = \dfrac{2lx}{l}$	$k\xi$	$y_1 = \dfrac{(\mathrm{ch}k\xi - 1)f}{m-1}$	$\tan\varphi = \dfrac{2fk \times \mathrm{sh}k\xi}{l(m-1)}$	$\dfrac{1}{\cos\varphi} = \sqrt{(\tan^2\varphi + 1)}$	h
3号横墙	18.45	0.52164	0.75410	2.43065	0.27585	1.03735	1.35692
4号腹拱座	12.4667	0.35250	0.50960	1.08198	0.17730	1.01560	0.02207
空、实腹段分界线	12.3853	0.35107	0.50750	1.07289	0.17650	1.01546	0.01307

由 $\dfrac{f_0}{l_0} = \dfrac{1}{8}$，查《拱桥》（上册）表（Ⅰ）-5 得：$\sin\varphi_0 = 0.470588$，$\cos\varphi_0 = 0.882353$，$\varphi_0 = 28°04'20''$

腹拱拱脚的水平投影和竖向投影：

$$x' = d'\sin\varphi_0 = 0.35 \times 0.470588 = 0.1647(\mathrm{m})$$

$$y' = d'\cos\varphi_0 = 0.35 \times 0.882353 = 0.3088(\mathrm{m})$$

7.3.2 上部结构恒载计算

恒载计算：首先把桥面系换算成填料厚度，然后按主拱圈、横隔板、拱上空腹段、拱上实腹段及腹拱推力共5个部分进行。

1）桥面系

桥面系包括栏杆、人行道构造和附设的管路。栏杆立柱的间距为2.0m，桥面栏杆构造如图7-4所示。

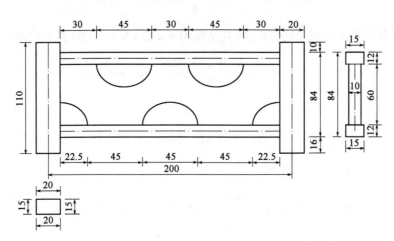

图7-4 桥面栏杆构造图(尺寸单位：cm)

（1）栏杆构件。

挖孔板：$\left[1.8 \times 0.6 - 2\pi \times \left(\dfrac{0.45}{2}\right)^2\right] \times 0.1 \times 25 = 1.9048(\mathrm{kN})$

上下横梁：$0.15 \times 0.12 \times 1.8 \times 2 \times 25 = 1.62(\mathrm{kN})$

立柱：$0.2 \times 0.15 \times 1.1 \times 25 = 0.825(\mathrm{kN})$

$\sum = 1.9048 + 1.62 + 0.825 = 4.3498(\mathrm{kN})$

每延米桥长的栏杆重力 $g = \dfrac{4.3498 \times 2}{2} = 4.3498\,(\mathrm{kN})$

（2）人行道及其附属构件。

①人行道块件，$\gamma = 25\ \mathrm{kN/m^3}$，有：

$$25 \times \begin{bmatrix} 0.2 \times 0.5 - \left(1 - \dfrac{\pi}{4}\right) \times 0.1^2 + 0.5 \times (0.07 + 0.15) \times 0.6 + 0.75 \times 0.2 + \\ 0.8 \times 0.2 - \left(1 - \dfrac{\pi}{4}\right) \times 0.15^2 + 1 \times 0.15 \end{bmatrix} = 15.475\,(\mathrm{kN/m})$$

②人行道板，$\gamma = 24\ \mathrm{kN/m^3}$，有：$1.5 \times 0.03 \times 24 \times 2 = 2.16\,(\mathrm{kN/m})$。

③人行道板下填砂层，$\gamma = 18\ \mathrm{kN/m^3}$，有：$1.5 \times 0.02 \times 18 \times 2 = 1.08\,(\mathrm{kN/m})$。

④人行道块件内水管铸铁重度为 $78.5\ \mathrm{kN/m^3}$，水的重度为 $10\ \mathrm{kN/m^3}$，水管内径为 $\phi 35\mathrm{cm}$，外径为 $\phi 36\mathrm{cm}$。

$$\left(2\pi \times \dfrac{0.355}{2} \times 0.01 \times 78.5 + \pi \times \dfrac{0.35^2}{4} \times 10\right) \times 2 = 3.6752\,(\mathrm{kN/m})$$

⑤人行道块件内填砂或装电缆，$\gamma = 18\ \mathrm{kN/m^3}$，则：

$$\left(1.0 \times 0.60 - \pi \times \dfrac{0.36^2}{4}\right) \times 18 \times 2 = 17.9356\,(\mathrm{kN/m})$$

每延米桥长人行道构件重力 $\Sigma = 55.8\,\mathrm{kN}$。

（3）拱顶填料及沥青表面处置层，$\gamma = 22\ \mathrm{kN/m^3}$。

$$\dfrac{1}{2}(0.50 + 0.57) \times 2 \times \dfrac{7}{2} \times 22 = 82.39\,(\mathrm{kN/m})$$

以上三部分恒载由拱圈平均分担，将其换算为 $\gamma = 22\ \mathrm{kN/m^3}$ 的计算平均填料厚度为：

$$h_\mathrm{d} = \dfrac{4.3498 + 55.8 + 82.3900}{9.80 \times 22} = 0.6611\,(\mathrm{m})$$

2）主拱圈

$$P_{0-12} = [\text{表}(\mathrm{III})\text{-}19(6)\text{值}] A\gamma_5 l = 0.52764 \times 5.370236 \times 70.7381 \times 25$$
$$= 5387.0824\,(\mathrm{kN})$$

$$M_{1/4} = [\text{表}(\mathrm{III})\text{-}19(6)\text{值}] \dfrac{A\gamma_5 l^2}{4} = 0.12564 \times \dfrac{5.370236 \times 70.7381^2 \times 25}{4}$$
$$= 21101.2459\,(\mathrm{kN})$$

$$M_\mathrm{j} = [\text{表}(\mathrm{III})\text{-}19(6)\text{值}] \dfrac{A\gamma_5 l^2}{4} = 0.51236 \times \dfrac{5.370236 \times 70.7381^2 \times 25}{4}$$
$$= 86050.8941\,(\mathrm{kN})$$

3）横隔板

横隔板的设置受箱肋接头位置的控制，必须先确定接头位置后，再按箱肋轴线等弧长布置横隔板。

(1)箱肋截面几何性质

箱肋横截面尺寸如图7-5所示,则箱肋截面几何性质计算如下。

箱肋横截面面积:$A' = 2 \times 0.08 \times 1.07 + 1.08 \times 0.15 + 2 \times \frac{1}{2} \times 0.08 \times 0.08 = 0.3396(\mathrm{m}^2)$

箱肋截面绕箱底边缘净矩(对底边):$J' = 2 \times 0.08 \times 1.07 \times \frac{1.07}{2} + 1.08 \times 0.15 \times \frac{0.15}{2} + 2 \times \frac{1}{2} \times 0.08 \times 0.08 \times \left(\frac{1}{3} \times 0.08 + 0.15 \right) = 0.10487(\mathrm{m}^3)$

截面重心到箱底边缘的距离:

$$y'_{下} = \frac{J'}{A'} = 0.3088 \mathrm{m}$$

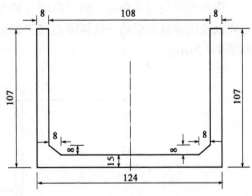

图7-5 箱肋横截面尺寸(尺寸单位:cm)

箱肋计算跨径:

$$l' = l_0 + 2y'_{下}\sin\varphi_j = 70 + 2 \times 0.3088 \times 0.55525 = 70.3429(\mathrm{m})$$

箱肋轴线弧长:

$$S' = 2 \times 0.52764 l' = 74.2315 \mathrm{m}$$

(2)确定箱肋接头、设置横隔板

①确定接头位置。

箱肋分三段吊装合龙,接头宜选在箱肋自重作用下弯矩值最小的反弯点附近,即 $\xi = 0.35 \sim 0.37$ 之间,如图7-6所示,此处相应的弧长为:

$$S'_x = \frac{l'}{2} \int_0^\xi \sqrt{1 + \eta^2 \mathrm{sh}^2 k\xi}\,\mathrm{d}\xi = \frac{l'}{2}(0.35174 \sim 0.37210) = 12.3712 \sim 13.0873(\mathrm{m})$$

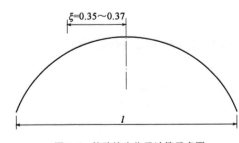

图7-6 箱肋接头位置计算示意图

其中,$\int_0^\xi \sqrt{1 + \eta^2 \mathrm{sh}^2 k\xi}\,\mathrm{d}\xi$ 值根据 ξ 值,从《桥梁计算示例集:拱桥(二)》[20]附表1-1中利用内插法计算得到。

②布置横隔板。

横隔板沿箱肋中轴线均匀设置,取板间间距为 $\Delta l' = 2.56\mathrm{m}$,中段箱肋设置11道横隔板,端横隔板到接头中线的距离为0.3m,则中段箱肋弧长及弧长之半为:

$$S_{II} = 2.56 \times 10 + 2 \times 0.3 = 26.2(\mathrm{m})$$

$$S_{II/2} = \frac{1}{2}S_{II} = 13.1\mathrm{m}$$

则接头位置刚好在 $\xi = 0.37$ 处。

端段箱肋弧长:

$$S_I = \frac{1}{2}(S' - S_{II}) = \frac{1}{2} \times (74.2315 - 26.2) = 24.0158(\mathrm{m})$$

端段箱肋设10道横隔板,则端横隔板距离起拱面的长度为:

$$\Delta S = S_{\mathrm{I}} - 2.56 \times 9 - 0.3 = 0.6758(\mathrm{m})$$

(3)端横隔板与接头加强部分的重力

横隔板厚均为 0.06m。靠拱脚的一块为实心板,其余均为空心板。接头处两相邻横隔板之间以及拱脚截面至第一块横隔板之间的箱底板和两侧板均加厚 0.10m,加强后的断面尺寸如图 7-7 所示。

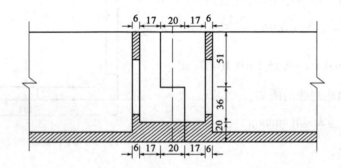

图 7-7 横隔板及接头加强部位尺寸(尺寸单位:cm)

根据截面尺寸和材料重度计算横隔板及各加强段重力,各计算值分别为:

①每道横隔板重力。

空心板为:

$$P = [(1.08 \times 0.92 - 0.68 \times 0.62 + 4 \times \frac{1}{2} \times 0.08^2) \times 0.06 + 4 \times \frac{1}{2} \times 0.08^2 \times 0.92] \times 25 \times 7$$
$$= 6.2692(\mathrm{kN})$$

实心板为:

$$P = (1.08 \times 0.92 \times 0.06 + 4 \times \frac{1}{2} \times 0.08^2 \times 0.92) \times 7 \times 25 = 12.4936(\mathrm{kN})$$

②中接头加强部分重力:

$$P = [2 \times 0.1 \times 0.54 \times 0.92 + 0.1 \times 0.54 \times (1.08 - 2 \times 0.1) - 4 \times \frac{1}{2} \times 0.08^2 \times 0.92] \times 7 \times 25$$
$$= 23.6432(\mathrm{kN})$$

③拱脚加强段重力:

$$P = [0.1 \times 2 \times 0.92 \times 0.6775 + 0.1 \times 0.6775 \times (1.08 - 2 \times 0.1) - 2 \times \frac{1}{2} \times 0.08^2 \times 0.92] \times 7 \times 25$$
$$= 31.2186(\mathrm{kN})$$

各集中力作用线的横坐标 l_x,可以根据 $k_\xi = \int_0^\xi \sqrt{1 + \eta^2 \mathrm{sh}^2 k\xi}\,\mathrm{d}\xi = \frac{2S_x}{l'}$ 值从《桥梁计算示例集:拱桥(二)》[20]附表 1-1 中查得 ξ,再由 $l_x = \frac{l'}{2} \times \xi$ 求得。l_x 的值和各集中力分别对拱跨 $l/4$ 截面和拱脚截面的力臂见表 7-3。

横隔板的横坐标与力臂计算表(单位:m)   表 7-3

集中力编号	S_x	$\int_0^\xi \sqrt{1+\eta^2 sh^2 k\xi}\,d\xi = 2S_x/l'$	ξ	$l_x = \dfrac{l'}{2}\times \xi$	力臂	
					$\dfrac{l}{4}-l_x$	$\dfrac{l}{2}-l_x$
1	2.56	0.07179	0.07271	2.5574	15.1271	32.8117
2	5.12	0.14557	0.14536	5.1126	12.5719	30.2565
3	7.68	0.21836	0.21793	7.6650	10.0195	27.7041
4	10.24	0.29115	0.28997	10.1988	7.4858	25.1703
5	12.80	0.36393	0.36174	12.7227	4.9618	22.6463
6	13.40	0.38099	0.37857	13.3148	4.3697	22.0543
7	15.96	0.45378	0.44973	15.8178	1.8668	19.5513
					$\Sigma = 56.4026$	
8	18.52	0.52656	0.52104	18.2939		17.0751
9	21.08	0.59935	0.58983	20.7452		14.6238
10	23.64	0.67214	0.65964	23.2006		12.1685
11	26.20	0.74492	0.72640	25.5486		9.8205
12	28.76	0.81771	0.79281	27.8844		7.4847
13	31.32	0.89049	0.85791	30.1740		5.1950
14	33.88	0.96328	0.92150	32.4105		2.9585
						$\Sigma = 249.5205$
15	36.44	1.03607	0.98407	34.6112		0.7579
0	0.00	0.00000	0.00000	0.0000	17.6845	35.3691
中接头	13.10	0.37246	0.37103	13.0496	4.6349	22.3195
拱脚加强段	36.794	1.04613	0.99241	34.8950		0.4740

4)拱上空腹段

(1)腹孔上部

腹孔上部构造如图 7-8 所示。

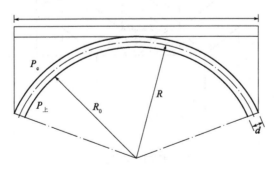

图 7-8 腹拱上部构造示意图

腹拱圈外弧跨径:

$$l_{外} = l'_0 + 2d'\sin\varphi_0 = 5.6 + 2 \times 0.35 \times 0.470588 = 5.9294(\text{m})$$

腹拱圈内弧半径：

$$R_0 = \frac{l'_0}{2\sin\varphi_0} = \frac{5.6}{2 \times 0.470588} = 5.9500(\text{m})$$

腹拱圈重力：

$$p_a = 2\varphi_0 R d' \gamma_3 B_0 = 2 \times 28°04'20'' \times \frac{\pi}{180°} \times \left(5.95 + \frac{0.35}{2}\right) \times 0.35 \times 24 \times 9.8$$

$$= 494.078(\text{kN})$$

腹拱上的护拱重力：

$$P_b = (2\sin\varphi_0 - \sin\varphi_0\cos\varphi_0 - \varphi_0)R^2\gamma_2 B_0$$

$$= \left(2 \times 0.470588 - 0.470588 \times 0.882353 - 28°04'20'' \times \frac{\pi}{180°}\right) \times$$

$$\left(5.95 + \frac{0.35}{2}\right)^2 \times 23 \times 9.8 = 304.4046(\text{kN})$$

填料及桥面系重力：

$$P_c = l_{外} h_d \gamma_1 B_0 = 5.9294 \times 0.6611 \times 22 \times 9.8 = 845.136(\text{kN})$$

腹拱墩起拱线以上部分重力（图7-9）：

$$P_d = \{(0.6 - x')y'\gamma_4 + [(f'_0 + d' - y')\gamma_2 + h_d\gamma_1](0.6 - 2x')\}B_0$$

$$= \{(0.6 - 0.1647) \times 0.3088 \times 25 + [(1.05 - 0.3088) \times 23 + 0.6611 \times 22] \times (0.6 - 2 \times 0.1647)\} \times 9.8$$

$$= 116.71(\text{kN})$$

一个腹拱总重力为：

$$P = \sum_a^d P_i = 494.0781 + 304.4046 + 845.136 + 116.71 = 1760.3287(\text{kN})$$

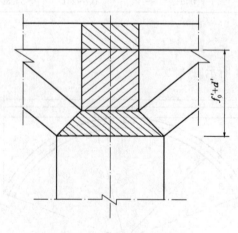

图7-9 腹拱拱脚构造示意图

(2)腹孔下部

腹孔下部构造如图7-10所示。

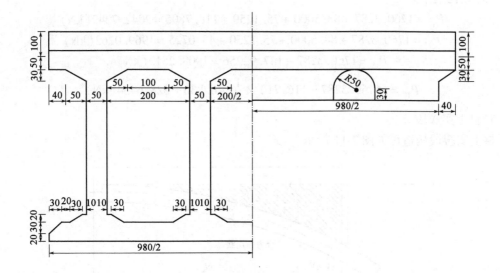

图 7-10 腹拱下部构造示意图(尺寸单位:cm)

根据腹拱下部构造尺寸和材料重度计算各组成部分重力,各计算值分别如下。

盖梁重力:

$$P = \left[0.6 \times 0.5 \times 9.8 + 4 \times (1.5 + 0.5) \times \frac{1}{2} \times 0.5 \times 0.3\right] \times 25 = 88.5000(\text{kN})$$

底梁重力:

$$P = \left[0.5 \times 0.5 \times 9.8 + 4 \times \frac{1}{2} \times (0.7 + 1.3) \times 0.5 \times 0.3 - 2 \times \frac{1}{2} \times 0.3^2 \times 0.5\right] \times 25$$

$$= 75.1250(\text{kN})$$

1 号立柱重力:

$$P = 4 \times (6.25122 - 0.8 - 0.7) \times 0.5 \times 0.5 \times 25 = 118.7805(\text{kN})$$

2 号立柱重力:

$$P = 4 \times (3.40302 - 1.5) \times 0.5^2 \times 25 = 47.5755(\text{kN})$$

3 号横墙重力:

$$P = \Big[0.6 \times 9.8 + (1.35692 - 0.5) \times 9 + 2 \times \frac{1}{2} \times 0.3 \times 0.4 -$$

$$2 \times \left(\frac{\pi \times 0.5^2}{2} + 0.3 \times 1\right)\Big] \times 0.5 \times 24$$

$$= 147.92256(\text{kN})$$

4 号腹拱座重力:

$$P = \left(0.02207 + \frac{1}{2} \times 0.3088\right) \times 0.1647 \times 24 \times 9.8 = 6.836(\text{kN})$$

(3) 腹孔集中力

$$P_{13} = 1760.3287 + 88.5000 + 75.1250 + 118.7805 = 2042.7342(\text{kN})$$
$$P_{14} = 1760.3287 + 88.5000 + 75.1250 + 45.0725 = 1969.0262(\text{kN})$$
$$P_{15} = 1760.3287 + 147.92256 = 1908.2513(\text{kN})$$
$$P_{16} = (1760.3287 - 116.71) \times \frac{1}{2} + 6.836 = 828.6454(\text{kN})$$

5) 拱上实腹段

拱上实腹段构造可如图7-11所示。

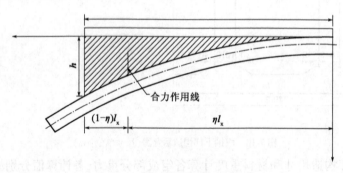

图7-11 拱上实腹段构造示意图

(1) 拱顶填料及桥面系重力

$$P_{17} = l_x h_d \gamma_1 B_0 = 12.3853 \times 0.6611 \times 22 \times 9.8 = 1765.3160(\text{kN})$$

悬链线曲边三角形

$$P_{18} = \frac{lf_1}{2(m-1)k}(\text{sh}k\xi - k\xi)\gamma_2 B_0$$

$$= \frac{70.7381 \times 9.98333}{2 \times (2.24-1) \times 1.4456} \times (\text{sh}0.5075 - 0.5075) \times 23 \times 9.8 = 973.054(\text{kN})$$

上式中

$$f_1 = f + y_\perp \left(1 - \frac{1}{\cos\varphi_j}\right) = 10.1119 + 0.63532 \times \left(1 - \frac{1}{0.83169}\right) = 9.98333(\text{m})$$

$k\xi$ 计算可参见腹拱墩坐标及高度计算表7-2。

(2) 其重心距原点即拱顶的水平距离

$$\eta l_x = \frac{\left(\text{sh}k\xi - \frac{k\xi}{2}\right) - \frac{\text{ch}k\xi - 1}{k\xi}}{\text{sh}k\xi - k\xi} l_x = 0.7512 l_x = 9.3038\text{m}$$

6) 腹拱推力

靠近主拱拱顶一侧的腹拱，一般多做成两平铰拱，在较大的恒载作用下并考虑周围的填料等构造的作用，可以折中地按无铰圆弧拱计算其推力，而不计弯矩的影响。

腹拱拱脚的水平推力：

$$F = (C_1 g_1 + C_2 g_2 + C_3 g_3) R B_0$$

式中，$R = R_0 + \dfrac{d'}{2} = 5.9500 + \dfrac{0.35}{2} = 6.125(\mathrm{m})$；$l = l'_0 + x' = 5.7647\mathrm{m}$；$B_0 = 9.80\mathrm{m}$。

$$g_1 = \gamma_1 h_d = 22 \times 0.6611 = 14.5442(\mathrm{kN/m^2})$$

$$g_2 = \gamma_2 \left[\left(R + \dfrac{d'}{2}\right) - \sqrt{\left(R + \dfrac{d'}{2}\right)^2 - \dfrac{l^2}{4}} \right]$$

$$= 23 \times \left[\left(6.125 + \dfrac{0.35}{2}\right) - \sqrt{\left(6.125 + \dfrac{0.35}{2}\right)^2 - \dfrac{5.7647^2}{4}} \right]$$

$$= 16.0547(\mathrm{kN/m^2})$$

$$g_3 = \gamma_3 d' = 24 \times 0.35 = 8.4(\mathrm{kN/m^2})$$

由 $\dfrac{f'_0}{l'_0} = \dfrac{1}{8}$ 和 $b = \dfrac{I}{AR^2} = 0.000272$，查《拱桥》（上册）表（Ⅰ）-4 得：$C_1 = 0.7769488$，$C_2 = 0.1072884$，$C_3 = 0.7900976$。

则

$$F = (C_1 g_1 + C_2 g_2 + C_3 g_3) R B_0$$

$$= (0.7769488 \times 14.5442 + 0.1072884 \times 16.0547 + 0.7900976 \times 8.4) \times 6.125 \times 9.8$$

$$= 1180.0555(\mathrm{kN})$$

腹拱拱脚推力作用线的纵坐标见图 7-12。

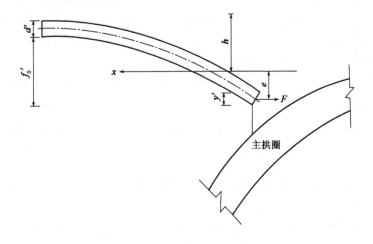

图 7-12　腹拱拱脚推力计算示意图

腹拱拱脚推力偏心距：$e = d' + f'_0 - \dfrac{1}{2} y' - y_{\text{上}} = 0.2603\mathrm{m}$

腹拱推力对各截面重心产生的力矩：

$$M_i = F(y_1 - e)$$

7) 验算拱轴系数

恒载对拱跨 $l/4$ 截面和拱脚截面力矩计算见表7-4。

恒载对拱跨 $l/4$ 截面和拱脚截面力矩计算表　　　　表7-4

项目	集中力编号	重力(kN)	$l/4$ 截面 力臂(m)	$l/4$ 截面 力矩(kN·m)	拱脚截面 力臂(m)	拱脚截面 力矩(kN·m)
主拱圈	P0-12	5387.0824	$\Sigma\left(\dfrac{l}{4}-l_x\right)=56.4026$	21101.2459		86050.8941
横隔板及加强段	P1-14	6.2692		353.5992	$\Sigma\left(\dfrac{l}{2}-l_x\right)=249.5205$	1564.2939
	P15	12.4936			0.7579	9.4689
	P0	3.1346	$\dfrac{l}{4}-l_x=17.6845$	55.4338	$\dfrac{l}{2}-l_x=35.3691$	110.8680
	中接头	23.6432	$\dfrac{l}{4}-l_x=4.6349$	109.5839	$\dfrac{l}{2}-l_x=22.3195$	527.7044
	拱脚段	31.2186			$\dfrac{l}{2}-l_x=22.3195$	14.7976
拱上空腹段	P13	2042.7342			$\dfrac{l}{2}-30.85=4.5191$	9231.3201
	P14	1969.0262			$\dfrac{l}{2}-24.65=10.7191$	21106.1887
	P15	1908.2513			$\dfrac{l}{2}-18.45=16.9191$	32285.8946
	P16	828.6454	$\dfrac{l}{4}-12.4667=5.1278$	4249.1279	$\dfrac{l}{2}-12.4667=22.9024$	18977.9684
实腹段	P17	1765.3160	$\dfrac{l}{4}-12.3853/2=11.4919$	20286.8349	$\dfrac{l}{2}-12.3853/2=29.1764$	51505.5657
	P18	973.0540	$\dfrac{l}{4}-9.3038=8.3807$	8154.8737	$\dfrac{l}{2}-9.3038=26.0653$	25362.9444
腹拱推力	F	1180.0555	$y_{l/4}-e=1.9643$	2317.9830	$f-e=9.8516$	11625.4348
Σ		16130.9242		56628.6823		258373.3437

由表7-4可知，$\dfrac{\Sigma M_{l/4}}{\Sigma M_j}=\dfrac{56628.6823}{258373.3437}=0.21917$，与假定值0.22之差为0.00083，小于半级即0.0025，因此，取设计拱轴系数 $m=2.24$。

7.4 拱圈弹性中心及弹性压缩系数

7.4.1 弹性中心

$$y_s = [表(Ⅲ)\text{-}3 \text{ 值}] \cdot f = 0.327311 \times 10.1119 = 3.3121(\text{m})$$

7.4.2 弹性压缩系数

$$\frac{\gamma_w^2}{f^2} = \left(\frac{0.4720}{10.1119}\right)^2 = 0.002179$$

$$\mu_1 = [表(Ⅲ)\text{-}9 \text{ 值}] \cdot \frac{\gamma_w^2}{f^2} = 11.3260 \times 0.002179 = 0.02468$$

$$\mu = [表(Ⅲ)\text{-}11 \text{ 值}] \cdot \frac{\gamma_w^2}{f^2} = 10.1984 \times 0.002179 = 0.02222$$

$$\frac{\mu_1}{1+\mu} = 0.024144$$

7.5 主拱圈截面内力验算

大跨径拱桥应验算拱顶、拱脚、拱跨 1/8、2/8、3/8 等截面的内力。本设计中，验算拱顶、拱脚和 $l/4$ 截面。

7.5.1 结构自重内力

在确定 m 系数时，其实算值很难与选定的拱轴系数在"五点"重合，对于大跨径拱桥必须用"假载法"计入"五点"存在的偏离的影响。

当用"假载法"计入"五点"的偏离之后，相应三铰拱的恒载压力线在"五点"以外与选定的拱轴线有偏离。对于大跨径拱桥，这种偏离的影响很大，不可忽略。下面分别计算这两种偏离的影响。

用"假载法"计算确定 m 系数时在"五点"存在的偏差。

确定拱轴系数时，恒载压力线在 $l/4$ 截面与拱脚截面的纵坐标之比值是 0.21917，并不等于应用手册数表进行计算所选用的 $m = 2.24$ 的拱轴线上相应两点的比值 0.22，两者之间相差 0.00083，这个偏差的影响可以比拟为一层虚设的均布荷载作用在选定的拱轴线上，先单独求出，然后算出所选定的"拱轴线"恒载产生的内力，将两者相加后相当于通过"五点"的恒载压力线内力。

1）假载内力
由式

$$\frac{\sum M_{l/4}+\frac{q_x l^2}{32}}{\sum M_j+\frac{q_x l^2}{8}}=0.22 \qquad (7-1)$$

得：

$$q_x=\frac{\sum M_{l/4}-0.22\times\sum M_j}{\left(\frac{0.22}{8}-\frac{1}{32}\right)l^2}=11.3754\text{kN/m} \qquad (7-2)$$

求假载内力：

假载 q_x 产生的内力可以将其直接布置在内力影响线上求得。不考虑弹性压缩的假载内力见表7-5。

不考虑弹性压缩的假载内力　　　　　表7-5

项　目		[表(Ⅲ)-14(51)值]	乘数	影响线面积 ω	力或力矩（kN 或 kN·m）
拱顶截面	M_1	0.00667 − 0.00473 = 0.00192	l^2	9.60745	109.28859
	H_1	0.06653 + 0.06107 = 0.12760	l^2/f	63.14292	718.27597
$\frac{l}{4}$ 截面	M_1	0.00876 − 0.01001 = −0.00125	l^2	−6.25485	−71.15142
	H_1	0.03990 + 0.08770 = 0.12760	l^2/f	63.14292	718.27597
拱脚截面	M_1	0.01959 − 0.01507 = 0.00452	l^2	22.61753	257.28345
	H_1	0.09088 + 0.03675 = 0.12763	l^2/f	63.15777	718.4449
	V_1	0.16517 + 0.33483 = 0.5	l	35.36905	402.33709

计入弹性压缩的假载内力计算见表7-6。

计入弹性压缩的假载内力（弯矩单位：kN·m；轴力与剪力单位：kN）　　　表7-6

项　目	拱顶截面	$l/4$ 截面	拱脚截面
$\cos\varphi$	1	0.96728	0.83169
$\sin\varphi$	0	0.2537	0.55525
H_1	718.246	718.276	718.4449
V_1			402.3371
$\frac{\mu_1}{1+\mu}H_1$	17.3421	17.3421	17.3461
$N=\left(1-\frac{\mu_1}{1+\mu}\right)\times H_1\cos\varphi+V_1\sin\varphi$	700.934	724.6443	806.4945
M_1	109.2886	−71.1514	257.2835
$y=y_s-y_1$	3.31	1.08538	−6.8019
$M=M_1+\frac{\mu_1}{1+\mu}H_1 y$	166.69095	−52.3286315	139.297062

注：$\frac{l}{4}$ 截面的轴力以 $N_{l/4}=\left(1-\frac{\mu_1}{1+\mu}\right)\frac{H_1}{\cos\varphi_{l/4}}$ 作近似计算。

2)"拱轴线恒载"内力

推力：

$$H_g = \frac{\sum M_j + \frac{q_x l^2}{8}}{f} = \frac{258373.3437 + \frac{1}{8} \times 11.3754 \times 70.7381^2}{10.1119} = 26255.0544 (\text{kN/m}) \quad (7-3)$$

考虑弹性压缩的拱轴线恒载内力，见表 7-7。

考虑弹性压缩的拱轴线恒载内力（弯矩单位：kN·m；轴力与剪力单位：kN） 表 7-7

项　目	拱顶截面	$l/4$ 截面	拱脚截面
$\cos\varphi$	1	0.96728	0.83169
$H_g' = H_g - F$	26255.0544	25074.9989	25074.9989
$\left(1 - \frac{\mu_1}{1+\mu}\right)H_g'$	25907.8530	24778.3157	24778.3157
$N' = \frac{H_g'}{\cos\varphi}$	26255.0544	25923.2062	30149.4534
$\Delta N = \frac{\mu_1}{1+\mu} \times H_g' \cos\varphi$	633.9020	585.6017	503.5141
$N = N' - \Delta N$	25621.1524	25337.6045	29645.9393
$y = y_s - y_1$	3.3121	1.0875	-6.7998
$\Delta M = \frac{\mu_1}{1+\mu} H_g' y$	2099.5469	658.3842	-4116.6772

注：从拱顶到第 8 截面 $F = 0$，第 7 截面到拱脚 $F = 1180.0555$ kN。

考虑 m 系数偏差影响的恒载内力等于"拱轴线 m 的恒载"内力减去"假载"的内力，计算结果见表 7-8。

考虑"五点"偏差的恒载内力（弯矩单位：kN·m；轴力与剪力单位：kN） 表 7-8

内力	拱顶截面			$l/4$ 截面			拱脚截面		
	拱轴线恒载	假载	合计	拱轴线恒载	假载	合计	拱轴线恒载	假载	合计
水平力	26255.0544	700.934	25554.1204	25074.9989	700.934	24374.0649	25074.9989	701.0988	24373.9001
轴力	25621.1524	700.934	24920.1204	25337.6045	724.6443	24612.9602	29645.9393	806.4945	28839.4448
弯矩	2099.5469	166.691	1932.8559	658.3842	-52.3686	710.7528	-4116.6722	139.2971	-4255.9693

3)"恒载压力线"偏离拱轴线的影响

"恒载压力线"（是指空腹式无铰拱桥不考虑拱轴线的偏离的恒载弹性压缩影响的恒载压力线，也就是人们所说的"三铰拱恒载压力线"）与拱轴线在"五点"以外的偏离影响，可以用一般力学原理进行计算，见图 7-13、图 7-14。

(1)"恒载压力线"偏离拱轴线的偏离弯矩 M_p

计算恒载偏离弯矩 M_p，首先要计算出桥跨结构沿跨径各等分段的分块荷载对各截面的力矩，再计算出各截面压力线的纵坐标，然后才能求得 M_p。下面按照主拱圈、拱上实腹段和各集中力三部分计算各分块荷载对各截面的力矩。

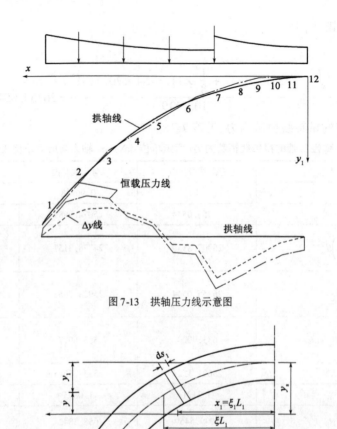

图 7-13 拱轴压力线示意图

图 7-14 悬链线拱轴线方程

主拱圈自重对各截面产生的力矩 M_1：

$$M_1 = -A\gamma_5 \frac{l^2}{4} \int_0^\xi (\xi - \xi_1) \sqrt{1 + \eta^2 \mathrm{sh}^2 k\xi_1} \mathrm{d}\xi_1$$

$$= -A\gamma_5 \frac{l^2}{4} \left[\int_0^\xi \xi \sqrt{1 + \eta^2 (sh)^2 k\xi_1} \mathrm{d}\xi_1 - \int_0^\xi \xi_1 \sqrt{1 + \eta^2 \mathrm{sh}^2 k\xi_1} \mathrm{d}\xi_1 \right] \quad (7\text{-}4)$$

在这里，对于所要求的每一等分点而言，积分上限 ξ 为常数，并不计等式前面的负号，上式为：

$$M_1 = A\gamma_5 \frac{l^2}{4} \left[\int_0^\xi \xi \sqrt{1 + \eta^2 \mathrm{sh}^2 k\xi_1} \mathrm{d}\xi_1 - \int_0^\xi \xi_1 \sqrt{1 + \eta^2 \mathrm{sh}^2 k\xi_1} \mathrm{d}\xi_1 \right] = A\gamma_5 \frac{l^2}{4} \times (\xi \times S_1 - S_2)$$

$$(7\text{-}5)$$

式中，$S_1 = \int_0^\xi \sqrt{1 + \eta^2 \mathrm{sh}^2 k\xi_1} \mathrm{d}\xi_1$，可根据值从《桥梁计算示例集：拱桥（二）》[20] 附表 1-1 查得；$S_2 = \int_0^\xi \xi_1 \sqrt{1 + \eta^2 \mathrm{sh}^2 k\xi_1} \mathrm{d}\xi_1$，可根据 ξ 值从《桥梁计算示例集：拱桥（二）》[20] 附表 1-2 查得。

常数项 $A\gamma_5 \dfrac{l^2}{4} = \dfrac{1}{4} \times 5.370236 \times 25 \times 70.7381^2 = 167950.0627(\text{kN} \cdot \text{m})$

主拱圈自重对各截面产生的力矩 M_1 的值见表7-9。

主拱圈自重对各截面产生的弯矩 表7-9

截面号	ξ	S_1	S_2	$\xi S_1 - S_2$	$M_1(\text{kN}\cdot\text{m})$
0	1	2	3	4	5
12	0	0	0	0	0
11	0.08333	0.083355	0.003473	0.00347	582.7867
10	0.16777	0.166847	0.013911	0.01408	2364.7369
9	0.25000	0.250618	0.031366	0.03129	5255.1575
8	0.33333	0.334826	0.055930	0.05568	9351.4595
7	0.41667	0.419652	0.087745	0.08711	14630.1300
6	0.50000	0.505308	0.127010	0.12564	21101.2459
5	0.58333	0.592048	0.174003	0.17136	28779.9227
4	0.66667	0.680179	0.229096	0.22436	37681.2761
3	0.75000	0.770071	0.292783	0.28477	47827.1394
2	0.83333	0.862173	0.365714	0.35276	59246.0641
1	0.91667	0.957029	0.448732	0.42856	71976.6789
0	1.00000	1.055279	0.542917	0.51236	86050.8941

拱上实腹段恒载对各截面产生的弯矩 M_2：

计算拱上实腹段的恒载时，必须将拱顶填料及面层的矩形板块和其下面的悬链线曲边三角形块分开才能准确计算，否则只能是近似的。

矩形板块：

从拱顶到每个截面的矩形板块的重力：

$$P_i = \gamma_1 B_0 h'_d \dfrac{l}{2}\xi_i \tag{7-6}$$

对实腹段里每个截面的力矩：

$$M_i = P_i \dfrac{1}{2}\left(\dfrac{l}{2}\xi_i\right) = \dfrac{l^2}{4}\gamma_1 B_0 h'_d \dfrac{1}{2}\xi_i^{\ 2} \tag{7-7}$$

对空腹段里每个截面的力矩：

$$M_i = P_1 \dfrac{1}{2}\left(\dfrac{l}{2}\xi_i - \dfrac{1}{2}\times\dfrac{l}{2}\xi_k\right) = \dfrac{l^2}{4}\gamma_1 B_0 h'_d \dfrac{1}{2}\xi_k\left(\xi_1 - \dfrac{1}{2}\xi_k\right) \quad (i<k) \tag{7-8}$$

式中，k 表示空、实腹段的分界点，取

$$\dfrac{l^2}{4}\gamma_1 B_0 h'_d = 134854.5334 \text{kN}\cdot\text{m} \tag{7-9}$$

悬链线曲边三角形块：

从拱顶到任意截面的重力（表7-10）：

$$P_i = \frac{lf_1\gamma_2 B_0}{2(m-1)k}(\mathrm{sh}k\xi_i\mathrm{sh}k\xi_i - k\xi_i) = 44399.86033 \times (\mathrm{sh}k\xi_i\mathrm{sh}k\xi_i - k\xi_i) \tag{7-10}$$

每一块 P_i 的重心的横坐标:

$$\eta_i = \frac{\left(\mathrm{sh}k\xi_i\mathrm{sh}k\xi_i - \dfrac{k\xi_i}{2}\right) - (\mathrm{ch}k\xi_i\mathrm{ch}k\xi_i - 1) \div k\xi_i}{\mathrm{sh}k\xi_i\mathrm{sh}k\xi_i - k\xi_i} \tag{7-11}$$

各截面的力矩见表 7-10。

拱上实腹段恒载对各截面产生的弯矩(弯矩单位:kN·m)   表 7-10

区间	截面号	ξ	悬链线曲边三角形					矩形块		$M_2 = M_\Delta + M_{恒}$
			$k\xi$	P	η	$\dfrac{l}{2}\xi \times (1-\eta)$	M_Δ	$\dfrac{1}{2}\xi^2$	$M_{恒}$	
0	1	2	3	4	5	6	7	8	9	10
实腹段	12	0	0	0	0	0	0	0	0	0
	11	0.0833	0.1205	12.9808	0.7480	0.7427	9.6408	0.0035	468.2074	477.8483
	10	0.1678	0.2425	105.9495	0.7497	1.4851	157.3456	0.0141	1897.8600	2055.2056
	9	0.2500	0.3614	351.6995	0.7503	2.2078	776.4822	0.0313	4214.2042	4990.6863
	8	0.3333	0.4819	837.7636	0.7508	2.9376	2461.0144	0.0556	7491.7687	9952.7830
	分界线	0.3502	0.5062	973.0540	0.7512	$(\xi_i - 0.2631) \times \dfrac{l}{2}$		$(\xi_i - 0.1751) \times \xi_k$		
空腹段	7	0.4167		973.0540	0.7512	5.4316	5285.2719	0.0846	11408.3987	16693.6706
	6	0.5000		973.0540	0.7512	8.3789	8153.1609	0.1138	15343.7461	23496.9070
	5	0.5833		973.0540	0.7512	11.3262	11021.0498	0.1430	19279.0935	30300.1433
	4	0.6667		973.0540	0.7512	14.2739	13889.2830	0.1721	23214.9131	37104.1961
	3	0.7500		973.0540	0.7512	17.2212	16757.1719	0.2013	27150.2605	43907.4324
	2	0.8333		973.0540	0.7512	20.1685	19625.0609	0.2305	31085.6079	50710.6688
	1	0.9167		973.0540	0.7512	23.1162	22493.2940	0.2597	35021.4275	57514.7216
	0	1.0000		973.0540	0.7512	26.0635	25361.1830	0.2889	38956.7749	64317.9579

在实腹段里,截面重心到任意截面的力臂为 $\dfrac{l}{2}(1-\eta_i)\xi_i$;在空腹段里,整块曲边三角形面积的中心到每个截面的力臂为 $\dfrac{l}{2}(\xi_i - \eta_k\xi_k)$。每个截面的力矩见表 7-10。

各集中力对各截面的力矩 M_3:

拱上实腹段的腹孔和横隔板等各集中力及其相应的横坐标在前面已经求出,各竖向集中力到截面的力臂 $a = \dfrac{l}{2}\xi_i - l_x$(取 $a > 0$),产生的力矩 $M'_3 = Pa$;腹拱水平推力 H'_g 作用在第 7 与第 8 截面之间,对 0~7 截面产生的力矩 $M'_3 = H'_g(y_1 - e)$。具体计算见表 7-11。

拱上各集中力对各截面产生的弯矩(弯矩单位:kN·m)　　　　表7-11(1)

截面号	竖向力 P	P_0	P_1	P_2	P_3	P_4
	P	3.1346	6.2692	6.2692	6.2692	6.2692
	l_x	0	2.5574	5.1126	7.6650	10.1988
	ξ	a	M	M	M	M	M
12	0	0	0	0			
11	0.0833	2.9473	9.2386	2.4444			
10	0.1678	5.9339	18.6003	21.1678	5.1487		
9	0.2500	8.8423	27.7170	39.4011	23.3821	7.3806	
8	0.3333	11.7896	36.9556	57.8784	41.8593	25.8578	9.9729
7	0.4167	14.7372	46.1954	76.3579	60.3388	44.3373	28.4524
6	0.5000	17.6846	55.4340	94.8351	78.8161	62.8146	46.9297
5	0.5833	20.6319	64.6726	113.3124	97.2933	81.2918	65.4069
4	0.6667	23.5795	73.9124	131.7919	115.7728	99.7713	83.8864
3	0.7500	26.5268	83.1510	150.2691	134.2501	118.2486	102.3637
2	0.8333	29.4741	92.3896	168.7464	152.7273	136.7258	120.8409
1	0.9167	32.4218	101.6294	187.2259	171.2068	155.2053	139.3204
0	1.0000	35.3691	110.8680	205.7031	189.6840	173.6825	157.7976

拱上各集中力对各截面产生的弯矩(弯矩单位:kN·m)　　　　表7-11(2)

截面号	竖向力	P_{16}	P_5	中接头	P_6	P_7	P_8
	P	828.6454	6.2692	23.6342	6.2692	6.2692	6.2692
	l_x	12.4667	12.7227	13.0496	13.3148	15.8178	18.2939
	ξ	M	M	M	M	M	M
12	0						
11	0.0833						
10	0.1678						
9	0.2500						
8	0.3333						
7	0.4167	1881.4749	12.6296	39.9651	8.9176		
6	0.5000	4323.7474	31.1068	109.6489	27.3948	11.7030	
5	0.5833	6766.0199	49.5841	179.3327	45.8721	30.1803	14.6571
4	0.6667	9208.5854	68.0636	249.0248	64.3516	48.6598	33.1366
3	0.7500	11650.8579	86.5408	318.7086	82.8288	67.1370	51.6139
2	0.8333	14093.1304	105.0181	388.3923	101.3061	85.6143	70.0911
1	0.9167	16535.6959	123.4976	458.0845	119.7856	104.0938	88.5706
0	1.0000	18977.9684	141.9684	527.7682	138.2628	122.5710	107.0478

拱上各集中力对各截面产生的弯矩(弯矩单位:kN·m)　　　表7-11(3)

截面号	竖向力	P_{15}	P_9	P_{10}	P_{14}	P_{11}	P_{12}	P_{13}
	P	1908.2513	6.2692	6.2692	1969.0262	6.2692	6.2692	6.2692
	l_x	18.4500	20.7452	23.2006	24.6500	25.5486	27.8844	30.1740
	ξ	M	M	M	M	M	M	M
12	0							
11	0.0833							
10	0.1678							
9	0.2500							
8	0.3333							
7	0.4167							
6	0.5000							
5	0.5833	4163.5317						
4	0.6667	9788.4092	17.7689	2.3755				
3	0.7500	15412.6118	36.2462	20.8528	2695.5176	6.1327		
2	0.8333	21036.8144	54.7234	39.3300	9498.8425	24.6099	9.9663	
1	0.9167	26661.6920	73.2029	57.8095	15302.8638	43.0894	28.4458	14.0919
0	1.0000	32285.8946	91.6802	76.2868	21106.1887	61.5667	46.9231	32.5691

拱上各集中力对各截面产生的弯矩(弯矩单位:kN·m)　　　表7-11(4)

截面号	竖向力	P_{13}	P_{14}	P_{15}	拱脚加强段	腹拱水平力		合计
	P	2042.7342	6.2692	6.2692	31.3186	1180.055		
	l_x	30.8500	32.4105	34.4105	34.8950	$e=0.2603$		
	ξ	M	M	M	M	y_1	M	M_3
12	0							0
11	0.0833							11.68303
10	0.1678							44.91684
9	0.2500							97.88078
8	0.3333							172.5241
7	0.4167					1.5246	1491.9442	3690.613
6	0.5000					2.2246	2317.9830	7160.413
5	0.5833					3.0754	3321.9742	14993.13
4	0.6667					4.0894	4518.5505	24504.06
3	0.7500					5.2813	5925.0587	37942.39
2	0.8333					6.6684	7561.0136	53741.18
1	0.9167	3210.7551	0.0708			8.2708	9452.8346	73029.17
0	1.0000	9231.3201	18.5481	4.7514	14.8481	10.1119	11625.4348	95449.34

计算偏离弯矩 M_p：

上部结构恒载对拱圈各截面重心的弯矩：

$$M_i = M_1 + M_2 + M_3 \tag{7-12}$$

压力线的纵坐标：

$$y_i = \frac{M_i}{H_g} \tag{7-13}$$

式中，H_g 为不计弹性压缩的恒载水平压力。

$$H_g = \frac{\sum M_j}{f} = 25551.4141 \text{kN}$$

各截面上"恒载压力线"偏离拱轴线的值：

$$\Delta y = y_1 - y_i \tag{7-14}$$

偏离弯矩：

$$M_p = H_g \Delta y \tag{7-15}$$

具体数值见表 7-12。

偏离弯矩（弯矩单位：kN·m） 表 7-12

截面号	主拱圈弯矩 M_1	拱上实腹段弯矩 M_2	集中力引起的弯矩 M_3	合计 $M_i = M_1 + M_2 + M_3$	恒载压力线 $y_i = \dfrac{M_i}{H_g}$	拱轴线 y_1	偏心 $\Delta y = y_1 - y_i$	偏离弯矩 $M_p = H_g \Delta y$
1	2	3	4	5	6	7	8	9
12	0	0	0	0	0	0	0	0
11	582.7867	477.8483	11.6830	1072.3180	0.0420	0.0592	0.0173	441.4914
10	2364.7369	2055.2056	44.9168	4464.8593	0.1747	0.2378	0.0631	1612.3401
9	5255.1575	4990.6863	97.8808	10343.7246	0.4048	0.5384	0.1336	3412.8474
8	9351.4595	9952.7830	172.5241	19476.7666	0.7623	0.9652	0.2030	5186.5193
7	14630.1300	16693.6706	3690.6131	35014.4137	1.3704	1.5246	0.1543	3941.5689
6	21101.2459	23496.9070	7160.4134	51758.5663	2.0257	2.2246	0.1990	5083.5694
5	28779.9227	30300.1433	14993.1291	74073.1952	2.8990	3.0754	0.1764	4508.4737
4	37681.2761	37104.1961	24504.0606	99289.5327	3.8859	4.0894	0.2035	5200.7817
3	47827.1394	43907.4324	37942.3891	129676.9609	5.0751	5.2813	0.2061	5267.3029
2	59246.0641	50710.6688	53741.1826	163697.9155	6.4066	6.6684	0.2618	6688.4533
1	71976.6789	57514.7216	73029.1713	202520.5717	7.9260	8.2708	0.3448	8810.4793
0	86050.8941	64317.9579	95449.3401	245818.1921	9.6205	10.1119	0.4914	12555.1521

（2）偏离弯矩在弹性中心产生的赘余力

$$\Delta X_1 = -\frac{\Delta_{1p}}{\delta_{11}} = -\frac{\int_\delta \dfrac{\overline{M}_1 M_p \mathrm{d}s}{EI}}{\int_\delta \dfrac{M_1^2 \mathrm{d}s}{E}} = -\frac{\sum\limits_{12}^{0} \dfrac{\Delta y}{\cos\varphi}}{\sum\limits_{12}^{0} \dfrac{1}{\cos\varphi}} H_g \tag{7-16}$$

$$\Delta X_2 = -\frac{\Delta_{2p}}{\delta_{22}} = -\frac{\int_{\delta}\frac{\overline{M}_2 M_p}{EI}ds}{\int_{\delta}\frac{M_2^2 ds}{EI}+\int_{\delta}\frac{N_2^2 ds}{EA}} = \frac{2\Delta l \sum_{12}^{0}\frac{\Delta y(y_s - y_1)}{\cos\varphi}}{(1+\mu)[\text{表}(\text{III})\text{-}5\text{ 值}]lf^2}H_g \tag{7-17}$$

赘余力各项参数的计算见表 7-13。

赘余力 Δx_1、Δx_2 计算表　　　　　　　表 7-13

截面	Δy	$\cos\varphi$	$\dfrac{1}{\cos\varphi}$	$\dfrac{\Delta y}{\cos\varphi}$	$y_s - y_1$	$\dfrac{y_s - y_1}{\cos\varphi}\Delta y$
1	2	3	4	5	6	7
12	0	1	$1 \times \dfrac{1}{2}$	0	3.3121	0
11	0.0173	0.9992	1.0008	0.0173	3.2529	0.0563
10	0.0631	0.9967	1.0033	0.0633	3.0743	0.1946
9	0.1336	0.9925	1.0075	0.1346	2.7737	0.3733
8	0.2030	0.9864	1.0138	0.2058	2.3469	0.4830
7	0.1543	0.9781	1.0224	0.1577	1.7875	0.2819
6	0.1990	0.9673	1.0338	0.2057	1.0875	0.2237
5	0.1764	0.9537	1.0485	0.1850	0.2367	0.0438
4	0.2035	0.9369	1.0673	0.2172	-0.7773	-0.1689
3	0.2061	0.9166	1.0910	0.2249	-1.9692	-0.4429
2	0.2618	0.8924	1.1205	0.2933	-3.3563	-0.9845
1	0.3448	0.8641	1.1572	0.3990	-4.9587	-1.9787
0	0.4914	0.8317	$1.2024 \times \dfrac{1}{2}$	0.5908	-6.7998	-4.0174
$\sum_{12}^{0}$			12.6675	2.694678		-1.91836

由表 7-13 得：

$$\Delta X_1 = -\frac{\sum_{12}^{0}\dfrac{\Delta y}{\cos\varphi}}{\sum_{12}^{0}\dfrac{1}{\cos\varphi}}H_g = -5435.4368\text{kN} \tag{7-18}$$

$$\Delta X_2 = \frac{2\Delta l \sum_{12}^{0}\dfrac{\Delta y(y_s - y_1)}{\cos\varphi}}{(1+\mu)[\text{表}(\text{III})\text{-}5\text{ 值}]lf^2}H_g = -419.4398\text{kN} \tag{7-19}$$

(3) "恒载压力线"偏离拱轴线的附加内力

"恒载压力线"偏离拱轴线在拱圈任意截面中产生的附加内力为：

$$\begin{cases}\Delta M = \Delta X_1 - \Delta X_2(y_s - y_1) + M_p \\ \Delta N = \Delta X_2 \cos\varphi \\ \Delta Q = \pm \Delta X_2 \sin\varphi \end{cases} \tag{7-20a}$$

拱顶、截面、拱脚三个截面的附加内力见表7-14。

"压力线"偏离拱轴线的附加内力(弯矩单位:kN·m;轴力单位:kN)　　表7-14

项　目	拱顶截面	$l/4$ 截面	拱脚截面
$\cos\varphi$	1	0.9673	0.8317
$\sin\varphi$	0	0.2537	0.5553
$y = y_s - y_1$	3.3121	1.0875	-6.7998
$\Delta N = \Delta X_2 \cos\varphi$	-419.4398	-405.724	-348.8484
$\Delta M = \Delta X_2 \sin\varphi$	0	106.4119	232.9149
M_p	0	5083.5694	12555.1521
ΔX_1	-5435.4368	-5435.4368	-5435.4368
$\Delta M = \Delta X_1 - \Delta X_2 y + M_p$	-4046.210238	104.2733825	4267.608548

(4) 空腹式无铰拱的恒载压力线

空腹式无铰拱在恒载作用下考虑压力线与拱轴线的偏离以及恒载弹性压缩的影响之后，拱中任意截面存在三个内力：

$$\begin{cases} M_g = \left(\dfrac{\mu_1}{1+\mu}H_g - \Delta X_2\right)(y_s - y_1) + \Delta X_1 + M_p \\ N_g = \dfrac{H_g}{\cos\varphi} - \left(\dfrac{\mu_1}{1+\mu}H_g - \Delta X_2\right)\cos\varphi \\ Q_g = \mp \left(\dfrac{\mu_1}{1+\mu}H_g - \Delta X_2\right)\sin\varphi \end{cases} \quad (7\text{-}20b)$$

这三个力的合力作用点的偏心距为：

$$e_i = \frac{M_g}{\cos\varphi_i} \quad (7\text{-}21)$$

所以，空腹式无铰拱恒载压力线的纵坐标

$$y = y_1 - \frac{e_i}{\cos\varphi_i} \quad (7\text{-}22)$$

将有关数据代入内力公式中，得：

$$M_g = \left(\frac{\mu_1}{1+\mu}H_g - \Delta X_2\right)(y_s - y_1) + \Delta X_1 + M_p = [0.040544(y_s - y_1) - 0.2127 + \Delta y]H_g$$

$$N_g = \frac{H_g}{\cos\varphi} - \left(\frac{\mu_1}{1+\mu}H_g - \Delta X_2\right)\cos\varphi = \left(\frac{1}{\cos\varphi} - 0.040544\cos\varphi\right)H_g$$

所以

$$e_i = \frac{0.040544(y_s - y_1) - 0.2127 + \Delta y}{\dfrac{1}{\cos\varphi} - 0.040544\cos\varphi}$$

空腹式无铰拱恒载压力线的纵坐标值见表 7-15,其形状见图 7-13。

空腹式无铰拱恒载压力线表(弯矩单位:kN·m;轴力与剪力单位:kN)　　表 7-15

截面	y_1	$y_s - y$	Δy	$\dfrac{M_g}{H_g}$	$\cos\varphi$	$\dfrac{N_g}{H_g}$	$e_i = \dfrac{M_g}{N_g}$	$y_1 = y_1 - \dfrac{e_i}{\cos\varphi}$
0	1	2	3	4	5	6	7	8
12	0	3.3121	0	-0.0784	1	0.9595	-0.0817	0.0817
11	0.0592	3.2529	0.0173	-0.0635	0.9992	0.9603	-0.0662	0.1255
10	0.2378	3.0743	0.0631	-0.0250	0.9967	0.9629	-0.0259	0.2638
9	0.5384	2.7737	0.1336	0.0333	0.9925	0.9673	0.0345	0.5037
8	0.9652	2.3469	0.2030	0.0854	0.9864	0.9738	0.0877	0.8763
7	1.5246	1.7875	0.1543	0.0140	0.9781	0.9828	0.0143	1.5100
6	2.2246	1.0875	0.1990	0.0303	0.9673	0.9946	0.0305	2.1931
5	3.0754	0.2367	0.1764	-0.0267	0.9537	1.0099	-0.0264	3.1031
4	4.0894	-0.7773	0.2035	-0.0407	0.9369	1.0293	-0.0395	4.1316
3	5.2813	-1.9692	0.2061	-0.0864	0.9166	1.0538	-0.0820	5.3707
2	6.6684	-3.3563	0.2618	-0.0870	0.8924	1.0844	-0.0802	6.7583
1	8.2708	-4.9587	0.3448	-0.0689	0.8641	1.1222	-0.0614	8.3419
0	10.1119	-6.7998	0.4914	0.0030	0.8317	1.1687	0.0025	10.1088

(5)空腹式无铰拱的实际恒载内力

空腹式无铰拱的实际恒载内力等于计入拱轴系数 m 的偏差影响的内力与"压力线"及拱轴线偏离的附加内力之和,其结果见表 7-16。

恒载内力表(弯矩单位:kN·m;轴力与剪力单位:kN)　　表 7-16

截面 项目	拱顶截面			$l/4$ 截面			拱脚截面		
	表8	表14	合计	表8	表14	合计	表8	表14	合计
水平力	25554.120	-419.440	25314.681	24374.065	-419.440	23954.625	24373.900	-419.440	23954.460
轴力	24920.218	-419.440	24500.779	24612.960	-405.724	24207.236	28839.445	-348.848	28490.597
弯矩	1932.856	-4046.210	-2113.354	710.753	104.273	815.026	-4255.969	4267.609	11.639

7.5.2　活载内力

汽车荷载和人群荷载效应计算应采用影响线法。计算截面取拱顶截面、拱跨 $l/4$ 截面和拱脚截面。根据《拱桥》附表(Ⅲ)-14(45)并结合结构计算软件,可得拱桥各控制截面的内力影响线,如图 7-15 ~ 图 7-23 所示。

注意以下计算时的内力正方向与前述按照《拱桥》计算公式所采用的内力正方向有所不同,即剪力以使拱肋截面顺时针转动为正。

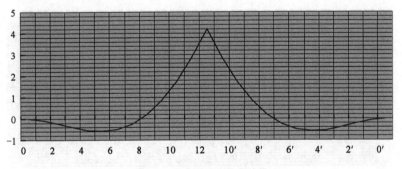

图 7-15 拱顶截面弯矩影响线

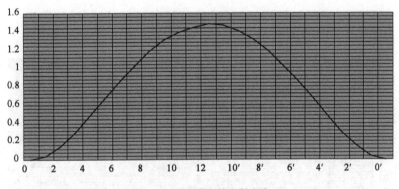

图 7-16 拱顶截面轴力影响线

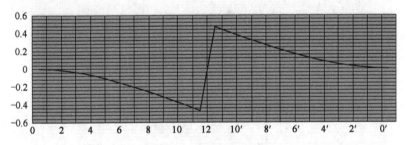

图 7-17 拱顶截面剪力影响线

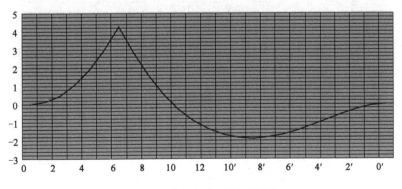

图 7-18 拱跨 $l/4$ 截面弯矩影响线

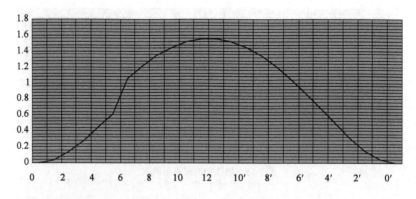

图 7-19 拱跨 $l/4$ 截面轴力影响线

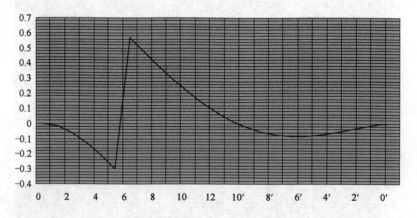

图 7-20 拱跨 $l/4$ 截面剪力影响线

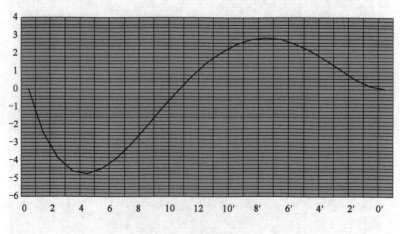

图 7-21 拱脚截面弯矩影响线

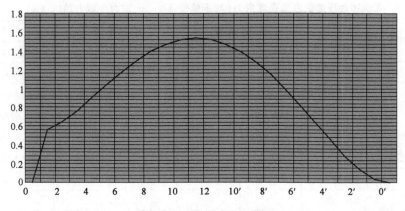

图 7-22 拱脚截面轴力影响线

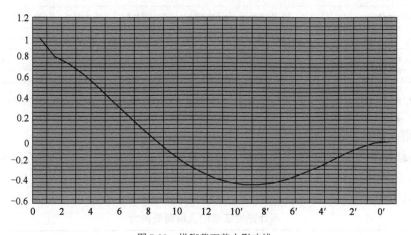

图 7-23 拱脚截面剪力影响线

(1) 汽车荷载效应

汽车荷载采用公路—Ⅱ级，对桥梁整体结构验算采用车道荷载，桥面为双向两车道，不考虑横向和纵向车道荷载效应的折减，并且由于桥面填料厚度不小于 0.50m，因此不计汽车荷载的冲击效应[其中，$q_k = 10.5 \times 0.75 \times 2 = 15.75 (kN/m)$，$P_k = 360 \times 0.75 \times 2 = 540 (kN)$]。

根据影响线加载，不计弹性压缩的汽车荷载内力如表 7-17 所示。

不计弹性压缩的汽车荷载内力　　　　　表 7-17

项　目	拱顶截面		$l/4$ 截面		拱脚截面	
	M_{max}	M_{min}	M_{max}	M_{min}	M_{max}	M_{min}
影响线面积 A_ω^-	45.1867	-14.766	46.2283	-45.9735	68.0531	-88.9029
影响线坐标 y	4.191214	-0.58111	4.25453	-1.88609	2.870356	-4.70616
$M = A_\omega^- q_k + y P_k (kN \cdot m)$	2974.946	-546.364	3025.542	-1742.571	2621.8286	-3941.547
与 M 相应的轴力 $N(kN)$	1362.3962	696.7674	889.8892	1351.198	1178.4268	965.9392
与 M 相应的剪力 $V(kN)$					-389.8246	447.6262

考虑弹性压缩的汽车荷载内力如表 7-18 所示。

考虑弹性压缩的汽车荷载内力(弯矩单位:kN·m,轴力与剪力单位:kN)　　表7-18

项　目	拱顶截面		l/4 截面		拱脚截面	
	M_{max}	M_{min}	M_{max}	M_{min}	M_{max}	M_{min}
$\cos\varphi$	1		0.96728		0.83169	
$\sin\varphi$	0		0.25370		0.55525	
M	2974.946	−546.364	3025.542	−1742.5712	2621.8286	−3941.547
与 M 相应的轴力 N	1362.3962	696.7674	889.8892	1351.198	1178.4268	965.9392
与 M 相应的剪力 V	—	—	—	—	−389.8246	447.6262
推力 $H_1 = N\cos\varphi - V\sin\varphi$	1362.3962	696.7674	860.772	1306.987	1196.536	554.8175
$\Delta H = \dfrac{\mu_1}{1+\mu}H_1$	32.88007	16.81578	20.77387	31.54282	28.8772	13.38997
$\Delta N = \Delta H\cos\varphi$	32.88007	16.81578	20.09415	30.51074	24.01688	11.1363
$N_p = N - \Delta N$	1329.516	679.9516	869.795	1320.687	1154.41	954.8029
$y = y_s - y_1$	3.31		1.0852		−6.8028	
$\Delta M = \Delta H \cdot y$	108.833	55.66025	22.54381	34.23027	−196.446	−91.0893
$M_p = M + \Delta M$	3083.779	−490.704	3048.086	−1708.34	2425.383	−4032.64

(2) 人群荷载效应

人群荷载标准为 $2.9\ \text{kN/m}^2$,则该桥人群荷载值为 $q_r = 2 \times 1.5 \times 2.9 = 8.7(\text{kN/m})$。

根据影响线加载,最大最小弯矩对应的影响线面积同表7-17,则不计弹性压缩的人群荷载内力如表7-19所示。

不计弹性压缩的人群荷载内力　　表7-19

项　目	拱顶截面		l/4 截面		拱脚截面	
	M_{max}	M_{min}	M_{max}	M_{min}	M_{max}	M_{min}
影响线面积 $A_{\bar{\omega}}$	45.1867	−14.766	46.2283	−45.9735	68.0531	−88.9029
$M = A_{\bar{\omega}} q_r (\text{kN}\cdot\text{m})$	393.1243	−128.4642	402.1863	−399.9695	592.062	−773.4553
与 M 相应的轴力 $N(\text{kN})$	309.1719	185.0531	176.1027	344.7686	309.9315	265.3666
与 M 相应的剪力 $N(\text{kN})$					−94.8213	96.2137

考虑弹性压缩的人群荷载内力如表7-20所示。

考虑弹性压缩的人群荷载内力(弯矩单位:kN·m;轴力与剪力单位:kN)　　表7-20

项　目	拱顶截面		l/4 截面		拱脚截面	
	M_{max}	M_{min}	M_{max}	M_{min}	M_{max}	M_{min}
$\cos\varphi$	1		0.96728		0.83169	
$\sin\varphi$	0		0.25370		0.55525	
M	474.4604	−155.043	485.3972	−482.7218	714.5576	−933.4804
与 M 相应的轴力 N	309.1719	185.0531	176.1027	344.7686	309.9315	265.3666
与 M 相应的剪力 V	—	—	—	—	−94.8213	96.2137

续上表

项 目	拱顶截面		l/4 截面		拱脚截面	
	M_{max}	M_{min}	M_{max}	M_{min}	M_{max}	M_{min}
推力 $H_1 = N\cos\varphi - V\sin\varphi$	309.1719	185.0531	176.1027	344.7686	309.9315	265.3666
$\Delta H = \dfrac{\mu_1}{1+\mu}H_1$	7.4646	4.4679	4.1127	8.0517	7.4947	4.0388
$\Delta N = \Delta H\cos\varphi$	7.4646	4.4679	3.9781	7.7882	6.2333	3.3590
$N_p = N - \Delta N$	301.7073	180.5852	172.1246	336.9803	303.6982	262.0076
$y = y_s - y_1$	3.3121		1.0875		-6.7998	
$\Delta M = \Delta Hy$	24.7237	14.7982	4.4726	8.7563	-50.9624	-27.4631
$M_p = M + \Delta M$	417.8480	-113.6660	406.6589	-391.2132	541.0996	-800.9184

7.5.3 收缩、徐变以及温度作用引起的主拱圈内力

温度作用为可变作用,收缩徐变作用为永久作用,在荷载组合时效组合分项系数不同,因此,宜将温度作用和收缩徐变作用分开考虑,但考虑到习惯以及实现的可能性,可将三者一起计算。

根据施工组织安排,拱圈合拢温度为 7.0℃,而施工现场所在地区缺乏温度实测资料,因此参照类似工程进行温度选择:最高温度为 34.14℃,最低温度为 -3.0℃。

拱圈材料弹性模量 $E = 3.0 \times 10^4$ MPa。

拱圈材料线膨胀系数 $\alpha = 0.000010 = 1 \times 10^{-5}$。

混凝土收缩作用效应按降温 10.0℃ 考虑。

徐变作用效应:根据《公路圬工桥涵设计规范》(JTG D61—2005)5.1.8 条规定,计算收缩作用效应时考虑徐变影响可乘以 0.45 的折减系数,计算温度作用效应时考虑徐变影响应乘以 0.7 的折减系数。

升高温度时: $\Delta t = 0.7 \times (34.14 - 7.0) + 0.45 \times (-10.0) = 14.5(℃)$

降低温度时: $\Delta t = 0.7 \times (-3.0 - 7.0) + 0.45 \times (-10.0) = -11.5(℃)$

温度作用在弹性中心产生的水平推力为:

$$H_t = \frac{\alpha EI \Delta t}{[\text{表(Ⅲ)-5 值}](1+\mu)f^2} = \frac{1 \times 10^{-5} \times 3 \times 10^7 \times 1.215937}{0.093173 \times 1.02222 \times 10.1119^2}\Delta t = 37.46\Delta t$$

温度作用效应可见表 7-21。

温度作用效应计算表(弯矩单位:kN·m,轴力与剪力单位:kN) 表 7-21

项 目	温度上升			温度下降		
	拱顶截面	l/4 截面	拱脚截面	拱顶截面	l/4 截面	拱脚截面
Δt	14.5			-11.5		
H_t	543.17			430.79		
$\cos\varphi$	1	0.96728	0.83169	1	0.96728	0.83169
$y = y_s - y_1$	3.3121	1.0875	-6.7998	3.3121	1.0875	-6.7998
$N_t = H_t\cos\varphi$	534.17	525.3975	451.7591	430.79	416.6946	299.2837
$M = -H_t y$	-1799.0334	-590.6974	3693.4474	-1426.8196	-468.4841	2929.2858

7.6 主拱圈正截面强度验算

根据《公路圬工桥涵设计规范》(JTG D61—2005)4.0.2条规定,拱桥应按照承载能力极限状态设计,并满足正常使用极限状态的要求。本桥为大桥,按承载能力极限状态设计时,应取设计等级为一级,结构重要性系数 $\gamma_0 = 1.1$。

拱圈材料为C40混凝土,C40混凝土强度设计值见表7-22。

C40混凝土强度设计值(单位:MPa)　　　　　表7-22

轴心抗压 f_{cd}	15.64	直接抗剪 f_{vd}	2.48
弯曲抗拉 f_{tmd}	1.24		

7.6.1 正截面受压承载力验算

对前述各种作用效应进行汇总,结果如表7-23所示。根据《公路圬工桥涵设计规范》(JTG D61—2005)5.1.1条规定,当采用车道荷载计算拱的正弯矩时,拱顶、拱跨 $l/4$ 截面应乘以折减系数0.7,拱脚截面应乘以0.9,表7-23中的汽车荷载正弯矩为折减之后的数据。

作用效应汇总表(弯矩单位:kN·m;轴力单位:kN)　　表7-23

项　目	拱顶截面		$l/4$ 截面		拱脚截面	
	M(kN·m)	N(kN)	M(kN·m)	N(kN)	M(kN·m)	N(kN)
结构重力	-2113.354	24500.779	815.026	24207.236	11.639	28490.597
汽车荷载 M_{max}	2158.6453	1329.516	2133.6602	869.795	2182.8447	1154.41
汽车荷载 M_{min}	-343.4928	679.9516	-1195.838	1320.687	-3629.376	954.8029
人群荷载 M_{max}	417.8480	301.7073	406.6589	172.1246	541.0996	303.6982
人群荷载 M_{min}	-113.666	180.5852	-391.2132	336.9803	-800.9184	262.0076
温度上升	-1799.0334	534.17	-590.6974	525.3975	3693.4474	451.7491
温度下降	-1426.8196	430.79	-468.8481	416.6946	2929.2858	299.2837

按《桥规》4.1.5条对上述荷载进行承载能力极限状态组合,各组合设计值如表7-24所示。

承载能力极限状态作用效应组合设计值　　　　表7-24

序号	项　目	拱顶截面		$l/4$ 截面		拱脚截面	
		M(kN·m)	N(kN)	M(kN·m)	N(kN)	M(kN·m)	N(kN)
1	1.2 结构重力 + 1.4 汽车荷载 M_{max} + 0.8×1.4人群荷载 M_{max}	954.07	31600.17	4420.61	30459.18	3675.98	36145.03
2	1.2 结构重力 + 1.4 汽车荷载 M_{min} + 0.8×1.4人群荷载 M_{min}	-3144.22	30555.12	-1134.30	31275.06	-5964.19	35818.89
3	1.2 结构重力 + 1.4 汽车荷载 M_{max} + 0.8×1.4人群荷载 M_{max} + 0.8×1.4 温度上升	-1060.85	32198.44	3759.03	31047.62	7812.64	36650.99
4	1.2 结构重力 + 1.4 汽车荷载 M_{max} + 0.8×1.4人群荷载 M_{max} +0.8×1.4 温度下降	-643.97	32082.65	3895.50	30925.87	6956.78	36480.23

续上表

序号	项 目	拱顶截面		$l/4$ 截面		拱脚截面	
		$M(\text{kN}\cdot\text{m})$	$N(\text{kN})$	$M(\text{kN}\cdot\text{m})$	$N(\text{kN})$	$M(\text{kN}\cdot\text{m})$	$N(\text{kN})$
5	1.2 结构重力 + 1.4 汽车荷载 $M_{\min}$ + 0.8×1.4 人群荷载 $M_{\min}$ + 0.8×1.4 温度上升	-5159.14	31153.39	-1795.88	31863.51	-1827.53	36324.85
6	1.2 结构重力 + 1.4 汽车荷载 $M_{\min}$ + 0.8×1.4 人群荷载 $M_{\min}$ + 0.8×1.4 温度下降	-4742.26	31037.61	-1659.41	31741.76	-2683.39	36154.09

受压承载力计算根据《公路圬工桥涵设计规范》(JTG D61—2005) 4.0.8 条规定,采用下式计算:

$$r_0 N_d \leq \varphi f_{cd} A_c$$

其中,$\varphi = 1.0$,$A_c = \alpha A = \dfrac{1 - \left(\dfrac{e_0}{y}\right)^8}{1 + \left(\dfrac{e_0}{\gamma_w}\right)^2} A$。

故:$r_0 N_d \leq \alpha f_{cd} A$。

详细计算见表 7-25。

拱的正截面受压承载力计算表 表 7-25

截面	荷载组合	$e_0 = \dfrac{M}{N}$	偏心距限值 $[e_0]$	截面重心至偏心方向截面边缘的距离 y	$\alpha = \dfrac{1-\left(\dfrac{e_0}{y}\right)^8}{1+\left(\dfrac{e_0}{\gamma_w}\right)^2}$	$\alpha f_{cd} A$ (kN)	$\gamma_0 N_d$ (kN)
拱顶截面	1	0.03019	正弯矩的偏心距限值为 $[e_0] \leq 0.6 y_{上}$ $= 0.6 \times 0.63532$ $= 0.3812$ 负弯矩的偏心距限值为 $[e_0] \leq 0.6 y_{下}$ $= 0.6 \times 0.66468$ $= 0.3988$	0.63532	0.995991	83653.75	31600.17
	2	-0.10290		0.66468	0.955325	80238.23	30555.12
	3	-0.03295		0.66468	0.995228	83589.68	32198.44
	4	-0.02007		0.66468	0.998224	83841.34	32082.65
	5	-0.16560		0.66468	0.891956	74915.8	31153.39
	6	-0.15279		0.66468	0.906527	76139.67	31037.61
$\dfrac{l}{4}$ 截面	1	0.14513		0.63532	0.914887	76841.78	30459.18
	2	-0.03627		0.66468	0.994224	83505.33	31275.06
	3	0.12107		0.63532	0.939198	78883.67	31047.62
	4	0.12596		0.63532	0.934514	78490.33	30925.87
	5	-0.05636		0.66468	0.986165	82828.51	31863.51
	6	-0.05228		0.66468	0.988073	82988.72	31741.76
拱脚截面	1	0.10170		0.63532	0.956316	80321.42	36145.03
	2	-0.16651		0.66468	0.890894	74826.66	35818.89
	3	0.21316		0.63532	0.832732	69941.59	36650.99
	4	0.19070		0.63532	0.861557	72362.61	36480.23
	5	-0.05031		0.66468	0.988745	83061.98	36234.85
	6	-0.07422		0.66468	0.976249	81995.64	36154.09

从表7-25中可以看出,拱桥各主拱截面正截面承载能力完全符合要求,轴向力偏心距完全符合规范的要求,承载能力还有相当的富余。(正截面承载能力计算未考虑纵向钢筋,计算按照偏保守公式)

7.6.2 正截面直接受剪承载力验算

正截面直接受剪承载力验算根据《公路圬工桥涵设计规范》(JTG D61—2005) 4.0.13 条规定,采用下列公式计算:

$$\gamma_0 V_d \leq A f_{vd} + \frac{1}{1.4}\mu_f N_k$$

其中,$\mu_f = 0.7$;N_k为与受剪截面垂直的压力标准值。

正截面直接受剪承载力验算一般只验算拱脚截面。

正截面直接受剪承载力验算要求计算,拱脚截面处汽车荷载和人群荷载产生的最大剪力以及对应的轴力,可根据拱脚截面的内力影响线计算。注意:汽车荷载集中荷载标准值要乘以1.2的系数。

活载在拱脚截面处考虑弹性压缩的内力见表7-26。

考虑弹性压缩的活载在拱脚截面产生的内力　　　　　　　表7-26

项　目	单　位	汽车荷载	人群荷载
$\cos\varphi$		0.83169	
$\sin\varphi$		0.55525	
$V_{\min}$	kN	-458.0032	-101.8831
$V_{\min}$对应的轴力N	kN	1541.7474	393.8516
$H = N\cos\varphi - V\sin\varphi$	kN	1536.562	303.4213
$\Delta H = \frac{\mu_1}{1+\mu}H$	kN	37.098753	7.3258
$\Delta V = -\Delta H\sin\varphi$	kN	-20.5991	-4.06765
$\Delta N = \Delta H\cos\varphi$	kN	30.85466	6.0928
$N_p = N - \Delta N$	kN	1510.89274	387.7588
$V_p = V - \Delta V$	kN	-437.4041	-97.81545

收缩徐变作用及温度作用在拱脚截面处引起的内力见表7-27。

收缩徐变作用及温度作用在拱脚截面产生的内力　　　　　　　表7-27

项　目	单　位	温度上升	温度下降
$\cos\varphi$		0.83169	
$\sin\varphi$		0.55525	
H_t	kN	543.17	430.79
$N_t = H_t\cos\varphi$	kN	451.7491	358.2837
$V_t = -H_t\sin\varphi$	kN	-301.5951	-239.1961

恒载在拱脚截面处引起的内力见表7-28。

恒载在拱脚截面处引起的内力　　　　　　　　　　　　　表7-28

项　目	单　位	拱脚截面
$\cos\varphi$		0.83169
$\sin\varphi$		0.55525
H_g	kN	23954.460
V_g	kN	16130.9242
$N = H\cos\varphi + V_g\sin\varphi$	kN	28879.3805
$V = V_g\cos\varphi - H_g\sin\varphi$	kN	115.2144

对拱脚截面内力进行荷载组合及计算,具体结果见表7-29。其中,剪力不计符号。

拱脚截面抗剪验算　　　　　　　　　　　　　　　　　　表7-29

序号	剪力组合设计值 组合形式	V_d (kN)	相应的轴力标准值 N_k (kN)	$\gamma_0 V_d$ (kN)	$Af_{vd}+\dfrac{1}{1.4}\mu_f N$ (kN)
1	1.2结构重力+1.4汽车荷载+1.4×0.8人群荷载	583.662	37204.08	583.662	31920.58
3	1.2结构重力+1.4汽车荷载+1.4×0.8人群荷载+1.4×0.8温度上升	921.448	37710.76	921.448	32173.56
4	1.2结构重力+1.4汽车荷载+1.4×0.8人群荷载+1.4×0.8温度下降	851.561	37606.07	851.561	32121.22

由表7-29可以看出,拱圈的径向抗剪能力很大,符合规范的要求。

7.7　拱的整体"强度-稳定"验算

主拱圈的宽度与计算跨径的比值为 $b/l = 9.8/70.7381 = 2.771/20 > 1/20$,因此,可不计算该桥的横向稳定(即面外稳定)。

拱的整体"强度-稳定"验算应采用下式计算:
$$r_0 N_d \leqslant \varphi f_{cd} A_c$$

其中,φ 为弯曲平面内轴心受压构件弯曲系数,根据长细比,查《公路圬工桥涵设计规范》(JTG D61—2005)中表4.0.8得:

$$A_c = \alpha A = \dfrac{1-\left(\dfrac{e_0}{y}\right)^8}{1+\left(\dfrac{e_0}{\gamma_w}\right)^2}A$$

故:$r_0 N_d \leqslant \varphi \alpha f_{cd} A$。

该桥为无铰拱,故其计算长度为 $l_0 = 0.36 l_a$,l_a 为拱轴线长度,则 $l_0 = 0.36 \times 1.05528 \times 70.7381 = 26.8735\text{m}$,回转半径 $i = 0.47584$,$l_0/i = 26.8735/0.47584 = 56.476$。查《公路圬工桥

涵设计规范》(JTG D61—2005)中表4.0.8,可得 $\varphi = 0.71728$。

详细计算数据见表7-30。

拱的整体"强度-稳定"计算表　　　　表7-30

截面	荷载组合	$e_0 = \dfrac{M}{N}$	偏心距限值$[e_0]$	截面重心至偏心方向截面边缘的距离y	$\alpha = \dfrac{1-\left(\dfrac{e_0}{y}\right)^8}{1+\left(\dfrac{e_0}{r_w}\right)^2}$	$\varphi \alpha f_{cd} A$ (kN)	$\gamma_0 N_d$ (kN)
拱顶截面	1	0.03019	正弯矩的偏心距限值为$[e_0] \leq 0.6y_\text{上}$ $= 0.6 \times 0.63532$ $= 0.3812$ 负弯矩的偏心距限值为$[e_0] \leq 0.6y_\text{下}$ $= 0.6 \times 0.66468$ $= 0.3988$	0.63532	0.995991	60003.17	31600.17
	2	-0.10290		0.66468	0.955325	57553.28	30555.12
	3	-0.03295		0.66468	0.995228	59957.2	32198.44
	4	-0.02007		0.66468	0.998224	60137.72	32082.65
	5	-0.16560		0.66468	0.891956	53735.6	31153.39
	6	-0.15279		0.66468	0.906527	54613.46	31037.61
$l/4$截面	1	0.14513		0.63532	0.914887	55117.07	30459.18
	2	-0.03627		0.66468	0.994224	59896.7	31275.06
	3	0.12107		0.63532	0.939198	56581.68	31047.62
	4	0.12596		0.63532	0.934514	56299.54	30925.87
	5	-0.05636		0.66468	0.986165	59411.23	31863.51
	6	-0.05228		0.66468	0.988073	59526.15	31741.76
拱脚截面	1	0.10170		0.63532	0.956316	57612.95	36145.03
	2	-0.16651		0.66468	0.890894	53671.67	35818.89
	3	0.21316		0.63532	0.832732	50167.71	36650.99
	4	0.19070		0.63532	0.861557	51904.25	36480.23
	5	-0.05031		0.66468	0.988945	59578.69	36234.85
	6	-0.07422		0.66468	0.976249	58813.83	36154.09

由表7-30中数据可见,拱的整体"强度-稳定"满足规范要求。

7.8 拱的竖向刚度验算

根据《公路圬工桥涵设计规范》(JTG D61—2005)5.1.11条规定,拱桥应按《桥规》规定的作用短期效应组合,在一个桥跨范围内的正负挠度的绝对值之和的最大值不应大于计算跨径的1/1000。

拱桥的活载最大挠度一般产生在拱跨的$l/4$截面处,其最大正、负挠度由作用直接布置在挠度影响线上得到。挠度影响线可利用人民交通出版社1980年版的《公路双曲拱桥》中的附表进行计算,也可以采用结构计算软件获得。

7.8.1 挠度影响线

计算公式采用:

$$\delta = y_0 + \gamma y_H$$

式中：$\gamma = 1 - \dfrac{1-\mu_a}{1+\mu}(1-\mu_p); \mu = [附表5\text{-}2a\ 值] \times \dfrac{I}{Af^2}$；

$\mu_a = [附表5\text{-}2b_4\ 值] \times \dfrac{I}{Aef} = \mu_p; y_0 = [附表5\text{-}2c_{21}值] \times \dfrac{l^3}{EI} \times 10^{-5}$；

$y_H = [附表5\text{-}2d_{21}值] \times \dfrac{l^3}{EI} \times 10^{-5}$。

注：此处附表指钟圣斌主编《桥梁计算示例集：拱桥（二）》[20]人民交通出版社1988年版附表。

系数 γ 的详细计算可见表7-31。

系数 γ 的详细计算表　　　　　　　　　　　　　　表7-31

截面	μ 表值	$\dfrac{I}{Af^2}\cdot[$表值$]$	$\mu_a(\mu_p)$ 表值	$\dfrac{I}{Al_1 f}\cdot[$表值$]$	$1-\mu_p$	$(1-\mu_p)^2$	$1+\mu$	$\dfrac{(1-\mu_p)^2}{1+\mu}$	γ
6	10.1980	0.022582	3.9473	0.002499	0.9975	0.995006	1.022582	0.97303	0.02697
12	10.1980	0.022582	3.0025	0.001901	0.9981	0.996204	1.022582	0.97420	0.0258
乘数			$\dfrac{I}{Af^2}=\dfrac{\gamma_w^2}{f^2}=0.0022144$			$\dfrac{I}{Al_1 f}=\dfrac{2\gamma_w^2}{lf}=0.00063309$			

根据以上公式及参数计算挠度影响线 δ 及 $|\delta_i|+|\delta_i'|$ 的计算，见表7-32。

拱跨 $l/4$ 截面挠度影响线 δ 及 $|\delta_i|+|\delta_i'|$ 计算表　　　　　表7-32

载位	附表7-2c	y_0	附表7-2d	y_H	γy_H	δ	$|\delta_i|+|\delta_i'|$
0	0	0	0	0	0	0	0
1	4.2898	0.04163	8.5769	0.08323	0.00224	0.04387	0.08043
2	15.4910	0.15032	30.6920	0.29782	0.00803	0.15835	0.28119
3	30.7880	0.29875	61.6930	0.59864	0.01615	0.31490	0.54492
4	46.9910	0.45598	97.7910	0.94891	0.02559	0.48157	0.81775
5	60.5790	0.58783	135.8800	1.31851	0.03556	0.62339	1.04857
6	67.7190	0.65711	173.4400	1.68298	0.04539	0.70250	1.18797
7	65.5210	0.63578	208.4000	2.02221	0.05217	0.68796	1.19590
8	55.7140	0.54062	239.1200	2.32030	0.05986	0.60048	1.09206
9	40.8690	0.39657	264.3000	2.56464	0.06617	0.46274	0.89695
10	23.1950	0.22507	282.9600	2.74570	0.07084	0.29591	0.63369
11	4.5744	0.04439	294.4200	2.85690	0.07371	0.11810	0.32455
12	−13.4100	−0.13012	298.2900	2.89446	0.07468	−0.05545	−0.05545
11′	−29.4600	−0.28587	294.4200	2.85690	0.07371	−0.21216	
10′	−42.5540	−0.41292	282.9600	2.74570	0.07084	−0.34208	
9′	−51.9400	−0.50400	264.3000	2.56464	0.06617	−0.43783	

续上表

载位	附表 7-2c	y_0	附表 7-2d	y_H	γy_H	δ	$|\delta_i| + |\delta_i'|$
8′	−57.1470	−0.55453	239.1200	2.32030	0.05986	−0.49466	
7′	−57.9870	−0.56268	208.4000	2.02221	0.05217	−0.51050	
6′	−54.5800	−0.52962	173.4400	1.68298	0.04539	−0.48423	
5′	−47.3800	−0.45975	135.8800	1.31851	0.03556	−0.42419	
4′	−37.2100	−0.36107	97.7910	0.94891	0.02559	−0.33548	
3′	−25.3210	−0.24570	61.6930	0.59864	0.01615	−0.22956	
2′	−13.4640	−0.13065	30.6920	0.29782	0.00803	−0.12262	
1′	−3.9922	−0.03874	8.5769	0.08323	0.00224	−0.03649	
0	0	0	0	0	0	0	
乘数		$\dfrac{l^3}{EI} \times 10^{-5} = \dfrac{70.7381^3}{3 \times 10^7 \times 1.215937} = 0.97035 \times 10^{-7}$				$\times 10^{-5}$	

据以上数据绘制 $l/4$ 截面挠度影响线,如图 7-24 所示。

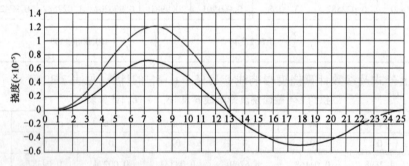

图 7-24 $l/4$ 截面挠度影响线

7.8.2 挠度验算

活载主要有汽车荷载和人群荷载,荷载组合采用作用短期效应组合,根据《桥规》4.1.5 条规定,汽车荷载频遇值系数为 0.7,人群荷载频遇值系数为 1.0。

通过影响线就可获得活载作用下的挠度最大值。

$$\Delta_{max} = [(15.75 + 8.7) \times 24.2553 + 540 \times 1.19590] \times 10^{-5}$$

$$= 0.01239(m) < \frac{L}{1000} = \frac{70.7381}{1000} = 0.070738(m)$$

结果表明,拱圈的刚度很大,满足规范要求。

以上计算仅为持久状况下的承载能力和安全使用能力验算,还需验算拱桥在短暂状况即施工阶段的承载能力;如遇到需考虑地震力或撞击力等特殊情况还需考虑偶然状况下的承载能力。在本设计中暂未考虑。

本章附图如图 7-25、图 7-26 所示。

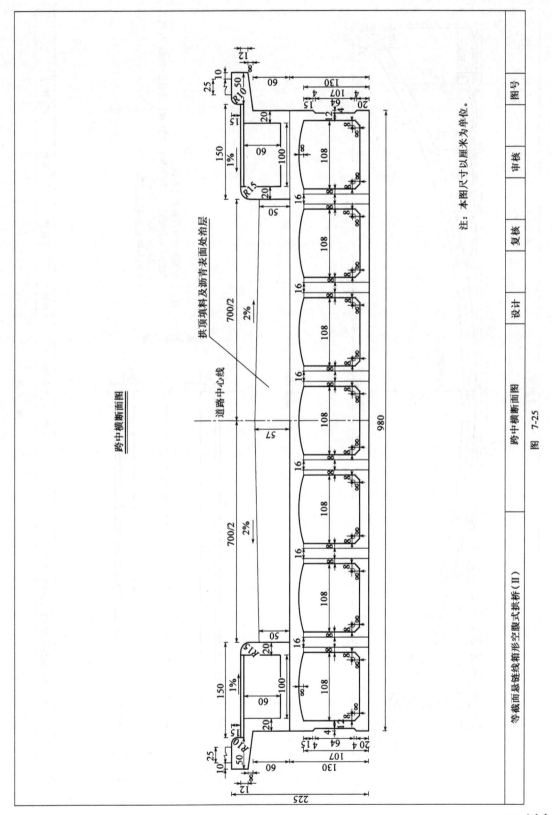

图 7-25 跨中横断面图

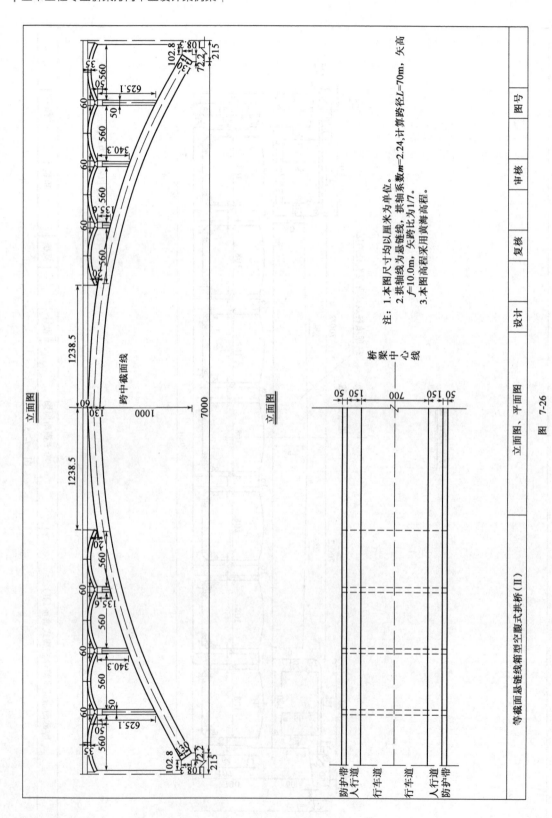

图 7-26 等截面悬链线箱型空腹式拱桥（Ⅱ）立面图、平面图

第8章 80m下承式钢管混凝土拱桥设计

【设计任务纲要】

2015年,交通运输部颁布了《公路钢管混凝土拱桥设计规范》(JTG/T D65-06—2015),本章再次出现时略去标准号,均指本规范。首次颁布实施的《钢管混凝土拱桥设计规范》对钢管混凝土拱桥的设计与施工提出了新的要求,需要在设计中引起重视。

某公路桥梁为跨径80m的下承式简支钢管混凝土系杆拱桥,汽车荷载等级为公路—Ⅰ级,桥梁安全等级为一级,环境条件为Ⅱ类。桥面系采用纵横梁加桥面板结构。桥面全宽9m,其中两侧各为0.5m宽的防撞护栏,中间为8m宽的行车道。主梁采用钢管混凝土结构:C50混凝土。系梁、中横梁、端横梁均采用部分预应力A类构件,桥面板采用钢筋混凝土构件。纵梁、横梁混凝土为C50,桥面板为C40。拱肋钢管、横撑均采用Q345-C钢材;吊杆钢绞线型号为PES5-61。沥青混凝土型号为SMA。预应力钢束采用预应力低松弛钢绞线,预应力管道采用性能优良的预埋波纹管。普通钢筋采用HRB400钢筋。

在文献调研和资料准备的基础上,主要完成以下几方面的设计和计算:①根据设计任务要求和基础资料,依据现行公路桥梁设计规范,确定桥形总体布置,完成拱桥线形的确定。②进行作用效应组合计算并选配钢束,依据《桥规》和《公路钢管混凝土拱桥设计规范》进行承载能力极限状态和正常使用极限状态下的主梁、系梁、横梁、拱肋和吊杆等构件的强度和刚度验算。③绘制工程图纸,包括方案设计图、钢管混凝土拱桥的总体布置图、主要构件构造图、预应力布置图、施工方案示意图等。④完成毕业论文的撰写,应采用规范的论文格式,包括摘要、关键词、目录、概述、正文、结论等,并配以相关的图表。

毕业设计进度安排如下:

第1周,搜集相关资料,完成开题报告;

第2周,桥型总体布置,主梁、系梁、横梁、拱肋和吊杆尺寸拟定;

第3~4周,作用效应组合计算和钢束配置;

第5~7周,主梁、系梁承载能力验算;

第8~10周,横梁承载能力验算;

第11~12周,拱肋和吊杆承载能力验算;

第13周,整理设计计算书;

第14周,绘制工程图纸,不少于10张,其中手绘图不少于2张;

第15周,完成毕业设计答辩并提交材料。

【教师点评】

下承式钢管混凝土拱桥一般用于跨径较大的拱桥,这种结构形式可利用钢和混凝土的自身优点,充分发挥材料的强度,减轻结构自重,增加桥梁跨度,一般跨度在100m左右的拱桥常采用这种结构形式。"80m下承式钢管混凝土拱桥设计",由于跨径大、结构形式复杂,又有钢和混凝土两种材料的加入,作为毕业设计选题,是有一定难度的。

学生在本设计中,首先根据给定条件进行桥梁结构的布置,拟定了桥梁各部件的结构尺寸。采用 Midas Civil 2015 进行结构建模,依据《公路钢管混凝土拱桥设计规范》等规范进行了荷载计算和荷载组合效应计算。经承载能力极限状态下和正常使用极限状态下的应力验算,拱肋、主梁、横梁、吊杆等,均满足规范要求。

拱作为压弯构件,其极限承载力必然涉及稳定问题。对于钢管混凝土拱桥,拱肋本身横向刚度较弱,且拱肋承受巨大的轴力,此外弯矩、扭矩比重也较大,结构变形处于非线性状态。另外,拱的极限承载力破坏伴随结构材料非线性和几何非线性共同发生,因此对于大跨度拱桥,除了采用弹性稳定分析外,还必须进行非线性分析。这部分工作在本毕业设计中没有得到体现。

计算报告表明,该同学设计思路清晰,条理清楚,能熟练运用 Midas 计算软件进行桥梁结构计算。设计内容完整,计算工作量较大、结果正确,语言流畅,图和表规范,图纸符合国家制图标准。毕业设计完成的设计深度和设计工作量已达到本科毕业设计教学大纲的培养要求。设计中的不足表现在:每部分计算之前交代的不是很清楚,即设计重点不明确;在用 Midas 软件进行桥梁结构计算时边界条件和输入数据没有介绍清楚。

8.1 设 计 资 料

某公路桥梁为跨径80m的下承式简支钢管混凝土系杆拱桥,汽车荷载等级为公路—Ⅰ级,桥面系采用纵横梁加桥面板结构。桥面全宽9m,其中两侧各为0.5m宽的防撞护栏,中间为8m宽的行车道。

主梁采用钢管混凝土结构:C50混凝土。系梁、中横梁、端横梁均采用部分预应力A类构件,桥面板采用钢筋混凝土构件。纵梁、横梁混凝土为C50,桥面板为C40。拱肋钢管、横撑均采用 Q345-C 钢材;吊杆钢绞线型号为 PES5-61,公称截面面积 11.97 cm^2,弹性模量 205000MPa,标准强度1670MPa,运营阶段容许应力668MPa,施工阶段容许应力835MPa。沥青混凝土型号为 SMA。

预应力钢束采用直径为15.20mm的预应力低松弛钢绞线,预应力管道采用性能优良的预埋金属波纹管。钢绞线的主要力学性能见表8-1,热膨胀系数为0.000012,松弛率为0.03,一端锚具回缩6mm,预应力钢筋与管道壁的摩擦系数 μ 为0.25,管道每米局部偏差对摩擦的影响系数 k 为0.0015。普通钢筋采用 HRB335 钢筋。

钢管混凝土的材料特性:

含钢率:

$$a_s = \frac{A_s}{A_c} = 0.11167$$

基本计算数据 表 8-1

名称	项目	符号	单位	数据
C50 混凝土	立方体抗压强度标准值	$f_{cu,k}$	MPa	50
	弹性模量	E_c	MPa	3.45×10^4
	轴心抗压强度标准值	f_{ck}	MPa	32.4
	轴心抗拉强度标准值	f_{tk}	MPa	2.65
	轴心抗压强度设计值	f_{cd}	MPa	22.4
	轴心抗拉强度设计值	f_{td}	MPa	1.83
	短暂状态 极限压应力	$0.7 f_{ck}$	MPa	20.72
	短暂状态 极限拉应力	$0.7 f_{tk}$	MPa	1.757
	持久状态 压应力极限值 极限压应力	$0.5 f_{ck}$	MPa	16.2
	持久状态 压应力极限值 极限主压应力	$0.6 f_{ck}$	MPa	19.44
	持久状态 拉应力极限值 短期效应组合极限拉应力	$\sigma_{st} - \sigma_{pc} \leq 0.7 f_{tk}$	MPa	1.855
	持久状态 拉应力极限值 短期效应组合极限主拉应力	$0.7 f_{tk}$	MPa	1.855
	持久状态 拉应力极限值 长期效应组合极限拉应力	$\sigma_{lt} - \sigma_{pc}$	MPa	0
$\phi^s 15.2$ 钢绞线	标准强度	f_{pk}	MPa	1860
	弹性模量	E_p	MPa	1.95×10^5
	抗拉设计强度	f_{pd}	MPa	1260
	最大控制应力 σ_{con}	$0.75 f_{pk}$	MPa	1395
	持久状态应力			
	标准荷载组合	$0.65 f_{pk}$	MPa	1209
材料重度	拱肋混凝土纵梁、横梁、桥面板	γ_1	kN/m³	26
	桥面铺装钢筋混凝土	γ_2	kN/m³	25
	沥青混凝土	γ_3	kN/m³	23
	钢管	γ_4	kN/m³	78.5
	钢绞线与混凝土的弹性模量比	α_{EP}	无量纲	5.65

注:f_{ck}、f_{tk} 分别为钢束张拉时混凝土轴心抗压、抗拉强度标准值,本例考虑混凝土强度达到设计强度的90%时开始张拉预应力钢束,即混凝土强度等级为C45时开始张拉钢束,因此,$f_{ck} = 29.6$ MPa,$f_{tk} = 2.51$ MPa。

约束效应系数:

$$\xi = \frac{A_s f_y}{A_c f_{ck}} = 1.189$$

式中:ξ——钢管混凝土的约束效应系数标准值;

A_s——钢管混凝土钢管的截面面积(m^2);
A_c——钢管混凝土的截面面积(m^2);
f_y——钢材的屈服强度(MPa);
f_{ck}——混凝土轴心抗压强度标准值(MPa)。

钢管混凝土设计强度:
$$f_{sc} = (1.14 + 1.02\xi_0)f_{cd} = 60.8(\text{MPa})$$

组合轴心抗压强度:
$$\xi_0 = \frac{A_s f_{sd}}{A_c f_{cd}} = 1.545$$

钢管混凝土的弹性轴压模量:$E_{sc} = 52300\text{MPa}$。

钢管混凝土组合抗剪强度设计值:
$$\tau_{sc} = (0.422 + 0.313 a_s^{2.33})\xi_0^{0.134} f_{sc} = 27.31974392(\text{MPa}) \tag{8-1}$$

式中:τ_{sc}——钢管混凝土组合抗剪强度设计值(MPa);
a_s——钢管混凝土截面的含钢率;
ξ_0——钢管混凝土的约束效应系数设计值;
f_{sc}——钢管混凝土组合轴心抗压强度设计值(MPa)。

组合弹性剪切模量:$G_{sc} = 17000\text{MPa}$。

8.2 结构尺寸拟定

8.2.1 基本计算数构造

混凝土、钢绞线和钢筋的各项基本数据以及在各阶段的容许值见表8-1。

8.2.2 桥型尺寸拟定

主桥采用下承式钢管混凝土预应力系杆拱桥,计算跨径为80m。主拱圈采用双肋式,拱肋向内倾8°,纵梁净距9m。拱肋平面内矢跨比为1/5,拱肋高1.7m,宽0.8m,两拱肋间设置4个横撑、两个K撑。拱肋截面为哑铃形,拱肋钢管壁厚15mm,横撑钢管壁厚8mm。系梁截面为矩形,高1.8m,拱脚加高至2.2m,宽1.2m。全桥共42根吊杆,吊杆纵向间距3m。

8.2.3 主桥上部结构

1) 拱轴线方程及拱轴线斜率

本次设计采用的是钢管混凝土拱肋,计算跨径80m,计算矢高比1/5,拱轴线形式采用二次抛物线型拱轴线设计,计算图示如图8-1所示。拱轴线的公式及斜率为:

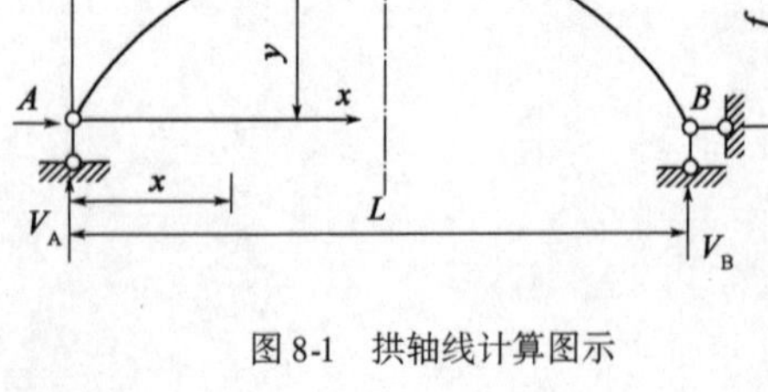

$$y = \frac{4f}{L^2}(L-x)x \tag{8-2}$$

图8-1 拱轴线计算图示

$$\tan\varphi = \frac{dy}{dx} = \frac{4f}{L^2}(L-2x) \tag{8-3}$$

式中:y、x——以左拱脚截面重心 A 为原点的拱轴线纵、横坐标;

f、L——拱圈的计算矢高及计算跨径;

φ——拱圈线的水平倾角。

将半跨拱轴线沿水平方向分为 10 等分,其拱轴各点的坐标与斜率见表 8-2。

抛物线的坐标与斜率   表 8-2

截面	0	1	2	3	4	5	6	7	8	9	10	乘数
x	0.00	0.05	0.10	0.15	0.20	0.25	0.30	0.35	0.40	0.45	0.50	L
y	0.00	0.19	0.36	0.51	0.64	0.75	0.84	0.91	0.96	0.99	1.00	f
$\tan\varphi$	4.00	3.60	3.20	2.80	2.40	2.00	1.60	1.20	0.80	0.40	0.00	f/L

由表 8-2 和式(8-2)、式(8-3)可得:

$$y = 0.01(80-x)x$$
$$\tan\varphi = 0.01(80-2x)$$

所以,本次设计的拱桥抛物线坐标与斜率见表 8-3。

设计桥型的抛物线的坐标与斜率   表 8-3

截面	0	1	2	3	4	5	6	7	8	9	10
x	0	4	8	12	16	20	24	28	32	36	40
y	0	3.04	5.76	8.16	10.24	12	13.44	14.56	15.36	15.84	16
$\tan\varphi$	0.8	0.72	0.64	0.56	0.48	0.4	0.32	0.24	0.16	0.08	0

2)主桥截面形式及主要尺寸

(1)拱肋形式

主桥采用哑铃形截面的拱肋,拱肋高 1700mm,钢管壁厚 15mm,内填 C50 微膨胀混凝土的钢管混凝土拱肋,钢管外径为 800mm。拱肋具体截面尺寸如图 8-2 所示。

(2)风撑

风撑采用 Q345 钢材,尺寸如图 8-3 所示。

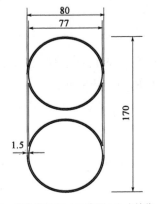

图 8-2 拱肋截面尺寸示意图(尺寸单位:cm)

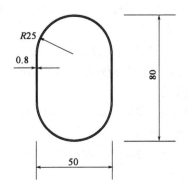

图 8-3 风撑截面尺寸示意图(尺寸单位:cm)

(3)系梁尺寸拟定

高度:跨中 1.8m,拱脚 2.2m;宽度:1.2m。具体情况如图 8-4、图 8-5 所示。

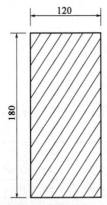
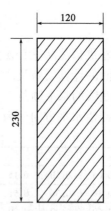

图 8-4　系梁跨中尺寸示意图(尺寸单位:cm)　　图 8-5　系梁支座处尺寸示意图(尺寸单位:cm)

(4)横梁尺寸拟定

①中横梁。高度:1.1m;宽度:全宽1.0m,腹板宽0.40m。具体情况如图8-6所示。

②端横梁。高度:2.1m,底面水平;宽度:全宽4.00m;挖空:宽1.0m,高1.1m。具体情况如图8-7所示。

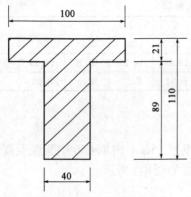
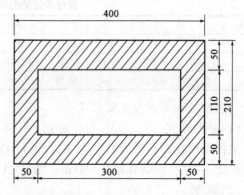

图 8-6　中横梁尺寸示意图(尺寸单位:cm)　　图 8-7　端横梁尺寸示意图(尺寸单位:cm)

(5)吊杆尺寸拟定

全桥共设25对吊杆,吊杆型号 PES5-61。

(6)预应力体系

①系梁预应力束面积:2240mm^2;②端横梁预应力束面积:1680mm^2;③中横梁预应力束面积:第1~5、21~25号中横梁为2100mm^2,第6~20号中横梁为1680mm^2。

(7)桥面板

高度:0.25m;宽度:8×(1.15+0.01)m。

(8)桥面铺装

桥面铺装采用7cm厚SMA沥青混凝土,8cm厚C40防水混凝土。

(9)伸缩缝

主桥两侧设置80型异型钢伸缩缝。

(10)支座

采用GPZ(Ⅱ)盆式橡胶支座。

(11)其他材料

砂、石、水等材料的质量均按照现行《公路桥涵施工技术规范》(JTG/T 3650)的有关要求执行。

8.3 主梁内力计算

8.3.1 计算模式

1)单元划分

结构总体静力分析采用桥梁静力计算综合分析程序 Midas Civil 2015 进行,以理论纵轴线为基准进行结构离散。

(1)拱肋单元号

拱肋单元 1~28,吊杆单元 29~53,系梁单元 54~83,单拱部分共 83 个单元。全桥单元划分如图 8-8 所示。

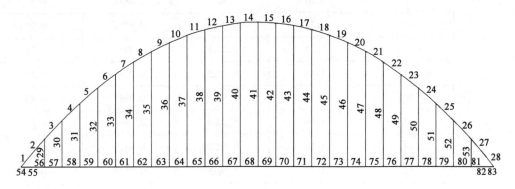

图 8-8 模型示意图

(2)拱肋节点号

节点号 1~29,30~58,单拱部分共 58 个节点。全桥节点划分如图 8-9 所示。

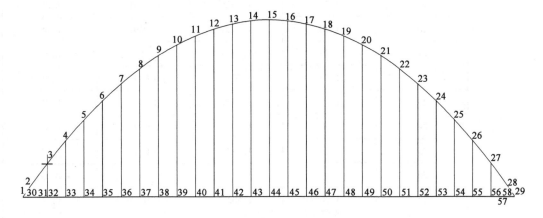

图 8-9 模型节点示意图

2）截面特性值

单拱截面特性值见表8-4。

单拱截面特性值 表8-4

单 元 号		截面高度（m）	截面面积（m²）	截面抗弯惯性矩（m⁴）	截面中心轴高度（m）
拱肋	1	1.70	1.5025	0.0891	0.85
	2	1.70	1.5025	0.0891	0.85
	3	1.70	1.5025	0.0891	0.85
	4	1.70	1.5025	0.0891	0.85
	5	1.70	1.5025	0.0891	0.85
	6	1.70	1.5025	0.0891	0.85
	7	1.70	1.5025	0.0891	0.85
	8	1.70	1.5025	0.0891	0.85
	9	1.70	1.5025	0.0891	0.85
	10	1.70	1.5025	0.0891	0.85
	11	1.70	1.5025	0.0891	0.85
	12	1.70	1.5025	0.0891	0.85
	13	1.70	1.5025	0.0891	0.85
	14	1.70	1.5025	0.0891	0.85
	15	1.70	1.5025	0.0891	0.85
	16	1.70	1.5025	0.0891	0.85
	17	1.70	1.5025	0.0891	0.85
	18	1.70	1.5025	0.0891	0.85
	19	1.70	1.5025	0.0891	0.85
	20	1.70	1.5025	0.0891	0.85
	21	1.70	1.5025	0.0891	0.85
	22	1.70	1.5025	0.0891	0.85
	23	1.70	1.5025	0.0891	0.85
	24	1.70	1.5025	0.0891	0.85
	25	1.70	1.5025	0.0891	0.85
	26	1.70	1.5025	0.0891	0.85
	27	1.70	1.5025	0.0891	0.85
	28	1.70	1.5025	0.0891	0.85

续上表

单 元 号			截面高度（m）	截面面积（m²）	截面抗弯惯性矩（m⁴）	截面中心轴高度（m）
系梁	54		2.30	2.7599	1.2172	1.15
	55	i	2.30	2.7599	1.2172	1.15
		j	1.80	2.1608	0.5836	0.90
	56		1.80	2.1608	0.5836	0.90
系梁	57		1.80	2.1608	0.5836	0.90
	58		1.80	2.1608	0.5836	0.90
	59		1.80	2.1608	0.5836	0.90
	60		1.80	2.1608	0.5836	0.90
	61		1.80	2.1608	0.5836	0.90
	62		1.80	2.1608	0.5836	0.90
	63		1.80	2.1608	0.5836	0.90
	64		1.80	2.1608	0.5836	0.90
	65		1.80	2.1608	0.5836	0.90
	66		1.80	2.1608	0.5836	0.90
	67		1.80	2.1608	0.5836	0.90
	68		1.80	2.1608	0.5836	0.90
	69		1.80	2.1608	0.5836	0.90
	70		1.80	2.1608	0.5836	0.90
	71		1.80	2.1608	0.5836	0.90
	72		1.80	2.1608	0.5836	0.90
	73		1.80	2.1608	0.5836	0.90
	74		1.80	2.1608	0.5836	0.90
	75		1.80	2.1608	0.5836	0.90
	76		1.80	2.1608	0.5836	0.90
	77		1.80	2.1608	0.5836	0.90
	78		1.80	2.1608	0.5836	0.90
	79		1.80	2.1608	0.5836	0.90
	80		1.80	2.1608	0.5836	0.90
	81		1.80	2.1608	0.5836	0.90
	82	i	1.80	2.1608	0.5836	0.90
		j	2.30	2.7599	1.2172	1.15
	83		2.30	2.7599	1.2172	1.15

3）边界条件
(1) 施工阶段的边界条件见表8-5。

施工阶段的边界条件　　　　　表8-5

节 点 号	支撑类型	水平刚性约束	竖向刚性约束	转动刚性约束
1	一般支撑	无	有	无
30	只受压弹性支撑	无	10000kN/m	无
31	只受压弹性支撑	无	10000kN/m	无
32	只受压弹性支撑	无	10000kN/m	无
33	只受压弹性支撑	无	10000kN/m	无
34	只受压弹性支撑	无	10000kN/m	无
35	只受压弹性支撑	无	10000kN/m	无
36	只受压弹性支撑	无	10000kN/m	无
37	只受压弹性支撑	无	10000kN/m	无
38	只受压弹性支撑	无	10000kN/m	无
39	只受压弹性支撑	无	10000kN/m	无
40	只受压弹性支撑	无	10000kN/m	无
41	只受压弹性支撑	无	10000kN/m	无
42	只受压弹性支撑	无	10000kN/m	无
43	只受压弹性支撑	无	10000kN/m	无
44	只受压弹性支撑	无	10000kN/m	无
45	只受压弹性支撑	无	10000kN/m	无
46	只受压弹性支撑	无	10000kN/m	无
47	只受压弹性支撑	无	10000kN/m	无
48	只受压弹性支撑	无	10000kN/m	无
49	只受压弹性支撑	无	10000kN/m	无
50	只受压弹性支撑	无	10000kN/m	无
51	只受压弹性支撑	无	10000kN/m	无
52	只受压弹性支撑	无	10000kN/m	无
53	只受压弹性支撑	无	10000kN/m	无
54	只受压弹性支撑	无	10000kN/m	无
55	只受压弹性支撑	无	10000kN/m	无
56	只受压弹性支撑	无	10000kN/m	无
57	只受压弹性支撑	无	10000kN/m	无
58	只受压弹性支撑	无	10000kN/m	无
29	一般支撑	无	有	无

第8章 80m下承式钢管混凝土拱桥设计

（2）成桥阶段的边界条件见表8-6。

成桥阶段的边界条件 表8-6

节 点 号	支 撑 类 型	水平刚性约束	竖向刚性约束	转动刚性约束
1	一般支撑	有	有	无
29	一般支撑	有	有	无
59	一般支撑	有	有	无
87	一般支撑	无	有	无

4）横向车道布载系数

根据《桥规》表4.3.1-5规定，二车道横向车道布载系数为1。

5）汽车冲击系数的确定

取 $\mu=0.05$。

6）索力调整

采用Midas未知荷载系数法得到调索的索力，通过索力优化、联立方程计算功能，计算出满足特定约束条件的最佳荷载系数。一般用于计算拉索结构的初始平衡状态的吊索索力，可对位移、内力进行特定约束，可计算出满足此约束条件，且与恒载平衡的索力（表8-7）。

吊杆索力调整 表8-7

调索单元号	第一次调索(kN)	第二次调索(kN)	第三次调索(kN)	最大应力(MPa)	最小应力(MPa)
29	108	149	129	242	201
30	94	156	125	302	242
31	86	162	124	343	271
32	101	186	144	388	309
33	116	206	161	421	338
34	131	225	178	447	361
35	145	241	193	467	380
36	162	260	211	488	400
37	182	280	231	508	419
38	201	299	250	528	438
39	217	316	266	543	454
40	229	328	279	555	465
41	35	133	84	376	286
42	229	328	279	555	465
43	217	316	267	544	454
44	201	299	250	528	438
45	182	280	231	508	419
46	162	259	211	487	399

续上表

调索单元号	第一次调索(kN)	第二次调索(kN)	第三次调索(kN)	最大应力(MPa)	最小应力(MPa)
47	144	240	192	466	379
48	130	225	178	447	361
49	116	207	162	422	339
50	103	189	146	391	313
51	88	166	127	347	276
52	96	160	128	307	248
53	110	154	132	247	207

8.3.2 作用及作用组合

1）设计荷载

（1）永久荷载

①一期恒载。

钢管重度：$78.5 kN/m^3$；

纵梁、横梁、桥面板重度：$26 kN/m^3$。

荷载值：

1/2 K 撑重：248.7kN；

1/2 一号风撑：83.2kN；

1/2 二号风撑：39.6kN；

中横梁重：$25 \times (0.21 \times 1.1 + 0.79 \times 0.4) \times 10.4 = 142.22 (kN)$；

1/2 端横梁重：1379.04kN；

桥面板：$0.25 \times 10.4 \times 26 = 67.6 (kN/m)$（作用在纵梁上）；

$67.6 \times 3/10.4 = 19.5 (kN/m)$（作用在横梁上）。

②二期恒载。包括桥面铺装和桥面系，按均布荷载计入。

桥面板铺装钢筋混凝土重度：25kN/m；

沥青混凝土重度：24kN/m；

单侧防撞护栏重度：10kN/m；

单侧防撞护栏重：$15 \times 2 = 30 (kN/m)$（作用在纵梁）；

荷载值：

半桥宽铺装重：$(0.07 \times 26 + 0.08 \times 24) \times 9 = 33.66 (kN/m)$（作用纵梁上）；

半桥宽桥面板重：29.25kN；

二期作用在横梁上的荷载大小：$(30 + 33.66) \times 3/10.4 = 18.36346 (kN)$。

③上部结构混凝土收缩、徐变系数。

按《公路钢管混凝土拱桥设计规范》附录 A 取用。

钢管约束的混凝土徐变系数：

$$\phi'(t,t_0) = \frac{\phi(t,t_0)}{1+\frac{E_s}{E_c}[1+\rho\phi(t,t_0)]a_s} \tag{8-4}$$

$$\rho = \frac{1}{1-e^{-\phi(t,t_0)}} - \frac{1}{\phi(t,t_0)} \tag{8-5}$$

式中：t_0——加载时的混凝土龄期(d)；

t——计算时刻的混凝土龄期(d)；

$\phi(t,t_0)$——混凝土的徐变系数，可根据《公预规》表6.2.7取值；

a_s——截面的含钢率，$a_s = \frac{A_s}{A_c}$；

E_s、E_c——钢管和混凝土材料的弹性模量(MPa)；

A_s、A_c——钢管和混凝土截面面积(m^2)。

(2)可变荷载

①基本可变荷载。

车辆荷载标准按照《桥规》表4.3.1-1选取，汽车荷载等级为公路—Ⅰ级，全桥设双向单车道。

②其他可变荷载。

汽车制动力：不考虑；

汽车离心力：不考虑；

风荷载：不考虑；

偶然荷载：不考虑。

2)使用荷载组合

按照现行公路桥涵设计规范，对全桥形成和营运各阶段的内力和应力按荷载组合进行比较(表8-8)。

内 力 组 合　　　　　　　　表8-8

组合序号	永久荷载		汽车荷载
组合Ⅰ	1.2×结构自重	1.0×预应力	1.4×汽车荷载
组合Ⅱ	1.0×结构自重	1.0×预应力	0.7×汽车荷载
组合Ⅲ	1.0×结构自重	1.0×预应力	0.4×汽车荷载

注：1. 组合Ⅰ表示承载能力极限状态组合。
2. 组合Ⅱ表示正常使用极限状态短期作用组合。
3. 组合Ⅲ表示正常使用极限状态长期作用组合。

(1)承载能力极限状态荷载组合

《桥规》4.1.5条规定按承载能力极限状态设计时，应根据各自的情况选用基本组合和偶然组合中的一种或两种作用组合。

基本组合是承载能力极限状态设计时，永久作用标准值效应与可变作用标准效应组合的基本表达式为：

$$\gamma_0 S_d = \gamma_0 \left(\sum_{i=1}^n \gamma_{Gi} S_{Gik} + \gamma_{Q1} S_{Q1k} + \varphi_c \sum_{j=2}^n \gamma_{Qj} S_{Qjk} \right) \tag{8-6}$$

式中：γ_0——桥梁结构的重要性系数，按结构设计安全等级采用，对于公路桥梁，安全等级一级、二级和三级，分别为 1.1、1.0、0.9；

γ_{Gi}——第 i 个永久作用效应，对结构承载力不利时 $\gamma_{Gi}=1.2$；对结构的承载能力有利时，其分项系数 γ_{Gi} 的取值为 1.0，其他永久作用效应的分项系数详见《桥规》表 4.1.5-2 的规定；

S_{Gik}——第 i 个永久作用效应的标准值；

γ_{Q1}——汽车荷载效应（含汽车冲击力、离心力）的分项系数，$\gamma_{Q1}=1.4$；当某个可变作用在效应中超过汽车荷载效应时，则该作用取代汽车荷载，其分项系数应采用汽车的分项系数；对于专为承受某作用设置的结构或装置，设计时该作用的分项系数取与汽车荷载同值；

S_{Q1k}——汽车荷载效应（含汽车冲击力、离心力）的标准值；

γ_{Qj}——汽车荷载效应组合中除汽车荷载效应、风荷载外的其他第 j 个可变作用相应的分项系数，取 $\gamma_{Qj}=1.4$，但风荷载的分项系数取 1.1；

S_{Qjk}——汽车荷载效应组合中除汽车荷载效应、风荷载外的其他第 j 个可变作用相应的标准值；

φ_c——在作用效应组合中除汽车荷载效应（含汽车冲击力、离心力）外的其他可变作用的组合系数，当永久作用与汽车荷载和人群荷载（或其他一种可变作用）组合时，人群荷载（或其他一种可变作用）组合系数 $\varphi_c=0.8$；当其除汽车荷载效应（含汽车冲击力、离心力）外尚有两种可变作用参与组合时，其组合系数 $\varphi_c=0.7$；尚有三种可变作用参与组合时，组合系数 $\varphi_c=0.6$；尚有四种可变作用参与组合时，组合系数 $\varphi_c=0.50$。

基本荷载组合：永久作用设计值和可变作用设计值相互组合。

根据式(8-6)得到，承载能力极限状态荷载组合：1.2 结构自重 +1.0 预应力 +1.4 汽车活载。具体组合见表 8-9。

承载能力极限状态荷载组合　　　　表 8-9

二期成桥阶段自重(ST)	1.2	吊索 5(ST)	1
自重(ST)	1.2	吊索 6(ST)	1
车道荷载(MV)	1.4	吊索 7(ST)	1
桥面板(ST)	1.2	吊索 8(ST)	1
预应力(ST)	1	吊索 9(ST)	1
吊索 1(ST)	1	吊索 10(ST)	1
吊索 2(ST)	1	吊索 11(ST)	1
吊索 3(ST)	1	吊索 12(ST)	1
吊索 4(ST)	1	吊索 13(ST)	1

安全等级为一级，$\gamma_0=1.1$。

（2）正常使用极限状态荷载组合

根据《桥规》4.1.6条规定，按正常使用极限状态设计时，应根据不同的设计要求，选用以下一种或两种效应组合：

作用长期效应组合是永久作用标准值效应与可变作用准永久值效应的组合，其基本表达式为：

$$S_{qd} = \sum_{i=1}^{m} S_{Gik} + \sum_{j=1}^{n} \varphi_{2j} S_{Qjk} \tag{8-7}$$

式中：S_{qd}——作用短期效应组合设计值；

φ_{2j}——第j个可变作用效应的准永久值系数，汽车荷载（不计冲击力）$\varphi_2 = 0.7$；人群荷载$\varphi_2 = 0.1$；风荷载$\varphi_2 = 0.75$；温度梯度作用$\varphi_2 = 0.8$；其他作用$\varphi_2 = 1.0$；

$\varphi_{2j} S_{Qjk}$——第j个可变作用效应的频遇值；

其他符号意义同前。

根据式（8-7）得到，正常使用极限状态荷载组合（长期效应组合）：1.0结构自重+1.0预应力+0.4汽车活载。具体组合见表8-10。

正常使用极限状态荷载（长期效应组合） 表8-10

二期成桥阶段自重(ST)	1	吊索5(ST)	1
预应力(ST)	1	吊索6(ST)	1
自重(ST)	1	吊索7(ST)	1
桥面板(ST)	1	吊索8(ST)	1
车道荷载(MV)	0.4	吊索9(ST)	1
吊索1(ST)	1	吊索10(ST)	1
吊索2(ST)	1	吊索11(ST)	1
吊索3(ST)	1	吊索12(ST)	1
吊索4(ST)	1	吊索13(ST)	1

作用短期效应组合是永久作用标准值效应与可变作用频遇值效应的组合，其基本表达式为：

$$S_{fd} = \sum_{i=1}^{m} S_{Gik} + \sum_{j=1}^{n} \varphi_{2j} S_{Qjk} \tag{8-8}$$

式中：S_{fd}——作用短期效应组合设计值；

φ_{2j}——第j个可变作用效应的频遇值系数，汽车荷载（不计冲击力）$\varphi_2 = 0.7$；人群荷载$\varphi_2 = 0.1$；风荷载$\varphi_2 = 0.75$；温度梯度作用$\varphi_2 = 0.8$；其他作用$\varphi_2 = 1.0$；

$\varphi_{2j} S_{Qjk}$——第j个可变作用效应的频遇值；

其他符号意义同前。

根据式（8-8）得到，正常使用极限状态荷载组合（短期效应组合）：1.0结构自重+1.0预应力+0.7汽车活载。具体组合见表8-11。

正常使用极限状态荷载(短期效应组合) 表8-11

二期成桥阶段自重(ST)	1	吊索5(ST)	1
预应力(ST)	1	吊索6(ST)	1
自重(ST)	1	吊索7(ST)	1
桥面板(ST)	1	吊索8(ST)	1
车道荷载(MV)	0.7	吊索9(ST)	1
吊索1(ST)	1	吊索10(ST)	1
吊索2(ST)	1	吊索11(ST)	1
吊索3(ST)	1	吊索12(ST)	1
吊索4(ST)	1	吊索13(ST)	1

8.3.3 预应力钢束的估算和配置

混凝土系杆采用、端横梁、中横梁采用C50现浇混凝土,设计强度 R,混凝土重度为 $\gamma=25\mathrm{kN/m^3}$。预制实心桥面板采用混凝土强度等级为C40。预应力钢筋采用 $\phi^s15.2$ 的高强度、低松弛钢绞线。其抗拉强度标准值为1860MPa,抗拉强度设计值为1260MPa,张拉控制应力为1395MPa。

根据《公预规》6.3.1条,预应力混凝土受弯构件应对正截面的混凝土拉应力进行验算,以满足正截面抗裂要求。

$$\sigma_{st} - 0.8\sigma_{pc} \leq 0 \tag{8-9}$$

式中: σ_{st}——在作用(或荷载)短期效应组合下构件的抗裂验算边缘混凝土的法向拉应力,式中不含正负号;

$0.8\sigma_{pc}$——扣除全部预应力损失后的预加力在构件抗裂验算边缘产生的预压应力。

钢束估算均采用 $\phi^s15.2$ 钢绞线,每根钢绞线面积 $A_y=140\mathrm{mm^2}$,抗拉强度标准值 $f_{pk}=1860\mathrm{MPa}$,张拉控制应力取 $\sigma_{con}=0.75f_{pk}=0.75\times1860=1395(\mathrm{MPa})$。预应力损失按张拉控制应力的20%估算。取 $\alpha=0.8$。

预应力钢束标准组合下的容许应力为 $0.65\times1860=1209(\mathrm{MPa})$。

1)系杆预应力钢束计算

本桥经过试算得到:

(1)系杆预应力钢束布置

钢束钢质:ASTM,270K级低松弛钢绞线($D=15.2\mathrm{mm}$)截面面积 $1668\mathrm{mm^2}$;

钢束根数:16;

钢束束数:6;

锚具回缩变形:6mm;

张拉控制应力:1395MPa;

张拉方式:两段张拉;

钢束性质:体内束;

成孔方式:预埋波纹管成形;

成孔面积:80mm²。

具体布置如图 8-10、图 8-11 所示。

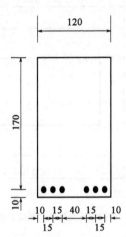

图 8-10 系梁跨中截面预应力束布置图
（尺寸单位:cm）

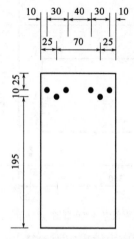

图 8-11 系梁支座处截面预应力束布置图
（尺寸单位:cm）

(2)系杆预应力钢束应力验算

系梁内配置 2 排共 6 束预应力钢束,分批张拉。预应力束的束数、根数、张拉控制应力及标准组合应力见表 8-12。

预应力钢束特性　　　　　表 8-12

钢 束 号	束 数	编束根数	张拉应力(MPa)	最大应力(MPa)	允许值(MPa)	是否满足
1	1	16	1320	−1181.6829	−1209	是
2	1	16	1320	−1205.4575	−1209	是
3	1	16	1320	−1187.9715	−1209	是
4	1	16	1320	−1187.9715	−1209	是
5	1	16	1320	−1205.4575	−1209	是
6	1	16	1320	−1181.6829	−1209	是

2)横梁预应力钢束计算

(1)端横梁预应力钢束布置

钢束钢质:ASTM,270K 级低松弛钢绞线($D=15.2$mm)截面面积 1668mm²;

钢束根数:12;

钢束束数:4;

锚具回缩变形:6mm;

张拉控制应力:1395MPa;

张拉方式:两端张拉;

钢束性质:体内束;

成孔方式:预埋波纹管成形;

成孔面积:80mm²。

具体布置如图 8-12、图 8-13 所示。

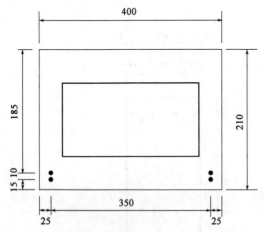
图 8-12　端横梁跨中截面预应力束布置图(尺寸单位:cm)

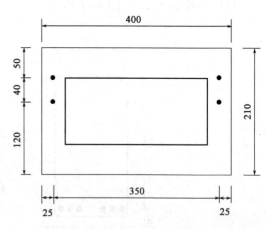
图 8-13　端横梁支座处截面预应力束布置图(尺寸单位:cm)

(2)端横梁预应力钢束应力验算

端横梁内配置 2 排共 14 束预应力钢束,分批张拉。预应力束的束数、根数、张拉控制应力及标准组合应力见表 8-13。

端横梁预应力钢束特性　　　　　　　　　　表 8-13

钢束号	束数	编束根数	张拉应力(MPa)	最大应力(MPa)	允许值(MPa)	是否满足
1	1	12	1280	-1135.1837	-1209	是
2	1	12	1280	-1137.1479	-1209	是
3	1	12	1280	-1116.8481	-1209	是
4	1	12	1280	-1116.8481	-1209	是

(3)中横梁预应力钢束布置

①自支座处起第 1~5 根、21~25 根的中横梁。

钢束钢质:ASTM,270K 级低松弛钢绞线($D=15.2$mm)截面面积 1668mm^2;

钢束根数:12;

钢束束数:4;

锚具回缩变形:6mm;

张拉控制应力:1395MPa;

张拉方式:两段张拉;

钢束性质:体内束;

成孔方式:预埋波纹管成形;

成孔面积:80mm^2。

具体布置如图 8-14、图 8-15 所示。

②自支座处起第 6~20 根的中横梁。

钢束钢质:ASTM,270K 级低松弛钢绞线($D=15.2$mm)截面面积 1668mm^2;

钢束根数:12;

钢束束数:4;
锚具回缩变形:6mm;
张拉控制应力:1395MPa;
张拉方式:两段张拉;
钢束性质:体内束;
成孔方式:预埋波纹管成形;
成孔面积:80mm²。
具体布置见图8-16、图8-17。

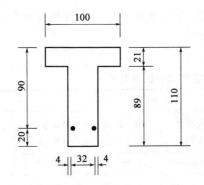

图8-14 中横梁跨中截面预应力束布置图
(尺寸单位:cm)

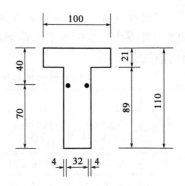

图8-15 中横梁支座处截面预应力束布置图
(尺寸单位:cm)

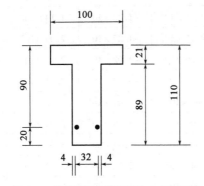

图8-16 中横梁跨中截面预应力束布置图
(尺寸单位:cm)

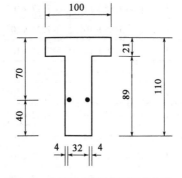

图8-17 中横梁支座处截面预应力束布置图(尺寸单位:cm)

(4)中横梁预应力钢束应力验算

自支座处起第1~5根、21~25根的中横梁内配置1排共2束预应力钢束,分批张拉。预应力束的束数、根数、张拉控制应力及标准组合应力见表8-14。

中横梁预应力钢束特性(Ⅰ) 表8-14

钢束号	束数	编束根数	张拉应力(MPa)	最大应力(MPa)	允许值(MPa)	是否满足
1	1	12	1280	−1056.111	−1209	是
2	1	12	1280	−1056.111	−1209	是

自支座处起第 6~20 根的中横梁内配置 1 排共 2 束预应力钢束,分批张拉。预应力束的束数、根数、张拉控制应力及标准组合应力见表 8-15。

中横梁预应力钢束特性(Ⅱ)　　　　表 8-15

钢束号	束数	编束根数	张拉应力(MPa)	最大应力(MPa)	允许值(MPa)	是否满足
1	1	12	1280	-1090.148	-1209	是
2	1	12	1280	-1090.0527	-1209	是

8.3.4 主梁截面内力计算

经过预应力配置后,桥梁的承载能力得到提高,进行配束后的内力计算及内力组合。

1)承载能力极限状态系梁各节点截面内力值

具体内力值见表 8-16。

承载能力极限状态系梁各节点截面内力值　　　　表 8-16

| 单元 | 节点 | 内力性质 | | | | | |
		最大轴力(kN)	最小轴力(kN)	最大剪力(kN)	最小剪力(kN)	最大弯矩(kN·m)	最小弯矩(kN·m)
54	I	-5.76×10^3	-7.08×10^3	-7.24×10^2	-1.58×10^3	-5.84×10^4	-2.91×10^5
	J	-5.80×10^3	-7.11×10^3	-6.12×10^2	-1.47×10^3	6.16×10^4	-1.58×10^5
55	I	-5.85×10^3	-7.15×10^3	1.85×10^2	-6.22×10^2	4.03×10^4	-1.79×10^5
	J	-5.89×10^3	-7.18×10^3	3.57×10^2	-4.50×10^2	1.05×10^5	-1.62×10^5
56	I	-5.85×10^3	-7.17×10^3	-4.41×10^2	-1.30×10^3	1.14×10^5	-1.54×10^5
	J	-5.89×10^3	-7.21×10^3	-4.11×10^2	-1.27×10^3	2.09×10^5	-1.11×10^5
57	I	-5.89×10^3	-7.21×10^3	-2.56×10^2	-1.02×10^3	2.13×10^5	-1.11×10^5
	J	-6.15×10^3	-7.47×10^3	2.12×10^2	-5.52×10^2	3.61×10^5	-8.08×10^4
58	I	-6.15×10^3	-7.47×10^3	3.46×10^2	-4.02×10^2	3.62×10^5	-8.08×10^4
	J	-6.31×10^3	-7.62×10^3	3.69×10^2	-3.79×10^2	3.99×10^5	-1.31×10^5
59	I	-6.31×10^3	-7.62×10^3	4.53×10^2	-2.93×10^2	3.99×10^5	-1.31×10^5
	J	-6.46×10^3	-7.77×10^3	4.74×10^2	-2.72×10^2	3.89×10^5	-1.97×10^5
60	I	-6.46×10^3	-7.77×10^3	4.99×10^2	-2.49×10^2	3.89×10^5	-1.97×10^5
	J	-6.55×10^3	-7.87×10^3	4.58×10^2	-2.91×10^2	3.61×10^5	-2.51×10^5
61	I	-6.55×10^3	-7.87×10^3	4.37×10^2	-3.18×10^2	3.61×10^5	-2.51×10^5
	J	-6.61×10^3	-7.93×10^3	5.10×10^2	-2.46×10^2	3.37×10^5	-2.80×10^5
62	I	-6.61×10^3	-7.93×10^3	4.48×10^2	-3.20×10^2	3.37×10^5	-2.80×10^5
	J	-6.60×10^3	-7.91×10^3	5.46×10^2	-2.22×10^2	2.99×10^5	-3.02×10^5
63	I	-6.60×10^3	-7.91×10^3	4.74×10^2	-3.15×10^2	2.99×10^5	-3.02×10^5
	J	-6.45×10^3	-7.76×10^3	3.44×10^2	-4.45×10^2	2.66×10^5	-3.05×10^5
64	I	-6.44×10^3	-7.76×10^3	2.43×10^2	-5.66×10^2	2.66×10^5	-3.05×10^5
	J	-6.31×10^3	-7.62×10^3	2.22×10^2	-5.87×10^2	3.40×10^5	-1.90×10^5

续上表

单元	节点	内力性质					
		最大轴力 (kN)	最小轴力 (kN)	最大剪力 (kN)	最小剪力 (kN)	最大弯矩 (kN·m)	最小弯矩 (kN·m)
65	I	-6.31×10^3	-7.62×10^3	9.25×10	-7.34×10^2	3.40×10^5	-1.90×10^5
	J	-6.23×10^3	-7.54×10^3	3.06×10^2	-5.20×10^2	3.90×10^5	-9.07×10^4
66	I	-6.22×10^3	-7.54×10^3	1.50×10^2	-6.90×10^2	3.90×10^5	-9.07×10^4
	J	-6.14×10^3	-7.46×10^3	3.64×10^2	-4.76×10^2	4.27×10^5	-5.43×10^3
67	I	-6.14×10^3	-7.46×10^3	1.85×10^2	-6.65×10^2	4.27×10^5	-5.46×10^3
	J	-6.06×10^3	-7.38×10^3	3.99×10^2	-4.51×10^2	4.62×10^5	6.67×10^4
68	I	-6.06×10^3	-7.38×10^3	2.03×10^2	-6.52×10^2	4.62×10^5	6.67×10^4
	J	-5.98×10^3	-7.30×10^3	4.17×10^2	-4.38×10^2	5.00×10^5	1.29×10^5
69	I	-5.98×10^3	-7.29×10^3	4.30×10^2	-4.24×10^2	5.00×10^5	1.29×10^5
	J	-6.06×10^3	-7.38×10^3	6.44×10^2	-2.11×10^2	4.64×10^5	6.89×10^4
70	I	-6.06×10^3	-7.37×10^3	4.43×10^2	-4.06×10^2	4.64×10^5	6.89×10^4
	J	-6.14×10^3	-7.46×10^3	6.57×10^2	-1.92×10^2	4.31×10^5	-9.25×10^2
71	I	-6.14×10^3	-7.45×10^3	4.68×10^2	-3.72×10^2	4.31×10^5	-9.71×10^2
	J	-6.22×10^3	-7.54×10^3	6.82×10^2	-1.58×10^2	3.97×10^5	-8.39×10^4
72	I	-6.22×10^3	-7.54×10^3	5.12×10^2	-3.14×10^2	3.97×10^5	-8.39×10^4
	J	-6.30×10^3	-7.62×10^3	7.26×10^2	-1.00×10^2	3.49×10^5	-1.80×10^5
73	I	-6.30×10^3	-7.62×10^3	5.80×10^2	-2.29×10^2	3.49×10^5	-1.80×10^5
	J	-6.44×10^3	-7.75×10^3	5.57×10^2	-2.52×10^2	2.77×10^5	-2.93×10^5
74	I	-6.44×10^3	-7.75×10^3	4.37×10^2	-3.52×10^2	2.77×10^5	-2.93×10^5
	J	-6.59×10^3	-7.91×10^3	3.09×10^2	-4.80×10^2	3.12×10^5	-2.88×10^5
75	I	-6.59×10^3	-7.91×10^3	2.16×10^2	-5.52×10^2	3.12×10^5	-2.88×10^5
	J	-6.60×10^3	-7.92×10^3	3.14×10^2	-4.54×10^2	3.52×10^5	-2.64×10^5
76	I	-6.60×10^3	-7.92×10^3	2.40×10^2	-5.16×10^2	3.52×10^5	-2.64×10^5
	J	-6.55×10^3	-7.86×10^3	3.13×10^2	-4.43×10^2	3.78×10^5	-2.34×10^5
77	I	-6.55×10^3	-7.87×10^3	2.83×10^2	-4.66×10^2	3.78×10^5	-2.34×10^5
	J	-6.45×10^3	-7.77×10^3	2.41×10^2	-5.07×10^2	4.08×10^5	-1.77×10^5
78	I	-6.46×10^3	-7.77×10^3	2.60×10^2	-4.86×10^2	4.08×10^5	-1.77×10^5
	J	-6.31×10^3	-7.62×10^3	2.81×10^2	-4.65×10^2	4.22×10^5	-1.09×10^5
79	I	-6.31×10^3	-7.62×10^3	3.62×10^2	-3.87×10^2	4.22×10^5	-1.09×10^5
	J	-6.15×10^3	-7.47×10^3	3.85×10^2	-3.63×10^2	3.91×10^5	-5.28×10^4
80	I	-6.15×10^3	-7.47×10^3	5.29×10^2	-2.36×10^2	3.89×10^5	-5.26×10^4
	J	-5.89×10^3	-7.21×10^3	9.97×10^2	2.33×10^2	2.49×10^5	-7.62×10^4
81	I	-5.89×10^3	-7.21×10^3	1.37×10^3	5.13×10^2	2.44×10^5	-7.60×10^4
	J	-5.86×10^3	-7.17×10^3	1.40×10^3	5.44×10^2	1.42×10^5	-1.27×10^5

续上表

单元	节点	内力性质					
		最大轴力(kN)	最小轴力(kN)	最大剪力(kN)	最小剪力(kN)	最大弯矩(kN·m)	最小弯矩(kN·m)
82	I	-5.90×10^3	-7.20×10^3	5.51×10^2	-2.55×10^2	1.33×10^5	-1.36×10^5
	J	-5.86×10^3	-7.16×10^3	7.24×10^2	-8.28×10	4.78×10^4	-1.74×10^5
83	I	-5.80×10^3	-7.12×10^3	1.57×10^3	7.15×10^2	6.91×10^4	-1.52×10^5
	J	-5.76×10^3	-7.08×10^3	1.68×10^3	8.27×10^2	-6.37×10^4	-2.97×10^5

2)正常使用阶段极限状态系梁各节点截面内力值

(1)作用长期效应组合,具体内力值见表8-17。

正常使用阶段极限状态(长期效应组合)系梁各节点截面内力值　　表8-17

单元	节点	内力性质					
		最大轴力(kN)	最小轴力(kN)	最大剪力(kN)	最小剪力(kN)	最大弯矩(kN·m)	最小弯矩(kN·m)
54	I	-7.80×10^3	-8.14×10^3	-5.28×10^2	-7.51×10^2	1.46×10^5	8.52×10^4
	J	-7.83×10^3	-8.17×10^3	-4.43×10^2	-6.66×10^2	2.18×10^5	1.61×10^5
55	I	-7.83×10^3	-8.16×10^3	5.57×10^2	3.48×10^2	1.99×10^5	1.42×10^5
	J	-7.86×10^3	-8.20×10^3	6.90×10^2	4.80×10^2	1.22×10^5	5.20×10^4
56	I	-7.88×10^3	-8.22×10^3	-3.13×10^2	-5.36×10^2	1.29×10^5	5.99×10^4
	J	-7.91×10^3	-8.26×10^3	-2.94×10^2	-5.17×10^2	1.72×10^5	8.84×10^4
57	I	-7.91×10^3	-8.26×10^3	-1.99×10^2	-3.98×10^2	1.73×10^5	8.84×10^4
	J	-8.15×10^3	-8.49×10^3	1.94×10^2	-4.42	2.08×10^5	9.37×10^4
58	I	-8.15×10^3	-8.49×10^3	2.68×10^2	7.39×10	2.09×10^5	9.37×10^4
	J	-8.29×10^3	-8.64×10^3	2.57×10^2	6.30×10	1.73×10^5	3.50×10^4
59	I	-8.29×10^3	-8.64×10^3	3.08×10^2	1.14×10^2	1.73×10^5	3.49×10^4
	J	-8.43×10^3	-8.77×10^3	2.94×10^2	1.00×10^2	1.18×10^5	-3.37×10^4
60	I	-8.43×10^3	-8.77×10^3	3.09×10^2	1.14×10^2	1.18×10^5	-3.38×10^4
	J	-8.52×10^3	-8.86×10^3	2.38×10^2	4.40×10	6.63×10^4	-9.28×10^4
61	I	-8.52×10^3	-8.86×10^3	2.22×10^2	2.58×10	6.63×10^4	-9.28×10^4
	J	-8.57×10^3	-8.91×10^3	2.56×10^2	5.95×10	3.06×10^4	-1.29×10^5
62	I	-8.57×10^3	-8.91×10^3	2.10×10^2	1.08×10	3.06×10^4	-1.29×10^5
	J	-8.56×10^3	-8.90×10^3	2.67×10^2	6.75×10	-7.41×10^3	-1.64×10^5
63	I	-8.56×10^3	-8.90×10^3	2.13×10^2	8.06	-7.44×10^3	-1.64×10^5
	J	-8.42×10^3	-8.76×10^3	6.26×10	-1.42×10^2	-3.41×10^4	-1.82×10^5
64	I	-8.42×10^3	-8.76×10^3	-1.24×10	-2.23×10^2	-3.41×10^4	-1.82×10^5
	J	-8.29×10^3	-8.64×10^3	-6.42×10	-2.74×10^2	4.13×10^4	-9.62×10^4

续上表

单元	节点	内力性质					
		最大轴力 (kN)	最小轴力 (kN)	最大剪力 (kN)	最小剪力 (kN)	最大弯矩 (kN·m)	最小弯矩 (kN·m)
65	I	-8.29×10^3	-8.64×10^3	-1.61×10^2	-3.76×10^2	4.12×10^4	-9.62×10^4
	J	-8.22×10^3	-8.56×10^3	1.03	-2.14×10^2	9.79×10^4	-2.69×10^4
66	I	-8.22×10^3	-8.56×10^3	-1.17×10^2	-3.35×10^2	9.79×10^4	-2.69×10^4
	J	-8.14×10^3	-8.49×10^3	4.54×10	-1.73×10^2	1.42×10^5	3.01×10^4
67	I	-8.14×10^3	-8.49×10^3	-8.99×10	-3.10×10^2	1.42×10^5	3.00×10^4
	J	-8.07×10^3	-8.41×10^3	7.22×10	-1.48×10^2	1.81×10^5	7.82×10^4
68	I	-8.07×10^3	-8.41×10^3	-7.59×10	-2.98×10^2	1.81×10^5	7.82×10^4
	J	-8.00×10^3	-8.34×10^3	8.61×10	-1.36×10^2	2.17×10^5	1.21×10^5
69	I	-7.99×10^3	-8.34×10^3	1.30×10^2	-9.19×10	2.17×10^5	1.21×10^5
	J	-8.07×10^3	-8.41×10^3	2.92×10^2	7.02×10	1.83×10^5	7.99×10^4
70	I	-8.07×10^3	-8.41×10^3	1.43×10^2	-7.81×10	1.83×10^5	7.99×10^4
	J	-8.14×10^3	-8.48×10^3	3.05×10^2	8.40×10	1.46×10^5	3.34×10^4
71	I	-8.14×10^3	-8.48×10^3	1.67×10^2	-5.13×10	1.46×10^5	3.34×10^4
	J	-8.21×10^3	-8.56×10^3	3.29×10^2	1.11×10^2	1.03×10^5	-2.17×10^4
72	I	-8.21×10^3	-8.56×10^3	2.08×10^2	-7.02	1.03×10^5	-2.18×10^4
	J	-8.29×10^3	-8.63×10^3	3.70×10^2	1.55×10^2	4.81×10^4	-8.93×10^4
73	I	-8.29×10^3	-8.63×10^3	2.69×10^2	5.85×10	4.81×10^4	-8.93×10^4
	J	-8.41×10^3	-8.75×10^3	2.16×10^2	5.80	-2.55×10^4	-1.74×10^5
74	I	-8.41×10^3	-8.75×10^3	1.36×10^2	-6.86×10	-2.55×10^4	-1.74×10^5
	J	-8.55×10^3	-8.89×10^3	-1.32×10	-2.18×10^2	2.76×10^3	-1.53×10^5
75	I	-8.55×10^3	-8.89×10^3	-7.20×10	-2.72×10^2	2.80×10^3	-1.53×10^5
	J	-8.56×10^3	-8.90×10^3	-1.53×10^2	-2.15×10^2	4.22×10^4	-1.18×10^5
76	I	-8.56×10^3	-8.90×10^3	-6.40×10	-2.60×10^2	4.22×10^4	-1.18×10^5
	J	-8.51×10^3	-8.85×10^3	-3.01×10	-2.26×10^2	7.91×10^4	-8.00×10^4
77	I	-8.51×10^3	-8.86×10^3	-4.97×10	-2.44×10^2	7.92×10^4	-7.99×10^4
	J	-8.43×10^3	-8.77×10^3	-1.20×10^2	-3.14×10^2	1.33×10^5	-1.92×10^4
78	I	-8.43×10^3	-8.77×10^3	-1.09×10^2	-3.03×10^2	1.33×10^5	-1.91×10^4
	J	-8.29×10^3	-8.64×10^3	-1.23×10^2	-3.16×10^2	1.90×10^5	5.23×10^4
79	I	-8.30×10^3	-8.64×10^3	-7.61×10	-2.71×10^2	1.90×10^5	5.24×10^4
	J	-8.15×10^3	-8.50×10^3	-8.71×10	-2.81×10^2	2.30×10^5	1.15×10^5
80	I	-8.16×10^3	-8.50×10^3	-1.37×10	-2.12×10^2	2.30×10^5	1.15×10^5
	J	-7.92×10^3	-8.26×10^3	3.80×10^2	1.81×10^2	2.00×10^5	1.15×10^5

续上表

单元	节点	内力性质					
		最大轴力(kN)	最小轴力(kN)	最大剪力(kN)	最小剪力(kN)	最大弯矩(kN·m)	最小弯矩(kN·m)
81	I	-7.92×10^3	-8.26×10^3	5.95×10^2	3.72×10^2	1.99×10^5	1.15×10^5
	J	-7.89×10^3	-8.23×10^3	6.14×10^2	3.91×10^2	1.50×10^5	8.05×10^4
82	I	-7.88×10^3	-8.21×10^3	-4.03×10^2	-6.13×10^2	1.42×10^5	7.27×10^4
	J	-7.84×10^3	-8.18×10^3	-2.71×10^2	-4.80×10^2	2.04×10^5	1.47×10^5
83	I	-7.83×10^3	-8.17×10^3	7.44×10^2	5.21×10^2	2.24×10^5	1.66×10^5
	J	-7.80×10^3	-8.14×10^3	8.29×10^2	6.06×10^2	1.42×10^5	8.10×10^4

(2)作用短期效应组合,具体内力值见表 8-18。

正常使用(短期效应组合)系梁各节点截面内力值　　　　表 8-18

单元	节点	内力性质					
		最大轴力(kN)	最小轴力(kN)	最大剪力(kN)	最小剪力(kN)	最大弯矩(kN·m)	最小弯矩(kN·m)
54	I	-7.54×10^3	-8.14×10^3	-5.03×10^2	-8.92×10^2	1.49×10^5	4.33×10^4
	J	-7.57×10^3	-8.17×10^3	-4.18×10^2	-8.07×10^2	2.25×10^5	1.25×10^5
55	I	-7.57×10^3	-8.16×10^3	5.63×10^2	1.96×10^2	2.06×10^5	1.06×10^5
	J	-7.61×10^3	-8.20×10^3	6.95×10^2	3.28×10^2	1.46×10^5	2.40×10^4
56	I	-7.63×10^3	-8.22×10^3	-2.87×10^2	-6.77×10^2	1.54×10^5	3.18×10^4
	J	-7.66×10^3	-8.26×10^3	-2.68×10^2	-6.58×10^2	2.05×10^5	5.94×10^4
57	I	-7.66×10^3	-8.26×10^3	-1.67×10^2	-5.14×10^2	2.07×10^5	5.93×10^4
	J	-7.90×10^3	-8.50×10^3	2.27×10^2	-1.21×10^2	2.61×10^5	6.00×10^4
58	I	-7.90×10^3	-8.50×10^3	3.14×10^2	-2.62×10	2.61×10^5	5.99×10^4
	J	-8.04×10^3	-8.64×10^3	3.03×10^2	-3.72×10	2.38×10^5	-3.03×10^3
59	I	-8.04×10^3	-8.64×10^3	3.63×10^2	2.41×10	2.38×10^5	-3.07×10^3
	J	-8.18×10^3	-8.77×10^3	3.50×10^2	1.06×10	1.91×10^5	-7.48×10^4
60	I	-8.17×10^3	-8.77×10^3	3.72×10^2	3.13×10	1.91×10^5	-7.48×10^4
	J	-8.26×10^3	-8.86×10^3	3.02×10^2	-3.89×10	1.43×10^5	-1.35×10^5
61	I	-8.26×10^3	-8.86×10^3	2.91×10^2	-5.28×10	1.43×10^5	-1.35×10^5
	J	-8.31×10^3	-8.91×10^3	3.24×10^2	-1.91×10	1.08×10^5	-1.72×10^5
62	I	-8.31×10^3	-8.91×10^3	2.84×10^2	-6.58×10	1.08×10^5	-1.72×10^5
	J	-8.30×10^3	-8.90×10^3	3.40×10^2	-9.12	6.84×10^4	-2.05×10^5
63	I	-8.30×10^3	-8.90×10^3	2.90×10^2	-6.83×10	6.84×10^4	-2.05×10^5
	J	-8.16×10^3	-8.76×10^3	1.40×10^2	-2.19×10^2	3.85×10^4	-2.21×10^5
64	I	-8.16×10^3	-8.76×10^3	6.81×10	-3.00×10^2	3.85×10^4	-2.21×10^5
	J	-8.04×10^3	-8.64×10^3	1.63×10	-3.52×10^2	1.10×10^5	-1.31×10^5

续上表

单元	节点	内 力 性 质					
		最大轴力 (kN)	最小轴力 (kN)	最大剪力 (kN)	最小剪力 (kN)	最大弯矩 (kN·m)	最小弯矩 (kN·m)
65	I	-8.04×10^3	-8.64×10^3	-7.84×10	-4.54×10^2	1.10×10^5	-1.31×10^5
	J	-7.96×10^3	-8.56×10^3	8.36×10	-2.92×10^2	1.62×10^5	-5.66×10^4
66	I	-7.96×10^3	-8.56×10^3	-3.30×10	-4.15×10^2	1.62×10^5	-5.66×10^4
	J	-7.89×10^3	-8.49×10^3	1.29×10^2	-2.53×10^2	2.02×10^5	5.65×10^3
67	I	-7.89×10^3	-8.49×10^3	-5.86	-3.92×10^2	2.02×10^5	5.62×10^3
	J	-7.81×10^3	-8.41×10^3	1.56×10^2	-2.30×10^2	2.38×10^5	5.85×10^4
68	I	-7.81×10^3	-8.41×10^3	7.76	-3.81×10^2	2.38×10^5	5.85×10^4
	J	-7.74×10^3	-8.34×10^3	1.70×10^2	-2.19×10^2	2.74×10^5	1.05×10^5
69	I	-7.74×10^3	-8.34×10^3	2.13×10^2	-1.76×10^2	2.74×10^5	1.05×10^5
	J	-7.81×10^3	-8.41×10^3	3.75×10^2	-1.35×10	2.40×10^5	6.02×10^4
70	I	-7.81×10^3	-8.41×10^3	2.24×10^2	-1.62×10^2	2.40×10^5	6.01×10^4
	J	-7.88×10^3	-8.48×10^3	3.86×10^2	$-2.00E-02$	2.05×10^5	9.02×10^3
71	I	-7.88×10^3	-8.48×10^3	2.47×10^2	-1.35×10^2	2.05×10^5	8.99×10^3
	J	-7.96×10^3	-8.56×10^3	4.09×10^2	2.70×10	1.67×10^5	-5.14×10^4
72	I	-7.96×10^3	-8.56×10^3	2.86×10^2	-8.96×10	1.67×10^5	-5.15×10^4
	J	-8.03×10^3	-8.63×10^3	4.48×10^2	7.25×10	1.17×10^5	-1.24×10^5
73	I	-8.03×10^3	-8.63×10^3	3.46×10^2	-2.20×10	1.17×10^5	-1.24×10^5
	J	-8.16×10^3	-8.75×10^3	2.93×10^2	-7.47×10	4.71×10^4	-2.12×10^5
74	I	-8.16×10^3	-8.75×10^3	2.13×10^2	-1.46×10^2	4.71×10^4	-2.12×10^5
	J	-8.30×10^3	-8.89×10^3	6.33×10	-2.95×10^2	7.85×10^4	-1.95×10^5
75	I	-8.30×10^3	-8.89×10^3	4.69	-3.45×10^2	7.86×10^4	-1.95×10^5
	J	-8.31×10^3	-8.90×10^3	6.14×10	-2.88×10^2	1.20×10^5	-1.61×10^5
76	I	-8.31×10^3	-8.91×10^3	1.46×10	-3.29×10^2	1.20×10^5	-1.60×10^5
	J	-8.26×10^3	-8.85×10^3	4.84×10	-2.95×10^2	1.56×10^5	-1.23×10^5
77	I	-8.26×10^3	-8.86×10^3	3.30×10	-3.07×10^2	1.56×10^5	-1.22×10^5
	J	-8.17×10^3	-8.77×10^3	-3.73×10	-3.78×10^2	2.06×10^5	-6.02×10^4
78	I	-8.17×10^3	-8.77×10^3	-1.96×10	-3.59×10^2	2.06×10^5	-6.01×10^4
	J	-8.04×10^3	-8.64×10^3	-3.31×10	-3.72×10^2	2.55×10^5	1.42×10^4
79	I	-8.04×10^3	-8.64×10^3	2.41×10	-3.16×10^2	2.55×10^5	1.44×10^4
	J	-7.90×10^3	-8.50×10^3	1.31×10	-3.27×10^2	2.83×10^5	8.13×10^4
80	I	-7.90×10^3	-8.50×10^3	1.03×10^2	-2.45×10^2	2.82×10^5	8.14×10^4
	J	-7.66×10^3	-8.26×10^3	4.96×10^2	1.48×10^2	2.34×10^5	8.61×10^4

续上表

单元	节点	内力性质					
		最大轴力 (kN)	最小轴力 (kN)	最大剪力 (kN)	最小剪力 (kN)	最大弯矩 (kN·m)	最小弯矩 (kN·m)
81	I	-7.66×10^3	-8.26×10^3	7.36×10^2	3.46×10^2	2.32×10^5	8.62×10^4
	J	-7.63×10^3	-8.23×10^3	7.55×10^2	3.65×10^2	1.74×10^5	5.24×10^4
82	I	-7.62×10^3	-8.21×10^3	-2.51×10^2	-6.18×10^2	1.67×10^5	4.45×10^4
	J	-7.59×10^3	-8.18×10^3	-1.19×10^2	-4.86×10^2	2.12×10^5	1.11×10^5
83	I	-7.58×10^3	-8.17×10^3	8.85×10^2	4.96×10^2	2.31×10^5	1.30×10^5
	J	-7.54×10^3	-8.14×10^3	9.70×10^2	5.81×10^2	1.45×10^5	3.90×10^4

(3)内力包络图。

在荷载作用下的内力进行以上的组合(包括承载能力极限状态下和正常使用极限状态下),得到内力组合包络图和各截面内力值。内力包络图见图 8-18 ~ 图 8-23。

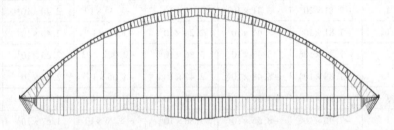

图 8-18 承载能力极限状态荷载组合结构弯矩包络图

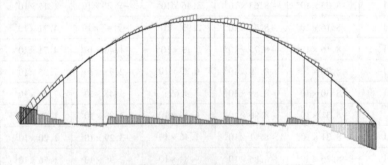

图 8-19 承载能力极限状态荷载组合结构剪力包络图

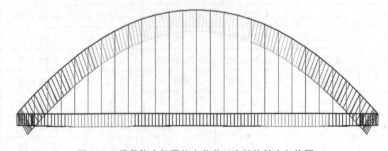

图 8-20 承载能力极限状态荷载组合结构轴力包络图

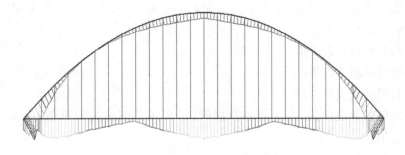

图8-21 正常使用极限状态弯矩包络图

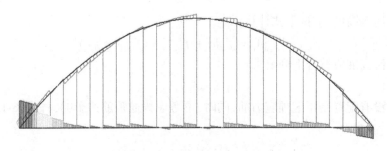

图8-22 正常使用极限状态剪力包络图

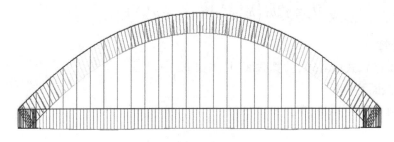

图8-23 正常使用极限状态轴力包络图

8.3.5 系梁持久状况承载能力极限状态强度验算

1)强度验算规定

根据《公预规》5.1.2条,当采用内力的形式表达时,桥涵构件的承载能力极限状态计算,应采用下列表达式:

$$\gamma_0 S \leqslant R \tag{8-10}$$

$$R = R(f_d, a_d) \tag{8-11}$$

式中:γ_0——桥梁结构的重要性系数,按公路桥涵的设计安全等级,一级、二级、三级分别取 1.1、1.0、0.9;

S——作用组合(其中汽车荷载应计入冲击作用)的效应设计值,当进行预应力混凝土连续梁等超静定结构的承载能力极限状态计算时,公式中的作用(或荷载)效应项应改为 $\gamma_0 S + \gamma_p S_p$,其中 S_p 为预应力(扣除全部预应力损失)引起的次效应;γ_p

为预应力分项系数,当预应力效应对结构有利时,取 $\gamma_p = 1.0$,对结构不利时,取 $\gamma_p = 1.2$;

R——构件承载力设计值;
$R(\cdot)$——构件承载力函数;
f_d——材料强度设计值;
a_d——几何参数设计值,当无可靠数据时,可采用几何参数标准值 a_k,即设计文件规定值。

$$\gamma_0 M_d \leq f_{cd}bx\left(h_0 - \frac{x}{2}\right) + f'_{sd}A'_s(h_0 - a'_s) + (f'_{pd} - \sigma'_{p0})A'_p(h_0 - a'_p) \tag{8-12}$$

混凝土受压区高度,应按下式计算:

$$f_{sd}A_s + f_{pd}A_p = f_{pd}bx + f'_{sd}A'_s + (f'_{pd} - \sigma'_{p0})A'_p \tag{8-13}$$

截面受压区高度应符合下列要求:

$$x < \xi_b h_0 \tag{8-14}$$

由于系梁没有配置受压区预应力筋,同时,不考虑普通钢筋的影响,将式(8-12)、式(8-13)简化为:

$$f_{pd}A_p = f_{pd}bx + (f'_{pd} - \sigma'_{p0})A'_p \tag{8-15}$$

$$\gamma_0 M_d \leq f_{cd}bx\left(h_0 - \frac{x}{2}\right) + (f'_{pd} - \sigma'_{p0})A'_p(h_0 - a'_p) \tag{8-16}$$

2)截面验算

根据式(8-15)、式(8-16),验算截面,具体如下。

(1)跨中截面验算

根据受压区高度界限验算:

解得:

$$\xi_b h_0 = 0.4 \times 1700 = 680 \text{ (mm)}$$
$$x = 630\text{mm} < \xi_b h_0$$
$$M = f_{cd}bx\left(h_0 - \frac{x}{2}\right) + (f'_{pd} - \sigma'_{p0})A'_p(h_0 - a'_p) = 29824.94 \text{kN} \cdot \text{m}$$

(2)支点截面验算

根据受压区高度界限验算:

解得:

$$\xi_b h_0 = 0.4 \times 2300 = 920\text{(mm)}$$
$$x = 630\text{mm} \leq \xi_b h_0$$
$$M = f_{cd}bx\left(h_0 - \frac{x}{2}\right) + (f'_{pd} - \sigma'_{p0})A'_p(h_0 - a'_p) = 30047.220 \text{kN} \cdot \text{m}$$

承载能力极限状态下系梁的最大负弯矩发生在跨中位置处,弯矩为 -4998.63 kN·m,截面抗力(弯矩)为 -33151.860 kN·m,大于负弯矩 -4998.63 kN·m,即承载能力极限状态正截面抗弯承载能力满足规范要求。

8.3.6 系梁持久状况正常使用极限状态验算

根据《公预规》,预应力混凝土受弯构件应按下列规定进行正截面和斜截面抗裂验算以及挠度验算。

1）正截面抗裂验算

正截面抗裂应对构件正截面混凝土的拉应力进行验算,并应符合下列要求：

(1)作用(或荷载)短期效应组合下

在作用(或荷载)短期效应组合下,A类预应力构件应满足：

$$\sigma_{st} - \sigma_{pc} \leq 0.7 f_{tk} = 0.7 \times 2.65 = 1.855 (\mathrm{MPa}) \tag{8-17}$$

经验算,短期荷载效应组合混凝土正截面抗裂均满足要求。

(2)荷载长期效应组合

$$\sigma_{lt} - \sigma_{pc} \leq 0 \tag{8-18}$$

经验算,长期荷载效应组合混凝土正截面抗裂均满足要求。

2）斜截面抗裂验算

斜截面混凝土主拉应力 σ_{tp} 应符合下列要求：

A 类和 B 类预应力混凝土预制构件

$$\sigma_{tp} \leq 0.7 f_{tk} \tag{8-19}$$

式中：σ_{tp}——由作用频遇组合和预加力产生的混凝土主拉应力,按6.3.3条规定计算。

经验算,混凝土斜截面抗裂均满足规范要求。

3）正常使用极限状态挠度验算

根据《公预规》6.5.3条规定,按规定刚度计算的挠度值,乘以挠度长期增长系数 η_θ。挠度长期增长系数可按下列规定：

当采用 C40~C80 混凝土时,$\eta_\theta = 1.45 \sim 1.35$,中间强度等级可按直线内插法取值。所以,当混凝土强度为 C50 时,$\eta_\theta = 1.375$。钢筋混凝土和预应力混凝土受弯构件按上述计算的长期挠度值,由汽车荷载(不计冲击力)和人群荷载频遇组合在梁式桥主梁产生的最大挠度不应超过计算跨径的 1/600。

$$\Delta h = \frac{80}{600} = 0.133 (\mathrm{m}) \tag{8-20}$$

经验算,正常使用极限状态下挠度均满足规范要求。

8.3.7 系梁持久状况下预应力混凝土结构应力验算

根据《公预规》7.1.5条规定,使用阶段正截面应力应符合下列要求：

(1)受压区混凝土的最大压应力

未开裂构件：

$$\sigma_{kc} + \sigma_p \leq 0.50 f_{ck} \tag{8-21}$$

式中:σ_{kc}——由作用标准值产生的混凝土法向压应力。

经验算,受压区混凝土最大压应力均满足规范要求。

(2)受拉区预应力钢筋的最大拉应力

未开裂构件:

$$\sigma_{pe} + \sigma_p \leq 0.65 f_{pk} \tag{8-22}$$

式中:σ_{pe}——全预应力混凝土和 A 类预应力混凝土受弯构件,受拉区预应力钢筋扣除全部预应力损失后的有效预应力。

经验算可知,预应力钢筋最大拉应力满足要求。

(3)混凝土的主压应力

根据《公规规》7.1.6 条,预应力混凝土受弯构件由作用标准值和预加力产生的混凝土主压应力 σ_{cp} 和主拉应力 σ_{tp} 应按第 6.3.3 条公式计算,但式(6.3.3-2)、式(6.3.3-5)中的 M_s 和 V_s 应分别用 M_k、V_k 代替。此处 M_k、V_k 为按作用标准值组合计算的弯矩值和剪力值。

混凝土的主压应力应符合下式规定:

$$\sigma_{cp} \leq 0.6 f_{ck} \tag{8-23}$$

经验算,混凝土主压应力均满足规范要求。

8.4 横梁截面内力计算

8.4.1 中横梁计算

1)中横梁截面内力计算值

经过预应力配置后,桥梁的承载能力得到提高,进行配束后的内力计算及内力组合。

(1)承载能力极限状态系梁各节点截面内力值

具体验算结果见表 8-19。

中横梁承载能力极限状态中各节点截面内力值 表 8-19

单元	节点	内力性质					
		最大轴力(kN)	最小轴力(kN)	最大剪力(kN)	最小剪力(kN)	最大弯矩(kN·m)	最小弯矩(kN·m)
182	I	-4.02×10^3	-4.22×10^3	9.99	-7.64×10^2	1.09×10^4	-1.23×10^5
	J	-4.03×10^3	-4.23×10^3	7.87×10	-6.95×10^2	7.99×10^3	-6.03×10^4
183	I	-4.03×10^3	-4.23×10^3	7.87×10	-6.95×10^2	7.99×10^3	-6.03×10^4
	J	-4.06×10^3	-4.26×10^3	8.39×10	-6.90×10^2	1.29×10^4	-2.60×10^4
184	I	-4.06×10^3	-4.26×10^3	8.34×10	-6.90×10^2	1.29×10^4	-2.60×10^4
	J	-4.09×10^3	-4.29×10^3	4.49×10	-7.29×10^2	3.71×10^4	-2.09×10^4
185	I	-4.09×10^3	-4.29×10^3	4.45×10	-7.29×10^2	3.71×10^4	-2.09×10^4
	J	-4.12×10^3	-4.32×10^3	-1.99	-7.76×10^2	6.59×10^4	-1.61×10^4

续上表

单元	节点	内力性质					
		最大轴力 (kN)	最小轴力 (kN)	最大剪力 (kN)	最小剪力 (kN)	最大弯矩 (kN·m)	最小弯矩 (kN·m)
186	I	-4.12×10^3	-4.33×10^3	1.89×10^2	-2.22×10^2	6.59×10^4	-1.61×10^4
	J	-4.12×10^3	-4.33×10^3	1.85×10^2	-2.25×10^2	6.51×10^4	-1.61×10^4
187	I	-4.12×10^3	-4.33×10^3	1.85×10^2	-2.25×10^2	6.51×10^4	-1.61×10^4
	J	-4.17×10^3	-4.38×10^3	1.23×10^2	-2.87×10^2	6.06×10^4	-1.08×10^4
188	I	-4.17×10^3	-4.38×10^3	1.23×10^2	-2.87×10^2	6.06×10^4	-1.08×10^4
	J	-4.18×10^3	-4.39×10^3	1.91×10^2	-2.19×10^2	6.52×10^4	-6.19×10^3
189	I	-4.18×10^3	-4.39×10^3	1.91×10^2	-2.19×10^2	6.52×10^4	-6.19×10^3
	J	-4.18×10^3	-4.39×10^3	2.05×10^2	-2.06×10^2	6.52×10^4	-6.09×10^3
190	I	-4.18×10^3	-4.39×10^3	2.05×10^2	-2.06×10^2	6.52×10^4	-6.09×10^3
	J	-4.18×10^3	-4.38×10^3	2.59×10^2	-1.51×10^2	6.33×10^4	-8.08×10^3
191	I	-4.18×10^3	-4.38×10^3	2.59×10^2	-1.51×10^2	6.33×10^4	-8.08×10^3
	J	-4.15×10^3	-4.35×10^3	2.61×10^2	-1.49×10^2	5.93×10^4	-1.49×10^4
192	I	-4.15×10^3	-4.35×10^3	2.61×10^2	-1.49×10^2	5.93×10^4	-1.49×10^4
	J	-4.12×10^3	-4.33×10^3	2.21×10^2	-1.90×10^2	6.61×10^4	-1.60×10^4
193	I	-4.12×10^3	-4.32×10^3	7.75×10^2	1.20	6.61×10^4	-1.60×10^4
	J	-4.09×10^3	-4.29×10^3	7.29×10^2	-4.53×10	3.73×10^4	-2.07×10^4
194	I	-4.09×10^3	-4.29×10^3	7.28×10^2	-4.55×10	3.73×10^4	-2.07×10^4
	J	-4.09×10^3	-4.29×10^3	7.25×10^2	-4.91×10	3.45×10^4	-2.13×10^4
195	I	-4.09×10^3	-4.29×10^3	7.25×10^2	-4.95×10	3.45×10^4	-2.13×10^4
	J	-4.03×10^3	-4.23×10^3	6.67×10^2	-1.07×10^2	5.35×10^3	-3.71×10^4
196	I	-4.03×10^3	-4.23×10^3	6.67×10^2	-1.07×10^2	5.35×10^3	-3.71×10^4
	J	-4.02×10^3	-4.22×10^3	7.63×10^2	-1.08×10	1.13×10^4	-1.22×10^5
257	I	-3.80×10^3	-3.94×10^3	5.08×10	-7.29×10^2	2.32×10^4	-1.09×10^5
	J	-3.80×10^3	-3.95×10^3	1.20×10^2	-6.61×10^2	1.71×10^4	-5.06×10^4
258	I	-3.80×10^3	-3.95×10^3	1.20×10^2	-6.61×10^2	1.71×10^4	-5.06×10^4
	J	-3.81×10^3	-3.96×10^3	1.88×10^2	-5.92×10^2	2.12×10^4	-2.89×10^4
259	I	-3.81×10^3	-3.96×10^3	1.88×10^2	-5.92×10^2	2.12×10^4	-2.89×10^4
	J	-3.81×10^3	-3.96×10^3	2.19×10^2	-5.61×10^2	3.94×10^4	-2.86×10^4
260	I	-3.81×10^3	-3.96×10^3	2.19×10^2	-5.61×10^2	3.94×10^4	-2.86×10^4
	J	-3.84×10^3	-3.99×10^3	2.00×10^2	-5.80×10^2	5.81×10^4	-3.63×10^4
261	I	-3.84×10^3	-3.99×10^3	3.96×10^2	-4.58×10	5.81×10^4	-3.63×10^4
	J	-3.84×10^3	-3.99×10^3	3.92×10^2	-4.96×10	5.63×10^4	-3.72×10^4
262	I	-3.84×10^3	-3.99×10^3	3.92×10^2	-4.95×10	5.63×10^4	-3.72×10^4
	J	-3.91×10^3	-4.05×10^3	3.11×10^2	-1.31×10^2	3.55×10^4	-5.15×10^4

续上表

单元	节点	内力性质					
		最大轴力 (kN)	最小轴力 (kN)	最大剪力 (kN)	最小剪力 (kN)	最大弯矩 (kN·m)	最小弯矩 (kN·m)
263	I	-3.91×10^3	-4.05×10^3	3.11×10^2	-1.31×10^2	3.55×10^4	-5.15×10^4
	J	-3.96×10^3	-4.11×10^3	2.23×10^2	-2.19×10^2	2.90×10^4	-5.78×10^4
264	I	-3.96×10^3	-4.11×10^3	2.23×10^2	-2.19×10^2	2.90×10^4	-5.78×10^4
	J	-3.96×10^3	-4.11×10^3	2.02×10^2	-2.40×10^2	2.91×10^4	-5.77×10^4
265	I	-3.96×10^3	-4.11×10^3	2.05×10^2	-2.36×10^2	2.91×10^4	-5.77×10^4
	J	-3.92×10^3	-4.07×10^3	1.37×10^2	-3.05×10^2	3.47×10^4	-5.21×10^4
266	I	-3.92×10^3	-4.07×10^3	1.34×10^2	-3.08×10^2	3.47×10^4	-5.21×10^4
	J	-3.86×10^3	-4.00×10^3	5.13×10	-3.90×10^2	4.92×10^4	-3.80×10^4
267	I	-3.86×10^3	-4.00×10^3	5.14×10	-3.90×10^2	4.92×10^4	-3.80×10^4
	J	-3.83×10^3	-3.98×10^3	2.13×10	-4.20×10^2	6.52×10^4	-2.92×10^4
268	I	-3.83×10^3	-3.98×10^3	5.55×10^2	-2.25×10^2	6.52×10^4	-2.92×10^4
	J	-3.83×10^3	-3.97×10^3	5.90×10^2	-1.90×10^2	4.53×10^4	-2.26×10^4
269	I	-3.83×10^3	-3.97×10^3	5.90×10^2	-1.90×10^2	4.53×10^4	-2.26×10^4
	J	-3.83×10^3	-3.97×10^3	5.93×10^2	-1.87×10^2	4.32×10^4	-2.26×10^4
270	I	-3.83×10^3	-3.97×10^3	5.93×10^2	-1.87×10^2	4.32×10^4	-2.26×10^4
	J	-3.82×10^3	-3.96×10^3	6.62×10^2	-1.18×10^2	1.66×10^4	-2.88×10^4
271	I	-3.82×10^3	-3.96×10^3	6.62×10^2	-1.18×10^2	1.66×10^4	-2.88×10^4
	J	-3.81×10^3	-3.95×10^3	7.58×10^2	-2.20×10	2.23×10^4	-1.10×10^5

(2)正常使用阶段极限状态系梁各节点截面内力值

作用长期效应组合的具体验算结果见表 8-20。

中横梁正常使用阶段极限状态(长期效应组合)各节点截面内力值　　　表 8-20

单元	节点	内力性质					
		最大轴力 (kN)	最小轴力 (kN)	最大剪力 (kN)	最小剪力 (kN)	最大弯矩 (kN·m)	最小弯矩 (kN·m)
182	I	-3.61×10^3	-3.67×10^3	5.40×10	-1.47×10^2	6.73×10^3	-2.79×10^4
	J	-3.62×10^3	-3.67×10^3	1.06×10^2	-9.48×10	-1.74×10^2	-1.79×10^4
183	I	-3.62×10^3	-3.67×10^3	1.06×10^2	-9.49×10	-1.74×10^2	-1.79×10^4
	J	-3.65×10^3	-3.71×10^3	1.01×10^2	-1.00×10^2	-8.10×10^3	-1.82×10^4
184	I	-3.65×10^3	-3.71×10^3	1.00×10^2	-1.01×10^2	-8.10×10^3	-1.82×10^4
	J	-3.68×10^3	-3.73×10^3	6.05×10	-1.41×10^2	-4.90×10^3	-2.00×10^4
185	I	-3.68×10^3	-3.73×10^3	6.01×10	-1.41×10^2	-4.90×10^3	-2.00×10^4
	J	-3.71×10^3	-3.76×10^3	1.27×10	-1.88×10^2	6.67×10^2	-2.06×10^4

续上表

单元	节点	内力性质					
		最大轴力 (kN)	最小轴力 (kN)	最大剪力 (kN)	最小剪力 (kN)	最大弯矩 (kN·m)	最小弯矩 (kN·m)
186	I	-3.71×10^3	-3.76×10^3	6.16×10	-4.50×10	6.67×10^2	-2.06×10^4
	J	-3.71×10^3	-3.76×10^3	5.78×10	-4.88×10	3.57×10^2	-2.07×10^4
187	I	-3.71×10^3	-3.76×10^3	5.78×10	-4.88×10	3.57×10^2	-2.07×10^4
	J	-3.76×10^3	-3.81×10^3	-8.95	-1.16×10^2	7.36×10^2	-1.78×10^4
188	I	-3.76×10^3	-3.81×10^3	-8.95	-1.16×10^2	7.36×10^2	-1.78×10^4
	J	-3.76×10^3	-3.82×10^3	4.26×10	-6.40×10	4.14×10^3	-1.44×10^4
189	I	-3.76×10^3	-3.82×10^3	4.26×10	-6.40×10	4.14×10^3	-1.44×10^4
	J	-3.77×10^3	-3.82×10^3	5.29×10	-5.36×10	4.20×10^3	-1.43×10^4
190	I	-3.77×10^3	-3.82×10^3	5.29×10	-5.36×10	4.20×10^3	-1.43×10^4
	J	-3.76×10^3	-3.81×10^3	9.42×10	-1.24×10	2.77×10^3	-1.58×10^4
191	I	-3.76×10^3	-3.81×10^3	9.42×10	-1.24×10	2.77×10^3	-1.58×10^4
	J	-3.73×10^3	-3.79×10^3	8.56×10	-2.10×10	-1.26×10^3	-2.05×10^4
192	I	-3.73×10^3	-3.79×10^3	8.56×10	-2.10×10	-1.26×10^3	-2.05×10^4
	J	-3.71×10^3	-3.76×10^3	4.43×10	-6.23×10	8.23×10^2	-2.05×10^4
193	I	-3.71×10^3	-3.76×10^3	1.88×10^2	-1.34×10	8.23×10^2	-2.05×10^4
	J	-3.68×10^3	-3.73×10^3	1.40×10^2	-6.08×10	-4.71×10^3	-1.98×10^4
194	I	-3.68×10^3	-3.73×10^3	1.40×10^2	-6.10×10	-4.71×10^3	-1.98×10^4
	J	-3.68×10^3	-3.73×10^3	1.36×10^2	-6.48×10	-5.15×10^3	-1.97×10^4
195	I	-3.68×10^3	-3.73×10^3	1.36×10^2	-6.52×10	-5.15×10^3	-1.97×10^4
	J	-3.63×10^3	-3.68×10^3	7.35×10	-1.28×10^2	-4.10×10^3	-1.51×10^4
196	I	-3.63×10^3	-3.68×10^3	7.33×10	-1.28×10^2	-4.10×10^3	-1.51×10^4
	J	-3.61×10^3	-3.67×10^3	1.46×10^2	-5.48×10	7.10×10^2	-2.76×10^4
257	I	-3.46×10^3	-3.50×10^3	8.36×10	-1.19×10^2	5.49×10^3	-2.88×10^4
	J	-3.47×10^3	-3.51×10^3	1.36×10^2	-6.68×10	-4.20×10^3	-2.18×10^4
258	I	-3.47×10^3	-3.51×10^3	1.36×10^2	-6.68×10	-4.20×10^3	-2.18×10^4
	J	-3.48×10^3	-3.51×10^3	1.88×10^2	-1.46×10	-1.47×10^4	-2.77×10^4
259	I	-3.48×10^3	-3.51×10^3	1.88×10^2	-1.46×10	-1.47×10^4	-2.77×10^4
	J	-3.48×10^3	-3.52×10^3	2.12×10^2	8.88	-1.63×10^4	-3.40×10^4
260	I	-3.48×10^3	-3.52×10^3	2.12×10^2	8.88	-1.63×10^4	-3.40×10^4
	J	-3.50×10^3	-3.54×10^3	1.89×10^2	-1.36×10	-1.92×10^4	-4.37×10^4
261	I	-3.50×10^3	-3.54×10^3	2.40×10^2	1.25×10^2	-1.92×10^4	-4.37×10^4
	J	-3.51×10^3	-3.54×10^3	2.36×10^2	1.21×10^2	-2.04×10^4	-4.46×10^4

续上表

单元	节点	内力性质					
		最大轴力（kN）	最小轴力（kN）	最大剪力（kN）	最小剪力（kN）	最大弯矩（kN·m）	最小弯矩（kN·m）
262	I	-3.51×10^3	-3.54×10^3	2.36×10^2	1.21×10^2	-2.04×10^4	-4.46×10^4
	J	-3.56×10^3	-3.60×10^3	1.52×10^2	3.71×10	-3.70×10^4	-5.96×10^4
263	I	-3.56×10^3	-3.60×10^3	1.52×10^2	3.72×10	-3.70×10^4	-5.96×10^4
	J	-3.61×10^3	-3.65×10^3	6.11×10	-5.37×10	-4.35×10^4	-6.61×10^4
264	I	-3.61×10^3	-3.65×10^3	6.11×10	-5.37×10	-4.35×10^4	-6.61×10^4
	J	-3.61×10^3	-3.65×10^3	4.03×10	-7.45×10	-4.35×10^4	-6.60×10^4
265	I	-3.61×10^3	-3.65×10^3	4.33×10	-7.15×10	-4.35×10^4	-6.60×10^4
	J	-3.58×10^3	-3.61×10^3	-2.76×10	-1.42×10^2	-3.81×10^4	-6.06×10^4
266	I	-3.58×10^3	-3.61×10^3	-3.04×10	-1.45×10^2	-3.81×10^4	-6.06×10^4
	J	-3.52×10^3	-3.56×10^3	-1.15×10^2	-2.30×10^2	-2.36×10^4	-4.62×10^4
267	I	-3.52×10^3	-3.56×10^3	-1.15×10^2	-2.30×10^2	-2.36×10^4	-4.62×10^4
	J	-3.49×10^3	-3.53×10^3	-1.47×10^2	-2.62×10^2	-1.27×10^4	-3.72×10^4
268	I	-3.49×10^3	-3.53×10^3	-8.70	-2.11×10^2	-1.27×10^4	-3.72×10^4
	J	-3.49×10^3	-3.53×10^3	1.74×10	-1.85×10^2	-1.09×10^4	-2.86×10^4
269	I	-3.49×10^3	-3.53×10^3	1.74×10	-1.85×10^2	-1.09×10^4	-2.86×10^4
	J	-3.49×10^3	-3.53×10^3	2.00×10	-1.83×10^2	-1.08×10^4	-2.79×10^4
270	I	-3.49×10^3	-3.53×10^3	2.00×10	-1.83×10^2	-1.08×10^4	-2.79×10^4
	J	-3.48×10^3	-3.52×10^3	7.22×10	-1.31×10^2	-6.59×10^3	-1.84×10^4
271	I	-3.48×10^3	-3.52×10^3	7.22×10	-1.31×10^2	-6.59×10^3	-1.84×10^4
	J	-3.47×10^3	-3.51×10^3	1.45×10^2	-5.75×10	4.66×10^3	-2.96×10^4

作用短期效应组合的具体验算结果见表 8-21。

中横梁正常使用（短期效应组合）各节点截面内力值　　表 8-21

单元	节点	内力性质					
		最大轴力（kN）	最小轴力（kN）	最大剪力（kN）	最小剪力（kN）	最大弯矩（kN·m）	最小弯矩（kN·m）
182	I	-3.61×10^3	-3.71×10^3	5.67×10	-2.95×10^2	9.22×10^3	-5.14×10^4
	J	-3.62×10^3	-3.71×10^3	1.09×10^2	-2.43×10^2	2.15×10^3	-2.89×10^4
183	I	-3.62×10^3	-3.71×10^3	1.09×10^2	-2.43×10^2	2.15×10^3	-2.89×10^4
	J	-3.65×10^3	-3.74×10^3	1.03×10^2	-2.49×10^2	-3.22×10^3	-2.09×10^4
184	I	-3.65×10^3	-3.74×10^3	1.03×10^2	-2.49×10^2	-3.22×10^3	-2.09×10^4
	J	-3.68×10^3	-3.77×10^3	6.31×10	-2.89×10^2	5.21×10^3	-2.11×10^4
185	I	-3.68×10^3	-3.77×10^3	6.27×10	-2.89×10^2	5.21×10^3	-2.11×10^4
	J	-3.71×10^3	-3.80×10^3	1.53×10	-3.36×10^2	1.66×10^4	-2.07×10^4

续上表

单元	节点	内力性质					
		最大轴力 （kN）	最小轴力 （kN）	最大剪力 （kN）	最小剪力 （kN）	最大弯矩 （kN·m）	最小弯矩 （kN·m）
186	I	-3.71×10^3	-3.80×10^3	1.02×10^2	-8.50×10	1.66×10^4	-2.07×10^4
	J	-3.71×10^3	-3.80×10^3	9.77×10	-8.88×10	1.61×10^4	-2.08×10^4
187	I	-3.71×10^3	-3.80×10^3	9.77×10	-8.88×10	1.61×10^4	-2.08×10^4
	J	-3.76×10^3	-3.85×10^3	3.10×10	-1.56×10^2	1.46×10^4	-1.79×10^4
188	I	-3.76×10^3	-3.85×10^3	3.10×10	-1.56×10^2	1.46×10^4	-1.79×10^4
	J	-3.76×10^3	-3.86×10^3	8.26×10	-1.04×10^2	1.80×10^4	-1.44×10^4
189	I	-3.76×10^3	-3.86×10^3	8.26×10	-1.04×10^2	1.80×10^4	-1.44×10^4
	J	-3.77×10^3	-3.86×10^3	9.29×10	-9.36×10	1.81×10^4	-1.43×10^4
190	I	-3.77×10^3	-3.86×10^3	9.29×10	-9.36×10	1.81×10^4	-1.43×10^4
	J	-3.76×10^3	-3.85×10^3	1.34×10^2	-5.24×10	1.67×10^4	-1.58×10^4
191	I	-3.76×10^3	-3.85×10^3	1.34×10^2	-5.24×10	1.67×10^4	-1.58×10^4
	J	-3.73×10^3	-3.83×10^3	1.26×10^2	-6.10×10	1.31×10^4	-2.06×10^4
192	I	-3.73×10^3	-3.83×10^3	1.26×10^2	-6.10×10	1.31×10^4	-2.06×10^4
	J	-3.71×10^3	-3.80×10^3	8.43×10	-1.02×10^2	1.67×10^4	-2.06×10^4
193	I	-3.71×10^3	-3.80×10^3	3.36×10^2	-1.60×10	1.67×10^4	-2.06×10^4
	J	-3.68×10^3	-3.77×10^3	2.88×10^2	-6.35×10	5.40×10^3	-2.10×10^4
194	I	-3.68×10^3	-3.77×10^3	2.88×10^2	-6.37×10	5.40×10^3	-2.10×10^4
	J	-3.68×10^3	-3.77×10^3	2.84×10^2	-6.74×10	4.37×10^3	-2.10×10^4
195	I	-3.68×10^3	-3.77×10^3	2.84×10^2	-6.78×10	4.37×10^3	-2.10×10^4
	J	-3.63×10^3	-3.72×10^3	2.22×10^2	-1.30×10^2	-1.82×10^3	-2.11×10^4
196	I	-3.63×10^3	-3.72×10^3	2.21×10^2	-1.30×10^2	-1.82×10^3	-2.11×10^4
	J	-3.61×10^3	-3.71×10^3	2.95×10^2	-5.74×10	9.59×10^3	-5.11×10^4
257	I	-3.46×10^3	-3.52×10^3	8.85×10	-2.66×10^2	1.03×10^4	-4.97×10^4
	J	-3.46×10^3	-3.53×10^3	1.41×10^2	-2.14×10^2	3.78×10^2	-3.04×10^4
258	I	-3.46×10^3	-3.53×10^3	1.41×10^2	-2.14×10^2	3.78×10^2	-3.04×10^4
	J	-3.47×10^3	-3.54×10^3	1.93×10^2	-1.62×10^2	-6.99×10^3	-2.98×10^4
259	I	-3.47×10^3	-3.54×10^3	1.93×10^2	-1.62×10^2	-6.99×10^3	-2.98×10^4
	J	-3.47×10^3	-3.54×10^3	2.16×10^2	-1.38×10^2	-3.60×10^3	-3.45×10^4
260	I	-3.47×10^3	-3.54×10^3	2.16×10^2	-1.38×10^2	-3.60×10^3	-3.45×10^4
	J	-3.50×10^3	-3.56×10^3	1.94×10^2	-1.61×10^2	-8.56×10^2	-4.38×10^4
261	I	-3.50×10^3	-3.56×10^3	2.83×10^2	8.21×10	-8.56×10^2	-4.38×10^4
	J	-3.50×10^3	-3.57×10^3	2.79×10^2	7.81×10	-2.24×10^3	-4.47×10^4
262	I	-3.50×10^3	-3.57×10^3	2.79×10^2	7.82×10	-2.24×10^3	-4.47×10^4
	J	-3.56×10^3	-3.62×10^3	1.95×10^2	-5.99	-2.01×10^4	-5.96×10^4

续上表

单元	节点	内力性质					
		最大轴力(kN)	最小轴力(kN)	最大剪力(kN)	最小剪力(kN)	最大弯矩(kN·m)	最小弯矩(kN·m)
263	I	-3.56×10^3	-3.62×10^3	1.95×10^2	-5.88	-2.01×10^4	-5.96×10^4
	J	-3.61×10^3	-3.67×10^3	1.04×10^2	-9.67×10	-2.66×10^4	-6.61×10^4
264	I	-3.61×10^3	-3.67×10^3	1.04×10^2	-9.67×10	-2.66×10^4	-6.61×10^4
	J	-3.61×10^3	-3.68×10^3	8.34×10	-1.17×10^2	-2.66×10^4	-6.60×10^4
265	I	-3.61×10^3	-3.68×10^3	8.63×10	-1.14×10^2	-2.66×10^4	-6.60×10^4
	J	-3.57×10^3	-3.64×10^3	1.55×10	-1.85×10^2	-2.12×10^4	-6.06×10^4
266	I	-3.57×10^3	-3.64×10^3	1.27×10	-1.88×10^2	-2.12×10^4	-6.06×10^4
	J	-3.51×10^3	-3.58×10^3	-7.24×10	-2.73×10^2	-6.66×10^3	-4.63×10^4
267	I	-3.51×10^3	-3.58×10^3	-7.24×10	-2.73×10^2	-6.66×10^3	-4.63×10^4
	J	-3.49×10^3	-3.55×10^3	-1.04×10^2	-3.05×10^2	5.59×10^3	-3.73×10^4
268	I	-3.49×10^3	-3.55×10^3	1.38×10^2	-2.16×10^2	5.59×10^3	-3.73×10^4
	J	-3.48×10^3	-3.55×10^3	1.65×10^2	-1.90×10^2	1.80×10^3	-2.91×10^4
269	I	-3.48×10^3	-3.55×10^3	1.65×10^2	-1.90×10^2	1.80×10^3	-2.91×10^4
	J	-3.48×10^3	-3.55×10^3	1.67×10^2	-1.88×10^2	1.34×10^3	-2.86×10^4
270	I	-3.48×10^3	-3.55×10^3	1.67×10^2	-1.88×10^2	1.34×10^3	-2.86×10^4
	J	-3.48×10^3	-3.54×10^3	2.19×10^2	-1.35×10^2	-1.93×10^3	-2.26×10^4
271	I	-3.48×10^3	-3.54×10^3	2.19×10^2	-1.35×10^2	-1.93×10^3	-2.26×10^4
	J	-3.47×10^3	-3.53×10^3	2.92×10^2	-6.23×10	9.45×10^3	-5.06×10^4

2)中横梁持久状况承载能力极限状态强度验算

(1)强度验算一般规定

根据《公预规》5.1.2条,当采用内力的形式表达时,桥涵构件的承载能力极限状态计算,应采用下列表达式:

$$\gamma_0 S \leq R \tag{8-24}$$

$$R = R(f_d, a_d) \tag{8-25}$$

式中:γ_0——桥梁结构的重要性系数,按公路桥涵的设计安全等级,一级、二级、三级分别取 1.1、1.0、0.9;

S——作用(或荷载)效应(其中汽车荷载应计入冲击系数)的组合设计值,当进行预应力混凝土连续梁等超静定结构的承载能力极限状态计算时,公式中的作用(或荷载)效应项应改为 $\gamma_0 S + \gamma_p S_p$,其中 S_p 为预应力(扣除全部预应力损失)引起的次效应;γ_p 为预应力分项系数,当预应力效应对结构有利时,取 $\gamma_p = 1.0$,对结构不利时,取 $\gamma_p = 1.2$;

R——构件承载力设计值;

$R(\cdot)$——构件承载力函数;

f_d——材料强度设计值;

a_d——几何参数设计值,当无可靠数据时,可采用几何参数标准值 a_k,即设计文件规定值。

$$\gamma_0 M_\mathrm{d} \leqslant f_\mathrm{cd} bx \left(h_0 - \frac{x}{2}\right) + f'_\mathrm{sd} A'_\mathrm{s} (h_0 - a'_\mathrm{s}) + (f'_\mathrm{pd} - \sigma'_\mathrm{p0}) A'_\mathrm{p} (h_0 - a'_\mathrm{p}) \tag{8-26}$$

混凝土受压区高度 x 应按下式计算:

$$f_\mathrm{sd} A_\mathrm{s} + f_\mathrm{pd} A_\mathrm{p} = f_\mathrm{pd} bx + f'_\mathrm{sd} A'_\mathrm{s} + (f'_\mathrm{pd} - \sigma'_\mathrm{p0}) A'_\mathrm{p} \tag{8-27}$$

截面受压区高度应符合下列要求:

$$x < \xi_\mathrm{b} h_0 \tag{8-28}$$

由于中横梁没有配置受压区预应力筋,同时,不考虑普通钢筋的影响,将式(8-26)、式(8-27)简化为:

$$f_\mathrm{pd} A_\mathrm{p} = f_\mathrm{pd} bx + (f'_\mathrm{pd} - \sigma'_\mathrm{p0}) A'_\mathrm{p} \tag{8-29}$$

$$\gamma_0 M_\mathrm{d} \leqslant f_\mathrm{cd} bx \left(h_0 - \frac{x}{2}\right) + (f'_\mathrm{pd} - \sigma'_\mathrm{p0}) A'_\mathrm{p} (h_0 - a'_\mathrm{p}) \tag{8-30}$$

(2)截面强度验算

根据式(8-29)、式(8-30)进行截面验算:跨中截面不超筋,即为一类 T 形截面;抗弯承载力满足要求。

3)中横梁正常使用极限状态抗裂验算

根据《公预规》6.3.1 条,预应力混凝土受弯构件应按下列规定进行正截面和斜截面抗裂验算以及挠度验算。

以正截面抗裂验算为例,正截面抗裂应对构件正截面混凝土的拉应力进行验算,并应符合下列要求:

在作用(或荷载)短期效应组合下,A 类预应力构件:

$$\sigma_\mathrm{st} - \sigma_\mathrm{pc} \leqslant 0.7 f_\mathrm{tk} = 0.7 \times 2.65 = 1.855 (\mathrm{MPa}) \tag{8-31}$$

经验算,效应组合下全部满足要求。

荷载长期效应组合下:

$$\sigma_\mathrm{lt} - \sigma_\mathrm{pc} \leqslant 0 \tag{8-32}$$

经验算,长期荷载作用下抗裂全部满足要求。

4)中横梁持久状况下预应力混凝土结构应力验算

根据《公预规》7.1.5 条规定,使用阶段正截面应力应符合下列要求:

受压区混凝土的最大压应力(未开裂构件):

$$\sigma_\mathrm{kc} + \sigma_\mathrm{p} \leqslant 0.50 f_\mathrm{ck} \tag{8-33}$$

式中:σ_kc——由作用标准值产生的混凝土法向压应力。

经计算,中横梁系梁持久状况下预应力混凝土结构应力验算全部满足要求。

8.4.2 端横梁计算

(1)承载能力极限状态端横梁各节点截面内力值计算

经过预应力配置后,桥梁的承载能力得到提高,进行配束后的内力计算及内力组合。

承载能力极限状态端横梁各节点截面内力值见表 8-22。

承载能力极限状态端横梁各节点截面内力值　　　　表 8-22

单元	节点	最大轴力（kN）	最小轴力（kN）	最大剪力（kN）	最小剪力（kN）	最大弯矩（kN·m）	最小弯矩（kN·m）
167	I	-6.81×10^3	-7.05×10^3	-1.71×10^3	-2.52×10^3	1.49×10^5	4.21×10^4
	J	-6.83×10^3	-7.07×10^3	-1.00×10^3	-1.81×10^3	2.94×10^5	1.89×10^5
168	I	-6.83×10^3	-7.07×10^3	-1.00×10^3	-1.81×10^3	2.94×10^5	1.89×10^5
	J	-6.84×10^3	-7.08×10^3	-2.97×10^2	-1.11×10^3	4.11×10^5	2.64×10^5
169	I	-6.84×10^3	-7.08×10^3	-2.97×10^2	-1.11×10^3	4.11×10^5	2.64×10^5
	J	-6.85×10^3	-7.09×10^3	2.01×10	-7.90×10^2	4.48×10^5	2.74×10^5
170	I	-6.85×10^3	-7.09×10^3	2.01×10	-7.90×10^2	4.48×10^5	2.74×10^5
	J	-6.86×10^3	-7.10×10^3	3.73×10^2	-4.37×10^2	4.71×10^5	2.69×10^5
171	I	-6.86×10^3	-7.10×10^3	5.67×10^2	5.76×10	4.71×10^5	2.69×10^5
	J	-6.86×10^3	-7.10×10^3	6.02×10^2	9.29×10	4.70×10^5	2.67×10^5
172	I	-6.86×10^3	-7.10×10^3	6.02×10^2	9.29×10	4.70×10^5	2.67×10^5
	J	-6.87×10^3	-7.11×10^3	1.31×10^3	7.99×10^2	3.99×10^5	1.99×10^5
173	I	-6.87×10^3	-7.11×10^3	1.31×10^3	7.98×10^2	3.99×10^5	1.99×10^5
	J	-7.67×10^3	-7.92×10^3	1.58×10^2	-3.51×10^2	2.43×10^5	4.27×10^4
174	I	-7.67×10^3	-7.92×10^3	1.55×10^2	-3.54×10^2	2.43×10^5	4.27×10^4
	J	-7.32×10^3	-7.56×10^3	-5.96×10^2	-1.11×10^3	2.85×10^5	8.46×10^4
175	I	-7.32×10^3	-7.56×10^3	-5.96×10^2	-1.11×10^3	2.85×10^5	8.46×10^4
	J	-6.92×10^3	-7.17×10^3	-9.41×10^2	-1.45×10^3	4.12×10^5	2.11×10^5
176	I	-6.92×10^3	-7.16×10^3	-9.42×10^2	-1.45×10^3	4.12×10^5	2.11×10^5
	J	-6.91×10^3	-7.15×10^3	-2.36×10^2	-7.46×10^2	4.97×10^5	2.95×10^5
177	I	-6.91×10^3	-7.15×10^3	-2.36×10^2	-7.46×10^2	4.97×10^5	2.95×10^5
	J	-6.90×10^3	-7.14×10^3	8.12×10	-4.28×10^2	5.12×10^5	3.09×10^5
178	I	-6.90×10^3	-7.14×10^3	5.76×10^2	-2.34×10^2	5.12×10^5	3.09×10^5
	J	-6.89×10^3	-7.14×10^3	9.29×10^2	1.19×10^2	4.81×10^5	3.07×10^5
179	I	-6.89×10^3	-7.14×10^3	9.29×10^2	1.19×10^2	4.81×10^5	3.07×10^5
	J	-6.89×10^3	-7.14×10^3	9.64×10^2	1.54×10^2	4.77×10^5	3.06×10^5
180	I	-6.89×10^3	-7.13×10^3	9.64×10^2	1.54×10^2	4.77×10^5	3.06×10^5
	J	-6.88×10^3	-7.12×10^3	1.67×10^3	8.59×10^2	3.67×10^5	2.45×10^5
181	I	-6.88×10^3	-7.12×10^3	1.67×10^3	8.59×10^2	3.67×10^5	2.45×10^5
	J	-6.86×10^3	-7.10×10^3	2.66×10^3	1.85×10^3	1.50×10^5	4.10×10^4

(2) 正常使用极限状态端横梁各节点截面内力值

正常使用极限状态(长期效应组合)端横梁各节点截面内力值见表 8-23。

正常使用极限状态(长期效应组合)端横梁各节点截面内力值　　　　表8-23

单元	节点	内力性质					
		最大轴力 (kN)	最小轴力 (kN)	最大剪力 (kN)	最小剪力 (kN)	最大弯矩 (kN·m)	最小弯矩 (kN·m)
167	I	-6.55×10^3	-6.61×10^3	-1.04×10^3	-1.25×10^3	8.07×10^4	5.29×10^4
	J	-6.56×10^3	-6.62×10^3	-5.05×10^2	-7.15×10^2	1.61×10^5	1.34×10^5
168	I	-6.56×10^3	-6.62×10^3	-5.05×10^2	-7.15×10^2	1.61×10^5	1.34×10^5
	J	-6.57×10^3	-6.64×10^3	3.04×10	-1.80×10^2	1.99×10^5	1.61×10^5
169	I	-6.57×10^3	-6.64×10^3	3.04×10	-1.80×10^2	1.99×10^5	1.61×10^5
	J	-6.58×10^3	-6.64×10^3	2.71×10^2	6.07×10	2.00×10^5	1.55×10^5
170	I	-6.58×10^3	-6.64×10^3	2.71×10^2	6.07×10	2.00×10^5	1.55×10^5
	J	-6.59×10^3	-6.65×10^3	5.39×10^2	3.28×10^2	1.89×10^5	1.36×10^5
171	I	-6.59×10^3	-6.65×10^3	5.89×10^2	4.57×10^2	1.89×10^5	1.36×10^5
	J	-6.59×10^3	-6.65×10^3	6.16×10^2	4.84×10^2	1.86×10^5	1.34×10^5
172	I	-6.59×10^3	-6.65×10^3	6.16×10^2	4.84×10^2	1.86×10^5	1.34×10^5
	J	-6.60×10^3	-6.66×10^3	1.15×10^3	1.02×10^3	1.05×10^5	5.24×10^4
173	I	-6.60×10^3	-6.66×10^3	1.15×10^3	1.02×10^3	1.05×10^5	5.24×10^4
	J	-7.33×10^3	-7.39×10^3	-5.00×10^{-1}	-1.33×10^2	-4.49×10^4	-9.70×10^4
174	I	-7.33×10^3	-7.39×10^3	-3.01	-1.35×10^2	-4.49×10^4	-9.70×10^4
	J	-7.00×10^3	-7.07×10^3	-7.07×10^2	-8.39×10^2	-6.93×10^3	-5.90×10^4
175	I	-7.00×10^3	-7.07×10^3	-7.07×10^2	-8.39×10^2	-6.93×10^3	-5.90×10^4
	J	-6.65×10^3	-6.71×10^3	-1.11×10^3	-1.24×10^3	1.12×10^5	5.99×10^4
176	I	-6.65×10^3	-6.71×10^3	-1.11×10^3	-1.24×10^3	1.12×10^5	5.99×10^4
	J	-6.63×10^3	-6.70×10^3	-5.71×10^2	-7.04×10^2	2.03×10^5	1.50×10^5
177	I	-6.63×10^3	-6.70×10^3	-5.71×10^2	-7.04×10^2	2.03×10^5	1.50×10^5
	J	-6.63×10^3	-6.69×10^3	-3.31×10^2	-4.63×10^2	2.26×10^5	1.73×10^5
178	I	-6.63×10^3	-6.69×10^3	-2.02×10^2	-4.13×10^2	2.26×10^5	1.73×10^5
	J	-6.62×10^3	-6.68×10^3	6.54×10	-1.45×10^2	2.31×10^5	1.86×10^5
179	I	-6.62×10^3	-6.68×10^3	6.54×10	-1.45×10^2	2.31×10^5	1.86×10^5
	J	-6.62×10^3	-6.68×10^3	9.21×10	-1.18×10^2	2.31×10^5	1.86×10^5
180	I	-6.62×10^3	-6.68×10^3	9.21×10	-1.18×10^2	2.31×10^5	1.86×10^5
	J	-6.61×10^3	-6.67×10^3	6.27×10^2	4.17×10^2	2.00×10^5	1.68×10^5
181	I	-6.61×10^3	-6.67×10^3	6.27×10^2	4.17×10^2	2.00×10^5	1.68×10^5
	J	-6.59×10^3	-6.65×10^3	1.38×10^3	1.17×10^3	8.06×10^4	5.24×10^4

正常使用极限状态(短期效应组合)端横梁各节点截面内力值见表8-24。

正常使用极限状态(短期效应组合)端横梁各节点截面内力值　　表8-24

单元	节点	内力性质					
		最大轴力(kN)	最小轴力(kN)	最大剪力(kN)	最小剪力(kN)	最大弯矩(kN·m)	最小弯矩(kN·m)
167	I	-6.50×10^3	-6.61×10^3	-1.03×10^3	-1.40×10^3	9.78×10^4	4.91×10^4
	J	-6.51×10^3	-6.62×10^3	-4.93×10^2	-8.61×10^2	1.79×10^5	1.31×10^5
168	I	-6.51×10^3	-6.62×10^3	-4.93×10^2	-8.61×10^2	1.79×10^5	1.31×10^5
	J	-6.53×10^3	-6.64×10^3	4.22×10	-3.26×10^2	2.25×10^5	1.58×10^5
169	I	-6.53×10^3	-6.64×10^3	4.22×10	-3.26×10^2	2.25×10^5	1.58×10^5
	J	-6.53×10^3	-6.64×10^3	2.83×10^2	-8.53×10	2.32×10^5	1.53×10^5
170	I	-6.53×10^3	-6.64×10^3	2.83×10^2	-8.53×10	2.32×10^5	1.53×10^5
	J	-6.54×10^3	-6.65×10^3	5.51×10^2	1.82×10^2	2.26×10^5	1.34×10^5
171	I	-6.54×10^3	-6.65×10^3	6.39×10^2	4.07×10^2	2.26×10^5	1.34×10^5
	J	-6.54×10^3	-6.65×10^3	6.66×10^2	4.34×10^2	2.24×10^5	1.32×10^5
172	I	-6.54×10^3	-6.65×10^3	6.66×10^2	4.34×10^2	2.24×10^5	1.32×10^5
	J	-6.55×10^3	-6.66×10^3	1.20×10^3	9.69×10^2	1.42×10^5	5.06×10^4
173	I	-6.55×10^3	-6.66×10^3	1.20×10^3	9.69×10^2	1.42×10^5	5.06×10^4
	J	-7.28×10^3	-7.39×10^3	4.91×10	-1.82×10^2	-7.60×10^3	-9.88×10^4
174	I	-7.28×10^3	-7.39×10^3	4.66×10	-1.85×10^2	-7.60×10^3	-9.88×10^4
	J	-6.96×10^3	-7.07×10^3	-6.57×10^2	-8.89×10^2	3.04×10^4	-6.08×10^4
175	I	-6.96×10^3	-7.07×10^3	-6.57×10^2	-8.89×10^2	3.04×10^4	-6.08×10^4
	J	-6.60×10^3	-6.71×10^3	-1.06×10^3	-1.29×10^3	1.49×10^5	5.80×10^4
176	I	-6.60×10^3	-6.71×10^3	-1.06×10^3	-1.29×10^3	1.49×10^5	5.80×10^4
	J	-6.59×10^3	-6.70×10^3	-5.22×10^2	-7.53×10^2	2.40×10^5	1.48×10^5
177	I	-6.59×10^3	-6.70×10^3	-5.22×10^2	-7.53×10^2	2.40×10^5	1.48×10^5
	J	-6.58×10^3	-6.69×10^3	-2.81×10^2	-5.13×10^2	2.63×10^5	1.71×10^5
178	I	-6.58×10^3	-6.69×10^3	-5.61×10	-4.24×10^2	2.63×10^5	1.71×10^5
	J	-6.57×10^3	-6.68×10^3	2.11×10^2	-1.57×10^2	2.62×10^5	1.83×10^5
179	I	-6.57×10^3	-6.68×10^3	2.11×10^2	-1.57×10^2	2.62×10^5	1.83×10^5
	J	-6.57×10^3	-6.68×10^3	2.38×10^2	-1.30×10^2	2.61×10^5	1.84×10^5
180	I	-6.57×10^3	-6.68×10^3	2.38×10^2	-1.30×10^2	2.61×10^5	1.84×10^5
	J	-6.56×10^3	-6.67×10^3	7.73×10^2	4.05×10^2	2.20×10^5	1.65×10^5
181	I	-6.56×10^3	-6.67×10^3	7.73×10^2	4.05×10^2	2.20×10^5	1.65×10^5
	J	-6.54×10^3	-6.65×10^3	1.52×10^3	1.15×10^3	9.78×10^4	4.84×10^4

(3)端横梁持久状况承载能力极限状态强度验算

根据《公预规》5.1.2条,当采用内力的形式表达时,根据桥涵构件的承载能力极限状态计算,根据式(8-29)、式(8-30)进行截面验算:跨中截面不超筋,即为一类T形截面。抗弯承载力满足要求。

(4)端梁持久状况正常使用极限状态验算

根据《公预规》6.3.1条,预应力混凝土受弯构件应按下列规定进行正截面和斜截面抗裂验算以及挠度验算。

以正截面抗裂验算为例,正截面抗裂应对构件正截面混凝土的拉应力进行验算,并应符合下列要求:

在作用(或荷载)短期效应组合下,A类预应力构件,根据式(8-31):

$$\sigma_{st} - \sigma_{pc} \leq 0.7 f_{tk} = 0.7 \times 2.65 = 1.855 (\mathrm{MPa})$$

经验算,短期荷载效应组合混凝土抗裂全部满足要求。

荷载长期效应组合下满足式(8-32)。经验算,长期短期荷载效应组合混凝土抗裂全部满足要求。

(5)端横梁持久状况下预应力混凝土结构应力验算

根据《公预规》7.1.5条规定,使用阶段正截面应力应符合下列要求:未开裂构件满足式(8-33)。经计算,端横梁系梁持久状况下预应力混凝土结构应力满足要求。

8.5 拱肋内力计算

8.5.1 拱肋计算特性值

根据《公路钢管混凝土拱桥设计规范》3.4条,可以计算钢管混凝土拱肋截面特性值,见表8-25。

拱肋截面特性 表8-25

钢管混凝土外径(mm)	8.00×10^2
钢管混凝土壁厚(mm)	1.50×10
腹拱(mm)	9.00×10^2
总截面面积(mm²)	1.03×10^6
钢管截面面积 A_s(mm²)	6.43×10^4
钢管内混凝土面积 A_c(mm²)	9.68×10^5
钢管混凝土截面组合惯性矩(mm⁴)	2.01×10^{10}
哑铃型组合截面腹拱抗弯惯性矩(mm⁴)	1.82×10^9
哑铃型主拱截面组合抗弯惯性矩(mm⁴)	2.46×10^{11}
钢管混凝土组合截面面积(mm²)	5.03×10^5
钢管混凝土径厚比	5.33×10
含钢率 a_s	6.65×10^{-2}
约束效应系数标准值 ξ	7.08×10^{-1}

续上表

组合轴心抗压强度 f_{sc}(MPa)	4.66×10
混凝土约束效应设计值 ξ_0	9.20×10^{-1}
组合弹性模量 E_{sc}(MPa)	4.13×10^4
组合抗剪强度 τ_{sc}(MPa)	1.81×10
组合剪切模量 G_{sc}(MPa)	1.26×10^4
线膨胀系数 α	1.20×10^{-5}

8.5.2 拱肋计算一般规定

根据《公路钢管混凝土拱桥设计规范》4.2.2条计算主拱荷载冲击系数：

$$\mu = \frac{18}{40 + L_0} \tag{8-34}$$

得：$\mu = 0.15$。

根据《公路钢管混凝土拱桥设计规范》4.3条，主拱内力计算见表8-26。

主 拱 内 力 计 算　　　　　　　　　　表8-26

哑铃型主拱截面组合受力面积(mm²)	2.09×10^6
主拱截面组合抗弯惯性矩(mm⁴)	8.81×10^{16}
拱腹内无混凝土密度(kg/m³)	5.11
主拱圈的有效计算长度 s_0(mm)	8.78×10^4
回转半径 i(mm)	4.88×10^2
长细比 λ	9.72×10

根据《公路钢管混凝土拱桥设计规范》4.3.7条，钢管混凝土偏心距应满足下列要求：

哑铃形主拱：

$$\frac{e_0}{i} \leq 1.70 \tag{8-35}$$

主拱截面偏心距要求见表8-27。

偏 心 距 计 算　　　　　　　　　　表8-27

单元	节点	轴力(kN)	弯矩(kN·m)	偏心距 e_0(m)
1	I	-12916.97	4478.15	0.3467
	J	-12878.28	3610.12	0.2803
2	I	-12892.53	3611.07	0.2801
	J	-12782.32	2118.29	0.1657
3	I	-12657.27	2118.13	0.1673
	J	-12555.88	1243.92	0.0991

续上表

单 元	节 点	轴力(kN)	弯矩(kN·m)	偏心距 e_0(m)
4	I	−12407.08	1243.23	0.1002
	J	−12314.50	804.24	0.0653
5	I	−12153.62	803.77	0.0661
	J	−12069.86	690.64	0.0572
6	I	−11856.66	689.53	0.0582
	J	−11781.72	776.46	0.0659
7	I	−11634.56	780.17	0.0671
	J	−11568.44	988.25	0.0854
8	I	−11397.81	988.72	0.0867
	J	−11340.50	1245.93	0.1099
9	I	−11181.28	1246.09	0.1114
	J	−11132.78	1506.85	0.1354
10	I	−10989.11	1506.85	0.1371
	J	−10949.43	1729.28	0.1579
11	I	−10826.11	1729.24	0.1597
	J	−10795.26	1869.60	0.1732
12	I	−10696.45	1868.90	0.1747
	J	−10674.41	1890.87	0.1771
13	I	−10608.05	1890.88	0.1782
	J	−10594.82	1789.81	0.1689
14	I	−10563.44	1789.74	0.1694
	J	−10559.03	1548.95	0.1467
15	I	−10559.15	1548.92	0.1467
	J	−10563.55	1805.50	0.1709
16	I	−10594.67	1805.59	0.1704
	J	−10607.90	1923.57	0.1813
17	I	−10674.04	1923.59	0.1802
	J	−10696.08	1917.31	0.1793
18	I	−10794.23	1918.05	0.1777
	J	−10825.09	1793.66	0.1657
19	I	−10947.86	1793.63	0.1638
	J	−10987.53	1587.98	0.1445
20	I	−11130.48	1587.78	0.1427
	J	−11178.97	1345.10	0.1203
21	I	−11337.33	1344.57	0.1186
	J	−11394.64	1107.62	0.0972

续上表

单元	节点	轴力(kN)	弯矩(kN·m)	偏心距 e_0(m)
22	I	−11528.35	1102.72	0.0957
	J	−11594.48	925.79	0.0798
23	I	−11818.48	929.96	0.0787
	J	−11893.43	858.26	0.0722
24	I	−12068.97	858.68	0.0711
	J	−12152.72	974.56	0.0802
25	I	−12316.41	975.41	0.0792
	J	−12408.98	1401.59	0.1129
26	I	−12561.55	1402.33	0.1116
	J	−12662.95	2244.73	0.1773
27	I	−12792.18	2244.59	0.1755
	J	−12902.39	3686.05	0.2857
28	I	−12888.40	3684.64	0.2859
	J	−12927.09	4531.14	0.3505

由表8-27可知,最大偏心距(0.3505m)所在截面为28号单元J截面,$\frac{e_0}{i} = \frac{0.3505}{0.4878} = 0.72 < 1.70$,符合要求。

8.5.3 拱肋承载能力极限状态

1) 哑铃型拱桥计算一般规定

根据《公路钢管混凝土拱桥设计规范》5.1条相关规定:

(1)进行组合受压构件承载力计算;

(2)承载能力计算状态:安全等级为一级;

(3)计算式 $\gamma_s \leq R$。

根据《公路钢管混凝土拱桥设计规范》5.1.3条规定拱肋安全等级,其中,结构重要性系数 $\gamma = 1.1$。地震状况暂不考虑。

2) 持久状况下承载能力极限状态强度验算

(1)钢管混凝土构件钢管初应力折减系数 K_p

根据《公路钢管混凝土拱桥设计规范》5.2.4条规定,钢管混凝土构件钢管初应力折减系数 K_p 应按下式计算:

$$K_p = 1.0 - 0.15\omega \tag{8-36}$$

式中:ω——钢管初应力度,ω 不应超过0.65。

初预应力度:

$$\omega = \frac{\sigma_0}{f_{sd}} \tag{8-37}$$

式中:σ_0——钢管初应力(MPa),取主拱截面初应力的最大值;

f_{sd}——钢材的强度设计值(MPa)。

根据式(8-36)可得,钢管初应力折减系数 $K_p = 1.0 - 0.15\omega = 0.928$

(2)脱空折减系数 K_d

根据《公路钢管混凝土拱桥设计规范》5.2.5条规定,钢管混凝土承载能力极限状态验算时,应计入钢管内混凝土脱空影响,脱空折减系数 K_d 取0.96,并应符合下列要求:

当钢管混凝土球冠型脱空率大于0.6%,或脱空高度大于5mm时,应对钢管内混凝土脱空缺陷进行修补灌注。

钢管混凝土主拱不得出现周边均匀型脱空的缺陷。

3)组合受压构件验算

根据《公路钢管混凝土拱桥设计规范》5.3.2~5.3.3条偏心受压承载力验算:

$$\gamma N \leqslant \varphi'_l \varphi'_e \sum (K_p^i K_d f_{sc} A_{sc}) \tag{8-38}$$

式中:γ——桥梁结构重要性系数或抗震调整系数;

φ'_l——主拱组合构件长细比折减系数;

φ'_e——组合构件弯矩折减系数,对于跨径小于300m的钢管混凝土拱桥,有:

$$\varphi'_e = \frac{1}{1 + 1.41 \frac{e_0}{i}} = \frac{1}{1 + 1.41 \times 0.72} = 0.496 \tag{8-39}$$

N——偏心受压构件轴向力设计值($\times 10^3$ kN);

K_p^i——单肢钢管的最大初应力折减系数;

K_d——单肢钢管混凝土脱空折减系数;

f_{sc}——钢管混凝土组合轴心抗压强度设计值(MPa);

A_{sc}——钢管混凝土组合截面面积(m^2)。

主拱的N(偏心受压构件)轴向力设计值计算结果:

偏心距增大系数:

$$\eta = \frac{1}{1 - \varphi'_l \frac{N}{N_E}} = 2.46 \tag{8-40}$$

弯矩折减系数:$\varphi'_e = 0.496$

受压构件长细比折减系数 φ'_l,根据《公路钢管混凝土拱桥设计规范》表5.2.3,得:

$$\varphi'_l = 0.542 \tag{8-41}$$

根据式(8-38),解得 $N = 13.84 \times 10^3$ kN。

经验算,组合受压构件拱肋截面承载力极限满足规范要求。

4)受剪构件抗剪承载力计算

根据《公路钢管混凝土拱桥设计规范》5.5.1条规定,钢管混凝土构件的抗剪承载力应按下式计算。

$$\gamma V \leqslant \gamma_v A_{sc} \tau_{sc} \tag{8-42}$$

式中：γ——桥梁结构重要性系数或抗震调整系数；

V——组合截面剪力设计值($\times 10^3$kN)；

γ_v——截面抗剪修正系数，当 $\xi \geqslant 0.85$ 时，$\gamma_v = 0.85$；当 $\xi < 0.85$ 时，$\gamma_v = 1.0$；因为 $\xi = 0.7078$，所以 $\gamma_v = 1.0$；

A_{sc}——钢管混凝土组合截面面积(m^2)；

τ_{sc}——钢管混凝土组合抗剪强度设计值(MPa)。

所以，$V = 1.81 \times 10^1 (kN) < 8.67 \times 10^3 (kN)$

经验算，受剪构建剪力验算满足规范要求。

8.5.4 吊杆承载能力计算

根据《公路钢管混凝土拱桥设计规范》5.8 条可得：

$$N \leqslant \frac{1}{\gamma_s} f_{pk} A_s \tag{8-43}$$

式中：N——吊索、系杆索受拉轴向力设计值($\times 10^3$kN)；

γ_s——综合系数；

f_{pk}——吊索、系杆索抗拉强度标准值(MPa)；

A_s——吊索、系杆索钢丝的截面面积(m^2)。

吊杆抗力计算结果见表 8-28。

吊杆抗力计算结果　　　　　　　　　　　　　　　　　表 8-28

材料类别	持久状况	短暂状况	偶然状况
钢丝综合系数 γ_s	2.5	2	1.5
索力最大值($\times 10^3$kN)	0.799596	0.999495	1.33266

吊杆承载能力验算见表 8-29。

吊杆承载能力验算　　　　　　　　　　　　　　　　　表 8-29

单 元	J端吊杆力(kN)	I端吊杆力(kN)	持久状况承载力能力抗力(kN)	是否满足要求
29	247.39	247.06	799.596	是
30	327.84	327.27	799.596	是
31	391.41	390.63	799.596	是
32	452.92	451.95	799.596	是
33	493.46	492.32	799.596	是
34	521.59	520.29	799.596	是
35	539.22	537.80	799.596	是
36	552.91	551.38	799.596	是

续上表

单 元	J端吊杆力(kN)	I端吊杆力(kN)	持久状况承载力能力抗力(kN)	是否满足要求
37	562.08	560.46	799.596	是
38	570.10	568.40	799.596	是
39	577.33	575.58	799.596	是
40	583.78	582.01	799.596	是
41	387.17	385.38	799.596	是
42	583.89	582.12	799.596	是
43	577.47	575.73	799.596	是
44	570.11	568.42	799.596	是
45	561.75	560.13	799.596	是
46	552.22	550.69	799.596	是
47	538.46	537.04	799.596	是
48	521.56	520.26	799.596	是
49	495.12	493.97	799.596	是
50	456.59	455.62	799.596	是
51	396.67	395.89	799.596	是
52	334.46	333.89	799.596	是
53	254.35	254.01	799.596	是

8.5.5 正常使用极限状态应力验算

1)正常使用极限状态计算：

根据《公路钢管混凝土拱桥设计规范》，钢管混凝土构件采用应力叠加法验算强度计算。根据《公路钢管混凝土拱桥设计规范》6.1.2条规定中，正常使用极限状态的计算，钢管混凝土构件应进行变形验算。钢管混凝土构件采用应力叠加法验算强度，应按该规范附录C执行。

钢管混凝土构件应力计算：

(1)组合截面的组合应力：

$$\sigma_{sc} = \frac{N_{sc}}{A_{sc}} \pm \frac{M_{sc}}{M_{sc}} = \sigma_{sc}^{N} + \sigma_{sc}^{M} \tag{8-44}$$

由Midas电算得到，组合截面的应变：

$$\varepsilon_{sc} = \frac{\sigma_{sc}}{E_{sc}} = \frac{\sigma_{sc}^{N} + \sigma_{sc}^{M}}{E_{sc}} \tag{8-45}$$

(2)钢管混凝土构件内钢管和混凝土的应力：

钢管应力：

$$\sigma_s = \sigma_{sc} n_s + \sigma_0 \tag{8-46}$$

混凝土应力：

$$\sigma_c = \left(\sigma_{sc} - \frac{2T}{D}\sigma_{sc}^M\right) n_c \approx \sigma_{sc} n_c \tag{8-47}$$

(3)钢管混凝土构件钢管和混凝土的应力应满足下式：
钢管应力：

$$\sigma_s \leq 0.8 f_y \tag{8-48}$$

式中：σ_s——钢管混凝土组合截面中钢管应力(MPa)；
　　　f_y——钢材的屈服强度(MPa)。
混凝土应力：

$$\sigma_c \leq \frac{K_1}{K_2} f_{ck} \tag{8-49}$$

式中：σ_c——钢管混凝土组合截面中管内混凝土应力(MPa)；
　　　K_1——钢管混凝土轴心受压构件的核心混凝土轴心抗压强度提高系数，K_1按下式计算：

$$K_1 = 1 + \left[\sqrt{4 - 3(0.25 + 3.2 a_s)^2} - 1\right] a_s \frac{f_y}{f_{ck}} \tag{8-50}$$

　　　K_2——管内混凝土容许应力安全系数，可取$K_2 = 1.7$；
　　　f_{ck}——混凝土轴心抗压强度标准值(MPa)。
根据式(8-44)、式(8-46)、式(8-47)要求：
经验算，钢管和钢管混凝土应力均满足规范要求。
2)主拱变形及预拱度设置：
《公路钢管混凝土拱桥设计规范》6.2.1 条要求钢管混凝土拱桥在车道荷载(不计冲击力)作用下最大挠度(正负挠度之和)不应大于$(80/1000)$m = 8cm，桥面梁的最大挠度不应大于$(80/800)$m = 10cm。
根据《公路钢管混凝土拱桥设计规范》6.2.3 条规定，拱肋预拱度计算：
主拱计算预拱度值$\delta_j(m) = 0.021731$m；
预拱度设计预拱度值$\delta_s(m) = K_y \delta_j = 0.02281755$m。
其中，K_y为预拱度非线性修正系数，主跨 50 ~ 100m，取 1.05。
经验算，主拱挠度满足规范要求。
3)动力特性
根据《公路钢管混凝土拱桥设计规范》6.3 条规定，由于主拱跨径为 80m，跨径小于 150m，且宽跨比大于 1/20，所以本桥可不做动力特性计算。
本章附图如图 8-24 ~ 图 8-26 所示。

第8章 80m下承式钢管混凝土拱桥设计

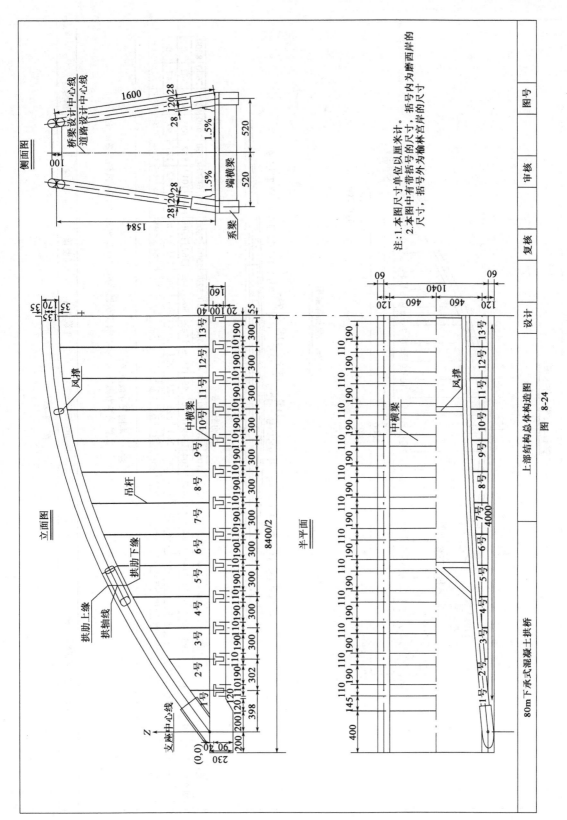

图 8-24 80m下承式混凝土拱桥 上部结构总体构造图

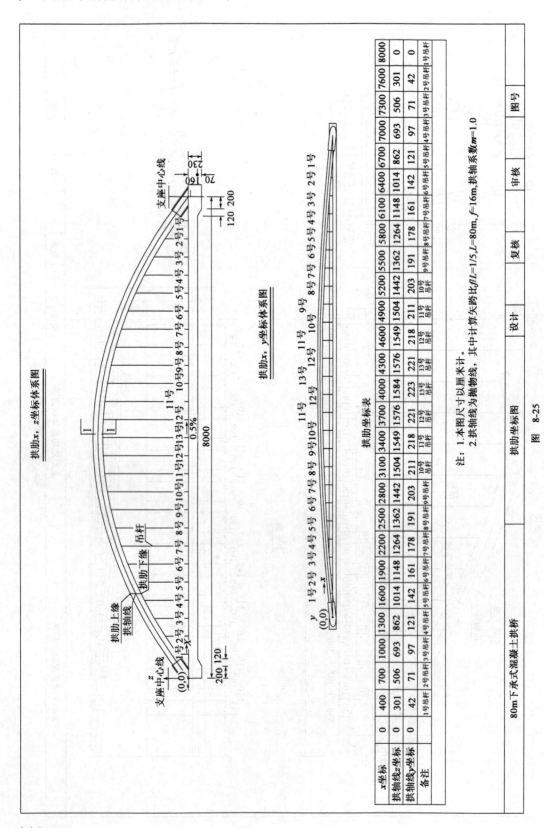

图 8-25

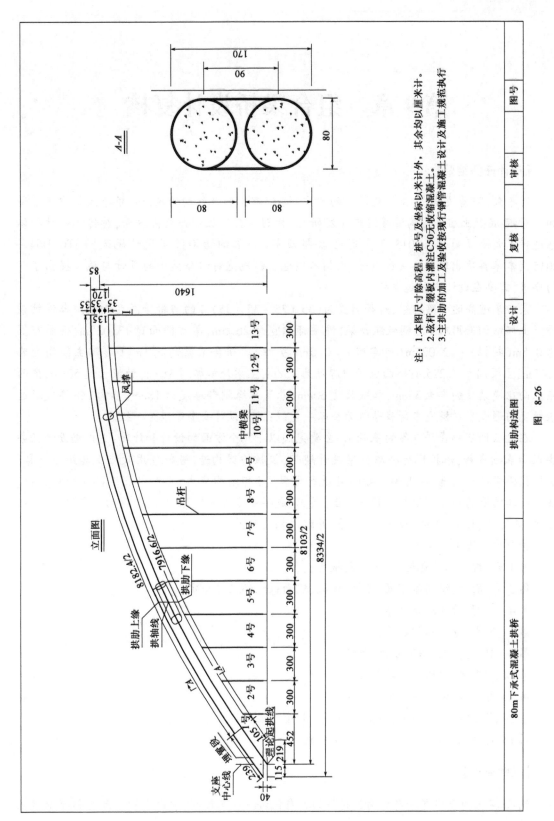

图 8-26 拱肋构造图

第9章 组合梁桥设计复核

【设计任务纲要】

近年来,随着快速化、工厂化施工的推广,钢-混凝土组合结构的应用在桥梁结构中迅速增加。对钢-混凝土组合结构桥梁进行开发研究,特别是在钢板组合梁桥方面,对传统的结构体系进行了大幅度简化。2015年交通运输部颁布《公路钢结构桥梁设计规范》(JTG D64—2015),本章再次出现时略去标准号,均指本规范。新规范对组合梁桥的设计与施工提出了新的要求,需要在设计中引起重视。

某四车道高速公路桥梁,跨径布置为(35+35+35+35)m的四跨等高度钢板组合连续梁桥。上部结构采用双I形钢板组合梁,桥梁标准宽度26.5m,单幅桥面宽13.025m,桥面布置为0.5m(护栏)+12.025m(行车道)+0.5m(护栏)。组合梁梁高2.1m,I形钢主梁高度为1.75m,主梁间距7.225m;桥面板跨中厚度为25cm,主梁处加厚到35cm,加腋长度50cm,桥面板纵向在横梁处加厚至35cm,加腋长度60cm;悬臂翼缘端部厚度为18cm,单向2%横坡通过墩柱变高形成。本桥汽车荷载等级为公路—I级;桥梁设计安全等级为一级。

在文献调研和资料准备的基础上,主要完成以下几个方面的设计和计算:①根据设计任务要求和基础资料,依据现行公路桥梁设计规范,校核桥梁构造、进行作用效应及其组合计算。②根据桥梁结构构造,利用Midas/Civil进行电算,对其结构应力、变形以及连接件进行校核。③在计算结果的指导下绘制结构设计图。④完成毕业论文的撰写,采用规范的论文格式,包括摘要、关键词、目录、概述、正文、结论等,并配以相关的图表。

毕业设计进度安排如下:

第1周,搜集相关资料,完成开题报告;
第2~3周,桥型总体布置,主梁、横梁、桥面板细部尺寸拟定;
第4~5周,荷载组合计算;
第6~7周,桥梁结构建模;
第8~10周,电算结果分析、整理;
第11~12周,结构构件计算校核;
第13周,整理设计计算书;
第14周,绘制工程图纸,不少于10张,其中手绘图不少于2张;
第15周,完成毕业设计答辩并提交材料。

【教师点评】

钢-混凝土组合梁充分发挥两种材料的各自优势且施工便利,但由于钢铁产能和理论研究等的限制,之前仅在需要快速施工、大跨径桥梁等特殊条件下使用。近年来,限制钢-混凝土组合结构应用的因素逐渐消除,以及快速化、工厂化施工的需要,对钢-混凝土组合结构桥梁进行了进一步开发研究,特别是在钢板组合梁桥方面,对传统的结构体系进行了大幅度简化,在桥梁建设中正以极快的速度推广应用。在30~110m左右跨径范围内钢-混凝土组合梁具有很强的竞争力。"钢-混凝土组合梁桥设计复核"作为毕业设计选题符合专业培养方向,有一定的难度。选题适应桥梁建设发展的趋势,符合国家促进钢铁产业健康发展的要求,具有很强的现实意义。

学生在本设计复核中,根据给定的设计资料,总结了钢-混凝土组合梁桥的设计步骤,结合国内桥梁设计现状,采用流行的桥梁结构计算软件 Midas/Civil,比较详细地介绍了建模流程,建立了较为完整的计算模型,并按照现行设计规范对组合梁桥的桥面板、钢梁、剪力连接键等关键部位进行了计算校核。毕业设计完成的设计深度和设计工作量达到了本科毕业设计教学大纲的培养要求。

通过毕业设计表明:该学生对钢-混凝土组合梁的主要设计流程比较熟悉,能够熟练地使用流行的桥梁设计软件,基础理论知识和专业知识较为扎实。不足之处在于:对钢-混凝土组合梁计算理论的介绍较少,计算内容不够全面,部分内容理解不够透彻。

9.1 设 计 资 料

某四车道高速公路桥梁为(35+35+35+35)m的四跨等高度钢板组合连续梁桥。上部结构采用双I形钢板组合梁,桥梁标准宽度26.5m,单幅桥面宽13.025m,桥面布置为0.5m(护栏)+12.025m(行车道)+0.5m(护栏)。组合梁梁高2.1m,I形钢主梁高度为1.75m,主梁间距7.225m;桥面板跨中厚25cm,主梁处加厚到35cm,加腋长度50cm;桥面板纵向在横梁处加厚至35cm,加腋长度60cm;悬臂翼缘端部厚18cm,单向2%横坡通过墩柱变高形成。本桥汽车荷载等级为公路—I级;桥梁设计安全等级为一级。标准横断面图如图9-1所示。

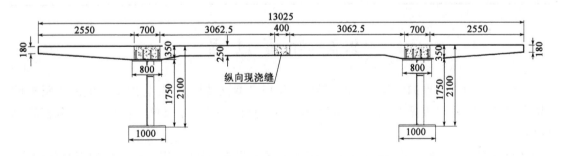

图9-1 标准横断面图(尺寸单位:mm)

本桥采用的混凝土和钢材的材料特性值如表9-1~表9-3所示。

C40 混凝土特性值　　　　　　　　　　　　　　　　　　　表 9-1

名　称	项　目	符　号	单　位	数　据
C40 混凝土	立方体强度标准值	$f_{cu,k}$	MPa	40
	弹性模量	E_c	MPa	3.25×10^4
	轴心抗压强度标准值	f_{ck}	MPa	26.8
	轴心抗拉强度标准值	f_{tk}	MPa	2.4
	轴心抗压强度设计值	f_{cd}	MPa	18.4
	轴心抗拉强度设计值	f_{td}	MPa	1.65
	线膨胀系数	α	1/℃	1.0×10^{-5}
	质量密度	ρ	kg/m³	2.6×10^3

Q420 钢材特性值　　　　　　　　　　　　　　　　　　　表 9-2

名　称	项　目	符　号	单　位	数　据
Q420	弹性模量	E	MPa	2.06×10^5
	剪切模量	G	MPa	0.79×10^5
	线膨胀系数	α	1/℃	1.20×10^{-5}
	质量密度	ρ	kg/m³	7.85×10^3

Q420 钢材强度特性值　　　　　　　　　　　　　　　　　表 9-3

钢材牌号	壁厚 (mm)	抗拉、抗压和抗弯强度 (MPa)	抗剪强度 (MPa)	端面承压(刨平顶紧) (MPa)
Q420	≤16	335	195	390
	16~40	320	185	
	40~63	305	175	
	63~100	290	165	

9.2　计 算 过 程

(1)首先建立节点和单元，添加材料特性值以及截面特性值，并且编辑其混凝土材料的时间依存特性，设定边界组，添加荷载组；定义静力荷载工况，定义施工阶段，建立分析计算模型。

(2)查看由于结构自重、沉降等永久作用及汽车荷载、温度作用等可变作用引起的内力、反力、位移和变形，进行正常使用极限状态与承载能力极限状态的作用效应组合。Midas/Civil 软件可以自动生成荷载作用效应组合。

(3)施工方法：35m 跨钢板组合梁通常采用一次成桥的施工方法，即先整体吊装钢梁，然后浇筑桥面板混凝土,之后进行二期铺装以及辅助设施的施工。一般公路桥梁采用弹性设计方法,此时计算应计入施工顺序,以及混凝土收缩徐变、温度等作用的影响。活载等因素对于桥梁结构的影响在成桥后才发生作用,故与施工方法无关。

(4)施工阶段划分:
①成桥阶段:激活钢梁单元及桥面板单元;
②二期铺装阶段:激活二期恒载;
③收缩徐变阶段:考虑10年期间混凝土收缩徐变的影响。

9.3 极限状态荷载组合

9.3.1 作用取值

(1)自重
Midas/Civil 根据模型所建立的截面特性自动计算结构自重。程序自动计入:桥面板重度为 $26kN/m^3$;钢材重度为 $76.98kN/m^3$。

(2)二期恒载
二期铺装取 $0.1 \times 13.025 \times 25 = 32.56(kN/m)$;护栏取 $6kN/(m \cdot 侧)$。

(3)整体升降温
按照《桥规》取升温20℃,降温20℃。

(4)梯度升降温
梯度升降温按照《桥规》4.3.12条取用。主桥桥面铺装采用10cm沥青混凝土,梯度温升14°,梯度温降7°。

(5)附加重量
由于模型中截面和实际截面的差异,横梁、加劲肋及部分未考虑的桥面板重量作为附加力考虑。

小横梁重量:14.50kN/道。
支点横梁重量:60kN/道。
腹板纵向及竖向加劲肋重量:0.30kN/m。
模型截面中未考虑的桥面板重量:23.30kN/m。

(6)支座沉降
不均匀沉降10mm。按照每个桥墩的最大沉降量的最不利的荷载组合进行计算。

9.3.2 荷载组合

根据《桥规》相关规定,按荷载最不利效应对结构内力进行组合。
(1)承载能力极限状态作用基本组合如表9-4所示。

承载能力极限状态作用基本组合   表9-4

承载能力极限状态组合	公式	参数说明
基本组合	$S_{ud} = \gamma_0 S\left(\sum_{i=1}^{m}\gamma_{G_i}G_{ik}, \gamma_{Q_1}\gamma_{L1}Q_{1k}, \psi_c\sum_{j=2}^{n}\gamma_{Lj}\gamma_{Q_j}Q_{jk}\right)$	γ_0:桥梁结构重要性系数,本桥取1.0;γ_{Gi}:第i个永久作用的分项系数,本桥取1.2;G_{ik}:第i个永久作用标准值;γ_{Q_1}:汽车荷载的分项系数,本桥取1.4;Q_{1k}:汽车荷载标准值;ψ_c:除汽车荷载外其他可变作用的组合系数,只有人群荷载时取0.8;γ_{Qj}:除汽车荷载外其他可变作用分项系数,本桥取1.4;Q_{jk}:除汽车荷载外其他第j个可变作用的标准值

(2)正常使用极限状态作用频遇组合、准永久组合如表9-5所示。

正常使用极限状态组合   表9-5

正常使用极限状态组合	公式	参数说明
频遇组合	$S_{fd} = S\left(\sum_{i=1}^{m}G_{ik}, \psi_{f1}Q_{1k}, \sum_{j=2}^{n}\psi_{qj}Q_{jk}\right)$	S_{fd}:作用频遇组合的效应设计值;ψ_{f1}:汽车荷载频遇值系数,取0.7;$\psi_{f1}Q_{1k}$:汽车荷载频遇值。其他符号与表9-4意义相同
准永久组合	$S_{qd} = S\left(\sum_{i=1}^{m}G_{ik}, \sum_{j=1}^{n}\psi_{qj}Q_{jk}\right)$	S_{qd}:作用准永久组合的效应设计值;ψ_{qj}:第j个可变作用的准永久值系数,汽车荷载取0.4,人群荷载取0.4;$\psi_{qj}Q_{jk}$:第j个可变作用准永久值

9.4 Midas/Civil 建模

9.4.1 设定操作环境

(1)运行 Midas/Civil 软件,并且建立新项目,将其命名为35m跨钢板组合梁桥。

图9-2 定义单位体系

(2)定义模型的单位体系。

模型中力的单位定义为kN,长度单位定义为m。进行如下操作完成定义:在菜单中的"工具选项"选择单位体系,该界面下选择kN、m,如图9-2所示。

9.4.2 定义结构类型

模型中结构类型定义为:3-D,重力加速度、集中质量设为默认值,初始温度为0℃。具体操作如下:在结构类型界面内,选择对应的选项,如图9-3所示。

9.4.3 定义材料

(1)定义所需混凝土和钢材

具体操作如下:特性→材料特性值→材料,选择添加,定义模型所需的混凝土和钢材材料,如图9-4~图9-6所示。

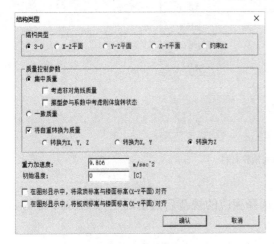

图9-3 定义结构类型

图9-4 定义材料

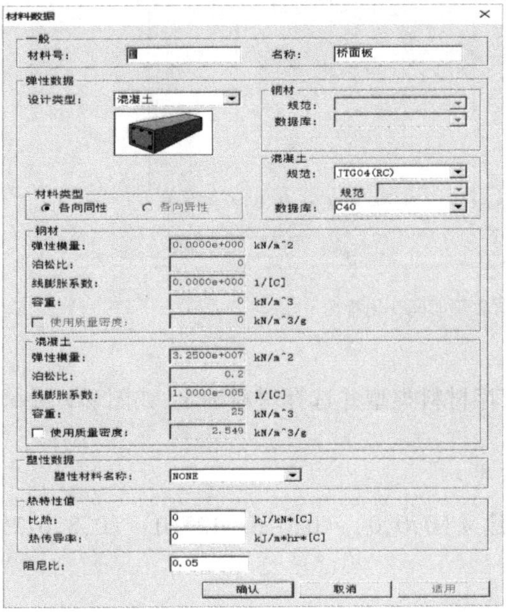

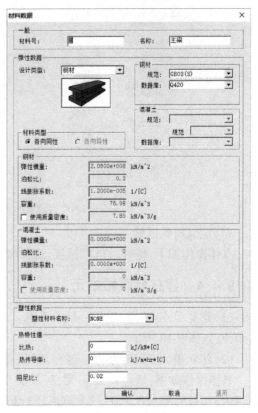

图9-5 定义混凝土材料

图9-6 定义钢材

(2) 定义混凝土的收缩徐变特性

具体操作如下:特性→收缩徐变,选择添加,定义 C40 混凝土的时间依存特性(即收缩徐变),选择对应的规范和截面理论计算厚度,如图 9-7 所示。

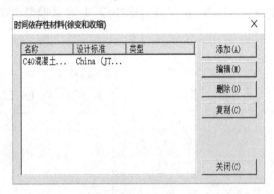

图 9-7　定义时间依存材料

(3) 定义混凝土抗压强度随时间变化特性

具体操作如下:特性→抗压强度,选择添加,选择相应的规范后点击确定,如图 9-8 所示。

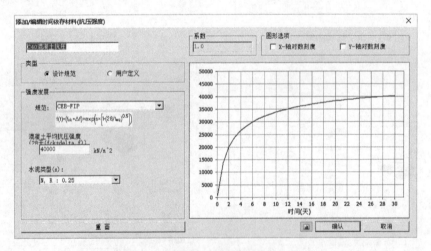

图 9-8　定义混凝土抗压强度随时间变化特性

(4) 定义材料链接

具体操作如下:特性→材料链接,选择时间依存材料类型并选择材料确定,如图 9-9 所示。

9.4.4　建立节点和单元

(1) 建立节点:节点/单元→建立节点。首先建立(0,0,0)、(0,-3.6125,0)、(0,3.6125,0)节点,如图 9-10 所示。

(2) 建立单元:节点/单元→建立单元→扩展单元。

具体操作如下:选择扩展单元,扩展类型为节点到线单元,依次分别选择(0,-3.6125,0)、(0,3.6125,0)、(0,0,0)三个节点进行扩展,dx、dy、dz 选择为 1、0、0,复制次数为 140 次,如图 9-11 所示。

图9-9 时间依存材料链接

图9-10 建立节点

9.4.5 定义截面

(1) 定义桥面板截面

建立模型时桥面板截面等效为 $13.025\mathrm{m} \times 0.36\mathrm{m}$ 的矩形截面。

具体操作如下：特性→截面特性值→添加。选择实腹长方形截面输入 0.36（对应 H）、13.025（对应 B），如图 9-12 所示。

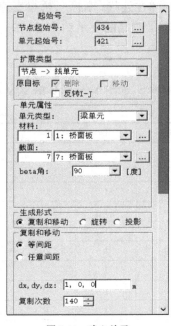

图9-11 建立单元

图9-12 定义桥面板截面

(2)定义工字型钢梁截面

具体操作如下：特性→截面特性值→添加→数据库/用户。选择工字形截面，由于此桥梁沿桥梁纵向工字梁的尺寸有差别，所以要求建立多段工字型钢梁截面，如图9-13所示。其他各段工字型钢梁可以依次定义，如图9-14所示。

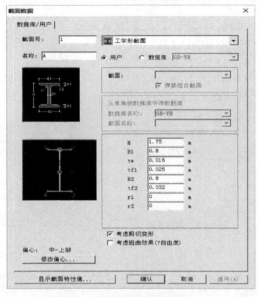

图9-13　工字型钢梁A段截面定义　　　　图9-14　定义各段截面

9.4.6　输入边界条件

模型的边界条件主要有：桥面板与工字形钢梁之间的弹性连接（刚接）、桥梁支座处的刚性连接以及一般支承。本桥用一般支承模拟支座约束，桥梁两端的支承约束 D_y、D_z、R_x、R_z，中间的支承约束 D_x、D_y、D_z、R_x、R_z。

(1)支座约束

具体操作如下：边界→边界条件→一般支承，选择约束的类型，如图9-15、图9-16、表9-6所示。

一 般 支 承 表 格　　　　　　　　　表9-6

节点	Dx	Dy	Dz	Rx	Ry	Rz	Rw	组
424	0	1	1	1	0	1	0	边界组
425	0	1	1	1	0	1	0	边界组
426	0	1	1	1	0	1	0	边界组
427	0	1	1	1	0	1	0	边界组
428	1	1	1	1	0	1	0	边界组
429	1	1	1	1	0	1	0	边界组
430	0	1	1	1	0	1	0	边界组
431	0	1	1	1	0	1	0	边界组
432	0	1	1	1	0	1	0	边界组
433	0	1	1	1	0	1	0	边界组

(2) 支座刚性连接

具体操作如下:边界→刚性连接,选择主节点号:分别为 424~433 号节点。类型选择刚体,如图 9-17、表 9-7 所示。

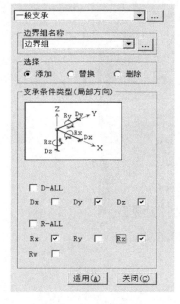

图 9-15　第一种支座支承

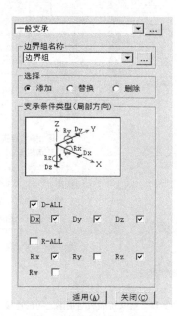

图 9-16　第二种支座支承

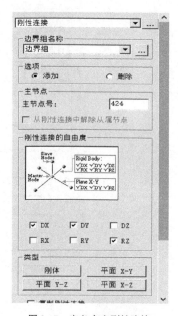

图 9-17　定义支座刚性连接

支座刚性连接表格　　　　　　　　　　表 9-7

主 节 点	类　　型	从属节点列表	组
424	111111	142	边界组
425	111111	1	边界组
426	111111	177	边界组
427	111111	36	边界组
428	111111	212	边界组
429	111111	71	边界组
430	111111	247	边界组
431	111111	106	边界组
432	111111	282	边界组
433	111111	141	边界组

(3) 建立桥面板与钢梁之间的连接

具体操作如下:边界→弹性连接,选择弹性连接数据的类型为刚性,分别选择 1 和 425、142 和 424,复制方向选择 X 轴,复制间距:140@1,如图 9-18 所示。

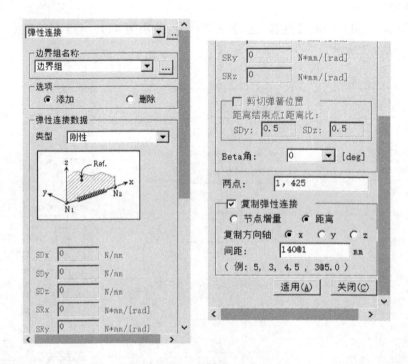

图 9-18　定义桥面板与钢梁之间的连接

9.4.7　定义结构组,边界组,荷载组

根据上述的施工阶段的划分,可以分为一个结构组,一个边界组,4 个荷载组,即自重、二期荷载、温度荷载、附加质量。

具体操作如下:单击树形菜单,选择结构组、边界组、荷载组,如图 9-19～图 9-21 所示。

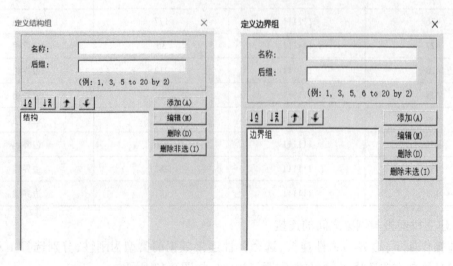

图 9-19　定义结构组　　　　　　　　图 9-20　定义边界组

9.4.8 输入荷载

定义自重荷载静力荷载工况：在定义荷载之前，首先定义静力荷载工况。

具体操作如下：荷载→静力荷载工况→添加，模型总共要建立 10 个荷载工况，包括：自重、二期恒载、温度荷载 1、温度荷载 2、温度梯度 1、温度梯度 2、小横梁、桥面板质量、支点横梁、腹板纵向及竖向加劲肋。

(1) 定义自重荷载

具体操作如下：荷载→自重，在选择相应的荷载组之后，在 Z 值中输入 -1，如图 9-22 所示。

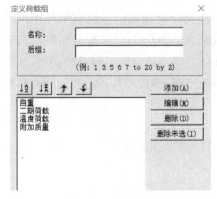

图 9-21 定义荷载组

(2) 温度荷载 1、温度荷载 2

具体操作如下：荷载→温度/预应力→系统温度，整体升温和整体降温的值分别为 20℃ 和 -20℃。选择相应的荷载工况及荷载组后完成整体升温和整体降温的定义，如图 9-23 所示。

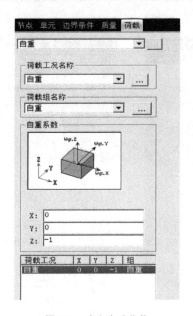

图 9-22 定义自重荷载

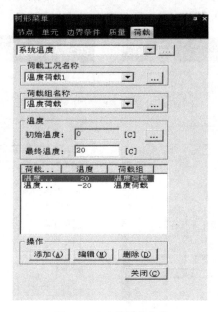

图 9-23 定义整体升降温

(3) 温度梯度 1 和温度梯度 2

具体操作如下：荷载 > 温度/预应力→梁截面温度，选择相应的工况以及荷载组，参考位置选择以边 (顶) 为参考位置。由于此模型建立时采用桥面板与钢梁分别建立单元的形式建模，所以温度梯度要求分开定义。参考《桥规》4.3.12 条中关于温度梯度的说明，进行如下取值：$T_1 = 14$℃，$T_2 = 5.5$℃。

部分温度梯度定义如图 9-24 所示。

(4) 节点荷载

节点荷载包括：小横梁荷载、支点横梁荷载。

具体操作如下：荷载→静力荷载→节点荷载。

小横梁：节点荷载每隔两米施加在桥面板节点上。小横梁所施加的节点荷载所作用的节点包括：285,287,289,291,293,295,297,299,301,303,305,307,309,311,313,315,317,319,321,323,325,327,329,331,333,335,337,339,341,343,345,347,349,351,354,356,358,360,362,364,366,368,370,372,374,376,378,380,382,384,386,389,391,393,395,397,399,401,403,405,407,409,411,413,415,417,419,421。

Fz：-60kN。

支点横梁所施加的节点荷载所作用的节点包括：283,318,353,388,423。

Fz：-14.5kN，如图 9-25 所示。

(5) 梁单元荷载

梁单元荷载包括：二期恒载、桥面板质量、腹板纵向及竖向加劲肋。

具体操作如下：荷载→静力荷载→梁单元荷载，选择相应的静力荷载工况及荷载组。

通过计算得出各梁单元荷载的 w 值。

二期恒载 $w = -44.60\text{kN/m}$（图 9-26）；桥面板质量 $w = -23.30\text{kN/m}$；腹板纵向及竖向加劲肋 $w = -0.3\text{kN/m}$。

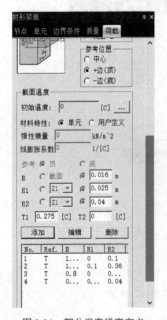

图 9-24 部分温度梯度定义

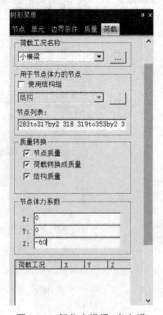

图 9-25 部分小横梁、支点横梁节点荷载定义

图 9-26 定义梁单元荷载

9.4.9 输入汽车荷载

(1) 选择移动荷载规范，具体操作如下：荷载→移动荷载分析数据→移动荷载规范，选择 China。

(2) 定义车道线：本桥桥面宽度为 13.025m，两侧分别有 0.5m 的护栏，共两个 3.75m 车道,一个3.5m紧急停车道。选择车道单元,添加完成车道线的定义。

考虑到偏心加载,第一条车道线的偏心距离从桥梁最左侧减去防撞护栏的0.5m宽度,得出偏心距离为4.6125m;第二条车道的偏心距离为1.5125m,如图9-27所示。

(3)定义车辆荷载。

具体操作如下:荷载→移动荷载→车辆,添加标准车辆。本模型采用公路—Ⅰ级汽车荷载,均布荷载q_k、集中荷载P_k根据跨度自动选择,如图9-28所示。

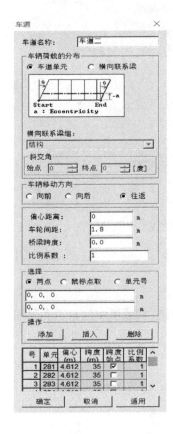 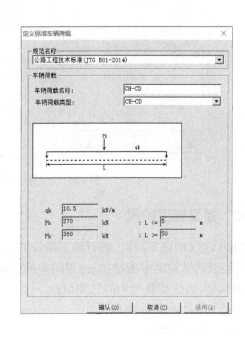

图9-27 定义车道线   图9-28 定义车辆荷载

(4)定义移动荷载工况。

具体操作如下:荷载→移动荷载→移动荷载工况,添加移动荷载工况。选择添加子荷载工况并且在子荷载工况中选择车辆组以及所分配的车道,如图9-29所示。

(5)汽车荷载冲击系数。

汽车荷载等级为公路—Ⅰ级;按单向二车道加载,考虑横向折减以及纵向折减。

对于汽车荷载纵向整体冲击系数μ,按照《桥规》4.3.2条,冲击系数μ可按下式计算:

当$f < 1.5\text{Hz}$时,$\mu = 0.05$;

当$1.5\text{Hz} \leq f \leq 14\text{Hz}$时,$\mu = 0.1767\ln f - 0.0157$;

当$f > 14\text{Hz}$时,$\mu = 0.45$;

计算的结构基频$f = 2.72\text{Hz}$,冲击系数$\mu = 0.161$。

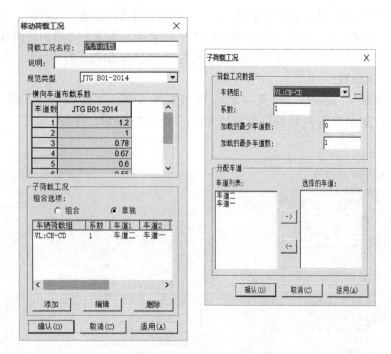

图 9-29 定义移动荷载工况

9.4.10 定义施工阶段

依据之前所定义的施工阶段,进行施工阶段的定义:

成桥阶段:激活结构组中的结构、边界组中的边界组、荷载组中的自重和附加质量。

(1)二期铺装:激活荷载组中的二期恒载。

(2)收缩徐变:定义为10年期。

如图 9-30 ~ 图 9-33 所示。

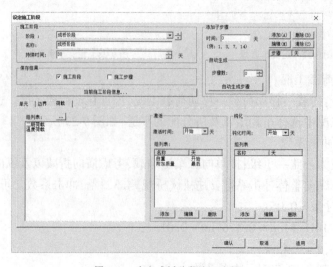

图 9-30 定义成桥阶段施工阶段

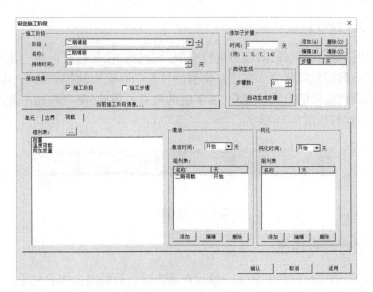

图 9-31 定义二期铺装施工阶段

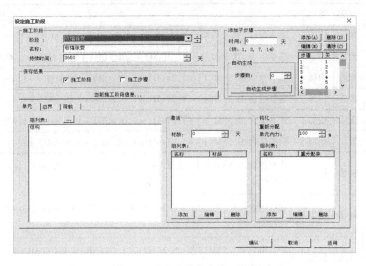

图 9-32 定义收缩徐变施工阶段

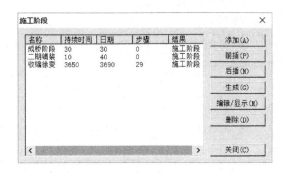

图 9-33 划分施工阶段

9.4.11 运行软件

操作:点击快捷键运行软件,对模型进行有限元分析。在运行时可能会出现各种错误,根据提示针对相应的问题加以解决。在建立模型的过程中可能出现很多错误,由于边界为正确添加而导致的错误则最可能出现。此外,由于组的定义不明确、荷载施加不规范等问题,也会导致运行时发生错误,如图9-34所示。

图9-34 运行软件

9.4.12 进行荷载组合

具体操作如下:结果 > 荷载组合 > 一般 > 自动生成。荷载组合如表9-8所示。

荷 载 组 合　　　　　　　表9-8

序号	名称	激活	类型	说　明
1	gLCB1	激活	相加	基本组合(永久荷载):0.5SM[1]+1.2(cD)+1.0(cCR)+1.0(cSH)
2	gLCB2	激活	相加	基本组合:0.5SM[1]+1.2(cD)+1.0(cCR)+1.0(cSH)+1.4M
3	gLCB3	激活	相加	基本组合:0.5SM[1]+1.2(cD)+1.0(cCR)+1.0(cSH)+1.4T[1]+1.4TPG[1]
4	gLCB4	激活	相加	基本组合:0.5SM[1]+1.2(cD)+1.0(cCR)+1.0(cSH)+1.4T[1]+1.4TPG[2]
5	gLCB5	激活	相加	基本组合:0.5SM[1]+1.2(cD)+1.0(cCR)+1.0(cSH)+1.4T[2]+1.4TPG[1]
6	gLCB6	激活	相加	基本组合:0.5SM[1]+1.2(cD)+1.0(cCR)+1.0(cSH)+1.4T[2]+1.4TPG[2]
7	gLCB7	激活	相加	基本组合:0.5SM[1]+1.2(cD)+1.0(cCR)+1.0(cSH)+1.4M+1.12T[1]+1.12TPG[1]
8	gLCB8	激活	相加	基本组合:0.5SM[1]+1.2(cD)+1.0(cCR)+1.0(cSH)+1.4M+1.12T[1]+1.12TPG[2]
9	gLCB9	激活	相加	基本组合:0.5SM[1]+1.2(cD)+1.0(cCR)+1.0(cSH)+1.4M+1.12T[2]+1.12TPG[1]
10	gLCB10	激活	相加	基本组合:0.5SM[1]+1.2(cD)+1.0(cCR)+1.0(cSH)+1.4M+1.12T[2]+1.12TPG[2]
11	gLCB11	激活	相加	基本组合(永久荷载):0.5SM[1]+1.0(cD)+1.0(cCR)+1.0(cSH)
12	gLCB12	激活	相加	基本组合:0.5SM[1]+1.0(cD)+1.0(cCR)+1.0(cSH)+1.4M
13	gLCB13	激活	相加	基本组合:0.5SM[1]+1.0(cD)+1.0(cCR)+1.0(cSH)+1.4T[1]+1.4TPG[1]
14	gLCB14	激活	相加	基本组合:0.5SM[1]+1.0(cD)+1.0(cCR)+1.0(cSH)+1.4T[1]+1.4TPG[2]
15	gLCB15	激活	相加	基本组合:0.5SM[1]+1.0(cD)+1.0(cCR)+1.0(cSH)+1.4T[2]+1.4TPG[1]
16	gLCB16	激活	相加	基本组合:0.5SM[1]+1.0(cD)+1.0(cCR)+1.0(cSH)+1.4T[2]+1.4TPG[2]
17	gLCB17	激活	相加	基本组合:0.5SM[1]+1.0(cD)+1.0(cCR)+1.0(cSH)+1.4M+1.12T[1]+1.12TPG[1]

续上表

序号	名称	激活	类型	说明
18	gLCB18	激活	相加	基本组合：0.5SM[1]+1.0(cD)+1.0(cCR)+1.0(cSH)+1.4M+1.12T[1]+1.12TPG[2]
19	gLCB19	激活	相加	基本组合：0.5SM[1]+1.0(cD)+1.0(cCR)+1.0(cSH)+1.4M+1.12T[2]+1.12TPG[1]
20	gLCB20	激活	相加	基本组合：0.5SM[1]+1.0(cD)+1.0(cCR)+1.0(cSH)+1.4M+1.12T[2]+1.12TPG[2]
21	gLCB21	激活	相加	极限组合(永久荷载)：1.0SM[1]+1.0(cD)+1.0(cCR)+1.0(cSH)
22	gLCB22	激活	相加	短期组合：1.0SM[1]+1.0(cD)+1.0(cCR)+1.0(cSH)+0.7/(1+mu)M
23	gLCB23	激活	相加	短期组合：1.0SM[1]+1.0(cD)+1.0(cCR)+1.0(cSH)+1.0T[1]+0.8TPG[1]
24	gLCB24	激活	相加	短期组合：1.0SM[1]+1.0(cD)+1.0(cCR)+1.0(cSH)+1.0T[1]+0.8TPG[2]
25	gLCB25	激活	相加	短期组合：1.0SM[1]+1.0(cD)+1.0(cCR)+1.0(cSH)+1.0T[2]+0.8TPG[1]
26	gLCB26	激活	相加	短期组合：1.0SM[1]+1.0(cD)+1.0(cCR)+1.0(cSH)+1.0T[2]+0.8TPG[2]
27	gLCB27	激活	相加	短期组合：1.0SM[1]+1.0(cD)+1.0(cCR)+1.0(cSH)+0.7/(1+mu)M+1.0T[1]+0.8TPG[1]
28	gLCB28	激活	相加	短期组合：1.0SM[1]+1.0(cD)+1.0(cCR)+1.0(cSH)+0.7/(1+mu)M+1.0T[1]+0.8TPG[2]
29	gLCB29	激活	相加	短期组合：1.0SM[1]+1.0(cD)+1.0(cCR)+1.0(cSH)+0.7/(1+mu)M+1.0T[2]+0.8TPG[1]
30	gLCB30	激活	相加	短期组合：1.0SM[1]+1.0(cD)+1.0(cCR)+1.0(cSH)+0.7/(1+mu)M+1.0T[2]+0.8TPG[2]
31	gLCB31	激活	相加	长期组合：1.0SM[1]+1.0(cD)+1.0(cCR)+1.0(cSH)+0.4/(1+mu)M
32	gLCB32	激活	相加	长期组合：1.0SM[1]+1.0(cD)+1.0(cCR)+1.0(cSH)+0.4/(1+mu)M+1.0T[1]+0.8TPG[1]
33	gLCB33	激活	相加	长期组合：1.0SM[1]+1.0(cD)+1.0(cCR)+1.0(cSH)+0.4/(1+mu)M+1.0T[1]+0.8TPG[2]
34	gLCB34	激活	相加	长期组合：1.0SM[1]+1.0(cD)+1.0(cCR)+1.0(cSH)+0.4/(1+mu)M+1.0T[2]+0.8TPG[1]
35	gLCB35	激活	相加	长期组合：1.0SM[1]+1.0(cD)+1.0(cCR)+1.0(cSH)+0.4/(1+mu)M+1.0T[2]+0.8TPG[2]
36	gLCB36	激活	相加	弹性阶段应力验算组合：1.0SM[1]+1.0(cD)+1.0(cCR)+1.0(cSH)+1.0M
37	gLCB37	激活	相加	弹性阶段应力验算组合：1.0SM[1]+1.0(cD)+1.0(cCR)+1.0(cSH)+1.0T[1]+1.0TPG[1]
38	gLCB38	激活	相加	弹性阶段应力验算组合：1.0SM[1]+1.0(cD)+1.0(cCR)+1.0(cSH)+1.0T[1]+1.0TPG[2]

续上表

序号	名称	激活	类型	说明
39	gLCB39	激活	相加	弹性阶段应力验算组合：1.0SM[1] + 1.0(cD) + 1.0(cCR) + 1.0(cSH) + 1.0T[2] + 1.0TPG[1]
40	gLCB40	激活	相加	弹性阶段应力验算组合：1.0SM[1] + 1.0(cD) + 1.0(cCR) + 1.0(cSH) + 1.0T[2] + 1.0TPG[2]
41	gLCB41	激活	相加	弹性阶段应力验算组合：1.0SM[1] + 1.0(cD) + 1.0(cCR) + 1.0(cSH) + 1.0M + 1.0T[1] + 1.0TPG[1]
42	gLCB42	激活	相加	弹性阶段应力验算组合：1.0SM[1] + 1.0(cD) + 1.0(cCR) + 1.0(cSH) + 1.0M + 1.0T[1] + 1.0TPG[2]
43	gLCB43	激活	相加	弹性阶段应力验算组合：1.0SM[1] + 1.0(cD) + 1.0(cCR) + 1.0(cSH) + 1.0M + 1.0T[2] + 1.0TPG[1]
44	gLCB44	激活	相加	弹性阶段应力验算组合：1.0SM[1] + 1.0(cD) + 1.0(cCR) + 1.0(cSH) + 1.0M + 1.0T[2] + 1.0TPG[2]
45	RCENV_STR	激活	包络	Concrete Strength Envelope
46	RCENV_STR1	激活	包络	Concrete Serviceability Envelope1
47	RCENV_STR2	激活	包络	Concrete Serviceability Envelope2

9.4.13 查看运行结果

(1) 反力

承载能力极限状态荷载组合产生的反力如图9-35所示。

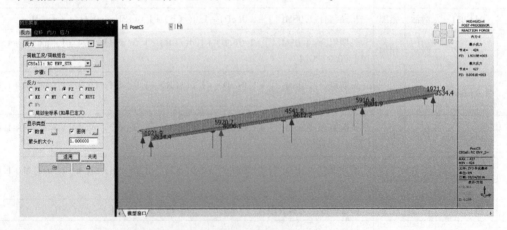

图9-35 承载能力极限状态荷载组合产生的反力(单位:kN)

(2) 桥梁变形图

具体操作如下：结果→位移→变形形状，选择承载能力极限状态荷载组合，查看Dz方向的位移，选择数值中的最大值并选择图例，如图9-36所示。

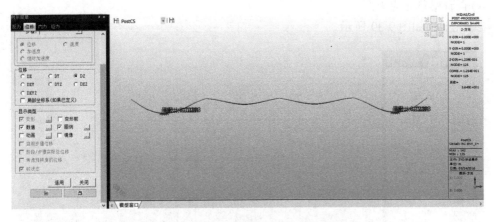

图 9-36　承载能力极限状态荷载组合变形（单位：kN）

(3) 查看梁单元内力

具体操作如下：结果→内力→梁单元内力图，荷载组合选择承载能力极限状态荷载组合。选择 My，选择数值中的最大值并且选择图例，如图 9-37、图 9-38 所示。

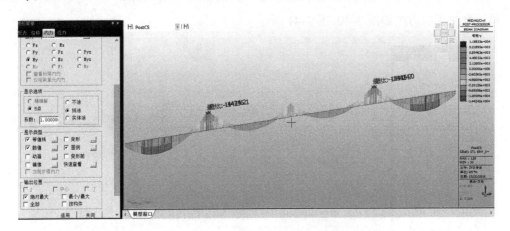

图 9-37　钢梁承载能力极限状态荷载组合下内力图（单位：kN）

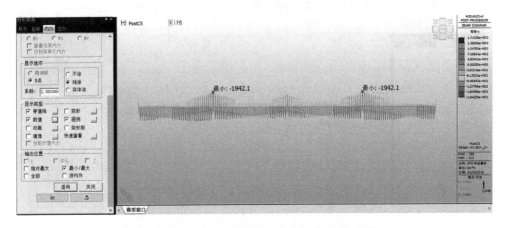

图 9-38　桥面板承载能力极限状态荷载组合下内力图（单位：kN）

(4)查看梁单元应力图

梁单元剪力如图 9-39 所示。

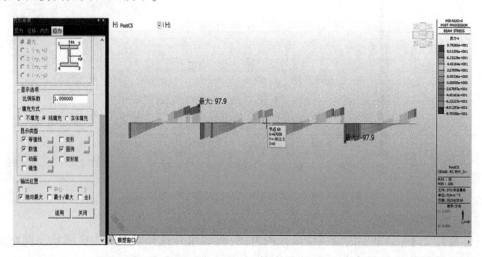

图 9-39　桥梁在承载能力极限状态荷载组合下剪力图(单位:kN)

单元弯曲正应力图如图 9-40、图 9-41 所示。

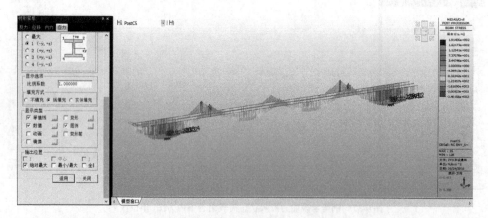

图 9-40　桥梁在承载能力极限状态荷载组合下钢梁上缘弯曲正应力图(单位:MPa)

图 9-41　桥梁在承载能力极限状态荷载组合下钢梁下缘弯曲正应力图(单位:MPa)

9.5 结构计算与校核

9.5.1 混凝土桥面板内力及应力

1)成桥状态桥面板内力

成桥状态桥面板和钢箱梁共同工作,基本组合下墩顶桥面板:拉力 24220.4kN,弯矩 -1942.1kN·m;边跨跨中:压力 -6915.2kN,弯矩 1218.2kN·m。如图9-42、图9-43 所示。

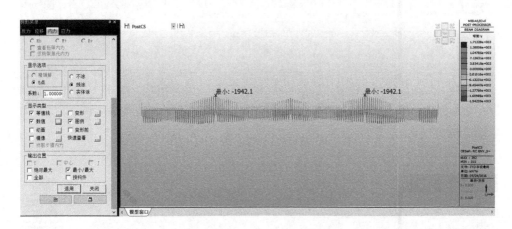

图9-42 成桥状态承载能力极限状态荷载组合下桥面板弯矩图(单位:kN·m)

图9-43 成桥状态承载能力极限状态荷载组合下桥面板轴力图(单位:kN)

2)桥面板压应力验算

桥面板为钢筋混凝土结构,由于模型中未考虑钢筋的作用,因而只验算桥面板的压应力。根据《公预规》7.2.4 条,施工阶段钢筋混凝土受弯构件混凝土边缘压应力需满足:

$$\sigma_{cc}^t = \frac{M_k^t x_0}{I_{cr}} \leq 0.80 f_{ck}' = 0.80 \times (-26.8) = -21.44(\text{MPa}) \tag{9-1}$$

根据《公预规》7.1.5条,成桥阶段混凝土边缘压应力需满足:

$$\sigma_{cc} \leq 0.50 f_{ck} = 0.50 \times (-26.8) = -13.4 (\text{MPa}) \tag{9-2}$$

二期铺装完成后桥面板应力如图9-44、图9-45所示。

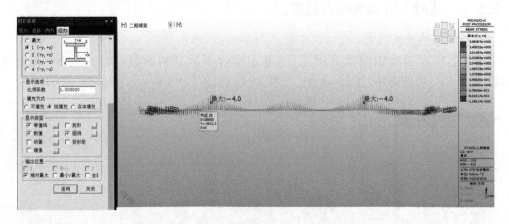

图9-44 桥面板上缘应力图(单位:MPa)

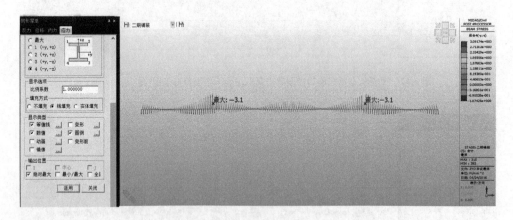

图9-45 桥面板下缘应力图(单位:MPa)

二期铺装完成后桥面板上缘最大压应力为-4MPa,下缘最大压应力为-1.1MPa,均小于规范要求的限值,满足要求。

成桥后桥面板应力(基本组合)应力如图9-46、图9-47所示。

成桥后桥面板上缘最大压应力为-7.3MPa,下缘最大压应力为-3.1MPa,均小于规范要求的限值,满足要求。

9.5.2 钢梁应力校核

1)施工阶段法向应力验算

根据《公路钢结构桥梁设计规范》规定,Q420钢材的抗弯强度设计值为320MPa(翼缘板的厚度在16~40mm之间)。法向应力计算公式如式(9-3)、式(9-4)所示。

$$\Sigma = \sum_{i=1}^{\mathrm{II}} \frac{M_{\mathrm{d},i}}{W_{\mathrm{eff},i}} \tag{9-3}$$

$$\gamma_0 \sigma \leqslant f \tag{9-4}$$

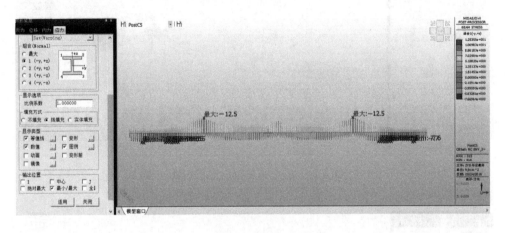

图 9-46　桥面板上缘应力图(单位:MPa)

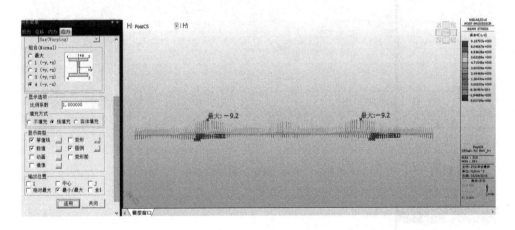

图 9-47　桥面板下缘应力图(单位:MPa)

(1)成桥阶段钢梁应力。

成桥阶段,钢梁上翼缘最大压应力 -137.5 MPa(边跨跨中),最大拉应力 148.7MPa(墩顶)。下翼缘最大拉应力 106.9MPa(边跨跨中),最大压应力 -142.5MPa(墩顶)。均小于容许应力(320MPa),满足规范要求。如图 9-48、图 9-49 所示。

(2)二期恒载施加完成之后钢梁应力。

在完成桥面铺装及护栏安装后,钢梁上翼缘最大压应力 -142.0MPa(边跨跨中),最大拉应力 154.3MPa(墩顶)。下翼缘最大拉应力 -131.4MPa(边跨跨中),最大压应力 -172.2MPa(墩顶)。均小于容许应力(320MPa),满足规范要求。如图 9-50、图 9-51 所示。

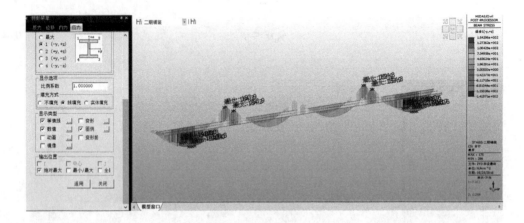

图 9-48　钢梁上缘应力图(单位:MPa)

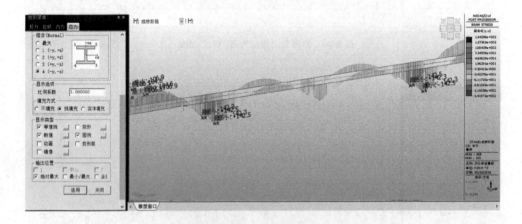

图 9-49　钢梁下缘应力图(单位:MPa)

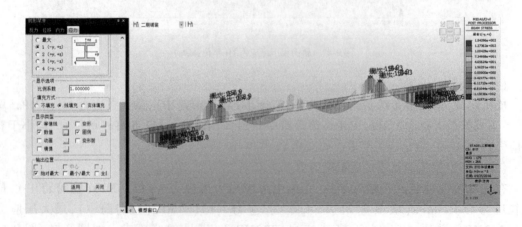

图 9-50　钢梁上缘应力图(单位:MPa)

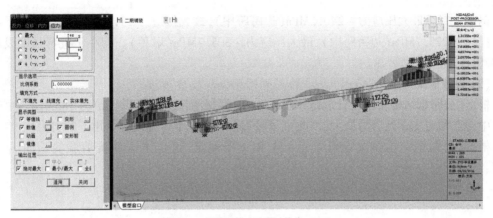

图 9-51　钢梁下缘应力图(单位:MPa)

2)运营阶段承载能力极限状态验算

(1)抗弯承载力验算

根据《公路钢结构桥梁设计规范》规定,Q420 钢材的抗弯强度设计值为 320MPa(翼缘板的厚度在 16~40mm 之间)。由式(9-3)、式(9-4)进行承载能力极限状态验算。在承载极限能力状态基本荷载组合作用下的应力图如图 9-52、图 9-53 所示。

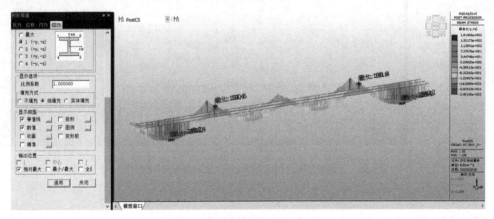

图 9-52　钢梁上缘应力图(单位:MPa)

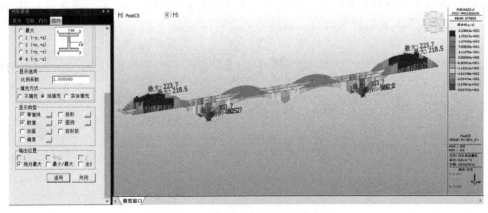

图 9-53　钢梁下缘应力图(单位:MPa)

钢梁上翼缘最大压应力 $-240.2\mathrm{MPa}$(边跨跨中),最大拉应力 $191.4\mathrm{MPa}$(墩顶)。下翼缘最大拉应力 $223.7\mathrm{MPa}$(边跨跨中),最大压应力 $-305.7\mathrm{MPa}$(墩顶)。均小于抗弯强度设计值($320\mathrm{MPa}$),满足规范要求。

(2)抗剪承载力验算

根据《公路钢结构桥梁设计规范》规定,Q420钢材的抗剪强度设计值为 $185\mathrm{MPa}$。由于结构在中支点和边支点处剪力最大,因此可只验算该处在基本荷载组合作用下的剪力。

根据《公路钢结构桥梁设计规范》11.2.2条规定,组合梁截面抗剪验算应符合下式规定:

$$\gamma_0 V_\mathrm{d} \leqslant V_\mathrm{u} \tag{9-5}$$

$$V_\mathrm{u} = f_\mathrm{vd} A_\mathrm{w} \tag{9-6}$$

如图 9-54 所示,边支点、中支点处抗剪承载力满足要求。

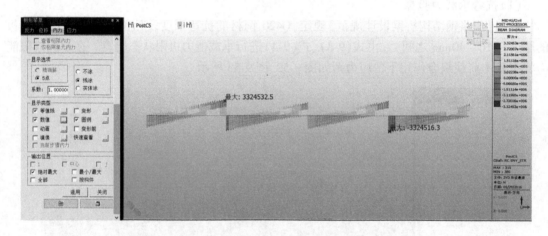

图 9-54 承载极限能力状态荷载组合下钢梁剪力图(单位:kN)

(3)换算应力验算

根据《公路钢结构桥梁设计规范》5.3.1条规定,需验算结构的组合应力。平面内受弯实腹式构件腹板在受正应力和剪应力 τ 的作用下要求验算折算应力。由于结构在边支点处组合应力最大,故只验算该处的折算应力。验算以下公式:

$$\gamma_0 \sqrt{\left(\frac{\sigma_x}{f_\mathrm{d}}\right)^2 + \left(\frac{\tau}{f_\mathrm{vd}}\right)^2} \leqslant 1 \tag{9-7}$$

将 $\sigma_x = 172.2\mathrm{MPa}$、$\tau = 97.9\mathrm{MPa}$ 代入上式得:

$\gamma_0 \sqrt{\left(\dfrac{\sigma_x}{f_\mathrm{d}}\right)^2 + \left(\dfrac{\tau}{f_\mathrm{vd}}\right)^2} = 0.831 \leqslant 1$,满足要求。

9.5.3 组合梁挠度计算

按照《公路钢结构桥梁设计规范》11.3.2条,计算组合梁考虑滑移效应的刚度折减系数和折减率;根据第 4.2.3 条,计算竖向挠度时,应按结构力学的方法,并应采用不计冲击力的汽车车道荷载频遇值,频遇值系数为 1.0;连续梁计算挠度值不应超过计算跨径的 1/500。挠度验算见表 9-9。

挠 度 验 算   表 9-9

项　　目	计算挠度(mm)	挠度允许值(mm)	是否满足
边跨	23.7	68.9	满足
中跨	21.3	70.0	满足

9.5.4　支座反力计算

在不同阶段支座反力汇总见表 9-10。

支座反力(单位:kN)汇总   表 9-10

施工阶段	边 支 点	中支点 1	中支点 2	中支点 3	边 支 点
成桥阶段	1080.4	3320.4	2613.1	3316.8	1080.4
二期铺装	1381.2	4219.1	3336.1	4215.6	1381.2
收缩徐变	1237.2	4414.9	3232.4	4411.4	1237.2

9.5.5　剪力连接键承载力计算

剪力连接键布置图如图 9-55 所示。

剪力键大样图如图 9-56 所示。

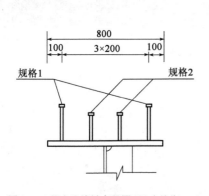

图 9-55　剪力连接键布置图(尺寸单位:cm)

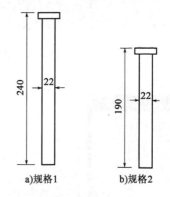

图 9-56　剪力键大样图(尺寸单位:cm)

(1)单根剪力键极限承载力。

根据《钢结构设计标准》(GB 50017—2017) 3.1 条,对于圆柱头栓钉连接件的承载力设计值为:

$$N_v^c = 0.43 A_s \sqrt{E_c f_{cd}} \leqslant 0.7 f_{su} \gamma A_s$$

$$= 0.43 \times \frac{\pi}{4} \times \sqrt{3.25 \times 10^4 \times 18.4} \leqslant 0.7 \times \frac{\pi}{4} \times 22^2 \times 1.67 \times 215$$

$$= 126.4(\text{kN}) > 95.5\text{kN}$$

所以取 95.5kN。

承载力极限组合验算时,单排共计 4 根剪力钉,单排剪力钉承载能力 $= 4 \times 95.5 = 382(\text{kN})$。

混凝土板和钢梁间单位长度上的剪切力计算方法见下式:

$$T = Q\frac{S}{I} \tag{9-8}$$

式中:Q——截面竖向剪力;

T——钢混结合面单位长度上的剪力;

I——换算惯性矩;

S——钢筋混凝土板对联合截面重心轴的面积矩。

(2)边跨及中跨各截面的设计剪力,如图9-57和图9-58所示。

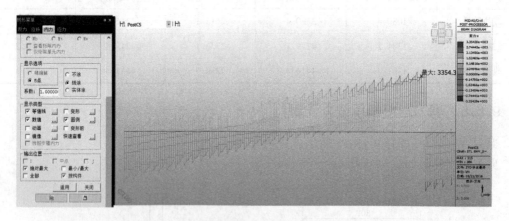

图 9-57　边跨极限承载能力剪力组合(单位:kN)

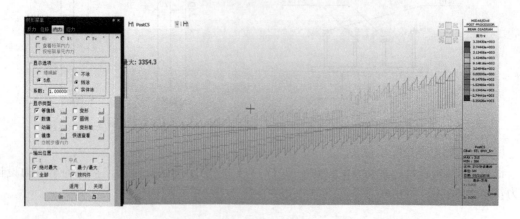

图 9-58　中跨极限承载能力剪力组合(单位:kN)

边跨及中跨各截面的剪力键间距计算见表9-11。

边跨及中跨各截面的剪力键间距计算表 表9-11

位置	距边跨端点的距离（m）	截面竖向组合剪力（kN）	钢-混凝土结合面剪力（kN）	计算最大间距（m）	设计间距（m）
边跨	0	-2085.96	-1119.32	0.25	0.15
	1.00	-1957.37	-1050.32	0.27	0.15
	2.00	-1825.94	-979.80	0.29	0.15
	4.00	-1568.14	-841.46	0.32	0.30
	5.00	-1441.79	-773.66	0.36	0.30
	8.00	-1046.97	-561.80	0.44	0.30
	10.00	-795.79	-427.02	0.58	0.30
	13.00	-403.56	-216.55	0.81	0.30
	15.00	578.43	310.39	0.91	0.30
	18.00	941.48	505.20	0.63	0.30
	20.00	1184.51	635.61	0.48	0.30
	23.00	1605.30	861.40	0.39	0.30
	25.00	1854.64	995.20	0.33	0.30
	28.00	2232.65	1198.04	0.28	0.15
	30.00	2574.24	1381.33	0.25	0.15
	32.00	2833.31	1520.35	0.23	0.15
	33.00	2961.20	1588.98	0.22	0.15
	34.00	3093.13	1659.77	0.20	0.15
	35.00	-2779.64	-1491.55	0.20	0.15
中跨	37.00	-2517.05	-1350.65	0.22	0.15
	38.00	-2384.10	-1279.30	0.23	0.15
	39.00	-2255.24	-1210.16	0.24	0.15
	40.00	-2049.40	-1099.71	0.27	0.15
	43.00	-1670.52	-896.40	0.31	0.30
	45.00	-1418.61	-761.23	0.37	0.30
	48.00	-1008.57	-541.20	0.46	0.30
	50.00	-763.78	-409.84	0.60	0.30
	53.00	-402.13	-215.78	0.85	0.30
	55.00	594.69	319.11	0.75	0.30
	58.00	993.89	533.32	0.55	0.30
	60.00	1244.94	668.03	0.43	0.30
	63.00	1622.56	870.66	0.35	0.30
	65.00	1937.26	1039.53	0.30	0.15

续上表

位置	距边跨端点的距离（m）	截面竖向组合剪力（kN）	钢-混凝土结合面剪力（kN）	计算最大间距（m）	设计间距（m）
中跨	67.00	2198.73	1179.83	0.27	0.15
	68.00	2331.67	1251.17	0.25	0.15
	69.00	2460.91	1320.52	0.24	0.15
	70.00	−2472.32	−1326.65	0.23	0.15

剪力钉分布如图9-59、图9-60所示。

图9-59 边跨剪力钉间距分布图(尺寸单位:cm)

图9-60 中跨剪力钉间距分布图示意图(尺寸单位:cm)

9.6 总　　结

从计算结果可知：

(1)施工阶段钢梁最大正压应力为 −172.2MPa(墩顶下缘)，最大正拉应力为154.3MPa(墩顶上缘)，小于抗拉强度设计值干320MPa；桥面板最大压应力为 −4MPa(边跨跨中上缘)。满足要求。

(2)运营阶段钢梁最大正压应力 −254.1MPa(墩顶下缘)，正拉应力157.2MPa(边跨跨中下缘)，均小于抗压(拉)强度设计值干320MPa；最大剪应力97.9MPa，小于抗剪强度设计值185MPa；折算应力为0.831，小于1；桥面板最大压应力为 −7.3MPa(边跨跨中上缘)，小于抗压强度设计值 −13.4MPa。满足要求。

(3)剪力钉实际间距均小于计算值，承载能力满足要求。

(4)活载最大挠度小于计算跨径的1/500，满足要求。

综上所述，该桥结构安全，设计合理。

本章附图如图9-61~图9-64所示。

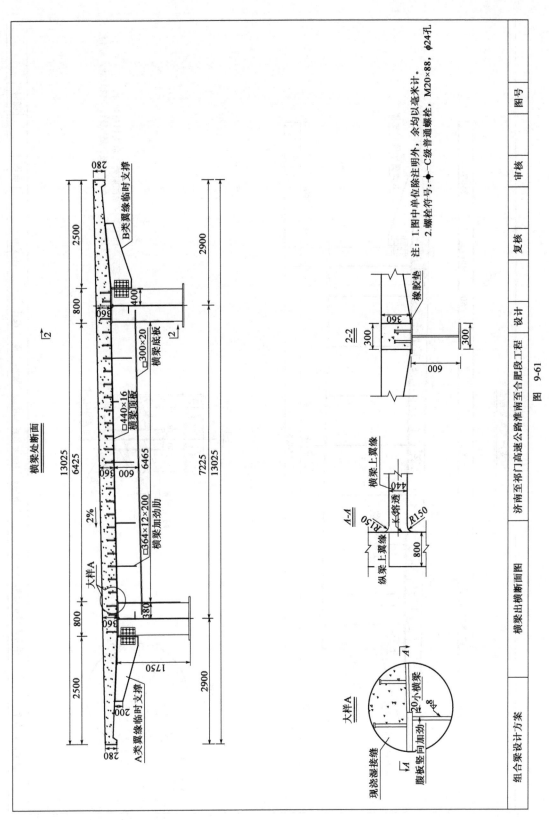

图 9-61

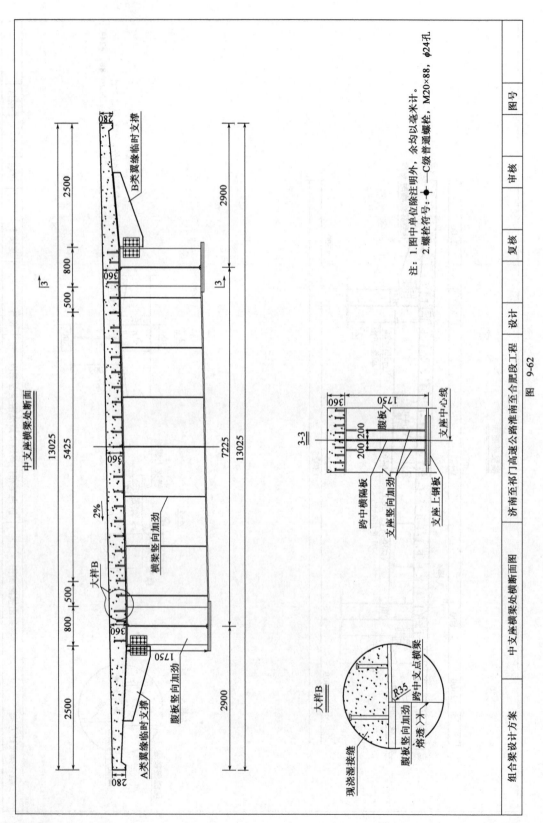

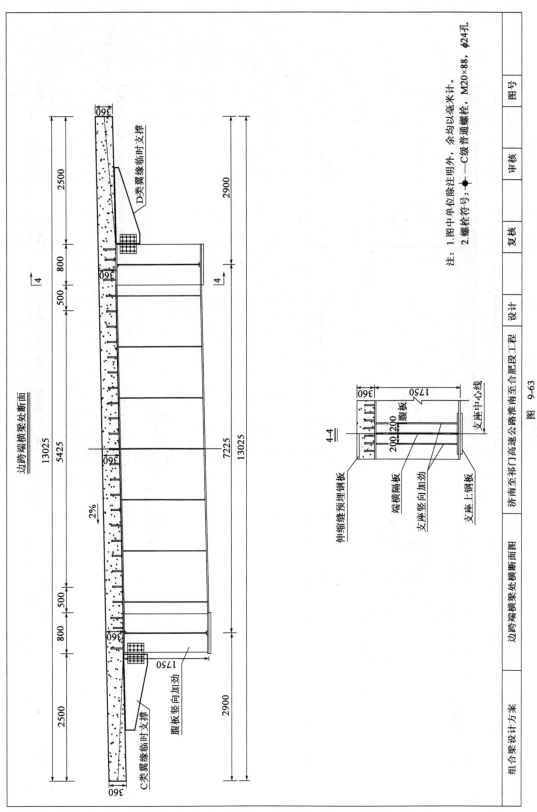

图 9-63

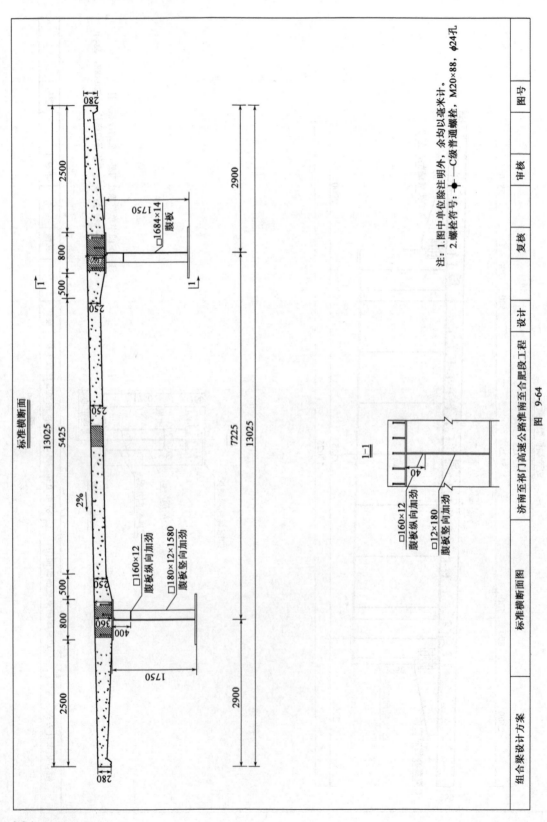

图 9-64

参 考 文 献

[1] 中华人民共和国行业标准.公路工程技术标准:JTG B01—2014[S].北京:人民交通出版社,2014.
[2] 中华人民共和国行业标准.公路桥涵设计通用规范:JTG D60—2015[S].北京:人民交通出版社股份有限公司,2015.
[3] 中华人民共和国行业标准.公路钢筋混凝土及预应力混凝土桥涵设计规范:JTG 3362—2018[S].北京:人民交通出版社股份有限公司,2018.
[4] 中华人民共和国行业标准.公路圬工桥涵设计规范:JTG D61—2005[S].北京:人民交通出版社,2005.
[5] 中华人民共和国行业标准.公路钢管混凝土拱桥设计规范:JTG/T D65-06—2015[S].北京:人民交通出版社股份有限公司,2015.
[6] 中华人民共和国行业标准.公路桥涵施工技术规范:JTG/T 3650—2020[S].北京:人民交通出版社,2011.
[7] 中华人民共和国行业标准.公路钢结构桥梁设计规范:JTG D64—2015[S].北京:人民交通出版社股份有限公司,2015.
[8] 任伟新.桥梁工程[M].武汉:武汉大学出版社,2016.
[9] 范立础.桥梁工程(上册)[M].北京:人民交通出版社股份有限公司,2017.
[10] 汪莲.土木工程专业毕业设计指导书(桥梁工程分册)[M].合肥:合肥工业大学出版社,2009.
[11] 汪莲,任伟新.桥梁工程[M].2版.合肥:合肥工业大学出版社,2012.
[12] 汪莲,何敏,等.桥梁工程综合习题精解[M].北京:人民交通出版社股份有限公司,2015.
[13] 王晓谋.基础工程[M].5版.北京:人民交通出版社股份有限公司,2021.
[14] 胡肇滋.桥跨结构简化分析——荷载横向分布[M].北京:人民交通出版社,1996.
[15] 李国豪.公路桥梁荷载横向分布计算[M].2版.北京:人民交通出版社,1990.
[16] 毛瑞祥.公路桥涵设计手册:基本资料[M].北京:人民交通出版社,2004.
[17] 马保林.高墩大跨连续刚构桥[M].北京:人民交通出版社,2001.
[18] 叶见曙.结构设计原理[M].5版.北京:人民交通出版社股份有限公司,2021.
[19] 公路桥涵设计手册:拱桥[M].北京:人民交通出版社,1994.
[20] 钟圣斌.桥梁计算示例集:拱桥(二)[M].北京:人民交通出版社,1989.